日本古代の王宮構造と政務・儀礼

志村佳名子著

塙書房刊

目次

目　次

序章　問題の所在と研究視角……三

第一部　古代王宮の政務・儀礼空間

小序　律令制国家における政務・儀礼空間の形成……二一

第一章　飛鳥浄御原宮における儀礼空間の復原……二九
はじめに……二九
第一節　飛鳥浄御原宮の空間構造……三三
第二節　儀礼空間の復原……三三
第三節　飛鳥浄御原宮の儀式形態……四九
小　結……五二

第二章　朝堂の成立とその機能——政務・儀礼空間の変遷——……六一
はじめに……六一
第一節　朝堂の起源と成立……六二
第二節　朝堂・朝庭の機能……七六
第三節　朝堂から「朝堂院」へ……八三
小　結……九六

第三章　古代王宮の庭・苑と儀礼……一〇五
はじめに……一〇五

第一節　王宮の庭と苑……一〇六
第二節　庭・苑と儀礼……一一〇
小　結……一二三

第二部　政務の形式と官人勤務制度

小序　古代政務構造研究の視座と課題……一三三
第一章　日本古代の朝参制度と政務形態……一四一
はじめに……一四一
第一節　朝参の規定とその形式……一四三
第二節　朝参制度と朝政形態……一五二
第三節　朝参制度の展開と天皇聴政……一六一
小　結……一七〇
第二章　平安時代日給制度の基礎的考察
――東山御文庫本『日中行事』を手がかりとして――……一八一
はじめに……一八一
第一節　日給の作法と日給簡……一八三
第二節　内裏の日給刻限と上日規定……一九二
第三節　日給制度の整備とその意義……一九八
小　結……二〇二

目次

第三部　儀礼の構造と君臣秩序
小序　古代饗宴儀礼研究の意義とその視角……二一三
第一章　古代王宮の饗宴儀礼――「共食」儀礼の意義をめぐって――……二一七
はじめに……二一七
第一節　饗宴儀礼の成立とその機能……二一八
第二節　八世紀宮室の饗宴形態……二二二
第三節　平城宮における饗宴儀礼の特質……二三九
小結……二三二
第二章　長岡宮・平安宮の儀礼空間と饗宴儀礼……二四七
はじめに……二四七
第一節　長岡宮の儀礼空間と饗宴……二四八
第二節　平安宮の儀礼空間――儀式体系と君臣秩序の再編――……二五八
小結……二七三
第三章　宮廷儀礼における奏楽の意義と雅楽寮の機能……二八三
はじめに……二八三
第一節　奏楽担当官司としての雅楽寮の成立とその活動……二八四
第二節　雅楽寮の再編――「弘仁格」の分析から――……二九一
第三節　儀式における雅楽寮の機能……三〇二
小結……三〇八

第四章　「御遊」の成立と殿上人――宮廷儀式の再編と奏楽―― ……三一七
はじめに……三一七
第一節　九世紀における奏楽形態の変質……三一七
第二節　平安中期の奏楽と殿上人……三二三
第三節　「御遊」の政治的意義……三二五
小　結……三二八
終章　総括と展望……三三三
初出一覧……三五一
あとがき……三五三
索　引……巻末

凡例

一、本文・引用史料ともに、一部を除いて原則として常用字体・現代仮名遣いに拠った。
一、史料の引用に用いた典拠刊本は以下の通りである。以外はそれぞれ注に記した。
日本古典文学大系（岩波書店）
『古事記』『日本書紀』『風土記』『懐風藻』
新日本古典文学大系（岩波書店）
『続日本紀』『万葉集』
日本思想大系（岩波書店）
『律令』（新装版）　※養老令の条文名及び条文番号はこれに拠る。
新訂増補国史大系（吉川弘文館）
『続日本後紀』『日本三代実録』『類聚国史』『日本紀略』『令義解』『令集解』『類聚三代格・弘仁格抄』『延喜式』『類聚符宣抄』
『政事要略』『朝野群載』
大日本古記録（岩波書店）
『九暦』『小右記』『御堂関白記』『中右記』
増補史料大成（臨川書店）
『権記』『左経記』『中右記』『台記別記』
史料纂集（続群書類従完成会）
『権記』
神道大系（神道大系編纂会）
『儀式』『西宮記』
増訂故実叢書（明治図書出版）
『内裏儀式』『儀式』『西宮記』『拾芥抄』

群書類従（続群書類従完成会）
　『禁秘抄』『小野宮年中行事』
続群書類従（続群書類従完成会）
　『年中行事抄』
新釈漢文大系（明治書院）
　『文選』
中華書局標点本
　『三国志』『後漢書』『隋書』『旧唐書』

目崎徳衛校訂・解説『侍中群要』（吉川弘文館　一九八五年）
和田英松註解・所功校訂『建武年中行事註解』（講談社学術文庫　一九八九年）
関晃監修・熊田亮介校注『狩野文庫本類聚三代格』（吉川弘文館　一九八九年）
黒板伸夫・森田悌編『日本後紀』（訳註日本史料　集英社　二〇〇三年）
虎尾俊哉編『延喜式』中（訳註日本史料　集英社　二〇〇七年）
　※延喜式の条文名及び条文番号はこれに拠る。
西本昌弘編『新撰年中行事』（八木書店　二〇一〇年）
尊経閣善本影印集成『西宮記』一～六（八木書店　一九九三～一九九五年）
尊経閣善本影印集成『拾芥抄』上・中・下（八木書店　一九九八年）
尊経閣善本影印集成『類聚三代格』一～三（八木書店　二〇〇五年）
蕭嵩他撰・池田温解題『大唐開元禮　附大唐郊祀録』（汲古書院　二〇〇四年）

一、各章の執筆にあたっては、東京大学史料編纂所公開用データベース・国立歴史民俗博物館データベースれきはく・明治大学古代学研究所『令集解』データベース等もあわせて利用した。

日本古代の王宮構造と政務・儀礼

序章　問題の所在と研究視角

（一）本書の課題と研究の視角

日本古代の宮都（宮室と都城）[1]は、中国の都城制に倣い、王権の支配拠点として建設された。その中枢部である王宮は、君主たる天皇の居住空間であるとともに、国政の審議や外交使節の迎接などの国家的な政務・儀礼を行う、政治的に重要な場であった。古代の各時期における宮室構造の変化は、律令制国家の歴史的な展開過程を反映するものである。したがって、王宮の構造とその空間で行われた政務・儀礼のあり方を具体的に復原することは、古代王権の政治形態とその制度的変遷を解明する重要な手がかりとなる。

一九七〇年代以降、遺跡の発掘調査が進展し、都城の構造解明が飛躍的に進められたことに伴い、文献史学の立場から宮都遺跡の発掘成果をふまえて古代国家・古代都市形成を論じる研究が発表された[2]。それとともに、岸俊男氏により、文献史料と遺跡の発掘調査成果とをあわせて政治空間を具体的に把握する必要性が提起される[3]。岸氏によれば、古代の宮室・都城の研究は、その構造の復原を通して当時の政治組織・政治形態に肉迫し、さらには中国・朝鮮からの文化受容のあり方を究明するものでもあり、この方法は「文献史料の乏しい日本古代史の実証的解明を漸進させるもの」と定義されている[4]。岸氏によって提示されたこの視点は、宮都研究を単なる位置の比定・構造の復原という段階から、そこで展開された政務・儀式の解明という段階へ進展させ、政治の形式の具体的な研究の発展を促すこととなった。さらに、一九八〇年代以降に本格的に始まった国家の上部構造の解明としての儀式・礼制研究の盛行と相俟って、宮室の平面構造の変化から政務・儀式の様相とその政治史的意義に迫るという研究の潮流を生み出すこととなった[5]。また、中国の宮城中枢部との関連性の理解がより詳細に進められるとともに[6]、精緻な考古学的分析による古代都城の形成史が次々に発表された[7]。今日の古代史研究には、こうした日々更新される発掘成果をふまえて、文献史料と発掘成果を有機的に連関させ、宮都の歴史的発展過程を理解するための具体的な研究が求められている[8]。この宮都を「政治の場」という視点から捉えて律令制国家の支配機構や政治制度を解き明かそうとする研究は、現在の古代史研究の一方法としてその有効性を認められており、本書もこの視点を継承するものである。

古代において政務と儀礼とは不可分に存在していたのであり[9]、王宮で繰り返し行われる各種の儀式は、天皇と臣下との君臣秩序を明確化する機能を持つとともに、「まつりごと」（国政運営）そのものでもあった。そのため、政務と儀礼とは一体のものとして考察する必要がある。しかしながら、古代の儀式・年中行事について個々の内容・意義に関する研究が深化しつつあるものの[10]、政務の形態、とりわけ天皇の執務場所や政務における役割、官人の執務形態といった基礎的事項について、未だ共通理解を形成するには至っていない。加えて、古代における政治主体である天皇と官人とがいかなる原理で結集して国政運営を行っていたかという問題に関しても、検討の余地が残されている。こうした研究状況をふまえ、古代の政治形態の具体像を解明するためには、①王宮の空間構造に着目し、②政務の基盤となる官人の勤務制度の分析と、③政治の場の構造と官人制度を基層としてその上に構築・展開される儀式構造の考察を通じて、具体的・実証的に復原する必要があると考える。

上記の問題意識に基づき、本書では以下の研究視角を設定する。

〔Ⅰ〕王宮の空間構成と政務・儀礼空間の形成
〔Ⅱ〕政務の形式と官人勤務制度
〔Ⅲ〕儀礼の構造と君臣秩序

本書の目的は、この三つの視角に基づき、〔Ⅰ〕王宮の空間構造とその利用形態を手がかりに、〔Ⅱ〕政務運営の基礎となる官人制度の分析を行い、それとともに、〔Ⅲ〕儀式の構造とそこに表象される王権と臣下との政治的関係性を把握することにより、日本の古代国家の政治形態の制度的変遷とその特質を解明することである。

主たる考察対象は、いわゆる歴代遷宮を経て都が固定化された七世紀以降の王宮（飛鳥浄御原宮・藤原宮・平城宮・長岡宮・平安宮）において、天皇と官人（主として五位以上の京官官人）を主体として行われる政務・儀礼とする。なかでも、律令制国家が形成・発展した七世紀後半から八世紀を中心に、平安時代中期に至る古代国家の政務・儀礼の展開過程を検討する。

（二）研究対象と用語の定義

各部・各章の内容と個別的課題について述べる前に、本書が研究対象とする「政務」と「儀礼」の語について、若干説明を加えておきたい。

「政務」とは現代の用法では「政治上の事務、行政事務」[11]（state〔political〕affairs）の意味で限定的に使用されるが、古代の場合は、その意味だけに限定されない。「政」のマツリは「祭」に通じることから、従来「政」＝「祭」という祭政一致論で説明されることが多く、「まつりごと」は支配者の行為としてのイメージが強いように思われる。しかしながら、そもそも漢字の「政」は、字形解釈によればその初文は「正」で、「正」・「征」・「政」は一系を成し、これらの字は基本的に征伐を本義とする。「征」には征伐の他に賦貢、税の徴収という意味があることから、「政」は「征」と同様に、征伐及び賦役の意を持つ[12]。日本でも、古代の戸籍に散見される「上（あるいは中・下）政戸」、「戸政」という表現から、賦役の意味で用いられることがあった[13]。本居宣長は『古事記伝』において、「政」について「政《マツリゴト》は、凡て君の国を治《ヲサメ》坐す万事《ノ》の中に、神祇《カミ》を祭《リ》賜ふが最重事《ナカニモオモキコト》なる故に、其《ノ》余《ホカ》の事等《コトドモ》をも括《カネ》て祭事《マツリゴト》と云とは、誰も思ふことにて、誠に然ることなれども、猶熟《ヨク》思《フ》に、言の本は其由《ノ》には非《アラ》で、奉仕事《マツリゴト》なるべし。そは天下《ノ》の臣連《オミムラジ》八《ヤ》十《ソ》伴緒《トモノヲ》の天皇の大命を奉《ウケタマ》はりて、各《オノオノ》其《ノ》職《ワザ》を奉仕《ツカヘマツ》る、是《レ》天下《ノ》の政《マツリゴト》なればなり。（中略）故《レ》古言には、政と云をば、君へは係《カケ》ず、皆奉仕《ツカヘマツ》る人に係《カケ》て云り[14]」として、元来「政」の主体は臣に重きがあると説いた。しかしながら、「聞㆓看天下之政㆒」（『古事記』神武天皇段）、「為㆑政」（『日本書紀』皇極天皇即位前紀）などの事例があるように、「政」は君臣に通じるマツリゴトであった[15]。このように、日本の「政」には官人から百姓に至るまで、王権（天皇）に「つかへまつる」＝仕奉（奉事）するという共通の意識が働いており、その意識が太政官の政・国郡司の政・戸の政といった各レベルの「政」の基層に存在していた[16]。

これら各段階の「政」のうち、本書が考察対象とするのは、王宮において行われた王権と官人による「政」であり、なかでも国政運営・政策決定といった国家の「政」のうち最も中心的であり、且つ王権への直接的奉仕を身に負う五位以上官人の「政」である。さらには、官人による「政」を「聴」く主体としての天皇の「政」も、王宮の「政務」として位置付けることができるであろう。よって、本書において「政務」とは、王宮で天皇と官人によって行われる国政執務の意味で用いることとする[17]。

続いて、「儀礼」の語についても確認しておきたい。そもそも欧米で「儀礼研究」という場合、一般的には

ritual、すなわち宗教儀礼を意味し、儀礼はその実践（実修）者の身体に起こる宗教的効果が社会に対して作用することで、人間関係や社会組織・秩序に影響を及ぼすものと捉えられている[18]。それに対して日本の「儀礼」は、漢字は中国の三礼の一つ『儀礼』に由来するもので、原義は宗教的行事（ritual）であったが、非宗教的行事（ceremony）に対しても用いられる。つまり日本語では ritual と ceremony は「儀礼」という同義語で括られており、主として日常的秩序を展開させるものとして捉えられてきた[19]。このように日本語で ritual と ceremony とを明確に区別することは不可能であり、そのため日本語では、超越的・象徴的事象と関わるものとしての「儀礼」（ritual）と日常的な出来事と重なる「儀式」（ceremony）を合わせて「儀礼」と称する方がよい[20]。

上記のような事情から、歴史学、特に日本史学では「儀礼」という場合、宗教的・非宗教的儀礼の両者を包括する概念として用いられていることが多い。加えて、歴史学における「儀礼」研究は、その儀礼の持つ象徴的意味合いが、政治的イデオロギーや〈支配─被支配関係〉に関係するものとして論じられる場合が多いため、儀礼の所作そのものよりも、儀礼をめぐる文化・社会が主な分析対象となっている[21]。

また、「儀礼」と類義の語として「儀式」があるが、この両者の意味を区別するのは難しい。文化人類学における定義では、「儀礼」とは、サリー・F・ムーアとバーバラ・マイヤーホフによれば「普通は見えないものとしてあるイデオロギーや基本的モデルなどを一時的にせよ「見えるもの」として示す」機能を持ち、スタンレー・J・タンバイアの言葉を借りると「象徴的コミュニケーションの文化的に構成されたシステム」であるという[22]。これによれば、儀礼的行動によって顕示される思想的内容を持つシステム全体を儀礼、それを構成する個々の次第を儀式と位置付けることができそうである。よって、本書では「儀礼」の語を「儀式」の上位概念として使用する。なお、「儀礼」の今日に通じる定義としては「信仰伝承や社会的慣習または生活習慣などによって生じ、または形成されたところの一定のカタ（型）を有する行為一般、およびそれを構成する要素」とされ、この「カタ」――思想よりも実際的礼法を重視するという要素は、古代以来の日本文化の基層を成り立たせているものである(23)。

次に、日本の古代国家が継受した中国の政治思想としての「儀礼」について確認しておく。「礼」とは儒教思想の根本を成す理念であり、中国の王朝秩序の中で生活する人が従うべき社会的行動規範とされる(24)。中国王朝において「礼」と「法」とは国家運営の基盤として不可分に存在する概念であるが、礼は皇帝権力を正当化する統治理念であり、法は皇帝が制定して臣下に与えた行政規則である。法が刑罰によって維持されるものであるのに対し、礼は人心への道徳的な働きかけによって維持されるものであり、社会は基本的に礼によって維持されるべきであるが、それが行き届かない場合に限り法を用いるというのが原則的な考え方であった(25)。礼の一部は律令にも規定されるが、皇帝は法を超越する存在である一方、礼に表される身分秩序は皇帝をも包摂するものであることから、礼は法の上位概念である。

中国の国制の基盤には上記のような礼と法の二元構造が存在したが、古代の日本は国制を整備する過程において中国の礼制を部分的・選択的に受容し、国制の制度的基盤を律令法に一元化したため、礼もまた律令法の一部に規定されることとなった。このことは、礼的秩序について規定する儀制令の大幅な改変からうかがえるが、このような令の継受の仕方は日本独自の礼的秩序を構築する意図の表れとも評価される(26)。

このように、日本は礼制・律令法の基礎を中国王朝のそれに求めながらも、自国の制度に合うように様々な選択・改変を施しながら定着させていった。よって、礼と法に基づいて運営される政務・儀礼の形態の考察においては、そこに表出する日本的な特質を明確にすることができるよう、留意する必要がある。

（三）本書の構成と個別の課題

本書は三部構成とし、各部は（一）で示した〔Ⅰ〕・〔Ⅱ〕・〔Ⅲ〕の三つの研究視角にそれぞれ対応する。この三つの視角は、互いに密接に連関するものである。

はじめに、〈第一部　古代王宮の政務・儀礼空間〉では、〔Ⅰ〕王宮の空間構成と政務・儀礼空間の形成という視角から、政務・儀礼空間の成立過程と空間構造の復原、及びその意義付けを行う。

都城の構造は、それ自体、時の権力主体が指向する支配観念や政治様式を反映するものである。先にも述べたように、都城・宮室の構造とその時期の政治権力構造とは密接に関係すると考えられるが、支配的権力は、統治の実効性の確保とその効率的遂行のために様々な空間の編成を行うため、天皇を核とする王権が必要とした政治的空間構造には、律令制と古代天皇権力の本質の一端が反映されている(27)。都城における条坊街区の設定自体が人工的な儀礼空間の一環として形成されたものであり(28)、本来は宮室を取り囲む都城全体について考察するべきであろう。しかしながら、宮室を構成する内裏・大極殿・朝堂の構造といった宮室中枢部の変遷は、古代国家の政治形態・権力形態を究明する上で重要な課題であり(29)、政務形態をより具体的に研究するためには、宮室の中心であるとともに都城全体の中心部を成すそれらの区画の分析が求められる。そこで第一部では、王宮の施設の中枢部の空間に焦点を当てる。第一章では政務・儀礼空間の形成過程を、律令制国家成立への過渡期の宮であり、近年の発掘によって中枢部の建物配置が明らかになった飛鳥浄御原宮の構造の復原を中心に検討する。続く第二章では、日本の王宮の構成要素のうち、独自性の強い空間である朝堂・朝庭の歴史的変遷と、その本質的機能を明らかにする。そして第三章では、大極殿や朝堂と並んで度々儀式の場として使用された平城宮の「苑」に着目し、朝庭と苑という二つの「ニハ」が持つ歴史的意義について考察する。これらの王宮の主要な政務・儀礼施設の分析を通して、日本古代の王宮の空間構造とその特質を明確にする。

次いで〈第二部　政務の形式と官人勤務制度〉では、〔Ⅱ〕政務の形式と官人勤務制度の視角から、第一部で考察した宮室中枢部において、どのような形式・制度で政務が行われていたのかについて、王宮に出仕する官人の勤務形態という観点から分析を行う。

古代の官人の勤務は「朝参」という概念で包括され、これは王宮で行われる様々な政治行為――「朝政」の前提となるものである。都城における官人の宅地班給と集住の強制が宮への定期的な朝参を求めるためであったように(30)、律令制に基づく政務の実現には、朝参制度の整備・定着が不可欠であった。

律令官僚制においては、官人たちは王宮に朝参し、朝堂で政務を行い（朝政）、その勤務日数が「上日」という形で計量化される。そしてこの上日数が考課や給禄等の前提となる。これら朝参・朝政・上日という政務に関する三つの要素は、政治の「場」・官人制度・儀式と君臣秩序の全ての分野に関係する問題であり、これらの制度的な仕組みを解明することが、古代の政務体系を理解する上で重要な鍵となると思われる(31)。しかしながら、この朝参・朝政の制度については、推古朝の小墾田宮以来の朝堂への出仕形態が官人勤務の基本形であり、この原則は基本的に平安宮期まで存続すると考えられており(32)、詳細な分析がなされてこなかった。また、官人の朝参と密接に関連する天皇の聴政形態についても、奈良時代には毎日天皇が大極殿に出御して政務を視ていたが、五位以上官人の上日に内裏侍候の上日を通計することが許可される八世紀末頃には、天皇の日常政務の場が大極殿から内裏へと移行したとの説が通説的位置を占めてきた(33)。その後、天皇の大極殿聴政については様々な観点から批判が加えられてきたものの、その制度的展開については、十分に論究されているとは言い難い。そこで、第一章ではまず日本の朝参制度について、唐の朝参規定との比較によってその独自性を明らかにするとともに、朝参と朝政・上日との制度的関係を把握する。その際、七世紀末から九世紀に至るまでの各宮室の空間構造の変化をふまえて分析することで、政務空間と内裏との関係性、天皇の聴政形態についても明確にすることができると考える。

上日の把握と奏上は律令制の導入とともに本格的に始められたと考えられるが、その具体的な方法を示す奈良時代以前の史料はほとんど残されていない。そこで、第二章では、上日の把握方法を知るための具体的な考察対象として、日給制度を取り上げる。平安時代中期に内裏の清涼殿・殿上間で行われていた日給の儀式は、蔵人と殿上人の内裏への出仕を把握するためのものであるが、本質的には奈良時代の要素を継承している制度であると思われる。これらの古代の政務に関する制度的な考察により、王宮の構造とも密接に関連する官人の勤務制度の一端を照射する。

続いて〈第三部　儀礼の構造と君臣秩序〉では、〔Ⅲ〕儀礼の構造と君臣秩序という視点から、王宮において行われた儀式とその儀式を成り立たせている君臣秩序、及び思想的背景について考察する。

朝廷における儀礼とは、支配者が想定する秩序を可視的な形で示し、支配の正当性を創造・証明して支配者層の意識を共有化するという機能を持つものであり、(34)東アジアにおいては、中国が唐代に皇帝祭祀と古典的国家儀礼を集大成させ、支配の正統化を促す体系的な儀礼制度を完成させた。(35)その過程は東アジアにおける都城の形成史とも密接に関連するものであり、王権儀礼こそが都城を「創造」するともいわれる。(36)日本はその国家形成において、中国礼制を部分的・段階的に継受して日本の律令制独自の礼的秩序を構築するとともに、(37)王宮において中国の儀礼制度に倣った各種の儀礼を行った。古代の宮廷儀礼は、定期的に一定の場所で行うことによって宮廷秩序の維持と強化を図る機能を持っており、(38)これらの儀式は収奪・給付による物質を介する支配と異なる次元で有効に機能していた。(39)また、朝廷の儀式すなわち朝儀は官人たちの則るべき規範であり、儀式の間、天皇が特定の空間において特定の集団と時間と場を共有することにより、天皇と参加者の一体性の観念を醸成する機能をもあわせ持つものであった。(40)前述のように、古代においては政務と儀礼とは分かち難く存在するものであり、政治形態を総体的に捉えるためには、儀式の考察もあわせて行う必要がある。第三部では、第一部で検討した儀礼空間の上に、第二部で明らかにした官人勤務制度を基礎として展開する儀礼構造の分析を行うとともに、政務・儀礼の執行形態の基層にある君臣秩序のあり方について考察する。

はじめに、第一章では、宮廷儀礼を構成する重要な要素の一つである饗宴に着目する。饗宴で行われる飲食物の献上あるいは下賜という行為は、支配―服属関係を明示するものであり、宮廷儀礼の発生と密接に関連するものである。(41)そこで、まずは七世紀末から八世紀の各宮における饗宴の形態を、天皇との「共食」をキーワードに分析し、その特質を明らかにする。続けて第二章では、第一章で考察した平城宮期までの饗宴儀礼の形態が、長岡宮・平安宮においてどのように展開していったのかを追跡する。平安初期の宮室は、長岡宮で内裏と朝堂院とが初めて分離した形式をとり、平安宮で再び朝堂院・豊楽院という二つの朝堂区画が建設されるものの、主な儀式の場は早くから内裏正殿である紫宸殿に集約されるなど、宮室構造と儀式形態をめぐって重要な変化が生じたことが知られている。そこで第二章では、饗宴儀礼から見た儀礼空間の構造の変化を、平安初期の政治制度の変化を考慮しつつ意義付ける。

次に、古代の宮廷儀礼を分析する一視角として、奏楽に着目する。中国の古代国家の政治秩序は、律令に代表される法制と、礼制に基づく礼楽制度によって維持されていたのであり、宮廷音楽は儀礼・祭祀の進行に節度を与え、皇帝が主宰する天地宇宙の調和を図るという重要な役割を担っていた。[42] 例えば、中国の隋唐期における元日の元会儀礼では、皇帝と官僚との君臣関係を再確認する儀礼と貢納を媒介とする地方諸郡・諸外国による皇帝・中央政府への従属儀礼とが執り行われたが、そこでの饗宴では酒食のもてなしとともに雅楽・燕楽・鼓吹楽が奏され、君臣間及び中国―夷狄間の和合が図られたという。[43] 日本の古代国家も、中国礼制を導入・咀嚼する中で、儀式において奏楽を担当する専門機関である雅楽寮を設置し、中国の饗宴楽を中心として楽器・楽人を編成し、日本の文化に適合する奏楽体制を整備していった。このように、古代の宮廷儀礼において奏楽は重要な構成要素であったと考えられるため、儀式の実相を、奏楽形態という観点から考察することにしたい。

まず第三章では、儀式において奏楽を担当した雅楽寮に焦点を当て、その律令官司としての側面から儀式における機能と奏楽の意義を明確にする。次いで第四章では、九世紀以降に顕著となる奏楽形態の変質の背景を手がかりに、宮廷儀式の構造の再編と、官人の天皇への仕奉形態の変化について考察する。儀式における奏楽は、屋外での雅楽寮による大規模な外来楽の奏楽から、殿舎内での天皇と限られた侍臣との音楽の遊びである「御遊」へと変化する。音楽史の分野では、この現象は主として雅楽寮の衰退と捉えられているが、その背景にある王宮の構造の変化や政治制度上の転換は指摘されていない。そこで、第四章では「御遊」の成立という奏楽形態の変化を宮室構造や官人制度の変化と関連させて論じることにより、第一部・第二部の分析をふまえた儀礼構造の展開過程を描出する。そして、饗宴儀礼と奏楽形態の分析から浮かび上がる、王宮における古代宮廷儀礼の持つ特質の一端を明らかにする。

以上三部から成る考察により、日本古代の王宮における政務・儀礼を体系的に理解することを目標に、論を進めたい。

〈注〉

(1)「宮都」とは、宮と京とを総称する歴史用語であり、岸俊男氏によって定義された(岸俊男「記紀・万葉集のミヤコ」『日本古代宮都の研究』岩波書店　一九八八年、初出一九七六年)。

(2)狩野久『日本古代の国家と都城』(東京大学出版会　一九九〇年)、今泉隆雄『古代宮都の研究』(吉川弘文館　一九九三年)、鬼頭清明『古代木簡と都城の研究』(塙書房　二〇〇〇年)など。

(3)岸俊男「都城と律令国家」(注(1)前掲書、初出一九七五年)。

(4)岸注(3)前掲論文。なお、このような視角による先駆的著作としては、八木充『古代日本の都―歴代遷都の謎』(講談社現代新書　一九七四年)があり、本書では「都の史的変遷を、とくに政治史の展開と相即的に理解する立場」から「都の構造・発展を、政治組織の編成とその変容に対応させて考察」し、「建造物配置上の異同を、権力組織の発展過程のなかで検討」することが試みられている。

(5)橋本義則「「外記政」の成立」(『平安宮成立史の研究』塙書房　一九九五年、初出一九八一年)、古瀬奈津子「宮の構造と政務運営法―内裏・朝堂院分離に関する一考察―」(『日本古代の王権と儀式』吉川弘文館　一九九八年、初出一九八四年)、西本昌弘『日本古代儀礼成立史の研究』(塙書房　一九九七年)、同『日本古代の王宮と儀礼』(塙書房　二〇〇八年)など。

(6)佐竹昭「藤原宮の朝庭と赦宥儀礼―古代宮室構造展開の一試論」(『古代王権と恩赦』雄山閣出版　一九九八年、初出一九八八年)、吉田歓『日中宮城の比較研究』(吉川弘文館　二〇〇二年)など。

(7)林部均『古代宮都形成過程の研究』(青木書店　二〇〇一年)、小澤毅『日本古代宮都構造の研究』(青木書店　二〇〇三年)、井上和人『日本古代都城制の研究―藤原京・平城京の史的意義』(吉川弘文館　二〇〇八年)など。

(8)橋本義則「日本の古代宮都―内裏の構造変遷と日本の古代権力」(『古代宮都の内裏構造』吉川弘文館　二〇一一年、初出二〇〇六年)。

(9)土田直鎮「平安時代の政務と儀式」(『奈良平安時代史研究』吉川弘文館　一九九二年、初出一九七四年)。

(10)代表的なものとして、西本注(5)前掲両書、大日方克己『古代国家と年中行事』(講談社学術文庫　二〇〇八年、初刊一九九三年)、末松剛『平安宮廷の儀礼文化』(吉川弘文館　二〇一〇年)など。

(11) 新村出編『広辞苑』第六版(岩波書店　二〇〇八年)。

(12) 白川静『説文新義』(『白川静著作集　別巻　説文新義2』平凡社　二〇〇二年、初刊一九七〇年)、同『新訂 字統』(平凡社　二〇〇四年)。

(13) 『令集解』戸令戸主条・『同』賦役令仕丁条。

(14) 大野晋他校訂『本居宣長全集　第十巻　古事記傳二』(筑摩書房　一九六八年)。

(15) 成沢光『政治のことば—意味の歴史をめぐって』(講談社学術文庫　二〇一二年、初刊一九八四年)。

(16) 吉村武彦「古代王権と政事」(『日本古代の社会と国家』岩波書店　一九九六年)。

(17) ちなみに、「政務」の語は『後漢書』班固伝上に「京兆督郵郭基、孝行著二於州里一、経学称二於師門一、政務之績、有二絶異之効一」とあり、古代中国では「政治上のしごと」という意味で用いられていた(白川静『字通』平凡社　一九九六年)。また、日本古代の史料において、いわゆる政治を行うことは、儀制令太陽虧条の令文「皇帝不レ視レ事」に対する義解の注釈「謂、不レ視レ事者、不レ聞二政事一」に端的に示されるように、「政事」の語で表されるのが一般的であった。

(18) ルチア・ドルチェ/松本郁代「日本宗教研究における儀礼学の論点」(ルチア・ドルチェ/松本郁代編『儀礼の力—中世宗教の実践的世界』法蔵館　二〇一〇年)。

(19) 清水昭俊「儀礼の外延」(青木保・黒田悦子編『儀礼—文化と形式的行動』東京大学出版会　一九八八年)。

(20) 青木保「儀礼とコミュニケーション」(『儀礼の象徴性』岩波現代文庫　二〇〇六年、初刊一九八四年)。

(21) ドルチェ/松本注(18)前掲論文。

(22) サリー・F・ムーアとバーバラ・マイヤーホフによる人間の「儀式的行動」の特徴についての分析及びスタンレー・J・タンバイアによる儀礼と非儀礼の区別についての議論は、青木注(20)前掲論文に整理されている。

(23) 倉林正次「儀礼と儀礼文化—宗教儀礼の周辺—」(『儀礼文化序説』大学教育社　一九八二年)、同「儀礼とは何か」(『儀礼文化学の提唱—日本文化のカタチとココロ—』おうふう　二〇一一年)。

(24) 以下、礼制の概要については、大隅清陽「唐の礼制と日本」(『律令官制と礼秩序の研究』吉川弘文館　二〇一一年、初出一九九二年)による。
(25) 中国の礼と法の概念については、滋賀秀三「中国法の基本的性格」(『中国法制史論集　法典と刑罰』創文社　二〇〇三年、初出一九七四年)参照。
(26) 大隅注(24)前掲論文、同「礼と儒教思想」(注(24)前掲書、初出二〇〇六年)。
(27) 石上英一「律令制と古代天皇支配による空間構成」(永原慶二編『講座前近代の天皇　第4巻　統治機能と天皇観』青木書店一九九五年)。
(28) 狩野久「律令国家と都市」(注(2)前掲書、初出一九七五年)。
(29) 今泉隆雄「平城宮大極殿朝堂再論」(注(2)前掲書、初出一九八九年)。なお、内裏についての専論には、橋本注(8)前掲書がある。
(30) 舘野和己「天武天皇の都城構想」(栄原永遠男・西山良平・吉川真司編『律令国家史論集』塙書房　二〇一〇年)。
(31) 官人の政務体系の把握という課題は、主観的・恣意的要素を排した政治過程・政治史分析の前提をなすものとしての意義を有している(佐藤宗諄「律令太政官制と天皇」原秀三郎他編『大系日本国家史1　古代』東京大学出版会　一九七五年)。
(32) 岸俊男「朝堂の初歩的考察」(注(1)前掲書、初出一九七五年)。
(33) 古瀬注(5)前掲論文。
(34) 妹尾達彦『長安の都市計画』(講談社選書メチエ　二〇〇一年)。
(35) 妹尾達彦「唐長安城の儀礼空間—皇帝儀礼の舞台を中心に—」(『東洋文化』七二　一九九二年)。
(36) 妹尾達彦「東アジア比較都城史研究の現在—都城の時代の誕生—」(『中国—社会と文化』二六　二〇一一年)。
(37) 大隅清陽「儀制令と律令国家」(注(24)前掲書、初出一九九二年)。
(38) 喜田新六『令制下における君臣上下の秩序について』(皇學館大学出版部　一九七二年)。
(39) 橋本義則「朝政・朝儀の展開」(注(5)前掲書、初出一九八六年)。

（40）加藤友康「朝儀の構造と特質―平安期を中心として―」（永原慶二編『講座前近代の天皇 第5巻 世界史のなかの天皇』青木書店　一九九五年）。
（41）岡田精司「大化前代の服属儀礼と新嘗―食国（ヲスクニ）の背景―」（『古代王権の祭祀と神話』塙書房　一九七〇年、初出一九六二年）。
（42）渡辺信一郎『中国古代の楽制と国家―日本雅楽の源流』（文理閣　二〇一三年）。
（43）渡辺信一郎『天空の玉座―中国古代帝国の朝政と儀礼』（柏書房　一九九六年）。

第一部　古代王宮の政務・儀礼空間

小序　律令制国家における政務・儀礼空間の形成

「宮」とは「室」と同義であり、天子の居所を示す語である。[1] 和語としての「みや」は住居を表す「屋」に尊称の接頭語「御」を付したもので、神や首長の建物を尊称していう言葉である。[2]『日本書紀』天武十二年（六八三）十二月庚午条には、

　詔曰、諸文武官人及畿内有位人等、四孟月、必朝参。若有二死病一、不レ得レ集者、当司具記、申二送法官一。又詔曰、凡都城・宮室、非二一処一、必造二両参一。故先欲レ都二難波一。是以、百寮者、各往之請二家地一。

とあり、また『続日本紀』延暦三年（七八四）六月己酉条に「於レ是、経二始都城一、営二作宮殿一」と見える。このように史料上「都城」と「宮室」あるいは「宮殿」が対になって表現されていることから、中国的な都城と伝統的な宮室とを区別する認識があり、「都城」が公的な国家支配機構を象徴しているのに対し、「宮室」は本質的には王の私宅であり、家産制的な執務機関、すなわち内廷を象徴するものであった。[3]『三国志』魏書巻三十東夷伝倭人条には「宮室・楼観・城柵厳設、常有レ人持レ兵守衛」とあり、邪馬台国の時代に卑弥呼の「宮室」と呼び得るだけの建造物が存在したようである。また、和歌山県隅田八幡宮伝来の人物画像鏡銘に「癸未年八月日十大王年男弟王、在二意柴沙加宮一時」、また埼玉県稲荷山古墳出土鉄剣銘には「獲加多支鹵大王寺〔在〕二斯鬼宮一時」とあるように、遅くとも六世紀までには大王の「みや」が存在し、それが漢字の「宮」と結び付いていた。[4] そしてその宮は、古墳時代初期の奈良県佐味田宝塚古墳出土の家屋文鏡に描かれる有力首長居宅のような形状を持つものと推測され、[5] 住居である

トノを中心として門や楼閣、余剰生産物を納めるクラなどを伴うものであったと考えられる。初期の王宮は、大王宮の家政機関と国政機関とが未分化のまま小規模な区画を形成する原初的な形態であったが、五・六世紀を通じて、部民の編成・社会的分業の発達による貢納強化などの一連の政治体制の発展・充実により、家政機関と国家機関とが漸進的に分立していくことになる。[6] このように、王宮は徐々にその政治的機能を拡充させていったが、宮室において公的な政務・儀礼空間の整備が行われるようになったのは、推古朝の小墾田宮以降と考えられている。

岸俊男氏は、『日本書紀』の推古紀と舒明即位前紀の記事により、小墾田宮は、北から天皇（大王）の居住する「大殿」、その居住空間を画する「大門（閤門）」、儀礼を行う場である「朝庭」、宮室の玄関口となる「宮門（南門）」という構造であったと推定した。[7] この岸氏による空間構造の復原には異論もあるが、[8] 大王の居住する空間と、臣下の場である朝庭が対置する構造であったことは、『日本書紀』推古十六年（六〇八）八月壬子条からうかがえる。

召二唐客於朝庭一、令レ奏二使旨一。時阿倍鳥臣・物部依網連抱、二人為二客之導者一也。於レ是、大唐之国信物置二於庭中一。時使主裴世清、親持レ書、両度再拝、言二上使旨一而立之。（中略）時阿倍臣出進〔庭イ〕、以受二其書一而進行。大伴囓連、迎出承レ書、置二於大門前机上一而奏之。事畢而退焉。是時、皇子・諸王・諸臣、悉以二金髻花一着レ頭。亦衣服皆用二錦紫繡織及五色綾羅一。（一云、服色皆用二冠色一。）

この場合、「大門」の前の庭は隋使迎接の外交の場として機能していた。[9] 同じく『日本書紀』舒明即位前紀には「時中臣連弥気、自二禁省一出之曰、天皇命以喚レ之。則参進向二于閤門一。亦栗隈采女黒女、迎二於庭中一、引二入大殿一」とあり、「禁省」と外部とを隔する門の奥には、天皇の居住空間である「大殿」が存在した。すなわち、この時点で後に律令制に則り建設されることになる藤原宮・平城宮へと連なる宮室中枢部の基本的構造が胚胎していた。[10] よって、王宮における儀礼空間は、小墾田宮で成立したことが確認できる。ただし、これはあくまでも大王の居所において外交使節の迎接儀礼を行い得る公的空間が設置されたということに過ぎない[11]。すでに先学によって指摘されているように、七世紀前半まで外廷の諸機能は各地に散在していたのであり[12]、貢納・奉仕の「政（マツリゴト）」の対象には皇子宮をはじめとする王族あるいは豪族の居宅も含まれており、大王宮のみが政治拠点として機能していたわけではなかった[13]。すなわち、七世紀前半の日本の宮室は、中国の宮城のように官衙などの政治機能が宮城内に凝縮された形態を持っておらず、各施設が広域に散在する状況であった。このように、大王宮が他の構造物に対しての際だった隔絶性・超越性を持ち得ていない状態（倭京的存在形態[14]）から、大王を頂点とする政務の集中化・組織化を図ろうとした端緒と評価される宮室が、前期難波宮である[15]。

　前期難波宮は、大化改新を経た新体制のもとで、孝徳朝に建設された大規模な宮室である[16]。この宮は、小郡宮（＝子代離宮）から難波長柄豊碕宮（＝味経宮）という二段階の遷居を経て成立した[17]。その構造は、全て掘立柱建物ではあるものの、内裏南方に広大な朝庭と一四堂以上の朝堂を有するという、画期的な構造を持つ宮であった。この空間は、有位者を朝参させる空間であるとともに[18]、大化三年（六四七）に制定された礼法に則った儀礼や、経典の読誦・斎会といった各種の仏教儀礼を行う場としても機能していた[19]。この朝堂と朝庭の形式は後の宮室の基礎的構造と同様のものであり、この前期難波宮の基本構造と天武の飛鳥浄御原宮の諸施設を再編成した構造が、藤原宮の〈内裏―大極殿―朝堂〉の配置に定着することとなる[20]。しかしながら、後の大極殿に相当すると見られる正殿は、中国都城における皇帝の出御空間に類似した天皇の出御空間の創出という画期性を有するものの[21]、内裏の前殿として内裏区画から分化してはいなかった。よって、前期難波宮の朝堂区画は未だ日常政務の機能を備えたものとはなってはいなかったと思われる。この内裏区画との未分化という構造や、国家的港津である難波津に近接した外交窓口という性格、これ以降の宮室では確認されていない仏教関係施設と見られる八角殿院の存在や、(22)『日本書紀』の宮中法会関係記事の増加といった諸事象を勘案すると、前期難波宮は臨時に執行するべき儀式を行う空間に特化した宮であったといえるだろう。［補注］

その後、白雉四年（六五三）の政権分裂で皇太子中大兄により都は再び飛鳥に戻され、斉明天皇が飛鳥板蓋宮で即位する。その板蓋宮が全焼したことを受けて、岡本宮の故地に後飛鳥岡本宮を新たに建設することとなる。そしてその宮室を継承したのが飛鳥浄御原宮というように、飛鳥では同一地域の宮室を建て替え、あるいは改作を行いつつ継承した。(23)

その間、天智朝には都は一旦近江大津宮に遷された。この大津宮については、滋賀県大津市の錦織遺跡がその宮地に比定されており、宮室構造の復原案には諸説あるが、後飛鳥岡本宮の構造に近いものではなかったかと見られている。(24)したがって、大津宮は律令制下の都城の景観を有してはいなかったと思われるが、『日本書紀』によれば、「内裏」（天智七年正月壬辰条他）・「殿」（天智十年正月庚子条）・「朝庭」（天智九年正月戊子条）・「宮門」（天智九年正月辛巳条）といった施設が存在し、また「浜台」（天智七年七月条）・「浜楼」（『藤氏家伝』上）という楼閣風の建物の存在が確認されることから、公的儀式を行う空間は存在したようである。また、天智三年（六六四）に制定された新冠位制は中下級の官人も対象とする、細分化された官職体系の裏付けを持つ授位を可能にした。これは官僚制・官司制の前提となる施策であり、「漏剋」（『日本書紀』天智十年四月辛卯条）・「庠序」（『懐風藻』序文）・「大蔵（省）」（『日本書紀』天智八年十二月条他）・「大炊（省）」（『日本書紀』天智十年是歳条他）などの周辺施設の存在は、官司制・官人制整備の萌芽をうかがわせるものである。(25)しかしながら、近江大津宮が整然とした宮域・京域を備えることはなく、壬申の乱を経て、王宮は再び飛鳥の地に移されることになる。

飛鳥に営まれた各時期の宮には地形的な制約もあり、大規模な政務・儀礼空間が建設されることはなかった。

前述のように、それは七世紀の政治が大王の宮だけではなく各地に散在する王族・豪族の居宅で分掌的に行われていたことに起因する。そのため、飛鳥地域では飛鳥寺西の槻の木の広場や石神遺跡といった殿舎区域外に、宮室とは別に儀礼施設を備えることとなった。このような分散状態を解消し、倭京的要素を随所に継承しつつも、天皇を中心とする一元的国家機構の中枢としての王宮を創出しようとしたのが天武天皇であり、その理念は飛鳥浄御原宮と藤原宮に反映されることとなる。とりわけ、飛鳥浄御原宮は後飛鳥岡本宮を引き継いでいることにより、前代までの遺制と、律令制に基づく新たな要素が重層する宮室として注目される。

ただし、都城の形成史、宮室構造の発展段階を考えるにあたっては、前期難波宮の評価が問題となる。しかしながら前期難波宮は東アジアの情勢をふまえ、外交機能に特化した先駆的な儀礼空間であったことを考慮すれば、主たる考察対象は飛鳥を中心とする地域とするべきであろう。また国制の整備という面から見ても、一定の体系性を持つ政治制度を実現させるための宮室という点からすれば、飛鳥宮の最末期、すなわち飛鳥浄御原宮の考察から始めることに異論はないと思われる。そこで、まずは飛鳥浄御原宮の政務・儀礼空間の構造を、文献と遺構の両面から整合的に把握することから始めたい。

〈注〉

(1) 諸橋轍次『大漢和辞典』第三巻(大修館書店、修訂版)。
(2) 上代語辞典編修委員会編『時代別国語大辞典 上代編』(三省堂 一九六七年)。
(3) 仁藤敦史「古代における宮の成立と発展」(『古代王権と都城』吉川弘文館 一九九八年)。
(4) 仁藤注(3)前掲論文。
(5) 池浩三『家屋文鏡の世界』(相模書房 一九八三年)。

（6）八木充『古代日本の都―歴代遷都の謎』（講談社現代新書　一九七四年）。

（7）岸俊男「朝堂の初歩的考察」（『日本古代宮都の研究』岩波書店　一九八八年、初出一九七五年）。

（8）小墾田宮の復原をめぐる諸説については、西本昌弘「七世紀の王宮と政務・儀礼」（『日本古代の王宮と儀礼』塙書房　二〇〇八年）参照。

（9）天皇の宮が一代ごとに移動したのに対し、難波の大郡・小郡、難波館といった外交施設は六世紀以来一貫して同じ場所に存在しており、『日本書紀』欽明二十二年是歳条や敏達十二年是歳条からは、難波の外交施設に外国使節を迎える広場や庁などが存在したことがうかがえることから、難波の外交施設が小墾田宮の空間構成の原型となったのではないかとする見方もある（北村優季「首都論と日本古代の都城」『平城京成立史論』吉川弘文館　二〇一三年、初出二〇〇二年）。

（10）平野卓治「宮・都城と儀礼空間」（國學院大學日本文化研究所編『祭祀空間・儀礼空間』雄山閣出版　一九九九年）は、後の内裏部分に相当する「大殿」は大王の居住空間であると同時に朝庭の正殿として機能していたとするが、隋使迎接の際に推古の出御があったとは思われず、天皇（大王）出御のための正殿としての殿舎は、まだ存在していなかったと考えられる。本書第一部第二章参照。

（11）七世紀の王宮の空間構造がうかがえる史料として、推古紀以外に『日本書紀』皇極四年六月戊申条を挙げることができる。

天皇御二大極殿一。古人大兄侍焉。中臣鎌子連、知二蘇我入鹿臣、為レ人多レ疑、昼夜持レ剣、而教二俳優一、方便令レ解。入鹿臣、咲而解レ剣。入侍二于座一。倉山田麻呂臣、進而読二唱三韓表文一。於レ是、中大兄、戒二衛門府一、一時倶鏁二十二通門一、勿レ使二往来一。召二聚衛門府於一所一、将二給禄一。時中大兄、即自執二長槍一、隠二於殿側一。（中略）天皇即起入二於殿中一。佐伯連子麻呂・稚犬養連網田、斬二入鹿臣一。是日、雨下潦水溢レ庭。以二席障子一、覆二鞍作屍一。（後略）

右の史料は、蘇我入鹿暗殺の場面として有名な記事である。この飛鳥板蓋宮で行われた三韓調上表の儀において、皇極は「大極殿」におり、大臣らはそれぞれ「庭」に設けられた「座」についていたとする。この「大極殿」という表現は潤色であり、また儀式が行われる空間に参入しているのはごく限られた王族・臣下のみであることから、飛鳥板蓋宮には〈大殿―庭〉という内裏的な儀礼空間が存在したと推定される（仁藤敦史「六・七世紀の宮と支配関係」『考古学研究』五五―二　二〇〇八年）。ここでもまだ「大殿」は朝庭の正殿として確立してはおらず、小墾田宮の空間構造及び儀礼形式を継承しているものと思われる。

(12) 八木充「律令制都宮の形成過程」(『律令国家成立過程の研究』塙書房　一九六八年、初出一九六六年)、同注(6)前掲書。

(13) 仁藤敦史「古代国家における都城と行幸―「動く王」から「動かない王」への変質―」(注(3)前掲書、初出一九九〇年)、同「六・七世紀の支配構造」(『古代王権と支配構造』吉川弘文館　二〇一二年)。

(14) 浅野充「律令国家と宮都の成立」(『日本古代の国家形成と都市』校倉書房　二〇〇七年、初出一九八九年)。

(15) 山中敏史「律令国家の成立」(『岩波講座日本考古学6　変化と画期』岩波書店　一九八六年)。

(16) 前期難波宮が孝徳朝の遺構であることについては、中尾芳治「難波宮」(『岩波講座日本通史第3巻　古代2』岩波書店　一九九四年)及び同『難波宮の研究』(吉川弘文館　一九九五年)を参照。前期難波宮＝孝徳朝の難波長柄豊碕宮説は現在ほぼ通説となったといえる。しかしながら、前期難波宮の整地層から出土した土器群の中には西暦六六〇年代頃のものが含まれている可能性があることから、六五〇年代にはまだ整地工事が行われていなかったとして、孝徳朝の遺構であることを疑問視する指摘もあり(白石太一郎「前期難波宮整地層の土器の暦年代をめぐって」『大阪府立近つ飛鳥博物館館報』一六　二〇一二年)、考古学の立場からも、依然問題は残されている。なお、前期難波宮の年代比定をめぐる先行研究については、湊哲夫「前期難波宮の成立年代」(立命館大学考古学論集刊行会編・刊『立命館大学考古学論集Ⅵ』二〇一三年)に整理されている。

(17) 吉川真司「難波長柄豊碕宮の歴史的位置」(大山喬平教授退官記念会編『日本古代国家の史的特質　古代・中世』思文閣出版　一九九七年)。なお、小郡宮の段階ですでに内裏と内裏前殿とは分立しており、後の大極殿へと連なる要素が見られるとする見解もある(直木孝次郎「孝徳朝の難波宮―小郡宮を中心に―」『難波宮と難波津の研究』吉川弘文館　一九九四年、初出一九七七年)。

(18) 早川庄八「前期難波宮と古代官僚制」(『日本古代官僚制の研究』岩波書店　一九八六年、初出一九八三年)。

(19) 古市晃「孝徳朝難波宮と仏教世界―前期難波宮八角殿院を中心に―」(『日本古代王権の支配論理』塙書房　二〇〇九年、初出二〇〇四年)。

(20) 吉川真司「七世紀宮都研究史の課題―林部均『古代宮都形成過程の研究』をめぐって―」(『日本史研究』五〇七　二〇〇四

年）、石川千恵子「大極殿「閤門」と内裏外郭」（『律令制国家と古代宮都の形成』勉誠出版　二〇一〇年、初出二〇〇八年）。

(21)　吉田歓『古代の都はどうつくられたか　中国・日本・朝鮮・渤海』（吉川弘文館　二〇一一年）。

(22)　薗田香融「わが国における内道場の起源」（仏教史学会編『仏教の歴史と文化』同朋社出版　一九八〇年）。

(23)　奈良県立橿原考古学研究所編『飛鳥京跡Ⅲ―内郭中枢の調査(1)―』（奈良県立橿原考古学研究所調査報告第一〇二冊　二〇〇八年）。

(24)　大津宮の遺構比定の経緯と発掘成果については、林博通『大津京跡の研究』（思文閣出版　二〇〇一年）を参照。大津宮の構造を前期難波宮と後飛鳥岡本宮のどちらに近いものと見るかは議論がある。「京」の存在も含め、最近では黒崎直「近江大津宮の再検討―その中軸線と南滋賀廃寺をめぐって―」（『坪井清足先生卒寿記念論文集』下巻　明新社　二〇一〇年）に研究史の簡便な整理がある。宮室構造については、内裏南方の朝堂区画の有無が大津宮の性格を考える上での重要な問題であり、林氏は前掲書において内裏南門の南西に確認された南北棟建物ＳＢ〇〇六を朝堂院西第一堂として「朝堂院」の存在を推定する。しかし、ＳＢ〇〇六から出土した須恵器の年代や掘立柱建物の存続期間から、この遺構は八世紀中葉のものと見なし得るとして、その存在を否定する説がある（吉水眞彦「近江大津宮『朝堂西第一堂』の検討」林博通先生退任記念論集刊行会編『林博通先生退任記念論集　琵琶湖と地域文化』サンライズ出版　二〇一一年、同「近江大津宮をめぐる諸問題」『国立歴史民俗博物館研究報告』第一七九集　二〇一三年）。なお、現在復原されている大津宮中枢の遺構配置において、内裏南門から内裏正殿までの距離が約八〇メートルとやや距離があることは、正殿の前の広場が儀礼空間として使用されていたことを示すと考えられるのではなかろうか。

(25)　仁藤敦史「「大津京」の再検討」（注(3)前掲書、初出一九八六年）。

［補注］

難波宮に関しては、本書の校正中に、中尾芳治・栄原永遠男編『難波宮と都城制』（吉川弘文館　二〇一四年）が刊行された。前期難波宮に関連する諸問題については、注に掲げた先行研究と併せて参照されたい。

第一章　飛鳥浄御原宮における儀礼空間の復原

はじめに

天武・持統朝の宮室であった飛鳥浄御原宮（六七二〜六九四年）は、現在の奈良県明日香村岡にある伝承飛鳥板蓋宮跡（飛鳥京跡）のⅢ—B期に該当することがほぼ確実とされている。(1)この飛鳥浄御原宮は、近年奈良県立橿原考古学研究所による発掘調査が進められ、二〇〇三年度の第一五一次調査・二〇〇四年度の第一五三次調査及び二〇〇五年度の第一五五次調査により、これまで不明であった内郭内部の構造の一部が明らかにされた(2)［補注1］（図1参照）。

飛鳥浄御原宮は、舒明の飛鳥岡本宮（Ⅰ期）・皇極の飛鳥板蓋宮（Ⅱ期）・斉明と天智の後飛鳥岡本宮（Ⅲ—A期）を踏襲しつつも、内郭外の東南に新たに「大極殿」を有するエビノコ郭を建設するなど、伝統的な宮室から律令制下における宮室への転換点にあった宮としてその画期性が指摘されている。(3)しかし、その内部の殿舎においてどのようにして政務や儀礼が行われたのかという具体的な様相は明らかにされていない。また、天武・持統期は国家制度の確立期と評価されるとともに、正月の饗宴儀礼など奈良時代以降に恒例化する各種の宮廷儀礼の草創期とも位置付けられているが、(4)それが宮室の内部においてどのような形態で行われ、当該期にとっていかなる意味を持つのかについても、未だ論じられてはいない。

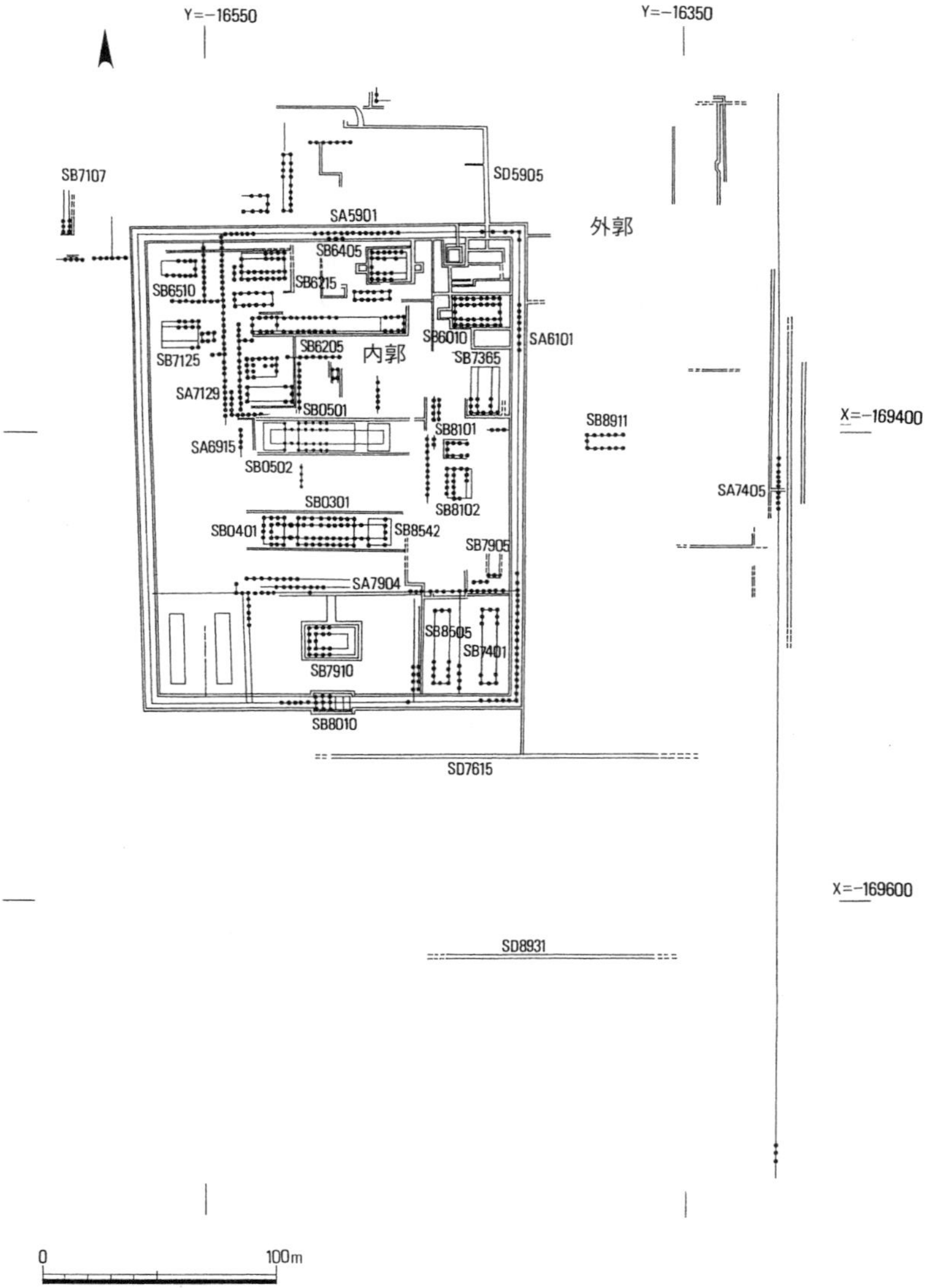

図１－１　飛鳥宮Ⅲ－Ａ期（注(２)の報告書181頁掲載の遺構図に加筆）

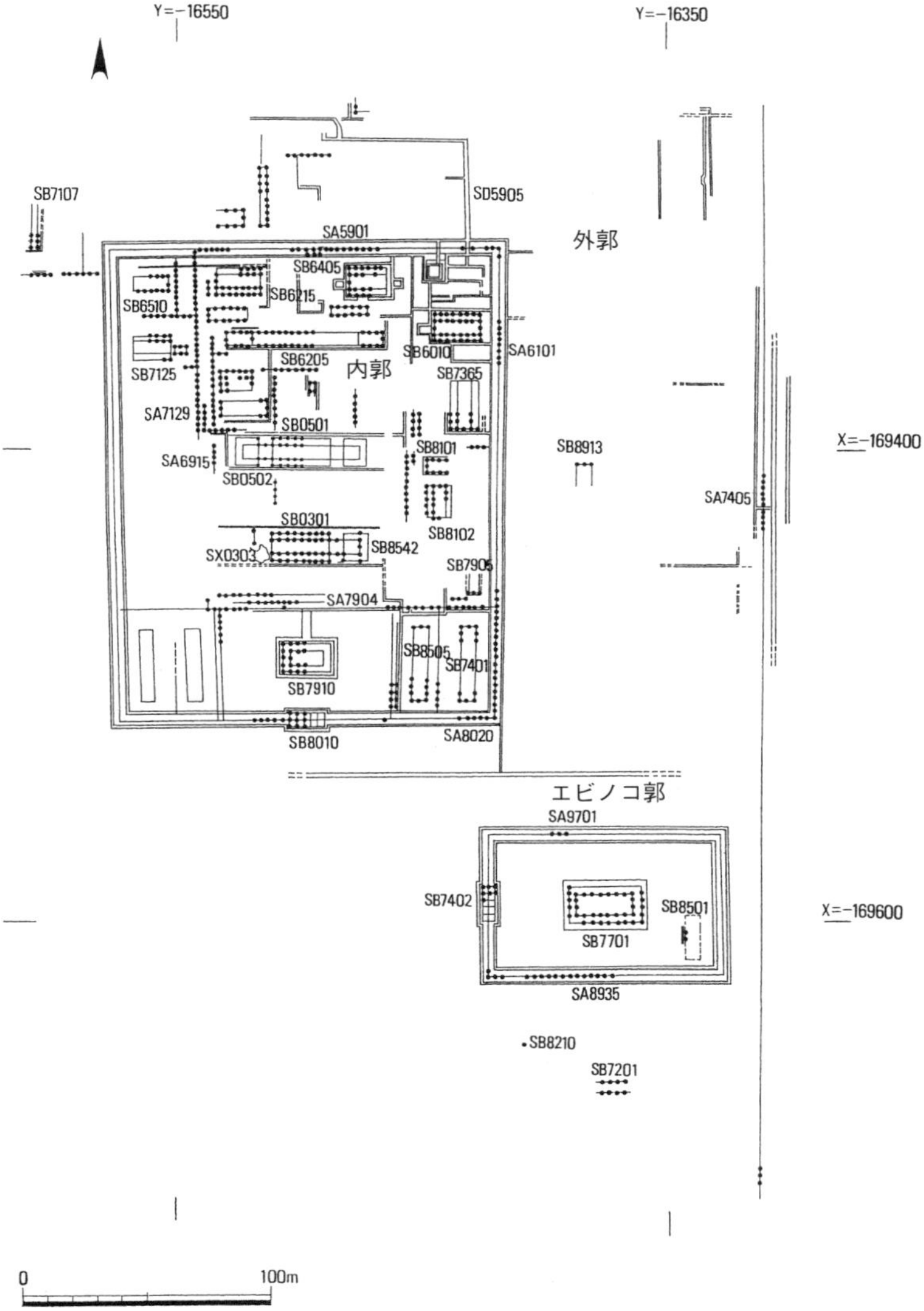

図１－２　飛鳥宮Ⅲ－B 期（注(２)の報告書182頁掲載の遺構図に加筆）

そこで本章では、『日本書紀』に見える飛鳥浄御原宮の殿舎名等を整理し、近年の発掘調査の知見をふまえて飛鳥浄御原宮の儀礼空間の復原を試み、律令制成立の画期とされる当該期の宮室の構造・機能の一端を明らかにする。

第一節　飛鳥浄御原宮の空間構造

最初に、飛鳥浄御原宮（飛鳥宮Ⅲ―B期）の構造について確認しておく（図1参照）[5]。飛鳥浄御原宮は大きく分けて内郭・外郭・エビノコ郭の三区画から成り、内郭はⅢ―A期の後飛鳥岡本宮段階のものを継承するが、エビノコ郭はⅢ―B期になってから造営されたものである。

内郭は南北約一九七メートル、東西一五二～一五八メートルの逆台形型で、周囲は屋根付きの掘立柱塀で囲まれていた。内部は南よりの掘立柱塀SA七九〇四を境に北区画と南区画に分けられ、北区画には人頭大の石が、南区画には拳大の小石が敷き詰められていた。これは両区画の性格的な差違を表すものである。内郭最南部には南門SB八〇一〇が開き、そこから北の主軸線上に沿って前殿SB七九一〇が建ち、その北にSB〇三〇一・SB〇五〇一の二つの大型建物が南北に並んで配置される。このSB〇三〇一とSB〇五〇一とがともに内郭北区画の正殿で、SB七九一〇は内郭南区画の正殿であると同時に内郭全体の正殿でもあったと評価されている。これら三つの大型建物はみな後飛鳥岡本宮（Ⅲ―A期）から継承したものであるが、SB〇三〇一の西の小殿SB〇四〇一は後に撤去されて池SX〇三〇三に造り替えられたことが、小殿南半の柱の抜き取り穴を覆って池状遺構の砂利が敷かれていることから判明している。他の二つの殿舎には建て替えの跡は見られないという。

Ⅲ―B期に新築された区画であるエビノコ郭は、南北約五五メートル、東西九二～九四メートルで、内郭と同様に屋根付きの掘立柱塀で囲まれている。この区画の中央にはＳＢ七七〇一という飛鳥宮の発掘調査で検出された建物のうち最大規模の殿舎があり、これがエビノコ郭の正殿とされ、またいわゆる「大極殿」に比定されている。[6]このエビノコ郭の正殿は南を向くも、南に門はなく、空間としては西を向くという変則的な形態をしており、内郭南門ＳＢ八〇一〇と同規模の西向きの門であるＳＢ七四〇二が天武紀に見える「西門」であると考えられている。正殿が南面するにもかかわらず西に門を開くという変則的な構造となったのは、Ⅲ—Ａ期からの儀式空間である内郭南の広場をⅢ—Ｂ期も継承してエビノコ郭を増設したためとされる。[7]

このエビノコ郭の南側区域に「朝堂」空間が広がると想定する考えもあるが、[8]前述のように南に門の跡は確認されず、閉塞されていたと考えるのが自然であるため、現在のところ朝堂の復原は困難であると見られている。[9]

以上のような空間構成から、内郭北区画の二つの大型建物及び南区画の大型建物（それらに付属する「庭」も含む）、内郭南の飛鳥川とエビノコ郭とに囲まれた広場、そしてエビノコ郭正殿とその前庭などの空間を飛鳥浄御原宮の儀礼空間として想定できるだろう。

第二節　儀礼空間の復原

（一）「庭」と呼ばれる空間

上記の儀礼空間のうち、まずは「庭」という字を冠する空間について見ていきたい。なお、『日本書紀』より飛鳥浄御原宮における儀礼の場所の記載を抽出し、整理したものが表1である。

表1　『日本書紀』に見える飛鳥浄御原宮の儀礼空間一覧

番号	年月日	場所	天皇の出御	集合及召喚の対象	史料
1	天武四年（六七五）正月壬子条［七日］	朝庭		B	賜二宴群臣於朝庭一。
2	天武四年（六七五）正月壬戌条［十七日］	西門庭		B・C	公卿大夫及百寮諸人初位以上射二于西門庭一。亦是日、大倭国貢二瑞鶏一。東国貢二白鷹一。近江国貢二白鵄一。
3	天武五年（六七六）正月甲寅条［十五日］	朝庭		C	百寮初位以上進レ薪。即日、悉集二朝庭一賜レ宴。
4	天武五年（六七六）正月乙卯条［十六日］	西門庭			置レ禄射二于西門庭一。中レ的者則給レ禄有レ差。是日、天皇御二嶋宮一宴之。
5	天武六年（六七七）正月庚辰条［十七日］	南門			射二于南門一。
6	天武七年（六七八）正月甲戌条［十七日］	南門			射二于南門一。
7	天武八年（六七九）正月己亥条［十八日］	西門			射二于西門一。
8	天武八年（六七九）五月己丑条［十日］	大殿前		A	六皇子共拝二天皇於大殿前一。
9	天武八年（六七九）九月庚子条［二十三日］	朝庭		D	遣二高麗一使人、遣二耽羅一使人等、返之共拝二朝庭一。
10	天武九年（六八〇）正月甲申条［八日］	向小殿	○		天皇御二于向小殿一、而宴二王卿於大殿之庭一。是日、忌部首首賜レ姓曰レ連。則与二弟色弗一共悦拝。
		大殿之庭		A・B	
11	天武九年（六八〇）正月癸巳条［十七日］	南門		A・C	親王以下、至二于小建一、射二南門一。
12	天武十年（六八一）正月癸酉条［三日］	朝庭		C	百寮諸人拝二朝庭一。
13	天武十年（六八一）正月丁丑条［七日］	向小殿	○		天皇御二向小殿一而宴之。是日、親王・諸王引二入内安殿一。諸臣皆侍二于外安殿一。共置酒以賜レ楽。則大山上草香部吉士大形、授二小錦下位一。仍賜レ姓曰二難波連一。
		内安殿		A	
		外安殿		B	

14	天武十年（六八一）正月丁亥条［十七日］	朝庭		A・C	親王以下、小建以上、射二于朝庭一。
15	天武十年（六八一）二月甲子条［二十五日］	大極殿	○	A・B	天皇・皇后、共居二于大極殿一、以喚二親王・諸王及諸臣一。詔之曰、朕今更欲下定二律令一改中法式上。故俱修二是事一。然頓就二是務一、公事有レ闕。分レ人応レ行。是日、立二草壁皇子尊一為二皇太子一。因以令レ摂二万機一。
16	天武十年（六八一）三月丙戌条［十七日］	大極殿	○	A・B	天皇御二于大極殿一、以詔二川嶋皇子・忍壁皇子・広瀬王・竹田王・桑田王・三野王・大錦下上毛野君三千・小錦中忌部連首・小錦下阿曇連稲敷・難波連大形・大山上中臣連大嶋・大山下平群臣子首一、令レ記二定帝紀及上古諸事一。大嶋・子首、親執レ筆以録焉。
17	天武十一年（六八二）五月戊申条［十六日］	御所		D	遣二高麗一大使佐伯連広足・小使小墾田臣麻呂等、奏二使旨於御所一。
18	天武十一年（六八二）七月甲午条［三日］	朝庭		D	隼人多来、貢二方物一。是日、大隅隼人与二阿多隼人一相二撲於朝庭一。大隅隼人勝之。
19	天武十二年（六八三）正月庚寅条［二日］	朝庭		C	百寮拝二朝庭一。筑紫大宰丹比真人嶋等、貢二三足雀一。
20	天武十二年（六八三）正月乙未条［七日］	大極殿前		A・B	親王以下及群卿、喚二于大極殿前一、而宴之。仍以二三足雀一示二于群臣一。
21	天武十二年（六八三）正月丙午条［十八日］	庭中		A・B・C	詔曰、明神御大八洲倭根子天皇勅命者、諸国司・国造・郡司及百姓等、諸可レ聴矣。（中略）是以親王・諸王及群卿・百寮、并天下黎民、共相歓也。乃小建以上、給レ禄各有レ差。因以大辟罪以下、皆赦之。亦百姓課役、並免焉。是日、奏二小墾田儛及高麗・百済・新羅三国楽於庭中一。
22	天武十三年（六八四）正月丙午条［二十三日］	東庭	○	B・D	天皇御二于東庭一。群卿侍之。時召二能射人及侏儒・左右舎人等一射之。

23	天武十四年（六八五）正月戊申条［二日］	朝庭		C	百寮拝二朝庭一。
24	天武十四年（六八五）五月庚戌条［五日］	南門			射二於南門一。
25	天武十四年（六八五）九月壬子条［九日］	旧宮安殿之庭	○	A	天皇宴二于旧宮安殿之庭一。是日、皇太子以下、至二于忍壁皇子一、賜レ布各有レ差。
26	天武十四年（六八五）九月辛酉条［十八日］	大安殿	○		天皇御二大安殿一、喚二王卿等於殿前一、以令二博戯一。是日、宮処王・難波王・竹田王・三国真人友足・県犬養宿祢大侶・大伴宿祢御行・境部宿祢石積・多朝臣品治・采女朝臣竹羅・藤原朝臣大嶋、凡十人賜二御衣袴一。
		殿前		A・B	
27	朱鳥元年（六八六）正月癸卯条［二日］	大極殿	○	A・B	御二大極殿一、而賜二宴於諸王卿一。是日、詔曰、朕問二王卿一、以二無端事一。仍対言得レ実、必有レ賜。於是、高市皇子被レ問以レ実対。賜二蓁揩御衣三具・錦袴二具、并絁廿匹・糸五十斤・綿百斤・布一百端一。伊勢王亦得レ実。即賜二皁御衣三具・紫袴二具・絁七匹・糸廿斤・綿卌斤・布四十端一。是日、摂津国人百済新興、献二白馬瑙一。
28	朱鳥元年（六八六）正月丁巳条［十六日］	大安殿	○	A・B	天皇御二於大安殿一、喚二諸王卿一賜レ宴。因以、賜二絁綿布一。各有レ差。是日、天皇問二群臣一、以二無端事一。則当時得レ実、重給二絁綿一。
29	朱鳥元年（六八六）正月戊午条［十七日］	後宮			宴二後宮一。
30	朱鳥元年（六八六）正月己未条［十八日］	朝庭			朝庭大酺。是日、御二御窟殿前一、而倡優等賜レ禄有レ差。亦歌人等賜二袍袴一。
		御窟殿	○	D	
31	朱鳥元年（六八六）二月甲戌条［四日］	大安殿	○	B	御二大安殿一。侍臣六人授二勤位一。
32	朱鳥元年（六八六）七月丙寅条［二十八日］	御窟院		D	選二浄行者七十人一以出家。乃設二斎於宮中御窟院一。
33	朱鳥元年（六八六）九月戊申条［十一日］	南庭			始発哭。則起二殯宮於南庭一。

34	朱鳥元年（六八六）九月辛酉条［二十四日］	南庭			殯二于南庭一。即発哀。当二是時一、大津皇子、謀二反於皇太子一。
35	持統三年（六八九）正月甲寅朔条［一日］	前殿	○		天皇朝二万国于前殿一。
36	持統三年（六八九）八月壬午条［二日］	神祇官		C	百官会二集於神祇官一、而奉二宣天神地祇之事一。
37	持統四年（六九〇）正月庚辰条［三日］	内裏		B	宴二公卿於内裏一。仍賜二衣裳一。
38	持統四年（六九〇）二月丙寅条［十九日］	内裏			設二斎於内裏一。
39	持統四年（六九〇）五月庚寅条［十五日］	内裏			於二内裏一始安居講説。
40	持統五年（六九一）三月甲戌条［三日］	西庁		B	宴二公卿於西庁一。
41	持統七年（六九三）五月癸卯条［十五日］	内裏			設二無遮大会於内裏一。
42	持統七年（六九三）九月丙申条［十日］	内裏			為二清御原天皇一、設二無遮大会於内裏一。繋囚悉原遣。
43	持統八年（六九四）五月戊子条［六日］	内裏		B	饗二公卿大夫於内裏一。

《凡例》

儀礼空間に集合する・あるいは召喚される対象

A…「親王」・「諸王」・「皇子」等の皇親

B…「諸臣」・「群臣」・「侍臣」等のマヘツキミ層

C…「百寮」・「百官」等の全官人

D…その他

※「王卿」はA・B層の総称

※持統四年正月庚辰条以降史料に現れる「公卿」に関しては、浄御原令による影響も考えられるため、天武紀の表記と別に扱う必要があるかもしれないが、ここでは律令制の初期段階において五位以上官人は公卿＝「マヘツギミ」、六位以下官人は「百官」として把握されていたこと（虎尾達哉「律令官人社会における二つの秩序」『律令官人社会の研究』塙書房　二〇〇六年、初出一九八四年）から、便宜的にマヘツギミ層と分類しておく。

『日本書紀』を見てみると、天武四年（六七五）から朱鳥元年（六八六）にかけて「朝庭」「西門庭」「大殿之庭」「庭中」「東庭」「旧宮安殿之庭」「南庭」などの名称が見える。林部均氏は『日本書紀』天武五年（六七六）正月甲寅条に「悉集二朝庭一賜レ宴」（表1―3）、同じく正月乙卯条に「射二于西門庭一」（表1―4）と見え、正月の一連の記事の中で「朝庭」と「庭」とが書き分けられていることから、両者は使用目的が異なる別空間であり、「庭」は内郭南門と西の飛鳥川・東のエビノコ郭に囲まれた三角形の空間を、「朝庭」はエビノコ郭の南を指すとした。そして天武十三年（六八四）正月丙午条「天皇御二于東庭一」（表1―22）に見える「東庭」は天皇の出御が明記されることから、「庭」「朝庭」とは異なる庭と見て、内郭にある東向きの建物の前庭もしくは内郭に対する東と考え、天武九年（六八〇）正月甲申条に見える「大殿之庭」（表1―10）・天武十二年（六八三）正月丙午条の「庭中」（表1―21）はともに内郭前殿の前庭を指し、天武十四年（六八五）九月壬子条の「旧宮安殿之庭」（表1―25）は、「旧宮」が後飛鳥岡本宮から継承した内郭に相当するならば、内郭内の殿舎の前庭とするのが適切であるとされた[10]。

「庭」を冠する空間においては、拝賀・射礼・宴・相撲等が行われたことが、表1から明らかである。このうち、天武朝には正月十七日前後に行われることの多かった射礼の場として「西門庭」（表1―2・4）や「西門」（表1―7）あるいは「南門」（表1―5・6・11・24）があり、この「西門」及び「南門」の前面に広がる空間が射を行う臣下たちの集まる場であったと考えられる。そのような空間として想定できるのが内郭南門と西の飛鳥川・東のエビノコ郭に囲まれた三角形の広場であり、すなわちこの空間が「庭」であったとすることには異論はないが、内郭北区画にも「庭」と呼べる広場が発見されたことで、考えられる可能性が広がったため、その他の「庭」を冠する空間については再考の余地があるように思う。ただし「庭」を考えるにあたってはその庭が付属する殿舎の性格や庭の具体的な使用状況を考えることが必要であるから、まずは飛鳥浄御原宮の殿舎比定の仮説を立てた上で、改めて考えていきたい。

（二）『日本書紀』に見える飛鳥浄御原宮の殿舎

『日本書紀』には飛鳥浄御原宮期における殿舎名が散見されるが、それが宮の内部にどのように配置されていたのかについては史料的制約もあり、容易には当てはめ難い。そのため殿舎比定については諸説あり、先学の説を整理すると次のようになる。以下、上側を北として殿舎名を記す。

○岸俊男説[11]

大殿＝内安殿＝前殿　―　向小殿＝外安殿　／　大極殿

○小澤毅・林部均（一九九八）説[12][13]

内安殿　―　向小殿　―　外安殿＝大安殿＝大殿　／　大極殿

○仁藤敦史説[14]

向小殿　―　内安殿＝大安殿　／　外安殿＝大極殿

○林部均（二〇〇八）説[15]

内安殿　―　内安殿　―　外安殿＝大安殿　／　大極殿
（向小殿（脇殿））

（※内安殿はＳＢ〇三〇一・ＳＢ〇五〇一のどちらかで、いずれにせよ内郭北区画に存在する殿舎とする。）

「大極殿」という名称が浄御原宮期から使用されていたかどうかはともかく、エビノコ郭正殿を「大極殿」とすることは諸説一致しているが、内郭内部の構造については意見が大きく異なっている。殿舎の名称については、藤原宮や平城宮の事例も合わせて系譜関係を考える必要はあろうが、ここではひとまず『日本書紀』に書かれた各殿舎における使用状況の分析から、内郭内部の構造を考える。

①大極殿

まずは大極殿について検討するが、具体的な考察に入る前に「大極殿」の成立に関する問題について触れておく。飛鳥浄御原宮の「大極殿」については、その使用形態が藤原宮以降の宮における大極殿と異なり、天皇の独占的空間になっていないことから、天武紀に見える「大極殿」は『日本書紀』の潤色であるとの見解が出され、[16]その説が踏襲される傾向にあった。[17]この潤色説では、大極殿相当建物は「大安殿」であったとされる。天武紀を見ると確かに機能的な面において後世の大極殿とは異なる性格を見出し得るが、小澤毅氏が指摘されるように、[18]朱鳥元年正月の記事の中で癸卯条（二日）では「大極殿」で賜宴、丁巳条（十六日）には「大安殿」で賜宴と書き分けられていることとの整合的理由が見出せないため、両者は別の殿舎であると考えるべきである。

では具体的に天武紀における大極殿の使用状況を見ていく。浄御原宮期の史料において「大極殿」が登場するのは以下の四例である。

ａ．天武十年（六八一）二月甲子条（表１―15）

天皇・皇后、共居二于大極殿一、以喚二親王・諸王及諸臣一。詔之曰、朕今更欲下定二律令一改中法式上。故倶修二是事一。然頓就二是務一、公事有レ闕。分レ人応レ行。是日、立二草壁皇子尊一、為二皇太子一。因以令レ摂二万機一。

b. 天武十年（六八一）三月丙戌条（表1—16）

天皇御二于大極殿一、以詔二川嶋皇子・忍壁皇子・広瀬王・竹田王・桑田王・三野王・大錦下上毛野君三千・小錦中忌部連首・小錦下阿曇連稲敷・難波連大形・大山上中臣連大嶋・大山下平群臣子首一、令レ記二定帝紀及上古諸事一。大嶋・子首、親執レ筆以録焉。

c. 天武十二年（六八三）正月乙未条（表1—20）

親王以下及群卿、喚二于大極殿前一、而宴之。仍以二三足雀一示二于群臣一。

d. 朱鳥元年（六八六）正月癸卯条（表1—27）

御二大極殿一、而賜二宴於諸王卿一。是日、詔曰、朕問二王卿一、以二無端事一。仍対言得レ実、必有レ賜。於レ是、高市皇子被レ問以レ実対。賜二秦揩御衣三具・錦袴二具、并絁廿匹・糸五十斤・綿百斤・布一百端一。伊勢王亦得レ実。即賜二皁御衣三具・紫袴二具・絁七匹・糸廿斤・綿卌斤・布卌端一。

このうち史料ｃのみ天皇の出御が明記されていないが、「親王以下及群卿」を「喚」ぶ主体は、史料ａの事例から推して天皇と見て差し支えないので、天皇は大極殿に出御していると考えてよい。召喚される対象はいずれも「親王・諸王及諸臣」「親王以下及群卿」「諸王卿」とあり、他条に見える「百寮」「百官」などとの書き分けから、ある程度限定された身分の者のみが入ることのできる空間であった。そこでは律令制定や帝紀及び上古諸事の記定の詔が出されたり、年頭の正月の宴が催されたりしていることから、国家の重要行事を行う場としての認識があったものと考えられる。

このような状況を考えると、「大極殿」はⅢ—B期になってから新設されたエビノコ郭正殿に当てるのが妥当である。この場合、「大極殿」は後世に見られるような天皇の独占的空間にはなっていないが、国家の重要行事を催行する場として意識されていたことは確かであろう(19)。

②大安殿

「大安殿」の用例は、次の三例である。

a．天武十四年（六八五）九月辛酉条（表1—26）

天皇御二大安殿一、喚二王卿等於殿前一、以令二博戯一。是日、宮処王・難波王・竹田王・三国真人友足・県犬養宿祢大侶・大伴宿祢御行・境部宿祢石積・多朝臣品治・釆女朝臣竹羅・藤原朝臣大嶋、凡十人賜二御衣袴一。

b．朱鳥元年（六八六）正月丁巳条（表1—28）

天皇御二於大安殿一、喚二諸王卿一賜レ宴。因以、賜二絁綿布一。各有レ差。是日、天皇問二群臣一、以二無端事一。則当時得レ実、重給二絁綿一。

c．朱鳥元年（六八六）二月甲戌条（表1—31）

御二大安殿一。侍臣六人授二勤位一。

いずれも天皇が出御していることや、「内」に対する「大」と同様の意味で「外」が使用されることがあることから(20)、大安殿＝外安殿と考えることが一般的で、先行研究ではその位置を内郭南区画の正殿であるSB七九一〇に比定する。確かに、内郭南区画が掘立柱塀と敷石の形態の違いとをもって北区画と区別されていることと、その正殿SB七九一〇が内郭中で最も南に存在することを考慮すれば、臣下が召されて公的儀式を行う建物として、当該遺構が最もふさわしいようにも思われる。しかし大安殿の使用状況を見てみると、喚ばれる対象はそれぞれ「王卿等」、「諸王卿」、「侍臣六人」とあって極めて限定されており、また大極殿と同様に天皇から召喚されて入る場所であることを考えると、従来考えられているよりも奥向きの殿舎という印象を受ける。しかし天武十年（六八一）正月丁丑条（表1―13）には「諸臣皆侍二于外安殿一」とあって「外安殿」には「諸臣」が侍したとあるから、大安殿は広く臣下の出入りを許された場所だという意見もあろう。だが、私は大安殿＝外安殿であるという説をとらない。確かに「大」と「外」の用法から二つを同一視することは可能だが、大安殿が諸臣も中に入って公的な儀式を行うような施設であることを示す史料が見受けられず、天武紀の中で「大」と「外」との書き分けがなされている以上、基本的に二つは別の建物と見なすべきである。そこで、私は内郭南区画正殿ＳＢ七九一〇が外安殿で、北区画の南の建物ＳＢ〇三〇一こそが大安殿であると考える。南区画は臣下が日常的に「侍」すことを許された場所であり、それより北は塀で囲われて出入りできる人は限られ、天皇が「喚」ばなければ入ることのできない空間だったのである。発掘調査の結果、北区画の二つの大型建物ＳＢ〇五〇一とＳＢ〇三〇一は脇の小殿を合わせると南区画のＳＢ七九一〇よりも殿舎の規模は大きいことになり[21]、ＳＢ〇三〇一を「大」安殿とすることに規模の上での問題はない。

なお、外安殿を大極殿と同義と見てエビノコ郭正殿に当てる説[22]もあるが、天武十年正月丁丑条の記事（表1―13）から見て、同日中に天皇・親王・諸王が内郭内の内安殿にいながら諸臣がエビノコ郭内に侍して「共に置酒し以て楽を賜う」とする状況は成立し難い。上述したように、エビノコ郭正殿は未だ天皇の独占的空間になっていないとはいえ、天皇の出御する特別な場という認識はあったと見なし得るため、天皇が御している時ならまだしも、諸臣だけがそこに集まるという状況は考えにくい。天武十年正月丁丑条に見える賜楽は、内郭内のいずれかの庭で行われたと見て、両殿舎は内郭内に存すると見るのが妥当であろう。

③内安殿

次いで「内安殿」について考える。内安殿の用例は、天武十年（六八一）正月丁丑条のみである（表1―13）。

天皇御二向小殿一而宴之。是日、親王・諸王引二入内安殿一。諸臣皆侍二于外安殿一。共置酒以賜レ楽。則大山上草香部吉士大形、授二小錦下位一。仍賜レ姓曰二難波連一。

用例が一例のため、他史料との比較ができないが、親王諸王を内安殿に「引入」とあり、「喚」ぶ場合よりもさらに奥向きの殿舎であることが予想されることから、内安殿はＳＢ〇五〇一に比定できると考える。用例が他に見られず、天皇が内安殿に「御」した記事が見られないのも、内安殿が主として天皇や皇后の日常的な空間であり、たとえ親王や諸王であっても容易には入ることができない殿舎だったからではないだろうか。そしてこのＳＢ〇五〇一は前述のようにⅢ―Ａ期からのものをそのまま継承し、ＳＢ〇三〇一のように改作はされなかったことが考古学的見地から明らかにされている(23)。この建物が天武十四年（六八五）九月壬子条に見える「旧宮安殿」（表1―25）に当たると思われる。当該条には、

天皇宴二于旧宮安殿之庭一。是日、皇太子以下、至二于忍壁皇子一、賜レ布各有レ差。

とあって、この旧宮安殿の庭で宴が行われたという記述に続けて皇太子以下忍壁皇子までに賜布が行われたとある。この賜物も旧宮安殿（之庭）で行われたのならば、天皇の近親者がこの殿舎に召されていることになり、前述した内安殿の性格とも一致する。

④向小殿

では「向小殿」はどの殿舎を指すのであろうか。向小殿の用例は二例あり、一つは天武九年（六八〇）正月甲申条（表1―10）の

天皇御二于向小殿一、而宴二王卿於大殿之庭一。是日、忌部首首賜レ姓曰レ連。則与二弟色弗一共悦拝。

と、③で挙げた天武十年正月丁丑条（表1―13）で、いずれも天皇が出御している。天武十年正月丁丑条の書きぶりからすると、向小殿は内郭のSB〇五〇一かSB〇三〇一に当たると考えられるが、南区画正殿SB七九一〇よりも大きい北区画の二つの大型建物が「小」殿と呼ばれるのは、解釈の上で矛盾するように思われる。両史料の中で、向小殿は天皇が出御して宴を行った場所として登場する。天武九年正月甲申条を見ると、向小殿と「大殿之庭」とは隣接しており、王卿が「大殿之庭」に集い、天皇は向小殿に姿を現す形で宴に参加したということになろう。この「大殿」は「大安殿」の略として同じ建物と見られており[24]、大安殿は前述のように王卿が「喚」ばれる場所であったから、この場合の「大殿」は大安殿を指すものと思われる[25]。

また、先に大安殿に比定した北区画のSB〇三〇一の西側の小殿が飛鳥浄御原宮期に庭に改作されたことを考え合わせると、この池の周りが宴の会場として使用された可能性もある。ここを「大殿之庭」とするならば、向小殿はこれに向かい合う殿舎ということになり、それはすなわち内安殿に比定したSB〇五〇一の西の小殿と推定できる。

右に挙げた殿舎の他に、もう一つ天皇が出御したことが明記された殿舎がある。朱鳥元年（六八六）正月己未条（表1―30）に見える「御窟殿」である。これは朱鳥元年七月丙寅条（表1―32）に設斎の場所として見える「御窟院」も同じ場所を指すとされるが[26]、これは何処を指すのか。朱鳥元年正月己未条を見ると、「朝庭大酺。是

日、御二御窟殿前一、而倡優等賜レ禄有レ差。亦歌人等賜二袍袴一」とあり、朝庭で大酺が行われた後、御窟殿の前で倡優等と歌人に対して賜物が行われたと記される。おそらく朝庭での大酺において歌舞等を披露したことへの褒賞であろう。

この御窟殿の「ムロ」とは『日本書紀』の中では他に「室」の字が当てられることが多く、用例としては「無戸室（ウツムロ）」「新室（ニヒムロ）」などの形で現れる。古代史料に見える「ムロ」の用例を精査された木村徳国氏の研究によると、自然の洞穴のような非構築物的なものであれ実際の建築物の類であれ、内部空間の外界からの影響の遮断性の強い空間が「ムロ」であり、建築物としての「ムロ」の特性は、内部空間の閉鎖性にあるとされる。(27)このような特徴を持つ「ムロ」の名を冠する御窟殿は、内郭の中でもさらに奥まった殿舎であると推測される。そのような殿舎として、内郭中の奥の建物ＳＢ〇五〇一の東側に想定される小殿が御窟殿であるとは考えられないだろうか。(28)そしてその殿前は倡優や歌人といった芸能者を召す場所として書かれていることから、中央の殿舎ではなく脇の小殿が賜物の場に当てられていると考えられる。(29)

このように芸能者などを召す場としては、天武十三年（六八四）正月丙午条（表1―22）に「東庭」が見え、そこで能射人や侏儒、左右舎人等を召して射礼を行ったとある。これは射礼の例として別に考えるべきかもしれないが、東の小殿前の庭が芸能者などへの賜物を行う場所とされていた可能性を想定することもできる。また、朱鳥元年七月丙寅条（表1―32）に「選二浄行者七十人一以出家。乃設二斎於宮中御窟院一」と見えるのも、やや手狭な感はあるが、殿舎内部ではなく、この東の小殿前の庭に浄行人を集めて設斎を行ったものと解釈できよう。

以上の考察から、飛鳥浄御原宮の殿舎比定の私案を提示すると次のようになる（図2参照）。

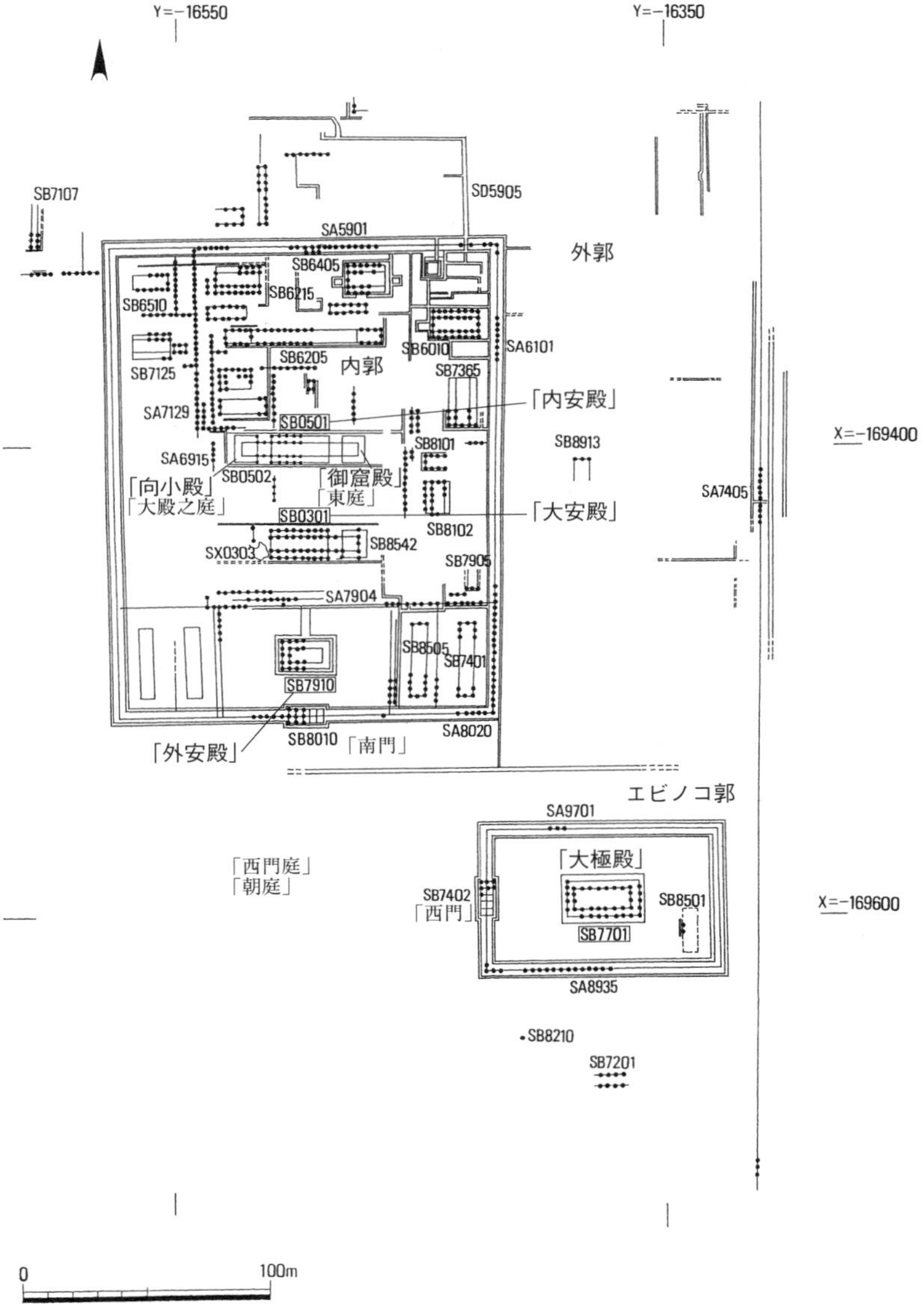

図２　飛鳥浄御原宮の儀礼空間〈私案〉（注（２）報告書182頁掲載図に加筆）

御窟殿（東脇殿）　（東庭）
内安殿　—　大安殿　—　外安殿　／　大極殿
向小殿（西脇殿）　（大殿之庭）

すなわち、『日本書紀』に見える各殿舎の性格は、以下のように整理できる。

・内安殿…天皇の私的空間という性格が強く、親王・諸王も天皇によって引き入れられなければ入ることができない。
・向小殿…内安殿南の西側の庭（大殿之庭）を使用する際に天皇が出御する場所。
・御窟殿…内安殿南の東側の庭（東庭）を使用する際に天皇が出御する場所。
・大安殿…天皇が出御して王卿等と賜宴・賜物・授位などを行う殿舎。
・外安殿…内郭南区画の正殿で、天皇と臣下との公的儀式の場。基本的には臣下の場であり、臣下だけで居ることも許された殿舎。
・大極殿…国家の重要行事を行う殿舎。天皇の召しにより臣下もエビノコ郭内に入ることがある。

林部氏は、Ⅲ—Ａ期から公的儀式の場であった内郭南区画のＳＢ七九一〇が、Ⅲ—Ｂ期のエビノコ郭の出現による儀式空間の並存を受け、その機能の一部をエビノコ郭（「大極殿」）に移行させることとなり、その結果内郭全体が天皇の私的空間——後の内裏内郭に相当する空間になったとする[30]。しかし、各殿舎の使われ方を見ると、主要な儀式の場は大安殿を中心とする内郭内の殿舎であり、その中でも外安殿は臣下が侍候する場としての認識があったと推測でき、外安殿を中心とする内郭南区画は天皇と臣下とが政務や公的な儀式を行う場所としての性格を維持していたと思われる。一方、内郭北区画は天皇の居住空間に近く、閉鎖性の高い空間であったが、時には臣下が召されて宴や賜物などが行われた。従来指摘されているように、南区画とエビノコ郭が北区画のように人頭大の玉石敷ではなく砂利敷とされているのも、公的儀式空間という性格を視覚的に示すためであろう(31)。

第三節　飛鳥浄御原宮の儀式形態

（一）「朝庭」の位置

前節における飛鳥浄御原宮における殿舎の比定をふまえ、ここで再び庭の問題に立ち返ってみたい。天武紀において儀礼空間としての「庭」が史料に見えるのは一七例で、そのうち「西門庭」の二例（表1―2・4）はともに正月の射礼の場として見え、西門は先に見たようにエビノコ郭の西の門を指すと思われるから、「西門庭」は内郭南門とエビノコ郭西門と飛鳥川とに囲まれた三角形の広場を指すことになる。ではこの空間と「朝庭」との関係はどうなっているのだろうか。

通常「朝庭」と言った場合、推古紀からその構造が復原される小墾田宮の場合は庁が建っている空間(32)、藤原宮以降の場合は朝堂に囲まれた、政務・儀礼のための空間を指す。しかし浄御原宮の場合、前述のように、後の宮室に見えるような形態の朝堂相当の遺構が確認されていないため、その有無は不明である。天武紀に「朝庭」が登場する史料は九例あり、内容を見ると「賜二宴群臣於朝庭一」（天武四年正月壬子条、表1―1）、「百寮初位以上進レ薪。即日、悉集二朝庭一賜レ宴」（天武五年正月甲寅条、表1—3）、「百寮諸人拝二朝庭一」（天武十年正月癸酉条、表1—12）などとあって、全官人たちが集まって宴や拝礼を行う場であったことがわかる。このような大規模な儀礼を行う場として考えられるのは、内郭南門の南方の広場のみである。また、天武十年正月丁亥条（表1—14）には「親王以下、小建以上、射二于朝庭一」とあり、朝庭で射礼が行われていることから見ても、西門庭＝朝庭と考えてよいだろう。この空間に朝堂に相当する建物は存在しないが、「臣下の場」という意味での「朝庭」[33]であり、浄御原宮においては全官人を対象とする儀礼の場として機能していたと考えられる。

その他の「庭」と称される空間としては「大殿之庭」（表1—10）・「庭中」（表1—21）・「東庭」（表1—22）・「旧宮安殿之庭」（表1—25）・「南庭」（表1—33・34）の五例があり、このうち「大殿之庭」「東庭」「旧宮安殿之庭」については前節で復原した通りである。「庭中」は同じ天武十二年（六八三）正月丙午条（表1—21）の、天瑞が重ねて到来したことによる賜禄・罪人赦免・課役免除の詔が出されたのが大極殿であったと考えて、その記事と連続性があると見てよいならば、大極殿の前庭かと推測される。また天武の殯宮が設けられた「南庭」は判断材料が乏しく、内郭内部のいずれかの庭であった可能性もあるが、殯宮儀礼が諸臣による服属儀礼の性格を持ち合わせていたことなどを考慮し[34]、内郭南門の南、すなわち朝庭と同空間であったと見ておきたい。

（二）射礼儀礼の意義

内郭南門の南方の空間で行われた行事のうち、史料上最も多く確認されるのが射礼の儀礼である。そこで、次にこの射礼の儀礼について若干の考察を試みたい。

まず射礼の儀礼について確認しておく。射礼とは養老雑令大射条に「凡大射者、正月中旬、親王以下初位以上、皆射之。其儀式及禄、従二別式一」とあり、正月中旬に親王以下初位以上が行う「大射」として規定される。［補注2］藤原宮期には「南門」(35)で、平城宮では「南闈」(36)・「中宮」(37)・「大極殿南門」(38)で大射が行われたという記事が見え、その後『内裏儀式』『内裏式』『儀式』には天皇が豊楽院あるいは建礼門前で行われる射を観覧する「観射式」として規定され、儀式の次第は嵯峨朝頃に確定したと見られている。(39)『日本書紀』には清寧紀・孝徳紀・天智紀に一例ずつ射礼を行った記事が見えるが、記事がまとまって現れるのは天武・持統紀である。ただし記述が短かく、内容を推測し難い。そこで『続日本紀』に記載された六例を見てみると、蕃客が参列し、全官人ないしは選ばれた代表者が天皇の前で射を行うという儀礼構造はほぼ平安期のものと同じであるという。(40)天武・持統紀に見える射礼の参加者も、天武紀では「公卿大夫及百寮諸人初位以上」（天武四年正月壬戌条、表1―2）・「親王以下、至二于小建一」（天武九年正月癸巳条、表1―11）とあり、持統八年正月辛丑条に「五位以上射」、翌壬寅条に「六位以下射、四日而畢」と見えることから、全官人が射を行うことが原則であり、さらに持統三年八月癸卯条に「観レ射」とあるので、天皇も儀礼が行われる場所へ出御していたことがわかる。つまり蕃客の参加以外は、平城宮期の射礼の形態と基本的には同じであったと言える。浄御原宮期には外国使節や化外民はそれぞれ筑紫や飛鳥寺の西の広場などで饗されて宮内に入ることはなかったから、(41)この時期の射礼は天皇と官人とで行う儀礼であったと見てよいだろう。

浄御原宮における射礼にも天皇が出御していたとするならば、(42)内郭南門南方の広場が「西門」「南門」と書き分けられているのは、天皇の出御場所から見た庭の位置を指すのではなかろうか。すなわち、天皇が大極殿に出御して射を観る時は「西門（庭）」、内郭南区画正殿（私案では外安殿）に出御して観射する時は「南門」と記されるのではないかと思われる。このように考えると、浄御原宮において天皇と全官人とが一所に会する大規模な儀礼は史料を見る限り射礼のみであり、重要な宮廷儀礼としてほぼ毎年のように行われていたことがうかがえる。では天皇が官人の射を、時に四日間もかけて観ることにはどのような意味があったのだろうか。

射礼は元来中国の儀礼で、『礼記』射儀には燕礼や郷飲酒礼とともに行われることで「君臣之義」を明らかにするものと説かれている(43)。元々「射」という行為は犠牲獣を射る祭祀の一要素であったとも言われ(44)、犠牲獣を射ることが服属の表現であり、さらに射礼そのものが服属を表現することになったとも言われる(45)。つまり射礼は臣下が天皇に対する従属を示す重要な儀礼として取り入れられ、庭を会場として行われていた(46)。平城宮段階の射礼は主として蕃客の服属儀礼的性格が強いのに対し、天皇と官人との支配―服属関係の確認儀礼という意味合いが強かったことが、浄御原宮期の射礼の大きな特色といえる。その射礼が行われる場となった内郭南門南方に広がる空間（＝朝庭）は、天皇と全官人とがともに儀礼に臨む、言わば天皇と臣下との接点としての性格を持っていた。そして、天皇の臨御のもとに宴や射礼等の儀礼を行うことにより、支配階級としての共同意識を生み出す場として機能したのである。

小　結

飛鳥浄御原宮の儀礼空間についてまとめると次のようになる。

内郭北区画は南区画と掘立柱塀で仕切られ、敷石の形状も異なることから、基本的には天皇の空間であり、臣下は容易に入ることが許されなかった。北区画の北側の殿舎は内安殿として他の殿舎に比べ私的な性格を持っており、臣下に対する賜宴・賜物の際は、天皇は両脇の小殿（向小殿・御窟殿）に出御したものと推定される。同じく北区画の南側の殿舎は大安殿に相当すると考えられ、天皇が親王・王卿などの血縁者や側近を召喚して宴などを行う場所として機能した[47]。この殿舎の西の脇殿を改作してできた池の周囲の庭で宴が催されることもあっただろう。

内郭南区画正殿は外安殿と称され、諸臣も入ることを許された公的な場所であった。すなわち外安殿は特定の公的儀式の際に天皇が出御する場であると同時に、官人が侍候する場としての機能も備えていたと考えられる。そしておそらく年頭の朝拝にあたっては外安殿前庭の砂利敷、あるいは南門の南に広がる朝庭にも官人が集まり、跪いて拝礼を行ったのだろう[48]。

エビノコ郭正殿は国家の重要事項に関する詔を宣する際などに使用され、臣下が天皇によって召喚されることもあるが、内郭南区画の施設と比較して、天皇の臨御のもと特別な行事を行う場として認識されていた。内郭から見て南側・エビノコ郭の西側の広場は全官人たちが集合する「朝庭」であり、そこでは賜宴や服属儀礼としての射礼が行われ、天皇は外安殿もしくは大極殿に出御する形で儀礼に参加した。ただし浄御原宮の朝庭をこのように捉えた場合、孝徳朝の前期難波宮のような王権の威容を強調するための空間としての朝庭[49]や、藤原宮以降の国家的行事・儀式・政務を行う大極殿前の朝庭とも異質であるということになるが、この場所は律令制的官僚制への過渡期の朝庭として、官人の身分秩序を視覚化する場として機能したと推定される。

律令制的な官司制・官人制の起源は天武朝にあるとされ[50]、四十八階冠位制や服制整備、あるいは「難波朝庭之立礼」復活などの礼制の改正、氏上制・八色の姓・新考選法など種々の官人政策によってその基礎が築かれた。宮内の殿舎の利用形態を見ると、各空間にはそれぞれ性格の差があったことがわかる。飛鳥浄御原宮においては、特定の階層の者を内郭北区画あるいはエビノコ郭内へ召喚すること、あるいは行事の際の朝庭における諸臣の列立といった空間的差別を設けることによって、律令制的な官人秩序の形成を企図していたと考えられる。
そして、従来内郭内部は基本的に天皇の空間であって内裏的な要素が強く閉鎖的な空間であると見られているが、外安殿を中心とする内郭南区画はすでに官人の侍候空間としての性格を持ち始めていたのである。この点にも、律令制的宮室への過渡期の宮としての飛鳥浄御原宮の特色を認めることができるだろう。

〈注〉

（1）小澤毅「伝承板蓋宮跡の発掘と飛鳥の諸宮」（『日本古代宮都構造の研究』青木書店　二〇〇三年、初出一九八八年）、林部均「伝承板蓋宮跡の年代と宮名」（『古代宮都形成過程の研究』青木書店　二〇〇一年、初出一九九八年）。ただし、Ⅲ―B期の遺構を飛鳥浄御原宮に比定する見解については、亀田博「七世紀後半における宮の形態」（『日韓古代宮都の研究』学生社　二〇〇〇年、初出一九八七年）、菅谷文則「飛鳥京第Ⅲ期遺構と掘立柱建築の諸条件小考」（『横田健一先生古稀記念文化史論叢』上　創元社　一九八七年）等によってすでに指摘されている。

（2）飛鳥京跡（飛鳥宮）のこれまでの発掘成果は、奈良県立橿原考古学研究所編『飛鳥京跡Ⅲ―内郭中枢の調査（1）―』（奈良県立橿原考古学研究所調査報告第一〇二冊　二〇〇八年）にまとめられた。また、飛鳥京と飛鳥宮に関する概括的な著書として、林部均『飛鳥の宮と藤原京―よみがえる古代王宮』（吉川弘文館　二〇〇八年）が刊行された。

（3）林部均「飛鳥浄御原宮の成立」（注（1）前掲書、初出一九九八年）。

（4）山中裕「年中行事の成立と変遷」（『平安朝の年中行事』塙書房　一九七二年）。

（5）以下、飛鳥浄御原宮の発掘成果に関しては、注（2）前掲報告書による。

（6）小澤注（1）前掲論文、林部注（3）前掲論文。

（7）林部均「飛鳥宮Ⅲ―B期遺構と『日本書紀』―その殿舎名をめぐって―」（注（2）前掲報告書）。

（8）小澤毅「飛鳥浄御原宮の構造」（注（1）前掲書、初出一九九七年）。

(9) 林部均「古代宮都と天命思想―飛鳥浄御原宮における大極殿の成立をめぐって―」(吉村武彦編『律令制国家と古代社会』塙書房　二〇〇五年)、同注(2)前掲書及び同注(7)前掲論文。
(10) 林部均「飛鳥浄御原宮の庭と朝堂・朝庭―伝承飛鳥板蓋宮跡の空間構造―」(注(1)前掲書、初出一九九八年)。
(11) 岸俊男「難波の都城・宮室」(『日本古代宮都の研究』岩波書店　一九八八年、初出一九七七年)。なお、岸氏の説は飛鳥宮の発掘が進展する以前に出されたものであり、厳密には他の諸氏の説と同列に扱うべきではないが、早くに飛鳥浄御原宮の殿舎比定に言及した先行学説として、便宜上掲出した。
(12) 小澤注(8)前掲論文。その後、小澤氏は二〇〇七年九月二十九日に明治大学で行われたシンポジウム「古代都城とまつりごと」における口頭報告「内裏と大極殿」の中で、SB七九一〇が「大安殿＝外安殿」、SB〇三〇一が「内安殿」、その脇の小殿SB八五四二が「向小殿」、そしてSB〇五〇一は史料上には現れない殿舎であるとの見解を発表された。
(13) 林部均「飛鳥浄御原宮の復元」(『かしこうけん友史』四　一九九八年)。
(14) 仁藤敦史「小墾田宮と浄御原宮」(『古代文化』五一―三　一九九九年)。氏は後に飛鳥浄御原宮の内郭に二つの大型建物跡が検出されたという報道を受け、『毎日新聞』二〇〇六年五月八日夕刊記事において内安殿と大安殿を別の殿舎とする見解を示している。
(15) 林部注(7)前掲論文。
(16) 狩野久「律令国家と都市」(『日本古代の国家と都城』東京大学出版会　一九九〇年、初出一九七五年)。
(17) 鬼頭清明「日本における大極殿の成立」(『古代木簡と都城の研究』塙書房　二〇〇〇年、初出一九七八年)、和田萃「殯宮儀礼の再分析―服属と儀礼―」(『日本古代の儀礼と祭祀・信仰』上　塙書房　一九九五年、初出一九八〇年)、今泉隆雄「律令制都城の成立と展開」(『古代宮都の研究』吉川弘文館　一九九三年、初出一九八四年を一部改稿)など。
(18) 小澤注(8)前掲論文。
(19) 林部氏は注(9)前掲論文において、大極殿(エビノコ郭正殿)は天命思想に基づき、天武の支配の正当性を保障する舞台装置として造営されたとする。また建築学的な視点から、エビノコ郭区画の南北の中心は平城宮第一次大極殿と同様、正殿建物の中心のやや北側にあって一般的な大区画の中での中心建物の配置原理とは異なることが指摘されており（内田和伸「平城宮第一次大極殿院の設計思想」『平城宮大極殿院の設計思想』吉川弘文館　二〇一一年、初出二〇〇六年）、これらのことからも、大極殿（エビノコ郭正殿）がこれまでの宮にはなかった新たな性格を持つ場として創設されたといえるだろう。

(20) 直木孝次郎「大極殿の起源についての一考察―前期難波宮をめぐって―」（『飛鳥奈良時代の研究』塙書房　一九七五年、初出一九七三年）。

(21) 林部均「伝承飛鳥板蓋宮跡Ⅲ期の構造と変遷―後飛鳥岡本宮から飛鳥浄御原宮へ―」（『飛鳥文化財論攷―納谷守幸氏追悼論文集―』納谷守幸氏追悼論文集刊行会　二〇〇五年）、注(2)前掲報告書。

(22) 仁藤注(14)前掲論文。

(23) 注(2)前掲報告書、林部注(7)前掲論文。

(24) 小澤注(8)前掲論文、林部注(13)前掲論文。

(25)『日本書紀』天武八年五月己丑条（表1―8）には六皇子が大殿の前で天皇を拝したとあり、近親者が召される場として大殿が登場することから、「大殿」＝大安殿は内郭南区画よりもさらに奥向き、すなわち北区画の殿舎であることが推測される。

(26) 新編日本古典文学全集『日本書紀』三（小学館　一九九八年）当該条頭注。

(27) 木村徳国「ムロとニヒムロノウタゲ」（『上代語にもとづく日本建築史の研究』中央公論美術出版　一九八八年、初出一九七六年）、同『古代建築のイメージ』（NHK出版　一九七九年）。

(28) 正確には発掘調査が行われたのは西側だけであるから、必ずしも左右対称に脇殿が配置されていたとは限らないが、内郭中央南側のSB〇三〇一の場合、現地説明会後の断ち割り調査で脇殿が東西に左右対称に存在したことが明らかとなり（林部注(21)前掲論文）、SB〇五〇一に関しても、SB〇三〇一と①西の脇殿が廊状建物でつながること、②幢幡遺構を持つこと、③建物前面に広場を持つこと、④出土した土器から藤原京遷都に伴い廃絶すること等の共通点を持つことから、両建物は全く同じ構造であったと見て問題はないとされる（注(2)前掲報告書）。

(29) 内郭北区画北側建物SB〇五〇一の中央部には出入口を示す遺構が見当たらないため、出入口はなかったものと考えられている（松田敏行「飛鳥京跡で検出された掘立柱建物の復原考察」『第二十四回奈良県立橿原考古学研究所公開講演会資料』二〇〇六年）。このことからも、天皇がこの建物から姿を現す場合には脇の小殿を使用した可能性があると考えられる。

(30) 林部注(7)前掲論文。

(31) 内郭の北区画と南区画の舗装形式が両区画の機能の差異を示すとするのは、すでに今尾文昭「伝承飛鳥板蓋宮内郭における南と北」（『律令制期陵墓の成立と都城』青木書店　二〇〇八年、初出一九八二年）に指摘がある。また、小笠原好彦「飛鳥敷石考」（『日本考古学』一　一九九四年）では敷石の形状の違いが跪伏礼と立礼の礼法の違いに関連することが指摘されている。

(32) 岸俊男「朝堂の初歩的考察」（注(11)前掲書、初出一九七五年）。

(33) 仁藤氏は注(14)前掲論文において、小墾田宮の構造の分析から、庁・朝庭という空間が臣下の場としての性格を持つことを指摘する。

(34) 和田注(17)前掲論文。和田氏はこの「南庭」を内裏正宮のすぐ南の庭とする。『日本書紀』推古三十六年三月癸丑条には推古天皇が没した後、「即殯二於南庭一」と見え、この「南庭」は吉村武彦氏によって小墾田宮内の庭・朝庭以外に求められることが指摘され（吉村武彦「古代における宮の庭（一）―広場と政（マツリゴト）―」『千葉大学教養部研究報告』A―18（下）一九八五年）、仁藤氏の注(14)前掲論文によって南門の南と推定されている。小墾田宮の南庭と飛鳥浄御原宮の南庭とを同質のものと見ることには慎重にならねばならないが、斉明の殯宮と舒明の殯宮がともに河川に近い場所に営まれたことを考えると、飛鳥川に近い内郭外の南方に当たる可能性は高い。

(35) 『日本書紀』持統十年（六九六）正月辛酉条「公卿百寮、射二於南門一」。

(36) 『続日本紀』霊亀元年（七一五）正月庚子条「賜二大射于南闈一。新羅使亦在二射列一。賜レ綿各有レ差」。

(37) 『続日本紀』神亀五年（七二八）正月甲寅条「天皇御二中宮一。（中略）賜二大射及雅楽寮之楽一。宴訖賜レ禄有レ差」。

(38) 『続日本紀』天平十二年（七四〇）正月甲辰条「天皇御二大極殿南門一、観二大射一。五位已上射了。乃命二渤海使己珎蒙等一射焉」。

(39) 大日方克己「射礼・賭弓・弓場始―歩射の年中行事―」（『古代国家と年中行事』講談社学術文庫　二〇〇八年、初刊一九九三年）。

(40) 大日方注(39)前掲論文。

(41) 例えば、『日本書紀』天武二年（六七三）閏六月戊申条に「饗二貴干宝等於筑紫一。賜レ禄各有レ差。即従二筑紫一返二于国一」、持統二年（六八八）十二月丙申条には「饗二蝦夷男女二百一十三人於飛鳥寺西槻下一。仍授二冠位一、賜レ物各有レ差」とある。

(42) 小澤氏は注(8)前掲論文において、天皇の内郭南門・エビノコ郭西門自体への出御も想定する。

(43) 『礼記』射儀第四十六に「古者諸侯之射也、必先行二燕礼一。卿大夫士之射也、必先行二郷飲酒之礼一。故燕礼者、所三以明二君臣之義一也。郷飲酒之礼者、所三以明二長幼之義一也」とある（新釈漢文大系二九『礼記』下　明治書院　一九七九年）。

(44) 伊藤清司「古代中国の射礼」（『民族学研究』二三―三　一九五九年）。

(45) 桐本東太「中国古代の服属儀礼」（『中国古代の民俗と文化』刀水書房　二〇〇四年、初出一九九一年）。

(46) 正月中旬に行われる臣従儀礼としては、射礼の他に御薪の制がある。養老雑令文武官人条には「凡文武官人、毎年正月十五日、並進レ薪。長七尺、以二廿株一為二一担一。一位十担、三位以上八担、四位六担、五位四担、初位以上二担、無位一担。諸王准レ此。無位皇親、不レ在二此例一。其帳内資人、各納二本主一」と見える。これは諸王・諸臣が薪炭を朝廷に献納することによって天皇への忠誠を示す行為であり、天武・持統期に正月の重要儀式として制度化された（瀧川政次郎「進薪の制度とその年中行事化」『律令格式の研究』角川書店　一九六七年、初出一九六一年）。この薪の貢進の場も「庭」であった可能性が高いであろう。

(47) 表1を見ると、持統期には公卿等との宴の場所が「内裏」へと移っていることがわかり、個別の殿舎名が見えなくなる。これはおそらく内郭南区画が次第に臣下の政務の場として定着していくことで、近臣との宴の場が天武期よりも奥まっていくためではなかろうか。『日本書紀』の表記の問題も考慮する必要があるが、あるいは持統三年（六八九）六月に諸司に班賜された浄御原令との関連も想定される。

(48) 『日本書紀』天武十一年（六八二）九月壬辰条に跪礼と匍匐礼を禁止する勅が出され、『続日本紀』慶雲元年（七〇四）正月辛亥条及び慶雲四年（七〇七）十二月辛卯条では度々跪伏礼の禁令が出されている。このことから、飛鳥浄御原宮段階では基本的に跪礼・匍匐礼・跪状礼といった伝統的な拝礼作法が用いられていたと見てよいだろう。これらの礼については、新川登亀男「小墾田宮の匍匐礼」(『日本古代の儀礼と表現―アジアの中の政治文化―』吉川弘文館　一九九九年、初出一九八六年)参照。

(49)　早川庄八「前期難波宮と古代官僚制」(『日本古代官僚制の研究』岩波書店　一九八六年、初出一九八三年)。

(50)　青木和夫「浄御原令と古代官僚制」(『日本律令国家論攷』岩波書店　一九九二年、初出一九五四年)、野村忠夫「天武・持統朝の官人法―考選法の整備過程を中心に―」(『律令官人制の研究　増訂版』吉川弘文館　一九七〇年、初出一九六五年)、早川注(49)前掲論文。

［補注1］

旧稿発表後、飛鳥京跡(飛鳥宮)の発掘成果報告書『飛鳥京跡Ⅲ―内郭中枢の調査(1)―』(奈良県立橿原考古学研究所調査報告第一〇二冊　二〇〇八年)が刊行されたため、飛鳥浄御原宮の遺構についての見解は、基本的に同書に拠った。

［補注2］

近年の研究によれば、北宋天聖令の雑令に付された不行唐令に日本令の節日条・大射条に相当する条文は見えず、日本独自の条文であった可能性が高いと推定されている。すなわち、雑令節日条・大射条は天武朝における日本独自の礼制の整備の一環として浄御原令段階で創出され、大宝令に引き継がれたものであるという(丸山裕美子「律令国家と仮寧制度―令と礼の継受をめぐって」大津透編『日唐律令比較研究の新段階』山川出版社　二〇〇八年)。

なお、天武朝における射礼については、弓の儀式によって天皇大権の一つである軍事権を示威する意味があり、儀式に参加する臣下たちを、武力を統べる天皇のもとに結集させ、律令国家機構の官人としての認識を持たせる役割を有していたことが指摘されている(大浦一晃「日本古代における「射」の変遷とその意義」『歴史研究』五八　二〇一二年)。

［付記］

旧稿発表後、二〇〇九年十一月～二〇一〇年二月にかけて行われた飛鳥京跡第一六五次発掘調査において、飛鳥京跡内郭北側に、Ⅲ期遺構に属する大型建物SB〇九三四が検出された。この建物は東西九間・南北五間で南北両面に庇の付く東西棟、あるいは東西十一間・南北五間の四面庇付き建物に復原することが可能と推定されている。このような平面形式は飛鳥京跡ではこれまでに検出例がなく、類例は平城宮内裏Ⅰ期御在所正殿SB四七〇〇・SB四六〇、Ⅳ期御在所正殿SB四六四五、Ⅴ・Ⅵ期御在所正殿SB四七〇五、長屋王邸中央内郭の主殿SB四五〇〇などに求められるという（鶴見泰寿・鈴木一議・関本優美子「飛鳥京跡第一六五次調査」『奈良県遺跡調査概報　二〇〇九年度（第四分冊）』奈良県立橿原考古学研究所　二〇一一年）。上記の復原案に従うならば、この建物はこれまで内郭で検出された建物と同等あるいはそれ以上の規模を持つ大型建物となり、天皇が出御した殿舎の一つである可能性が高いとされる（『奈良新聞』二〇一〇年五月二十一日付朝刊など）。このことから、飛鳥浄御原宮の宮室構造は、内郭外にも公的な儀礼施設が存在した可能性を考慮する必要が出て来た。なお、飛鳥宮跡に関する最新の研究では、重見泰氏が宮殿名の比定についてⅢ期遺構を後飛鳥岡本宮と飛鳥浄御原宮とする従来の見解を追認するとともに、その遺構の変遷について再検討された。それによれば、Ⅲ期遺構のうち、内郭南区画のSB七九一〇の造営に伴う整地土より下層から出土した土器の編年から、SB七九一〇の造営時期は天武朝まで下ると見られ、内郭には当初前殿に相当する殿舎が計画されていなかった可能性があるという。また、エビノコ郭周辺の東南地区の遺構変遷の見直しから、エビノコ郭は天武朝初年よりもかなり遅れて造営されたとされる（重見泰「後飛鳥岡本宮と飛鳥浄御原宮―宮殿構造の変遷と「大極殿」出現過程の再検討―」『ヒストリア』二四四　二〇一四年）。これらの興味深い指摘は浄御原宮の殿舎比定とも密接に関わるものであるが、前述の内郭以外の儀礼施設の存在の可能性も含め、今後の発掘調査の進展と後考を俟ちたい。

第二章　朝堂の成立とその機能——政務・儀礼空間の変遷——

はじめに

日本古代の都城における王宮は、天皇の居所であると同時に日々の政務が行われる国政の場でもあった。王宮の中で、政務と儀礼が行われる空間は「朝堂」と呼ばれた。その名称は中国の宮城に存在した同名の施設に由来するが、宮城相当部と皇城相当部との間に複数の堂を有する巨大な朝堂が割って入るという形態は、日本の宮室に独特のものであり、朝堂は遺構によって確認できる前期難波宮から平安宮まで存続する、王宮の重要な構成要素である。(1) 朝堂は国家的な儀式や日々の政務が行われる、王宮内の重要な区画であるが、その利用形態については未解明な部分があり、「朝堂」と「朝堂院」の性格の相違も不明確である。そこで、本章では政務・儀礼の主たる舞台であった朝堂空間の機能について考察し、その歴史的意義を明らかにする。

なお、「朝堂院」の史料上の初見は『類聚国史』延暦十一年（七九二）十一月甲寅条であり、厳密には長岡宮以降の名称だが、歴史的名辞として、平城宮以前についても使用される。しかし「朝堂」は臣下の場であり天皇出御の場である大極殿・豊楽殿を含まないため、「朝堂」と「朝堂院」（大極殿院も含む）とは別概念として扱うべきである。(2) よって、本章では『続日本紀』の記載に倣い、執務施設である朝堂（庁）とその前庭である朝庭を合わせた区画を「朝堂」と称し、大極殿等の天皇の出御する殿舎も含む区画を指す場合は「朝堂空間」と呼称することとする。

第一節　朝堂の起源と成立

（一）中国の宮室における朝堂とその機能

「朝堂」の語は、中国の宮城における政治の場に由来する。中国都城における朝堂の初見は、後漢の班固の「西都賦」に見える「左右庭中、朝堂百寮之位、蕭曹魏邴、謀二謨乎其上一」（『文選』巻一）であり、この「朝堂」は前漢の未央宮内にあった百官集議の場とされる。[3]「左右庭中」とあることから、朝堂は庭を挟んだ左右二箇所に設けられていたようである。続く後漢の洛陽宮では路寝（正殿）の外に置かれ（『周礼』考工記・匠人条）、儀礼の場（『後漢書』巻二・明帝紀）・儀礼参列者の控え場所（『後漢書』巻七・朱暉伝）・集議及び上書の場（『後漢書』巻七・袁安伝）として使用されたことがうかがえる。朝政の基礎は前漢後期の宣帝前後に整備されたと見られるため、百官会議・公卿議の場としての朝堂は、それと同時期に成立したと考えられる。その後、後漢期には①官僚会議と会議に関わる日常業務、②皇帝の政令伝達、③儀礼空間（正殿の控所）の機能を持つ場として皇帝の臨御する正殿に隣接する形で整備され、その機能は魏晋南北朝期にも引き継がれた。[4]晋令には朔日・望日に公卿を朝堂に集めて政事を論じることを明記した文が存在し（『魏書』巻二十七・穆亮伝）、また軍礼・賓礼等の儀礼の場としても登場することから（『晋書』巻二十一・礼志下）、この時期には朝堂は漢代に比べて儀礼での重要性が増すとともに、定期的な集議の場としても機能していたことが知られる。[5]加えて、北魏では皇帝が朝堂で直接に選考・考課・策問を行ったことが知られ（『魏書』巻八・世宗紀など）、朝堂が百官を秩序付ける場となっていたことが注目される。[6]

しかし、隋・唐期には朝堂で政事の集議を行ったことが確認できる史料はなく、隋の大興城では朝堂における刑罰の執行などの、それまでに見られなかった利用形態が散見されるようになる（『隋書』巻六二・趙綽伝など）。唐の長安城には太極宮・大明宮両宮に朝堂が存在し、賓礼・軍礼・嘉礼（朝会・皇帝元服・皇后皇太子妃入内・皇太子冊立など）・諸臣冊命・宴会の場、そして司法・裁判（刑罰執行）の場として使用されたが、集議などの政務機能は見られなくなる。これは、隋・唐期に日常的な政策決定が正殿に移行し、朝堂が議政機能を失ったためと考えられている[7]。

佐藤武敏氏は、日本の古代宮室における朝堂は、隋・唐期の朝堂をモデルとして、それに外朝（太極宮承天門・大明宮含元殿）と官衙街である皇城の機能を合わせて〈朝堂―曹司〉という形に変えて受容したとされる[8]。しかし、例えば『日本書紀』皇極二年（六四三）十月己酉条に「饗二賜群臣・伴造於朝堂庭一。而議二授レ位之事一。遂詔二国司一、如二前所レ勅、更無二改換一。宜之二厥任一、慎二爾所レ治」とあるように、朝堂とその庭は群臣協議の場とされており[9]、また後述するように政務の場としても使用されているから、漢代以来の朝堂の本質的要素である百官集議の場・儀礼の場という機能を受け継いでいるといえるだろう。

（二）日本の宮室における朝堂の起源

中国の宮城における朝堂は、皇帝が出御する正殿に隣接する臣下の空間としての性格を持つが、日本の宮室でも同様の性格を持つと考えられる。ただし、日本の場合「朝堂」の実質的な初見史料である皇極二年（六四三）十月己酉条（前掲）の「朝堂庭」という語句に端的に表されるように[10]、「庭」に比重が置かれているものと思われる。日本の宮室で「朝庭」が主要な儀礼空間であったことは、すでに推古朝の小墾田宮の利用形態からうかがわ

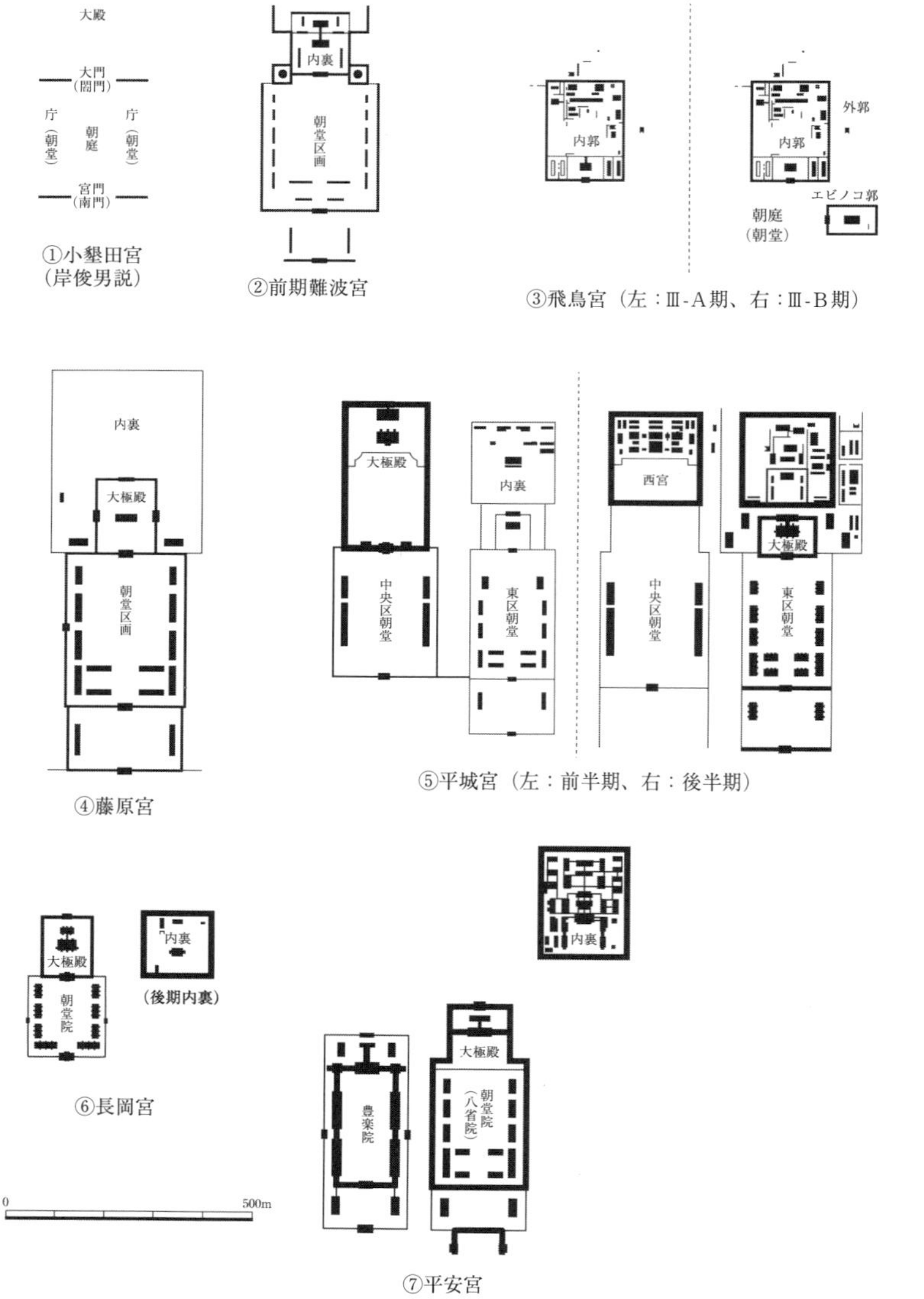

図１　朝堂（院）の変遷
（奈良文化財研究所編・刊『古代の官衙遺跡Ⅱ　遺物・遺跡編』2004年所収の「Ｖ－３大極殿・朝堂院」の付図をもとに作成）

れる。すなわち、『日本書紀』推古十六年（六〇八）八月壬子条には、次のようにある。

召二唐客於朝庭一、令レ奏二使旨一。時阿倍鳥臣・物部依網連抱、二人為二客之導者一也。於レ是、大唐之国信物置二於庭中一。時使主裴世清、親持レ書、両度再拝、言二上使旨一而立之。（中略）時阿倍臣出進、［庭イ］以受二其書一而進行。大伴囓連、迎出承レ書、置二於大門前机上一而奏之。事畢而退焉。是時、皇子・諸王・諸臣、悉以二金髻花一著レ頭。亦衣服皆用二錦紫繡織及五色綾羅一。一云、服色皆用二冠色一。

この時、隋使・裴世清を召して国書を奏す儀礼が行われたのは、小墾田宮の朝庭であった。続いて推古十八年（六一〇）十月丁酉条には、同じように新羅と任那の使が来朝した際の外交儀礼の様子が記されている。

客等拝二朝庭一。於レ是、命二秦造河勝・土部連菟一、為二新羅導者一。以二間人連塩蓋・阿閉臣大籠一、為二任那導者一。共引以自二南門一入、立二于庭中一。時大伴咋連・蘇我豊浦蝦夷臣・坂本糠手臣・阿倍鳥子臣、共自レ位起之、進伏二于庭一。於レ是、両国客等各再拝、以奏二使旨一。乃四大夫、起進啓二於大臣一。時大臣自レ位起、立二庁前一而聴焉。既而賜二禄諸客一。各有レ差。

これらの記事から、推古朝の小墾田宮には「南門」を入ると「朝庭」があり、その庭中には「庁」があり、大臣以下諸王諸臣が座位し、その奥に天皇が起居する「大殿」(11)がある内裏空間が存在するとされる(12)。ただし、推古天皇は外国使節の前に姿を現したわけではないため(13)、出御のための公的な殿舎は未成立であったと推測される。とはいえ、この小墾田宮の構造は後の朝堂空間の祖型として、日本の王宮の中枢部の基本構造を構成することになった。

その後、持統紀まで史料上「朝堂」の語は見られないものの、孝徳朝の前期難波宮（＝難波長柄豊碕宮）(14)において、遺構上その存在が確認される。孝徳朝にはこの朝堂空間で元日朝賀などの儀式が行われたものと思われ(15)、この時に天皇が公的儀式の際に出御する殿舎である内裏正殿に付属する形式での朝堂・朝庭が成立したと考えられる。そして、後述するように、後飛鳥岡本宮及び飛鳥浄御原宮での試行錯誤を経た後に、律令制に基づく本格的都城である藤原宮において、朝堂は王権を象徴する殿舎である大極殿に付属する施設として整備された。ただし、藤原宮の大極殿院は内裏の内側に位置することから、大極殿は未だ内裏前殿としての性格を払拭したわけではなかった[16]。その意味では、朝堂も内裏と接続する臣下の空間という性格を保持していたといえよう。

これらのことから、古代の日本では大王（天皇）の居所の前の「庭」が公的儀式と政務の場であったと考えられ、この「庭」が後に「朝堂院」（庁と朝庭から成る空間）に発展した[17]。日本の王宮における伝統的な政務・儀礼空間である「庭」が中国都城における「朝堂」の概念の影響を受け、大極殿と接続する施設へと展開したのである。その端緒となったのが七世紀における外国使節の迎接という儀礼執行であり、これを契機として国家の公的儀式と政治の場という性格を強め、東アジアの普遍的な宮室構造へと整備されていく過程で、朝堂・朝庭という広いニハとして確立していったものと考えられる[18]。

（三）出仕空間としての朝堂の成立

続いて、朝堂が日常的な政務の場として定着していく過程を見てみよう。朝庭（朝堂空間）で行われる政務が朝政である[19]。朝政については、『隋書』巻八十一・東夷伝倭国条に「開皇二十年、（中略）使者言、『倭王以レ天為レ兄、以レ日為レ弟、天未レ明時、出聴レ政、跏趺座。日出便停二理務一、云レ委二我弟一。』高祖曰、『此太無二義理一。』於レ是、訓令レ改レ之」と見える。これによると、天を兄とし日を弟とする倭王が、結跏趺座して日の出以前からまつりごとを聴き、日の出とともに政務を終えるという習慣に対し、隋の高祖（文帝）は未明の聴政を義理なしとして改めさせたという。このことから、推古朝頃から中国的な朝政に改めたことがうかがえる。『日本書紀』舒明八年（六三六）七月己丑条には、

大派王謂二豊浦大臣《（蘇我蝦夷）》一曰、群卿及百寮、朝参已懈。自レ今以後、卯始朝之、巳後退之。因以レ鐘為レ節。然大臣不レ従。

とあり、有位の官人は朝参して早朝から正午頃まで「朝参」し、宮にとどまることが求められている。同じく『日本書紀』大化三年（六四七）是歳条にも関連する記事がある。

壊二小郡一而営レ宮。天皇処二小郡宮一、而定二礼法一。其制曰、凡有レ位者、要於二寅時一、南門之外、左右羅列、候二日初出一、就レ庭再拝、乃侍二于庁一。若晩参者、不レ得二入侍一。臨レ到二午時一、聴レ鐘而罷。其撃レ鐘吏者、垂二赤巾於前一。其鍾台者、起二於中庭一。（後略）

ここでは有位者に対して王宮の「庭」の「庁」への定時の参上が求められており、またその参不が把握されることになった。このことは、朝庭が有位者による政務の場でもあったことを示している。

これらの記事をあわせて考えると、有位者には原則として早朝に庭に参上し、そこに設けられた庁で執務することが求められていたことになる。(20) これは律令制に基づく官僚制度の整備の一環として捉えられる。(21) その後、天武十二年（六八三）十二月庚午条では「詔曰、諸文武官人及畿内有位人等、四孟月、必朝参。若有二死病一、不レ得レ集者、当司具記、申二送法官一」というように、畿内有位人等にも四孟月（正・四・七・十月）の朝参が義務付けられるようになった。このように天武朝には朝参規定が明確化するが、参上する場所である飛鳥浄御原宮の朝堂の有無については、意見が分かれている。『日本書紀』持統四年（六九〇）七月甲申条には、

詔曰、凡朝堂座上、見二親王一者如レ常。大臣與レ王、起二立堂前一。二王以上、下レ座而跪。

とあり、また同年七月己丑条には「詔曰、朝堂座上、見二大臣一動レ座而跪」と見え、「朝堂」の「座」での作法が規定されている。しかし現在までのところ朝堂遺構は確認されておらず、地形上想定することも難しいとされる[22]。ただし、天武七年（六七八）四月己亥条の「新宮西庁」の記述から、飛鳥浄御原宮にも朝堂が存在し、その位置を内郭南区画正殿のSB七九一〇の脇の東西棟に比定する説もある[23]。しかし飛鳥浄御原宮の南方に広がる「朝庭」は君臣関係を確認する儀礼の場としての性格を持っており、内郭南区画の大型殿舎（外安殿）を中心とする一角は官人の侍候空間として機能していたから[24]、この「庭」を中心として畿内有位人等を含む官人たちによる朝参が行われたのであろう[25]。

天武朝には、天皇権力の確立を意図して従来王臣・有力貴族の居宅等に分散していた国政機関を王宮に統一させるべく、朝参の励行による朝政の強化を推し進めたのであり、このことが天皇の住む宮の南に「朝堂院」が付属する一因となったのである[26]。そして、律令制に基づく政務・儀礼空間の建設は、藤原宮で実現することとなった。六国史に見える「朝堂」の用例を掲出した表1からもうかがえるように、朝堂の本格的な活用は、八世紀以降になる。

『続日本紀』文武二年（六九八）八月癸丑条には「定二朝儀之礼一。語具二別式一」とあり、宮廷儀礼が整備された。それに伴い、『続日本紀』大宝元年（七〇一）正月庚寅条に、

宴二皇親及百寮於朝堂一。直広弐已上者、特賜二御器膳并衣裳一。極レ楽而罷。

とあるように（表1―6）、朝堂で臣下を集めての饗宴が行われた。また慶雲三年（七〇六）正月壬午条には「饗二金儒吉等于朝堂一。奏二諸方楽于庭一。叙位賜禄各有レ差」と見え（表1―8）、外国使節への賜饗も行われている。

また、養老儀制令文武官条には

凡文武官初位以上、毎㆓朔日㆒朝。各注㆓当司前月公文㆒。五位以上、送《進》㆓着《置》朝庭案上㆒。即大納言進奏。若逢㆑雨失㆑容、及泥潦、並停。弁官取㆓公文㆒。惣納㆓中務省㆒。

という規定がある。○を付けた語句は『令集解』同条の古記によって大宝令文にも存在したことが推定されるため、この朔日の朝参・告朔儀礼については大宝令でも同規定であったと考えられる。すなわち、これらの儀式は藤原宮の大極殿院前庭の朝堂空間で行われたものと思われる。

前述のように、大極殿に付属する形としての朝堂は藤原宮で初めて設けられ、大極殿（院）と朝堂という儀礼空間で節日の饗宴や外国使節の迎接が行われたことが、史料からも確かめられた。

日本の宮室における朝堂は、官人による王宮への朝参（出仕）の制度的確立を企図して推古朝から天武・持統朝にかけて官司制・官僚制の発達とともに段階的に整備され、藤原宮において朝政・朝儀を行う場として成立した。その名称は中国の宮城に存在した百官集議のための施設に由来するものである。しかしながら、日本の朝堂は令制以前における、大王の起居する大殿の前の聖なる庭の観念を色濃く受け継ぐものであり、朝参（みかどまゐり）・拝朝（みかどおがみ）の場としての性格が強く、それゆえに宮室の重要な構成要素としてその中枢部に建設され続けたのである。

表1　六国史に見える「朝堂」の用例（～長岡宮）

番号	年月日	史料	典拠	備考
1	清寧四年春正月庚戌朔丙辰条［七日］	宴二海表諸蕃使者於朝堂一。	日本書紀	
2	皇極二年（六四三）十月己酉条［三日］	饗二賜群臣伴造於朝堂庭一而議二授位之事一。	日本書紀	
3	斉明六年（六六〇）七月乙卯条［十六日］	為二将軍蘇定方等一所レ捉百済王以下、（中略）并五十許人、奉二進朝堂一。	日本書紀所引伊吉博徳書	※唐の朝堂の記事
4	持統四年（六九〇）七月甲申条［九日］	詔曰、凡朝堂座上、見二親王一者如レ常。大臣与レ王、起二立堂前一。二王以上、下レ座而跪。	日本書紀	
5	持統四年（六九〇）七月己丑条［十四日］	詔曰、朝堂座上、見二大臣一、動レ坐而跪。	日本書紀	
6	大宝元年（七〇一）正月庚寅条［十六日］	宴二皇親及百寮於朝堂一。直広弐已上者、特賜二御器膳并衣裳一。極レ楽而罷。	続日本紀	以下、藤原宮朝堂
7	慶雲二年（七〇五）正月丙申条［十五日］	賜二宴文武百寮于朝堂一。	続日本紀	
8	慶雲三年（七〇六）正月壬午条［七日］	饗二金儒吉等于朝堂一。奏二諸方楽于庭一。叙レ位賜レ禄各有レ差。	続日本紀	
9	和銅二年（七〇九）五月壬午条［二十七日］	宴二金信福等於朝堂一。賜レ禄各有レ差。	続日本紀	※続けて「是日、右大臣藤原朝臣不比等引二新羅使於弁官庁内一」とある。
10	和銅六年（七一三）十一月十六日官宣	親王・太政大臣出二入朝堂一者、式部告二知下座之事一。其左右大臣動レ座、五位以上降二立床下一、余跪二座下一。就レ座及出レ門訖、倶復レ座。	日本三代実録元慶八年五月二十九日戊子条	以下、平城宮朝堂

11	霊亀二年（七一六）正月戊寅朔条［一日］	廃朝。雨也。宴二五位已上於朝堂一。	続日本紀	
12	養老元年（七一七）四月甲午条［二十五日］	天皇御二西朝一。大隅・薩摩二国隼人等、奏二風俗歌儛一。授レ位賜レ禄各有レ差。	続日本紀	※西朝＝中央区朝堂カ
13	養老七年（七二三）八月辛丑条［九日］	宴二金貞宿等於朝堂一。賜レ射并奏二諸方楽一。	続日本紀	
14	神亀元年（七二四）十一月辛巳条［二十五日］	宴二五位已上於朝堂一、因召二内裡一、賜二御酒并禄一。	続日本紀	
15	神亀元年（七二四）十一月壬午条［二十六日］	賜二饗百寮主典已上於朝堂一。又賜二無位宗室・諸司番上及両国郡司并妻子酒食并禄一。	続日本紀	
16	神亀三年（七二六）六月壬子条［六日］	饗二金造近等於朝堂一。賜レ禄有レ差。	続日本紀	
17	神亀四年（七二七）正月庚辰条［七日］	宴二五位已上於朝堂一。	続日本紀	
18	神亀四年（七二七）十一月己亥条［二日］	天皇御二中宮一。（中略）賜下宴文武百寮已下至二使部一於朝堂上。五位已上賜レ綿有レ差。	続日本紀	
19	天平元年（七二九）正月戊戌条［七日］	饗二五位以上於朝堂一。	続日本紀	
20	天平元年（七二九）四月癸亥条［三日］	太政官処分、舎人親王参二入朝庁一之時、諸司莫二為レ之下一レ座。	続日本紀	※朝庁＝朝堂の庁
21	天平元年（七二九）六月庚申朔条［一日］	講二仁王経於朝堂及畿内七道諸国一。	続日本紀	
22	天平二年（七三〇）正月壬辰条［七日］	宴二五位已上於中朝一。賜レ禄有レ差。	続日本紀	※中朝＝東区朝堂カ
23	天平四年（七三二）五月壬戌条［二十一日］	饗二金長孫等於朝堂一。	続日本紀	
24	天平五年（七三三）正月庚子朔条［一日］	天皇御二中宮一宴二侍臣一。自余五位已上者、賜二饗於朝堂一。越前国献二白鳥一。	続日本紀	

25	天平六年（七三四）正月癸亥朔条［一日］	天皇御二中宮一宴二侍臣一。饗二五位已上於朝堂一。但馬・安芸・長門等三国各献二木連理一。	続日本紀	
26	天平七年（七三五）正月戊午朔条［一日］	天皇御二中宮一宴二侍臣一。又饗二五位已上於朝堂一。	続日本紀	
27	天平十年（七三八）正月庚午朔条［一日］	天皇御二中宮一、宴二侍臣一。饗二五位已上於朝堂一。信濃国献二神馬一。黒身白髦尾。	続日本紀	
28	天平十二年（七四〇）正月甲午条［七日］	渤海郡副使雲麾将軍己珎蒙等、授レ位各有レ差。即賜二宴於朝堂一。	続日本紀	
29	天平十二年（七四〇）正月癸卯条［十六日］	天皇御二南苑一宴二侍臣一。饗二百官及渤海客於朝堂一。五位已上賜二摺衣一。	続日本紀	
30	天平十六年（七四四）正月丙申朔条［一日］	廃朝。饗二五位已上於朝堂一。	続日本紀	※恭仁宮の朝堂
31	天平十六年（七四四）閏正月乙丑朔条［一日］	詔喚二会百官於朝堂一。問曰、恭仁・難波二京何定為レ都。各言二其志一。	続日本紀	※恭仁宮の朝堂
32	天平十七年（七四五）正月乙丑条［七日］	天皇御二大安殿一、宴二五位已上一。（中略）宴訖賜レ禄有レ差。百官主典已上、於二朝堂一賜レ饗。禄亦有レ差。	続日本紀	※紫香楽宮の朝堂
33	天平二十年（七四八）正月壬申朔条［一日］	廃朝。宴二五位已上於内裏一。賜レ禄有レ差。其余於二朝堂一賜レ饗焉。	続日本紀	
34	天平勝宝四年（七五二）六月壬辰条［十七日］	饗二新羅使於朝堂一。	続日本紀	
35	天平勝宝五年（七五三）五月丁卯条［二十七日］	饗二慕施蒙等於朝堂一。授レ位賜レ禄各有レ差。	続日本紀	

36	天平宝字元年（七五七）夏四月辛巳条［四日］	百官詣二朝堂一。上レ表以賀二瑞字一。	続日本紀	※同年三月戊辰条の「天皇寝殿承塵之裏、天下大平四字自生焉」に対する上表。
37	天平宝字元年（七五七）七月庚戌条［四日］	去六月中、期会謀レ事三度。始於二奈良麻呂家一、次於二図書蔵辺庭一、後於二太政官院庭一。（後略）	続日本紀	※太政官院
38	天平宝字元年（七五七）八月甲午条［十八日］	勅曰、朕以二寡薄一、忝継二洪基一、君二臨八方一、于レ茲九載、（中略）京師粛々、已無二痴民一、朝堂寥廓。更有二賢輔一。（後略）	続日本紀	※橘奈良麻呂の変に際しての孝謙天皇の勅
39	天平宝字二年（七五八）八月庚子朔条［一日］	是日、百官及僧綱詣二朝堂一上レ表、上二上台・中台尊号一。	続日本紀	
40	天平宝字二年（七五八）十一月辛卯条［二十三日］	御二乾政官院一、行二大嘗之事一。	続日本紀	※乾政官院＝太政官院
41	天平宝字二年（七五八）十一月甲午条［二十六日］	饗二内外諸司主典已上於朝堂一。賜二主典已上・番上及学生等六千六百七十余人布綿一有レ差。（後略）	続日本紀	
42	天平宝字三年（七五九）正月乙酉条［十八日］	帝臨レ軒。（中略）饗二五位已上及蕃客并主典已上於朝堂一。作二女楽於舞台一、奏二内教坊踏歌於庭一。客主典已上次レ之。事畢賜レ綿各有レ差。	続日本紀	
43	天平宝字四年（七六〇）正月己卯条［十七日］	饗二文武百官主典已上於朝堂一。是日、内射。因召二蕃客一令レ観二射礼一。	続日本紀	
44	天平宝字六年（七六二）六月庚戌条［三日］	喚二集五位已上於朝堂一。詔曰、（後略）	続日本紀	※孝謙天皇による皇権二分の詔

45	天平宝字七年（七六三）正月庚申条［十七日］	帝御二閤門一、饗二五位已上及蕃客、文武百官主典已上於朝堂一。作二唐・吐羅・林邑・東国・隼人等楽一。奏二内教坊踏歌一。客主主典已上次レ之。賜下供二奉踏歌一百官人及高麗蕃客綿上有レ差。	続日本紀	
46	神護景雲三年（七六九）正月丙戌条［十七日］	御二東院一賜二宴於侍臣一。饗二文武百官主典已上、陸奥蝦夷於朝堂一。賜二蝦夷爵及物一各有レ差。	続日本紀	
47	宝亀二年（七七一）正月甲戌条［十六日］	饗二主典已上於朝堂一。賜レ禄有レ差。	続日本紀	
48	宝亀二年（七七一）十一月癸卯条［二十一日］	御二太政官院一、行二大嘗之事一。	続日本紀	※太政官院
49	宝亀二年（七七一）十一月丁未条［二十五日］	是日、宴二於五位已上一。其内外文武官主典已上於二朝堂一。賜二五位已上綿一、各有レ差。（後略）	続日本紀	
50	宝亀三年（七七二）二月癸丑条［二日］	大納言従二位文屋真人大市、上レ表乞二骸骨一曰、（中略）不レ在二前路之至捉一、謹詣二朝堂一奉レ表陳乞以聞、（中略）是日、饗二五位已上及渤海蕃客於朝堂一。賜二三種之楽一。	続日本紀	
51	宝亀五年（七七四）正月丙辰条［十六日］	宴二五位已上於楊梅宮一。饗二出羽蝦夷・俘囚於朝堂一。叙レ位賜レ禄有レ差。	続日本紀	
52	宝亀六年（七七五）五月乙巳条［十三日］	有二野狐一、居二于大納言藤原魚名朝座一。	続日本紀	※朝座
53	宝亀六年（七七五）十月己卯条［十九日］	屈二僧二百口一、読二大般若経於内裏及朝堂一。	続日本紀	
54	宝亀七年（七七六）五月丙辰条［三十日］	屈二僧六百一、読二大般若経於宮中及朝堂一。	続日本紀	

55	宝亀八年（七七七）正月己巳条［十六日］	宴二次侍従已上於前殿一。其余者於二朝堂一賜レ饗。	続日本紀	
56	宝亀九年（七七八）正月戊申朔条［一日］	廃朝。以二皇太子枕席不一レ安也。是日、宴二次侍従已上於内裏一。賜レ禄有レ差。自余五位已上者、於二朝堂一賜レ饗焉。	続日本紀	
57	宝亀十年（七七九）正月戊申条［七日］	宴二五位以上及渤海使仙寿等於朝堂一。賜レ禄有レ差。	続日本紀	
58	宝亀十年（七七九）正月丁巳条［十六日］	宴二五位已上及渤海使於朝堂一賜レ禄。	続日本紀	
59	宝亀十年（七七九）五月丁巳条［十七日］	饗二唐使於朝堂一。	続日本紀	
60	宝亀十一年（七八〇）正月辛未条［五日］	是日、宴二唐及新羅使於朝堂一。賜レ禄有レ差。	続日本紀	
61	宝亀十一年（七八〇）正月癸酉条［七日］	宴二五位已上及唐・新羅使於朝堂一。賜レ禄有レ差。	続日本紀	
62	天応元年（七八一）十一月丁卯条［十三日］	御二太政官院一、行二大嘗之事一。	続日本紀	※太政官院
63	延暦二年（七八三）正月乙巳条［二十八日］	饗二大隅・薩摩隼人等於朝堂一。其儀如レ常。天皇御二閤門一而臨観。詔進レ階賜レ物各有レ差。	続日本紀	
64	延暦三年（七八四）正月戊子条［十六日］	宴二五位已上於内裏一。饗二百官主典已上於朝堂一。賜レ禄各有レ差。	続日本紀	
65	延暦四年（七八五）八月乙酉条［二十三日］	授二従七位上大秦公忌寸宅守従五位下一。以レ築二太政官院垣一也。	続日本紀	※太政官院
66	延暦五年（七八六）七月丙午条［十九日］	太政官院成。百官始就二朝座一。	続日本紀	※太政官院
67	延暦十一年（七九二）十一月甲寅条［三日］	饗二陸奥夷俘爾散南公阿波蘇・宇漢米公隠賀・俘囚吉弥侯部荒嶋等於朝堂院一。（後略）	類聚国史	長岡宮朝堂院

第二節　朝堂・朝庭の機能

（一）平城宮の構造と朝堂

上述の藤原宮の事例からうかがえるように、律令制下の朝堂と朝庭は、主として朝儀・朝参・朝政のための空間であった。続いて遷都した平城宮では、東西に並立する二つの朝堂でこれらを行うことになる。本節では、これらの行事がどのように行われていたのか、平城宮での朝堂の利用形態を詳しく見ていくことにする。

平城宮は、中枢部に二つの朝堂空間が並立するという特異な構造を持っている[27]。その宮室構造は天平十二年（七四〇）の恭仁遷都及び天平十七年（七四五）の平城還都を境に大きく変化するため、和銅三年（七一〇）の平城遷都から天平十二年（七四〇）までを平城宮前半期、恭仁・難波等への遷居を経て還都した天平十七年（七四五）から延暦三年（七八四）に長岡に遷都するまでを平城宮後半期と区分する。

平城宮前半期には、朱雀大路の北端に、南から朱雀門―朝堂（四堂・礎石建物）―大極殿院（礎石建物）から成る中央区が、その東には、壬生門―朝堂（十二堂・掘立柱建物）―正殿（掘立柱建物）[28]―内裏から成る東区が存在した。その後、当初中央区に建設された大極殿は恭仁京遷都の際に恭仁宮に移建され、平城に還都した際には中央区ではなく東区の内裏南方に再建設された。この大極殿の位置が、前半期と後半期との大きな相違点である。そして後半期の中央区には、天平宝字年間（七五七～七六五年）に称徳天皇の居所となる西宮が北区画に登場する。その南方の区画には依然として四朝堂が残ってはいたが、その機能については不明な点が多い。また、東区は大極殿の移建に伴い朝堂が掘立柱建物から礎石建物となり、その建て替え時期は天平勝宝年間（七四九～七五七年）と推定されている。(29)

次に、朝堂の機能に関する先行研究を確認しておきたい。関野貞氏が朝堂は即位・朝賀に代表される儀礼空間、すなわち朝儀のためのものであると説いたのに対し、(30)儀式の場ではあるが本来的には政務、すなわち朝政のための空間であるとしたのが岸俊男氏である。(31)両者を折衷し、朝堂は政務空間でもあり儀礼空間でもあるとしたのが今泉隆雄氏で、氏によれば、その利用方法は以下の四つに大別できるという。そして、平城宮朝堂は政務と儀礼とで朝堂の機能が分化しており、その用途は以下のように分類できるとする。(32)

（天皇）	（官人）	（行事）	（場所）
大極殿出御	― 朝庭列立型	… 即位・朝賀	― 平城宮中央区→大極殿移建後は東区
大極殿閤門出御	― 四朝堂着座型	… 饗宴	― 平城宮中央区
大極殿出御	― 十二朝堂朝庭列立型	… 告朔・宣命	― 平城宮東区
大極殿出御	― 十二朝堂着座型	… 朝政	― 平城宮東区

さらに吉川真司氏は、朝堂における国政案件の処理・上奏は天皇への「仕奉」の一環であり、朝堂は本質的には天皇の居所近くに会集し下命を待って侍候するための五位以上官人の侍候空間であるとされ、実務空間である曹司は岸氏が言うように朝堂から分化したのではなく、個別に発展したものとする。(33)また、藤原宮で一つであった朝堂空間が、平城宮で東西に二つ並存する形で建設されたのは、律令制に基づく中国風の朝儀と、令制以前に淵源を持つ朝参・朝政とが同一空間で行われることに問題があったためと考えられている。(34)これらのことをふまえた上で、平城宮朝堂の利用形態を、『続日本紀』の記述に即して考察していくことにする。

（二）儀式空間としての朝堂

まず、各種の儀式を行う場としての朝堂の機能を確認しておく。はじめに、『続日本紀』霊亀元年（七一五）正月甲申朔条は、元日朝賀の様子を次のように記している。

天皇御二大極殿一受レ朝。皇太子始加二礼服一拝朝。陸奥・出羽蝦夷并南嶋奄美・夜久・度感・信覚・球美等来朝、各貢二方物一。其儀、朱雀門左右、陣二列皷吹・騎兵一。元会之日、用二鉦鼓一自レ是始矣。

同じく天平四年（七三二）正月乙巳朔条には、

御二大極殿一受レ朝。天皇始服二冕服一。

というように、天皇を中心とした一元的な支配秩序を可視的に示す儀式である元日朝賀には大極殿が使用されており、その際天皇は礼服・冕服（中国で大夫以上が朝儀・祭礼等に着ける冠と礼服）といった中国礼制に基づく服を着用した。このように、中央区の大極殿と朝堂空間は唐の長安城大明宮の含元殿を模倣したと考えられているが[35]、そこで行われた儀式も律令制に基づく唐風の朝儀であり、この時臣下は中央区朝堂に列立したものと考えられる。

続いて神亀元年（七二四）十一月辛巳条には「宴二五位已上於朝堂一。因召二内裡一、賜二御酒并禄一」とあり（表1—14）、五位以上官人は朝堂から内裏に召されている。また天平五年（七三三）正月庚子朔条では、

天皇御二中宮一宴二侍臣一。自余五位已上者、賜二饗於朝堂一。

と見える（表1—24）。宴を行った「中宮」は内裏と東区下層正殿を含む内裏外郭全域を指すと推定されるため[36]、侍臣以外の五位以上官人は東区の朝堂に会集していると推定される。これらの事例から、天皇と官人との節日の

饗宴は東区で行われていたことが判明する。[37] 饗宴の他にも、天平元年（七二九）六月庚申朔条では、仁王経の講説が行われた事例も確認できる（表1―21）。

平城宮後半期には、例えば『続日本紀』天平二十年（七四八）正月壬申朔条に、

廃レ朝。宴二五位已上於内裏一。賜レ禄有レ差、其余於二朝堂一賜レ饗焉。

とあるように、内裏が儀式の場として登場する回数が増加する傾向にあるものの、朝堂は内裏に召喚される五位以上官人以外の者への賜饗の場として使用されている。ちなみにこの場合の朝堂は、内裏との場所の連続性から、東区朝堂であると推定される。

その他、朝堂が使用される例として、以下に挙げる上表がある。

・天平宝字元年（七五七）四月辛巳条（表1―36）

百官詣二朝堂一。上レ表、以賀二瑞字一。

・天平宝字二年（七五八）八月庚子朔条（表1―39）

高野天皇禅二位於皇太子一。（中略）是日、百官及僧綱詣二朝堂一上レ表。

・宝亀三年（七七二）二月癸丑条（表1―50）

大納言従二位文室真人大市、上レ表乞二骸骨一曰、（中略）不レ任二前路之至促一、謹詣二朝堂一。奉レ表陳レ乞以聞。

これらの上表は原則として天皇に対して行うものであるから、[38] 史料中の「朝堂」は内裏・大極殿のある東区朝堂ということになろう。

また、天平宝字七年（七六三）正月庚申条には次のように見える（表1―45）。

帝御二閤門一、饗二五位已上及蕃客（渤海使）、文武百官主典已上於朝堂一。作二唐・吐羅・林邑・東国・隼人等楽一。奏二内教

坊踏歌㆒。客主主典已上次㆑之。賜㆘供㆓奉踏歌㆒百官人及高麗蕃客綿㆖有㆑差。

これは正月の踏歌の饗宴の記事だが、蕃客を含む文武百官人が朝堂に参集している。天皇が「閤門」に出御したとあるので、この場合の朝堂は、大極殿が移建された東区ということになろう。延暦二年（七八三）正月乙巳条の「饗㆓大隅・薩摩隼人等於朝堂㆒。其儀、如㆑常。天皇御㆓閤門㆒而臨観。詔、進㆑階賜㆑物各有㆑差」も同様の例と考えられる。

また、宝亀九年（七七八）正月戊申朔条には、

廃朝。以㆓皇太子枕席不㆑安也。是日、宴㆓次侍従已上於内裏㆒。賜㆑禄有㆑差。自余五位已上者、於㆓朝堂㆒賜㆑饗焉。

とある（表1―56）。内裏との場所の連続性から考えて、この朝堂は東区のもので、君臣間の饗宴も引き続き東区で行われていることが確認できる。

このように、平城宮朝堂は遷都当初から長岡遷都直前まで、一貫して朝賀や外交使節の迎接等の朝儀と、節日の饗宴の場として機能していた。平城宮前半期には中央区・東区を律令制的朝儀と君臣間の饗宴とで使い分けていたものの、大極殿が東区に移建された後半期には、これらの儀式の場は東区朝堂に一本化された。ただし、平城宮前半期の中央区朝堂の利用については注意を要する。先述の今泉氏の分類によれば、饗宴行事は基本的に官人が中央区の四朝堂に着座し、その際天皇は大極殿閤門に出御したとされる。しかしながら、史料上中央区の大極殿が使用されたことが明らかな事例は一六例であり、そのうち中央区の朝堂空間が使用されたと推定できるのは四例ほどにとどまる(39)。このことから、中央区の朝堂は頻繁に使用される区画ではなく、王宮施設の中でも特殊な施設であったことがうかがえる。すなわち、平城宮には朝堂が二つ存在したといっても、日常的には内裏に接

続し、東区下層正殿に付属する東区朝堂が本来的な意味での「朝堂」として利用されたのであろう。

（三）政務空間としての朝堂

続いて、朝堂の政務空間としての利用を見ていくことにする。『日本三代実録』元慶八年（八八四）五月二十九日条所引の和銅六年（七一三）十一月十六日官宣に、次のような規定が見える（表1―10）。

親王・太政大臣出二入朝堂一者、式部告二知下座之事一。其左右大臣動レ座、五位以上降二立床下一、余跪二座下一。就レ座及出レ門訖、倶復レ座。

和銅六年段階では中央区大極殿院・朝堂は未完成であったため[40]、この時点における「朝堂」は東区の朝堂を指すものと思われる。また、平城宮東区下層朝堂の第一堂のみが四面庇で入母屋（あるいは寄棟）造りの屋根を持つという特殊性は、第一堂に議政官が集まり最重要案件を審議するという朝政のあり方に起因するものであるという指摘もある[41]。これらのことから、平城宮遷都以来、東区朝堂が政務の場として設定されていると考えられる。

朝堂での政務の詳細は、残念ながら『続日本紀』には記述されていないが、天平五年（七三三）八月辛亥条には「天皇臨レ朝、始聴二庶政一」という記事があり、これは聖武天皇が朝（＝朝堂）に臨み聴政を行ったことを意味するものである。寺崎保広氏によれば、宮衛令元日条[42]の古記がいう儀式の三区分、すなわち①五纛・鉦鼓使用（元日等）、②立幡・無纛鉦鼓（蕃客宴会辞見・左大臣以上任授等）、③無幡・帯仗威儀（朔日・五位以上授（位等）は、それぞれ『延喜式』に見える大儀・中儀・小儀に対応し、『続日本紀』の文言では、①が「御大極殿」、②が「臨軒」、③が「臨朝」に相当し、①②は中央区、③は東区で行われたという[43]。これによれば、天平五年の聖武の聴政場所も東区朝堂である可能性が高く、朝堂が「庶政」を行う場であったことが知られる。

ただし、政務の場を考えるにあたっては、官司の実務空間である曹司の役割にも目を配る必要がある。『続日本紀』宝亀元年（七七〇）七月癸未条には、次のようにある。

太政官奏、奉二去六月一日勅一、「前後逆党・縁坐人等、所司量二其軽重一奏聞」者。臣曹司且勘、天平勝宝九歳逆党橘奈良麻呂等并縁坐物四百卌三人。数内二百六十二人罪軽応レ免。具注二名簿一、伏聴二天裁一。奉レ勅依レ奏。但名簿雖レ編二本貫一、正身不レ得レ入レ京。

ここで、前月一日の天皇の勅を受けて議政官たちが太政官曹司で議論して奏上していることから、太政官曹司の実務空間としての機能がうかがえることに加え、養老四年（七二〇）八月丁亥条には「詔、諸請二内印一、自レ今以後、応レ作二両本一。一本進レ内、一本施行」とあるように、内印を捺す必要のある文書が内裏に進上されるということは、天皇の日常政務の場が内裏であったことを示すとする説がある。(44) また、宝亀八年（七七七）四月甲午条に「雨レ氷。震二太政官・内裏之庁一」とあるように、内裏にも「庁」（執務の場）が存在した可能性がある。これらの状況からすると、少なくとも八世紀後半には朝堂だけでなく、曹司・内裏も政務処理を行い得る空間を有していたことがうかがえる。しかし、これらの事実によって朝堂よりも内裏の方が実質的な政務機能を有していたと直ちに証明されるわけではない。

『続日本紀』宝亀五年（七七四）四月己卯条には次のような文言が見える。

勅曰、如聞、天下諸国、疾疫者衆。雖レ加二医療一、猶未二平復一。朕、君二臨宇宙一、子二育黎元一。興言念レ此、寤寐為レ労。其摩訶般若波羅蜜者、諸仏之母也。天子念レ之、則兵革災害不レ入二国中一。庶人念レ之、則疾疫癘鬼不レ入二家内一。思下欲憑二此慈悲一、救中彼短折上。宜下告二天下諸国一、不レ論二男女老少一、起坐行歩。咸令上レ念二誦摩訶般若波羅蜜一。其文武百官、向レ朝赴レ曹。道次之上、及公務之余、常必念誦。庶使下陰陽叶レ序、寒温調レ気、国無二疾疫之災一、人遂中天年之寿上。普告二遐邇一、知二朕意一焉。

右の史料中に見える「向レ朝赴レ曹」とは、『延喜式』式部省上・空座条の、

凡諸司皆先上二朝座一、後就二曹司一。不レ得下経二過他処一以闕中所職上。若無レ故空座及五位以上頻不レ参経二三日以上一者、並省推科附レ考。其節会雨泥日及正月・二月・十一月・十二月、並停二朝座一。但三月・十月旬日著之。

という規則と呼応するものである。また『令集解』儀制令文武官条の朱説所引の或説に、令文の「毎二朔日一朝」について「問、朔日若当二日蝕・国忌等一者何。又武官如二文官一、常就二上位一哉。答、朔日若日蝕・国忌者。准二逢レ雨及泥潦之日一入二中務一耳。又武官依レ文朔日朝参。但毎日居二上位一者、不レ見二正文一」という問答がある。武官が「毎日居二上位一者、不レ見二正文一」というのは、逆に言えば文官（朝堂に朝座を持つ官人）は朔日以外も毎日「位」＝朝堂の座に「上」る規則であったことになる。朔日は朝座を持たない官人も式部省で「受レ点」、すなわち出欠点呼されるという規則が、同じく『延喜式』式部省上・無朝座条に見えるが[45]、朝座を有する官人たちは各々の朝座で毎日の出欠を把握されたのであろう。朝堂は、この「受レ点」の場としての意義が大きかったものと思われる。

第三節　朝堂から「朝堂院」へ

（一）「太政官院」の性格

平城宮後半期に、朝堂に関する一つの変化が見られる。それが「太政官院」という名称の登場である。『続日

本紀』天平宝字元年（七五七）七月庚戌条に「去六月中、期会謀レ事三度。始於二奈良麻呂家一、次於二図書蔵辺庭一、後於二太政官院庭一。（後略）」とあるのがその初見である。この「太政官院」とは、天平宝字元年から延暦十一年以前にほぼ限定的に使用された朝堂区画を指す歴史的名辞で、その呼称は八世紀後半に曹司中心の勤務形態に移行したことにより、朝堂が太政官の占有空間となったことを示すとされる(46)。また平城宮後半期には式部省の区画に考問等を行うための儀式空間を持つ式部曹司庁が成立し、各曹司において政務の変化による曹司機能の拡充が行われたことを受け(47)、実質的な政務処理の場が内裏へ移行し、さらに大極殿を東区に移建して政務空間・儀礼空間を一元化したことによって、朝堂の政務空間としての機能が低下したともいわれる(48)。確かに、大極殿の位置変更や曹司の機能強化が朝堂の政務形態に少なからず影響を及ぼしたと推測されるが、朝堂政務の「機能低下」、朝堂区画の「太政官の占有化」という位置付けには再考の余地があるように思われる。

『続日本紀』延暦七年（七八八）六月丙戌条の石川名足薨伝には、

> 中納言従三位（中略）石川朝臣名足薨。名足、（中略）宝亀初、任二兵部大輔一。（中略）出為二大宰大弐一。居二年、徴入歴二左右大弁一。尋為二参議兼右京大夫一。名足、耳目所レ渉、多記二於心一。加以、利口剖断無レ滞。然性頗偏急、好詰二人之過一。官人申レ政、或不レ合レ旨、即対二其人一、極レ口而罵。因レ此、諸司候二官曹一者、値二名足聴レ事、多跼蹐而避。

とあり、この記事から太政官曹司で諸司の「申政」という形態が平城宮後半期には成立していたことがうかがえるという指摘がある(49)。先に挙げた宝亀八年（七七七）四月甲午条の「太政官・内裏之庁」の記事等を合わせ考えると、改作後の平城宮では、内裏・太政官曹司・太政官院・各官司の曹司が、それぞれ政務処理機能を分担していたと推測される。しかしながら、太政官曹司が政務の場としての機能を備えるようになったことは、朝堂の政務機能の有無とは、別個に考えるべき問題であろう。よって、曹司の充実は、朝堂での政務が行われなくなったことを示すものではない。

ここで、改めて「太政官院」という名称に着目してみたい。「院」とは垣で囲まれた空間を意味する語であり[50]、一定の独立性を持った区画を指す。平城宮後半期に東区の朝堂区画が「太政官院」とも称されたのは、国家的儀式にのみ使用され、用途が限定された空間であった大極殿院が、八世紀後半の平城宮改作によって内裏と朝堂区画の間に割って入ったことにより、朝堂空間が内裏と隔絶し、臣下の政務空間として独立性を強めたことを意味するのではないか。すなわち、太政官院の成立は朝堂の政務機能の衰退を表しているのではなく、むしろ朝堂が天皇の出御空間から一定の独立性を持った、臣下の自律的な政務空間として位置付けられたことを示すものと考えられる。これまで、平安宮において大極殿・朝堂が一体となった龍尾壇形式が成立したことによって「朝堂院」の語が成立するとされてきたが[51]、朝堂区画の独立の萌芽は八世紀後半にすでに現れており、「太政官院」の名称は、朝堂から「朝堂院」への過渡的な状況を示すものとして理解される。

（二）「朝堂院」の成立

延暦三年（七八四）、桓武天皇によって長岡京遷都が実行された。『続日本紀』延暦五年（七八六）七月丙午条には、

太政官院成。百官始就二朝座一焉。

とあるように（表1—66）、長岡宮でも太政官院＝朝堂空間が設けられ、各官司の朝座が整備された。太政官院の名称は、長岡宮期に「朝堂院」へと変化する。「朝堂院」の初見は『類聚国史』巻一九〇・俘囚の延暦十一年（七九二）十一月甲寅条「饗二陸奥夷俘爾散南公阿波蘇・宇漢米公隠賀・俘囚吉弥侯部荒嶋等於朝堂院一。（後略）」

（表1—67）であり、陸奥の夷俘・俘囚の饗応の場となっている。長岡宮朝堂院の利用を直接的に示す史料はこれのみだが、夷俘の饗応は平城宮朝堂における夷狄を含む饗宴の形式と同形態のものであり、朝堂空間が引き続き饗宴儀礼に利用されていることが確認できる。『続日本紀』延暦四年（七八五）正月丁酉朔条には「天皇御二大極殿一受レ朝。其儀如レ常」とあり、この元日朝賀は平城宮期と同じように、朝堂空間に臣下が列立したと考えられる。しかし節日の饗宴は「是日、宴二五位已上於内裏一。賜レ禄有レ差」とあるように内裏で行われ、正月七日や三月三日の節日についても、朝堂で行われた例はなく、君臣間の宴の場は内裏に移行するようである。このことは、長岡宮が遷都当初から内裏と朝堂院が分離した構造であった可能性が高いことと密接に関係しよう。[52] すなわち、長岡宮において朝堂は内裏と完全に隔絶した独自の政務・儀礼空間となったのである。

　続く平安宮では、延暦十三年（七九四）の遷都当初には朝堂院は未完成であり、延暦十四年（七九五）八月には建設工事中で（『日本紀略』延暦十四年八月癸未条、表2—1）、延暦十五年にも「巡二覧朝堂及諸院一」とある（『日本紀略』・『類聚国史』延暦十五年三月乙卯条、表2—2）。延暦十六年（七九七）正月甲辰の観射の記事（表2—3）が完成後の平安宮朝堂院の初見であり、この頃までには完成していたものと見られる。平安宮では長岡宮と同様に、朝堂院は内裏と一直線に並ぶ構造ではなく、別個の施設として建設された。ただし、利用形態としては平城宮期と共通する部分が多い。延暦期には、朝堂院は大射（延暦十八年・二十二年）・相撲節（延暦二十一年）・遣唐使拝朝などに使用されており、「観レ射」「覧二相撲一」とあることから、天皇が大極殿に出御し、その前庭である朝堂空間で儀式が行われていることがわかる。また、大同三年（八〇八）と弘仁元年（八一〇）にはそれぞれ平城天皇と嵯峨天皇の大嘗祭が朝堂院で挙行されている（表2—16・18）。このことは、平城宮の太政官院に大嘗宮が営まれた例を引き継ぐものであろう。

表2　六国史に見える「朝堂院（朝堂）」「八省院」の用例（平安宮）

番号	年月日	史料	典拠	備考
1	延暦十四年（七九五）八月癸未条［十九日］	幸二朝堂院一、観二匠作一。	日本紀略	
2	延暦十五年（七九六）三月乙卯条［二十五日］	巡二覧朝堂及諸院一。御二近東院一、宴飲終日、侍臣及諸衛等、賜レ物有レ差。	類聚国史・日本紀略	
3	延暦十六年（七九七）正月甲辰条［十七日］	観二射於朝堂院一。	日本後紀	
4	延暦十七年（七九八）正月丁未条［二十六日］	有レ兎、出二朝堂院東道一、為二人所レ獲。	日本紀略	
5	延暦十八年（七九九）正月癸亥条［十八日］	於二朝堂院一観レ射。五位已上射畢、次蕃客射焉。	日本後紀	
6	延暦十八年（七九九）六月庚子条［二十七日］	屈二僧三百人・沙弥五十人於禁中及東宮朝堂一、奉二読大般若経一。	日本後紀	※東宮朝堂
7	延暦二十一年（八〇二）七月辛酉条［七日］	御二朝堂院一、覧二相撲一。	類聚国史・日本紀略	
8	延暦二十一年（八〇二）七月丁卯条［十三日］	白鷺集二于朝堂院一。	日本紀略	
9	延暦二十二年（八〇三）正月庚午条［十八日］	於二朝堂院一、観二大射一。	類聚国史・日本紀略	
10	延暦二十二年（八〇三）三月己巳条［十八日］	遣唐使等、於二朝堂院一拝朝。	日本紀略	
11	延暦二十三年（八〇四）十二月丙午条［五日］	勅、自今以後、左右大弁・八省卿・弾正尹・准二参議已上一、雖二開門以後一、聴レ就二朝堂一。	日本後紀	
12	大同元年（八〇六）二月甲寅条［二十日］	従三位行皇太子傅大伴宿祢弟麻呂上表言、（中略）謹詣二朝堂一、陳乞以聞。（後略）	日本後紀	

13	大同三年（八〇八）五月甲申条［三日］	先レ是詔二衛門佐従五位下兼左大舎人助相摸介安倍朝臣真直・外従五位下侍医兼典薬助但馬権掾出雲連広貞等一、撰二大同類聚方一、其功既畢、乃於二朝堂一拝表曰、（後略）	日本後紀	
14	大同三年（八〇八）八月乙丑条［十六日］	野狐竄二朝堂院中庭一常棲焉。経二十余日一而不レ見。	日本後紀	
15	大同三年（八〇八）十月庚午条［二十二日］	群烏集二朝堂院東一殿一、啄二剥座茵一。	日本後紀	
16	大同三年（八〇八）十一月辛卯条［十四日］	奉二幣帛於伊勢大神宮一。以レ行二大嘗事一也。是夜、御二朝堂院一、行二大嘗之事一。	日本後紀	平城天皇大嘗祭
17	弘仁元年（八一〇）八月己卯条［十一日］	令下僧一百五十人、於二太政官院一、七箇日行中薬師法上。	類聚国史・日本紀略	※太政官院
18	弘仁元年（八一〇）十一月乙卯条［十九日］	行二大嘗於朝堂院一。	日本後紀	嵯峨天皇大嘗祭
19	弘仁三年（八一二）七月辛酉条［五日］	有二野狐一、見二朝堂院一。	日本後紀	
20	弘仁三年（八一二）九月丙子条［二十一日］	右大臣従二位兼左近衛大将藤原朝臣内麻呂縁レ病上表辞レ職曰、（中略）謹詣二朝堂一、奉表以聞。（後略）	日本後紀	
21	弘仁六年（八一五）正月癸巳条［二十一日］	発二尾張・参河（中略）等国役夫一万九千八百人一、修二理朝堂院一。（後略）	日本後紀	
22	弘仁九年（八一八）三月戊申条［二十五日］	制、朝堂公朝、見二親王及太政大臣一者、左大臣動座、自余共立二床子前一。但六位以下、磬折而立。（後略）	日本紀略	※『弘仁格抄』式上35「庁座事」に相当。
23	弘仁十年（八一九）六月庚戌条［四日］	制、諸司於二朝堂一、見二親王・大臣一、以二磬折一代二跪伏一、以二起立一代二動座一。	日本紀略	

24	弘仁十四年（八二三）四月辛亥条［二十七日］	（前略）皇帝即位、詔曰、（中略）此日、零レ雨庭湿。群臣百官、皆悉陣二列八省殿上一、行二拝礼事一。（後略）	日本紀略	清和天皇即位儀 ※「八省殿上」
25	天長二年（八二五）閏七月丁亥条［十六日］	弾正尹四品佐味親王薨。（中略）天皇践祚之日、行二立朝堂一、暴疾倒臥、呼声似レ驢、輿病而出、不レ経二幾日一、薨。時年卅三。	日本紀略	
26	天長三年（八二六）九月乙亥条［十一日］	天皇御二八省院一、奉二幣帛於伊勢太神宮一。	類聚国史・日本紀略	
27	天長九年（八三二）五月戊辰条［十七日］	皇帝避二正寝一、請二百僧於八省院一、読二大般若経一。祈レ雨也。（後略）	日本紀略	
28	天長九年（八三二）五月庚戌条［十九日］	八省院読レ経、澍雨不レ降。衆僧曝二露中庭一、至心誓願、午後微雨。（後略）	日本紀略	
29	天長九年（八三二）七月壬子条［二十二日］	御二八省院一、奉二幣帛伊勢大神宮一。防二風雨一也。	類聚国史・日本紀略	
30	天長十年（八三三）十一月丁卯条［十五日］	天皇御二八省院一、脩二禋祀之礼一。	続日本後紀	仁明天皇大嘗祭
31	承和元年（八三四）六月甲午条［十五日］	吼二説仁王経於紫宸殿・常寧殿及建礼門・八省院諸堂・宮城諸司諸局・東西寺并羅城門一。惣是百講座也。	続日本後紀	
32	承和二年（八三五）正月癸丑条［七日］	天皇御二豊楽院一、宴二百官於朝堂一。（後略）	続日本後紀	※豊楽院の朝堂
33	承和三年（八三六）正月丁未条［七日］	天皇御二豊楽院一、宴二百官於朝堂一。（後略）	続日本後紀	※豊楽院の朝堂
34	承和三年（八三六）二月丙戌条［十七日］	於二八省院一、賜二遣唐使史生已下将従已上位記一。	続日本後紀	
35	承和三年（八三六）四月戊寅条［十日］	遣唐使於二八省院一朝拝。天皇不レ御。例也。但大臣已下参議以上各在二其位一。一如下天皇視二告朔一之儀上。	続日本後紀	

36	承和三年（八三六）八月辛酉条［二十四日］	延二五十口禅僧於八省院一転二読大般若経一。以禦二疫気一。諸司醋食。	続日本後紀	
37	承和三年（八三六）八月丙寅条［二十九日］	八省院禅僧転経竟、施二布帛及度者各一人一。	続日本後紀	
38	承和五年（八三八）五月甲戌条［十八日］	百僧於二八省院一限二五ケ日一、転読二大般若経一。為レ令二天下豊楽一也。	続日本後紀	
39	承和五年（八三八）七月甲申条［二十九日］	天皇御二八省院一、奉二幣伊勢大神宮一。以祷二豊年一也。	続日本後紀	
40	承和五年（八三八）十二月丁酉条［十三日］	延二名僧百口於八省院一、令レ転二読御願奉写金剛寿命陀羅尼経一千軸一也。	続日本後紀	
41	承和六年（八三九）四月戊寅条［二十七日］	会二百法師於八省院一、限二三箇日一、転二大般若経一。以祈レ雨焉。諸司為レ之醋食。（後略）	続日本後紀	
42	承和六年（八三九）十月甲寅条［六日］	遣唐大使已下朝二拝於八省院一。無レ有二天臨一。唯大臣行レ事。例也。	続日本後紀	
43	承和八年（八四一）五月癸未条［十四日］	請二名僧於八省院一、読レ経祷レ雨。	続日本後紀	
44	承和八年（八四一）七月甲午条［二十六日］	天皇御二八省院一、奉二幣帛於伊勢大神宮一。以祈二豊年一。	続日本後紀	
45	承和八年（八四一）十二月壬午条［十七日］	勅、請二僧百口於八省院一、限二三ケ日一、読二大般若経一。（後略）	続日本後紀	
46	承和九年（八四二）四月丙寅条［二日］	渤海国使賀福延等、於二八省院一、献二啓函信物等一。	続日本後紀	
47	承和十年（八四三）五月丙申条［八日］	（前略）一品式部卿葛原親王、遣二男従三位大蔵卿平朝臣高棟一、詣二朝堂一抗レ表曰、（後略）	続日本後紀	

48	承和十一年（八四四）七月癸巳条［十二日］	請二百僧於八省院一、転二読大般若経一。祈二甘雨一。是日雨降。	続日本後紀	
49	承和十一年（八四四）十月乙酉条［六日］	天皇御二八省院一、発下遣奉二幣於伊勢大神宮一使上。	続日本後紀	
50	承和十三年（八四六）五月癸丑条［十三日］	請二百僧於八省院一、限二三箇日一読経。以祈レ雨也。	続日本後紀	
51	承和十四年（八四七）三月己卯条［※備考参照］	天皇御二八省院一、奉二遣幣於伊勢太神宮一云々。	続日本後紀	※本月己卯なし。閏三月ヵ
52	嘉祥元年（八四八）二月戊申条［十八日］	読経事畢、施レ物如レ常。更有レ勅、施二百僧度者各一人一、亦遣二中使於八省院一、別試二持経持呪抜萃者一。（後略）	続日本後紀	
53	嘉祥元年（八四八）六月乙未条［八日］	左大臣以下重詣二朝堂一。上表曰、（後略）	続日本後紀	
54	嘉祥元年（八四八）六月庚子条［十三日］	（前略）大臣就二八省院一、奉二幣帛於伊勢大神宮及賀茂上下・松尾社一、並告二依レ瑞改レ元、兼令レ祈レ防二水殄一也。	続日本後紀	※「大臣就二八省院一」は『類聚国史』により補う。
55	嘉祥元年（八四八）七月癸亥条［六日］	請二百僧於八省院一、転二読大般若経一。以祈二甘雨一。	続日本後紀	
56	嘉祥二年（八四九）五月乙卯条［二日］	渤海国入観使大使王文矩等詣二八省院一、献二国王啓函并信物等一。	続日本後紀	
57	嘉祥二年（八四九）九月辛酉条［十一日］	天皇御二八省院一、奉二幣帛於伊勢大神宮一。例也。	続日本後紀	
58	嘉祥三年（八五〇）二月甲寅条［五日］	御病殊劇、召二皇太子及諸大臣於床下一令レ受二遺制一。（中略）左右馬寮各調二走馬十疋一、候二於八省東廊下一。是日、諸衛府警固。	続日本後紀	※「八省東廊下」

59	仁寿元年（八五一）十一月辛卯条［二十三日］	帝有レ事於二八省院一、縁二大嘗祭一也。	日本文徳天皇実録	文徳天皇大嘗祭
60	斉衡三年（八五六）八月丁丑条［七日］	冷然院及八省院・太政官庁前、同時虹見。記レ異也。	日本文徳天皇実録	
61	天安二年（八五八）三月辛夘条［三十日］	雨。請二僧百人一、相分七十人在二内裏一、三十人在二八省院一、三日間転二読大般若経一。	日本文徳天皇実録	
62	貞観元年（八五九）九月壬午条［三十日］	雨。大二祓於八省院東廊一、為二大嘗会近一也。依二雨行レ事、故用二東廊一。	日本三代実録	
63	貞観元年（八五九）十一月丁卯条［十六日］	車駕幸二朝堂院斎殿一、親奉二大嘗祭一。	日本三代実録	清和天皇大嘗祭
64	貞観三年（八六一）九月壬申朔条［一日］	勅遣二右大臣正二位兼行左近衛大将藤原朝臣良相・尚侍従三位源朝臣全姫一、向二八省院一、発二遣伊勢斎内親王一。	日本三代実録	
65	貞観八年（八六六）九月丁卯条［二十五日］	（前略）是日、遣二使於柏原・深草山陵一、告以レ配二流善男等一。告文曰、（中略）就中尓八省院波、殊留御意天国乃面止作粧賜岐止奈毛聞賜布留（後略）	日本三代実録	※同年閏三月に起きた応天門の変を山陵に報告する告文
66	貞観十八年（八七六）六月甲寅条［九日］	右大臣已下参議已上相率向二八省院含章堂一、始下行修二造大極殿一之事上。	日本三代実録	※同年四月十日に火災により大極殿焼失
67	貞観十八年（八七六）七月甲午条［十九日］	請二五僧於八省院含章堂一転レ経。以レ将レ始二大極殿作事一也。	日本三代実録	
68	貞観十八年（八七六）十月戊申条［五日］	（前略）是日、分二遣使者於五畿七道諸国一、班二幣境内諸神一。以二卜筮告一レ可レ有二兵火一也。告文曰、（中略）去四月十日尓、八省院乃大極殿尓火災事在天、東西両楼并廊百余間一時尓焼尽太利。（後略）	日本三代実録	

69	元慶元年（八七七）四月己卯条［八日］	欲下以二今月九日一始中作大極殿上。仍遣二使柏原山陵一、告以二事由一。告文曰、（中略）去年四月十日尓所二焼失一乃八省院乃大極殿并東西楼廊等、（後略）	日本三代実録	
70	元慶元年（八七七）四月庚辰条［九日］	（前略）是日、親王・公卿向二八省院一、饗二行事大夫已下飛騨工已上、木工助以下及大少工一。（中略）長上已下応二鼓声一而就レ座、四位・五位諸司百官畢集助レ饗焉。	日本三代実録	※「八省院」は『紀略』により補う。
71	元慶二年（八七八）二月庚寅条［二十四日］	（前略）屈二六十僧一、分二五十口一、於二紫宸殿一転二読大般若経一。十僧於二八省院一、転二読金剛般若経一。限二三日一訖。	日本三代実録	
72	元慶三年（八七九）十月甲子条［八日］	大極殿成。右大臣設二宴於朝堂院含章堂一。釁落也。饗下預二作事一四位已下雑工已上及飛騨工等上。親王・公卿・百寮群臣畢会。（後略）	日本三代実録	
73	元慶五年（八八一）七月辛酉条［十五日］	令下飛騨国、減二匠丁卌人一、貢中六十人上、作二朝堂院・神泉苑一之間、自二去貞観十八年一、令レ貢二百人一。今作事既畢。故減レ之。	日本三代実録	
74	元慶七年（八八三）五月丁卯条［二日］	大使裴頲等、於二朝堂一、奉二進王啓及信物一。親王已下五位已上及百寮初位已上皆会。四位已下未レ得二解由一者亦預焉。所司受二啓信物一、奉レ進二内裏一。	日本三代実録	
75	元慶八年（八八四）二月庚戌条［十九日］	天皇御二朝堂院小安殿一、遣二散位従五位上興我王一、向二伊勢大神宮一奉幣、告以レ将二即位一也。	日本三代実録	

76	元慶八年（八八四）四月庚子条［十日］	天寒殞レ霜。遣二従四位上行神祇伯棟貞王・従五位下行少副大中臣朝臣常道等一、奉二幣於伊勢大神宮一。告以レ定二伊勢斎内親王一也。天皇御二朝堂院小安殿一発レ使。（後略）	日本三代実録	
77	元慶八年（八八四）九月戊辰条［十一日］	天皇御二朝堂院小安殿一、遣二従四位上行神祇伯棟貞王・大副従五位上大中臣朝臣有本等一、奉二伊勢大神宮幣一。	日本三代実録	
78	元慶八年（八八四）十一月己卯条［二十二日］	天皇御二朝堂院斎殿一、親奉二大嘗祭一。先御二悠紀殿一、後御二主基殿一。親王・公卿、文武百寮、小斎大斎、宿侍如レ式。	日本三代実録	光孝天皇大嘗祭
79	仁和元年（八八五）四月乙卯朔条［一日］	是夜、巡二検朝堂院一、近衛等捕二得一人一。	日本三代実録	
80	仁和元年（八八五）九月乙未条［十四日］	（前略）先レ是、式部省修レ解偁、（中略）又承和十二年宣旨云、車駕行幸之日、官人引二文章生等一陪従。然則、朝堂之儀、公私之礼、節会宴享之日、巡狩遊猟之時、必須下率二学生一縦観陪従上。（後略）	日本三代実録	
81	仁和三年（八八七）八月癸丑条［十二日］	鷺二一集二朝堂院白虎楼・豊楽院栖霞楼上一。陰陽寮占曰、当レ慎二失火之事一。	日本三代実録	
82	仁和三年（八八七）八月戊午条［十七日］	（前略）又明日可レ修二転経之事一。仍諸寺衆僧被レ請、来宿二朝堂院東西廊一。（後略）	日本三代実録	

平安宮朝堂院が広い空間を必要とする儀式の場として用いられている一方で、『日本後紀』大同三年（八〇八）八月乙丑条に「野狐窟二朝堂院中庭一常棲焉。経二十余日一而不レ見」（表2―14）、同じく十月庚午条に「群烏集二朝堂院東一殿一、啄二剥座茵一」（表2―15）、弘仁三年（八一二）七月辛酉条に「有二野狐一、見二朝堂院一」（表2―19）などとあるのは、朝堂院が日常的に官人の出入りする場ではなくなっていることを示唆する。しかしながら、延暦二十三年（八〇四）十二月には左右大弁・八省卿・弾正尹らの開門以後の朝堂参入を認める勅が出され（『日本後紀』延暦二十三年十二月丙午条、表2―11）[53]、弘仁九年（八一八）三月及び弘仁十年（八一九）六月に朝堂政務における礼儀に関する制が出されているところを見ると（表2―22・23）、儀式としての朝堂政務は依然として朝堂院で行われていることがうかがわれる。

『日本紀略』弘仁九年（八一八）四月庚辰条には「是日有レ制、改二殿閣及諸門之号一。皆題レ額之」とあり、これによって朝堂十二堂に中国風の名称が付けられることになり、それに伴って朝堂院は「八省院」に改名される[54]。弘仁十四年（八二三）四月の淳和天皇の即位記事には「此日、雩レ雨庭湿。群臣百官、皆悉陣二列八省殿上一、行二拝礼事一。有二授位一」とあり（『日本紀略』弘仁十四年四月辛亥条、表2―24）、この「八省殿上」が八省院の初見である可能性が高い[55]。この名称変更の背景には、太政官の政務形態の変化が関係していると推察される。『類聚符宣抄』第六・外記職掌・弘仁十三年（八二二）四月二十七日付宣旨には、次のように見える。

五位外記不レ起レ座

右大臣（藤原冬嗣）宣、弁官於二太政官候庁一申レ政之時、処分已訖、共可二称唯一者、五位已上不レ得二更立一。但特被二指問一及有レ所レ申者、不レ在二此限一。其外記并史帯二五位一者亦同焉。

弘仁十三年四月二十七日　　大外記坂上忌寸今継奉

右の史料は「太政官候庁」（＝外記候庁）の初見として知られるもので、それまで朝堂院の太政官庁で行われるのが原則であった公卿聴政が、この場所で行われるようになっていたことを示すとされる。(56)この弘仁期における外記政の制度的確立は、朝堂空間の性格の変化と密接不可分であり、(57)少納言・外記の朝堂への着座が無実化した九世紀初期には太政官政務処理が朝堂を離れて内裏を中心とする区画にその重心が移動することが指摘されている。(58)これらのことからすると、朝堂院の太政官の庁で行われていた政務処理が朝堂院から分離独立したことで、太政官を除いた「八省院」なる名称が創出されたと考えられる。すなわち、太政官政務形態と朝堂区画の質的転換は初期平安宮に求められ、朝堂の性格は、弘仁期を境に根本的に変化するといえる。以後、八省院は表2に明らかなように、主として即位儀・大嘗祭といった一世一代の儀式と、伊勢奉幣使発遣などの神事、及び大般若経転読などの仏事の場として定着していくことになる。

小結

日本古代の王宮に設けられた朝堂・朝庭は、令制以前からのまつりごとの場であった「庭（ニハ）」に、古代中国の宮城において儀礼と百官集議の場として設けられた朝堂の概念を当てはめることで成立し、推古朝の隋使迎接を機にその基本型が形成された。そして朝堂・朝庭は、その北に起居する天皇への朝参・朝礼の場としての機能を持ち、官人の出仕空間として整備された。七世紀末の藤原宮では、大極殿に付属する形式の朝堂空間が建設され、律令制に基づく朝儀が本格的に行われたが、大極殿は未だ内裏正殿としての性格を払拭できておらず、唐制の儀式と倭国伝統の朝庭を使用する政務とを同一空間内で行うことの不便さを抱えた構造であった。

その矛盾を解消しようとした試みが、平城宮における東西二つの朝堂空間の並立である。宮室の中央には、中国の宮城に倣い、大極殿院に付属する朝堂を設けて、即位・朝賀や外国使節・夷狄を交えた唐風の儀礼を行った。そして内裏正殿に接する形式の従来型の朝堂を東区に建設した。東区の朝堂は、日常的な朝参・朝政及び天皇と官人との饗宴など、主として君臣間で行われる儀礼の舞台となった。奈良時代後半には、大極殿が内裏の南に移建されたことで、従来中央区で行っていた儀式も東区で行われるようになる。さらに、八世紀後半以後、曹司の機能が拡充され、政務処理は太政官曹司をはじめとする各官司の曹司で分担されるようになる。先行研究では、この変化によって朝堂の政務機能が衰退したとされるが、朝堂に朝座を有する官人は毎日朝座につくことが原則で、それによって「受レ点」（出欠点呼）されて上日を得る。この原則は、基本的に平安期まで受け継がれる官人の勤務規則である。そのため、官人の勤務の基本は朝堂への出仕であり、政務の中心的な空間は、大極殿が移建された平城宮後半期においても、朝堂であったと考えられる。ただし、国家的儀式にのみ使用される大極殿院が内裏と東区の朝堂空間との間に新たに建設されたことにより、朝堂区画は臣下のみの政務空間としての性格を強め、「太政官院」として位置付けられるようになる。この太政官院の成立は、朝堂・朝庭が天皇の出御空間から一定の独立性を持った臣下の政務空間として整備されたことを意味するものであり、後に内裏から完全に分離した「朝堂院」の出現に至る間の過渡的な状況を示している。

続いて遷都した長岡宮の朝堂院は、平城宮期と同様に朝賀や饗宴儀礼に使用され、平安宮でも遷都当初は大射などの節日儀礼の場となっていたが、弘仁期における「八省院」への改名以後、朝堂院は即位儀や神事・仏事の場となり、日常的に使用される空間ではなくなる。これは弘仁期の外記政の制度的確立によって太政官政務処理の場が朝堂院から完全に分離独立したためと考えられる。すなわち、この時期に官人出仕空間としての朝堂の性格が変質したのであり、このことは、王宮における政務そのもののあり方に根本的な変化が生じたことを示唆すると考えられる。

以上のことから、朝堂の機能が変化する端緒は八世紀後半に見られるが、政務の場としての朝堂空間の質的転換は、外記政が制度的に確立し、朝堂院が八省院とも呼称されるようになる初期平安宮に求められるといえよう。

〈注〉

（1）岩永省三「日本における都城制の受容と変容」（『九州と東アジアの考古学』上巻　九州大学考古学研究室五〇周年記念論文集刊行会　二〇〇八年）。なお、「朝堂院」を含む宮室中枢部の変遷については、相原嘉之「我が国における宮中枢部の成立過程―内裏・大極殿・朝堂院の成立に関する覚書―」（『明日香村文化財調査研究紀要』九　二〇一〇年）に先行研究が整理されている。

（2）今泉隆雄「平城宮大極殿朝堂考」（『古代宮都の研究』吉川弘文館　一九九三年、初出一九八〇年）。

（3）佐藤武敏「唐の朝堂について」（難波宮址を守る会編『難波宮と日本古代国家』塙書房　一九七七年）。以下、中国における朝堂の使用状況については、主としてこの佐藤氏の論文と、注（6）に挙げる山崎氏の論文附載の朝堂用例一覧及び史料集を参照した。

（4）渡辺信一郎『天空の玉座―中国古代帝国の朝政と儀礼』（柏書房　一九九六年）。

（5）佐藤注（3）前掲論文。

（6）山崎道治「漢唐間の朝堂について」（古代都城制研究集会実行委員会編『古代都城の儀礼空間と構造』奈良国立文化財研究所　一九九六年）。

（7）松本保宣「宣宗朝の聴政―唐代聴政制度の完成」（『唐王朝の宮城と御前会議―唐代聴政の展開―』晃洋書房　二〇〇六年、初出二〇〇一年）。また、松本氏は「朝堂から宮門へ―唐代直訴方式の変遷―」（小島毅監修、平田茂樹・遠藤隆俊編『外交史料から十~十四世紀を探る』汲古書院　二〇一三年）において、隋唐期に朝堂が百官議政の場から士庶上訴の場へと変容し、それに付随して整備された朝堂の上書受理機能がやがて閤門に吸収されると指摘する。

（8）佐藤注(3)前掲論文。

（9）この皇極紀の「朝堂庭」は「朝堂」の語はあるものの、実際は推古朝以前の記事に見える「大庭（オホバ）」に近い性質のものではないかという指摘がある（金子裕之「朝堂院の変遷」金子裕之著・春成秀爾編『古代都城と律令祭祀』柳原出版　二〇一四年、初出一九九六年）。この「朝堂庭」という表現は、おそらく群臣が参集した「庭」を書紀編者が後の「朝堂」に相当する空間であると認識していたことを示すものであり、ここに「庭」と「朝堂」との系譜関係が看取される。

（10）「朝堂」の語の初見は『日本書紀』清寧四年正月丙辰条の「宴二海表諸蕃使者於朝堂一」であるが、清寧紀三年・四年の記事の大部分は『隋書』高祖紀による潤色を受けていると見られるため（日本古典文学大系『日本書紀』上巻　岩波書店　一九六七年の頭注）、実質的な初見は、本文中に挙げた皇極二年十月己酉条と見てよいだろう。

（11）「大殿」については、『日本書紀』舒明天皇即位前紀に、山背大兄王が小墾田宮に赴いた時、「亦栗隈采女黒女、迎二於庭中一、引二入大殿一」とあり、この時死期の近い推古天皇は「大殿」で臥せっていたことが知られる。このことから、「大殿」は天皇（大王）が日常起居する殿舎であったと推測される。この「大殿」の観念が平安宮内裏まで継続することについては、石川千恵子「古代「大殿祭」考」（『律令制国家と古代宮都の形成』勉誠出版　二〇一〇年、初出一九九〇年を改訂）参照。

（12）岸俊男「朝堂の初歩的考察」（『日本古代宮都の研究』岩波書店　一九八八年、初出一九七五年）。ただし、小墾田宮の「庁」が藤原宮以降の朝堂の「庁」（「まつりごとどの」＝執務空間）と同形態のものであるかは不明であり、朝庭の東西に設けられるというのも概念的な復原に留まらざるを得ない。この点について、近年では岸説に対する異論が相次いで発表され、新たな復原案が提唱されているが、断案はない。詳細は、西本昌弘「七世紀の王宮と政務・儀礼」（『日本古代の王宮と儀礼』塙書房　二〇〇八年）参照。

（13）田島公「外交と儀礼」（岸俊男編『日本の古代　第七巻　まつりごとの展開』中央公論社　一九八六年）。

（14）中尾芳治「難波宮」（『岩波講座日本通史第3巻　古代2』岩波書店　一九九四年）、同『難波宮の研究』（吉川弘文館　一九九五年）。

(15) 西本昌弘「元日朝賀の成立と孝徳朝難波宮」（『日本古代の王宮と儀礼』塙書房　二〇〇八年、初出一九九八年）。

(16) 積山洋「大極殿の成立と前期難波宮内裏前殿」（『古代都城と東アジア〈大極殿と難波京〉』清文堂出版　二〇一三年、初出二〇〇九年）。なお、「前殿」は「正殿」と同義である（村田治郎「前殿の意味」『日本建築学会研究報告』一六　一九五一年）。

(17) 鬼頭清明「日本における朝堂院の成立」（『古代木簡と都城の研究』塙書房　二〇〇〇年、初出一九八四年）。

(18) 古代の「庭」の持つ本質的意義については、本書第一部第三章を参照。

(19) 井上亘「朝政・朝議の形成と展開」（『日本古代朝政の研究』吉川弘文館　一九九八年）。

(20) 岸注(12)前掲論文。

(21) 朝参の制度的展開については、本書第二部第一章を参照。

(22) 林部均『飛鳥の宮と藤原京―よみがえる古代王宮』（吉川弘文館　二〇〇八年）。

(23) 吉川真司『飛鳥の都』（岩波新書　二〇一一年）など。

(24) 本書第一部第一章参照。

(25)『日本書紀』は内裏南区画の正殿を中心とした儀礼空間を、「庁」の有無は別として、「朝堂」と概念的に呼称している可能性が考えられる。山元章代「「朝堂」の成立とその性質―持統紀「朝堂」記事の再検討―」（奈良女子大学二十一世紀ＣＯＥプログラム報告集vol.14『古代都市とその形制』二〇〇七年）は、「朝堂」の語を「大極殿の南に位置し、官人が会集して朝政や儀礼、時には集議を行った一郭を、全体として中国の朝堂になぞらえ、観念的に用いた語」と説明するが、その位置を「大極殿の南」に限定する必要はないと考える。

(26) 橋本義則「朝政・朝儀の展開」（『平安宮成立史の研究』塙書房　一九九五年、初出一九八六年）。

(27) 平城宮の構造については、主として小澤毅「宮城の内側」（『日本古代宮都構造の研究』青木書店　二〇〇三年、初出一九九六年）による。

(28) 寺崎保広「平城宮大極殿の検討」(『古代日本の都城と木簡』吉川弘文館　二〇〇六年、初出一九九三年)は、この殿舎を「大安殿」に比定する。
(29) 小澤注(27)前掲論文。
(30) 関野貞『東京帝国大学紀要　工科第三冊　平城京及大内裏考』一九〇七年。
(31) 岸注(12)前掲論文。
(32) 今泉隆雄「平城宮大極殿朝堂再論」(注(2)前掲書、初出一九八九年)。
(33) 吉川真司「王宮と官人社会」(上原真人他編『列島の古代史3　社会集団と政治組織』岩波書店　二〇〇五年)。
(34) 例えば『続日本紀』大宝二年(七〇二)三月己卯条に見える「新宮正殿」は「大安殿」とは区別される藤原宮大極殿であり、大宝令に基づく新しい神祇制度による「祈年祭」班幣の儀礼は、藤原宮大極殿と朝堂を舞台に挙行されたと見られる(石川千恵子「律令制国家の成立と十二朝堂」『坪井清足先生卒寿記念論文集』下巻　明新社　二〇一〇年)。このように、律令制に基づく唐風の儀礼と神祇祭祀とが同一空間を使用するという不便さも、平城宮において朝堂が二つ設けられた理由の一つであろう。この他の理由として政務形態の変化も考えられる(本書第二部第一章参照)。
(35) 狩野久「律令国家と都市」(『日本古代の国家と都城』東京大学出版会　一九九〇年、初出一九七五年)、鬼頭注(17)前掲論文。
(36) 寺崎注(28)前掲論文。
(37) 平城宮での饗宴については、本書第三部第一章参照。
(38) 上表については、黒須利夫「八世紀の上表儀―聖武朝を中心として―」(『年報日本史叢　一九九三』一九九三年)参照。
(39) 大極殿の使用は、『続日本紀』霊亀元年正月甲申朔条・霊亀元年九月庚辰条・養老三年正月辛卯条・神亀元年正月癸亥条・神亀元年二月甲午条・神亀四年正月丙子条・神亀五年正月庚子条・天平元年三月甲午条・天平元年六月癸未条・天平元年八月癸亥条・天平二年正月丁亥条・天平四年正月乙巳朔条・天平七年八月辛卯条・天平九年十月丙寅条・天平十二年正月戊子朔条・天平十二年正月甲辰条に見える。このうち、霊亀元年正月甲申朔条は大極殿から朱雀門に至るまでの空間を使用して

いると推定され、天平元年六月癸未条・同七年八月辛卯条・同十二年正月甲辰条は、中央区朝堂で射礼や隼人による風俗歌舞の奏上が行われ、天皇が大極殿南門に出御してそれらを観覧した事例である。また、養老元年四月甲午条（表1―12）に見える「中朝」が中央区朝堂を指すとすれば、これが平城宮前半期において中央区朝堂の使用が明記された唯一の事例となる。

(40) 渡辺晃宏「平城宮第一次大極殿の成立」（『奈良文化財研究所紀要二〇〇三』二〇〇三年）。

(41) 寺崎保広「朝堂院と朝政に関する覚書」（注(28)前掲書、初出一九八八年）。

(42) 宮衛令元日条

凡元日・朔日、若有二聚集及蕃客宴会辞見一、皆立二儀仗一。

（古記）古記云、元日夫装二五纛一有二鉦鼓一也。朔日・五位以上授聚集時無レ幡。直帯仗威儀耳。

古記云、蕃客宴会辞見・左大臣以上任授聚集立レ幡。無二纛・鉦鼓一也。

(43) 寺崎注(28)前掲論文。

(44) 橋本注(26)前掲論文。

(45)『延喜式』式部省上・無朝座条

凡諸司五位已上、朝堂無レ座者、皆毎二朔日一就レ省受レ点。散五位已上亦准レ此。其停二朝座一月、有座無座皆就二曹司一受レ点。但太政官不レ在二此限一。勘解由使亦同。毎レ旬一遣二史生一、検二其直不一。若不レ在者、随除二当日一。

(46) 飯田剛彦「「太政官院」について」（笹山晴生編『日本律令制の構造』吉川弘文館　二〇〇三年）。平安宮では朝堂院で行われる大嘗祭を、淳仁・光仁・桓武の各天皇は平城宮の「太政官院」で行ったという事実から、「太政官院」は朝堂区画を指す名称であることが指摘されていたが（保坂佳男「朝堂院の変遷について―太政官院としての把握より見たる―」『国史研究会年報』五　一九八四年）、その後平城宮東区の朝庭から大嘗宮と推定される遺構が発見され、その遺構数が太政官院で大嘗祭を行った天皇の数と、挙行の場所が不明である天皇の数の合計に一致することから、「太政官院」は朝堂区画の別称であるという見解が、奈良文化財研究所によって改めて提示された（奈良国立文化財研究所『平城宮発掘調査報告 一四』一九九三年)。

(47) 寺崎保広「式部曹司庁の成立」(注(28)前掲書、初出二〇〇〇年)。

(48) 渡辺晃宏「平城宮中枢部の構造—その変遷と史的位置—」(義江彰夫編『古代中世の政治と権力』吉川弘文館　二〇〇六年)。

(49) 橋本義則「「外記政」の成立」(注(26)前掲書、初出一九八一年)。

(50) 諸橋轍次『大漢和辞典』第十一巻(大修館書店、修訂版)。

(51) 今泉注(2)前掲論文。

(52) 國下多美樹「長岡宮城と二つの内裏」(『長岡京の歴史考古学研究』吉川弘文館　二〇一三年、初出二〇〇七年を改稿)、梅本康広「長岡京」(西山良平・鈴木久男編『古代の都3　恒久の都平安京』吉川弘文館　二〇一〇年)、向日市埋蔵文化財センター『長岡宮推定「西宮」』(向日市埋蔵文化財調査報告書第九一集　二〇一一年)。

(53) この内容は、『儀式』巻九・朝堂儀の「未レ撃二開門鼓一之前、参議已上及左右大弁・八省卿・弾正尹、開門後猶応レ就レ座。」や、『延喜式』式部省上の「凡参議以上及左右大弁・八省卿・弾正尹者、開門之後猶聴レ就レ座」及び同じく『延喜式』弾正台の「凡諸司官人、開門以後就二朝座一者、即加二糾弾一。但参議以上・左右大弁・八省卿・弾正尹不レ在二弾限一」に規定されている。

(54) 岸注(12)前掲論文。

(55) 福山敏男「朝堂院概説」(福山敏男編『大極殿の研究』平安神宮　一九五五年、のち補訂して『福山敏男著作集五　住宅建築の研究』中央公論美術出版　一九八四年に収録)。

(56) 橋本注(49)前掲論文。

(57) 山中章「宮都研究の現状と課題」(『日本古代都城の研究』柏書房　一九九七年)。

(58) 加藤友康「平安遷都と平安宮の政務」(西山・鈴木注(52)前掲書所収)。

第三章　古代王宮の庭・苑と儀礼

はじめに

近年、発掘調査による遺構の検出や木簡などの出土文字資料の解読によって、古代都城の形態の解明が飛躍的に進められている。その結果、宮室構造がより具体的に復原できるようになった。復原された平面構造に基づいて、大極殿や内裏といった宮の中枢区画について詳細な分析が可能となり、主要な殿舎区域以外の庭・苑といった空間についても考察が及ぶようになった。古代の宮に設けられた「庭」にいち早く着目し、マツリゴトの場としての重要性を指摘したのは吉村武彦氏であった(1)。その後、飛鳥地域での大規模な苑池遺構の発見などを受けて(2)、古代宮都の苑池の研究が進められた(3)。「庭」と「苑」とは、ともに儀礼の場として古代の史料に現れる。現代では両者とも庭園を表す語として用いられているが、両者は本来異なる性格を持つ場所である。

日本の古代都城は中国都城の強い影響を受けて成立し、庭も苑も東アジアの前近代都城に共通して存在する施設である。しかし日本では唐制に見られない広大な朝庭を設定するなど、相違点も少なくない。また、中国都城における苑が狩猟・宴遊などの場としてだけではなく、異民族から宮城を警護するという軍事的機能を兼ね備えた空間であったのに対し(4)、日本の苑は軍事的機能という側面は希薄で、主として饗宴儀礼に利用されることが多いなど、中国のそれとは異なる性格を持っていた。そこで本章では、日本の王宮に設けられた政務と儀礼の場としての庭・苑の機能的相違について明らかにするとともに、その歴史的特質について考えてみたい。

第一節　王宮の庭と苑

（一）庭（朝庭）

「庭」とはまず堂前の平坦な場所の意であり、そこから広場・朝廷・役所・宮中などを意味するようになった[5]。そして庭はそこに集う人々の関係を設定・確認・強化あるいは破棄する場であり、中国の宮室の庭―「朝庭」は臣下が定められた朝位につくことで参集者間の階層秩序・身分秩序を明確に宣示・象徴する場であった[6]。一方、和語としての「ニハ」は、事を行う場所・家屋の前後の空地の意であり、広い水面などを指す場合もあった[7]。『日本書紀』神代上でスサノヲとアマテラスとの誓約（ウケヒ）の場所が「堅庭」であること、『万葉集』の「庭中の　阿須波の神に　小柴さし　我は斎はむ　帰り来までに」（巻第二十・四三五〇番）の歌から知られるように[8]、「ニハ」は神事に関係する空間であった。それとともに、ニヒナヘ（新嘗）・ニヘ（贄）とも共通の要素を持つことから、服属儀礼とも密接に関連する。すなわち、古代の庭は政治的関係を構築・調整する広場（オープン・スペース）として重要な意味を持っていた[9]。関連して、『日本書紀』に見られる「伏㆑庭」（允恭七年十二月壬戌朔条など）という表現や、雄略十五年条に秦氏が貢納品を「充㆓積朝庭㆒」とするのは、庭が服属儀礼の場として認識されていることを示していよう。

では、庭ではどのような政（マツリゴト）が行われたのだろうか。『日本書紀』推古十六年（六〇八）八月壬子条には次のように見える。

> 召唐客於朝庭、令奏使旨。時阿倍鳥臣・物部依網連抱、二人為客之導者也。於是、大唐之国信物置於庭中。時使主裴世清、親持書、両度再拝、言上使旨而立之。（後略）

これは隋使の迎接儀礼が小墾田宮で行われた時の記事であり、史料中の「庭」は推古天皇の居所の南の空間を指す[10]。続く推古十八年（六一〇）十月丁酉条でも「客等拝朝庭。於是、命秦造河勝・土部連菟、為新羅導者。以間人連塩蓋・阿閉臣大籠、為任那導者。共引以自南門入、立于庭中。時大伴咋連・蘇我豊浦蝦夷臣・坂本糠手臣・阿倍鳥子臣、共自位起之、進伏于庭」とあり、朝庭が外交儀礼の主要な場となっていることが確認できる。また、『日本書紀』大化三年（六四七）是歳条には以下のようにある。

> 壊小郡而営宮。天皇処小郡宮、而定礼法。其制曰、凡有位者、要於寅時、南門之外、左右羅列、候日初出、就庭再拝、乃侍于庁。若晩参者、不得入侍。臨到午時、聴鍾而罷。其撃鍾吏者、垂赤巾於前。其鍾台者、起於中庭。

孝徳天皇の小郡宮では、有位者は王宮の庭の庁に定時に参上することが規定された。この庭への朝参と拝礼、及び一定時間の侍候とが、官人の「政務」として把握されるようになる[11]。この「庁」とは朝堂すなわち官人の執務庁舎のことであり、『日本書紀』皇極二年（六四三）十月己酉条には「饗賜群臣・伴造於朝堂庭。而議授位之事。遂詔国司、如前所勅、更無改換。宜之厥任、慎爾所治」とあって、朝堂と朝庭とが臣下による議政の場として機能していたことがわかる。その後白雉三年（六五二）に完成した難波長柄豊碕宮（前期難波宮）には広大な朝庭が設けられ、口頭による政務伝達を主眼とする大規模な儀式が行われるようになった[12]。

このように「庭」は神事に関係するマツリの場、支配―服属関係を可視化する政治的儀礼の場から、大王の宮に付属する政（マツリゴト）のための広場となり、やがて天皇への拝礼や外交使節の迎接儀礼を行う場として整備され、官人としての日常政務を行う庁（朝堂）を備える広大な「朝庭」へと発展したと考えられる。中国で「朝廷（庭）」は①皇帝の朝見・政事処理の場、②中央政府の代称、③皇帝の代称として使用されるが、隋唐期には②③の意がほとんどで、「朝庭」が宮城内の具体的な場所を指す語として用いられることはなかったことを考えると[13]、日本の宮に設けられた「朝庭」は唐制とは異なる意義を有していたのであり、特にこの場所が官人の政務の場として機能していることに独自性を認めることができる。そして、宮室の基本構造の確立は上記のように推古朝の隋使迎接が大きな契機と考えられるため、日本の宮室における政務と儀礼の場としての朝庭の成立は、欽明朝から推古朝に求めることができよう[14]。

王宮の「庭」は、政治制度の整備に伴い、神事と服属儀礼の場から、官人たちが朝参して拝礼や議政・饗宴を行う「朝庭」として確立したのであった。

（二）苑（苑池）

「苑」とは垣を設けて禽獣を飼育する林野、または花卉菜果などを植える場所を指し[15]、十巻本『和名類聚抄』には「苑囿」の説明として「曽乃（曽乃布）」、「所㆔以㆑城養㆓禽獣㆒」と見える[16]。『日本書紀』顕宗元・二・三年条にはそれぞれ「幸㆓後苑㆒」とあって三月上巳の曲水の宴遊の場として描かれ、『万葉集』では「春苑」の語と梅花とが合わせて用いられることに象徴されるように[17]、日本の苑は池沼と植栽のある空間として捉えられる。

また、「苑」は「園」とも通用する。「園」は蔬菜種植を行う生産地としての性格が濃厚であることが職員令園池司条などからうかがえるのに対して、詩歌を伴う宴の舞台となる「苑」は生産機能を持ちつつも鑑賞と遊宴に主眼を置いた空間であると思われる。(18) ただし、鑑賞するニハを表す語としては「シマ」（嶋・山斎）も用いられていたことに注意する必要がある。蘇我馬子が自邸の庭に小池を掘り、嶋を築いたことはよく知られているが、(19) これは仏教・道教などの外来の思想と文化の影響を受けて造園された人工的な空間である。飛鳥地域には、上記の馬子の嶋と見られる島庄遺跡の他に、庭園施設と見なされる遺構が複数存在する。(20) これら飛鳥の嶋は池を備えた大陸的な庭園施設の嚆矢であり、これらのうち宮廷の施設として位置付けられたものが「苑」である。(21)『日本書紀』天武十四年（六八五）十一月戊申条に「幸二白錦後苑一」とあり、持統五年（六九一）三月丙子条には「天皇観二公私馬於御苑一」と見える。これらの史料から、天武・持統朝の宮室であった飛鳥浄御原宮近傍に「苑」が存在したことが知られる。この「白錦後苑」は、飛鳥浄御原宮の遺構の西北に位置する飛鳥京跡苑池遺構に相当すると考えられており、(22)[補注] この遺構から「嶋官」と書かれた木簡が出土したことから、「嶋」と「苑」との同質性が確認されよう。

　王宮関連施設としての「苑」の導入には、中国都城の影響が考えられる。妹尾達彦氏によれば、中国では前漢末に儒教経典に基づく都城の王権儀礼の南北軸線が出現し、後漢の洛陽で「方丘（北郊）―後苑―宮殿―宗廟・社稷―円丘（南郊）」の原型が創出され、唐の長安城で定着する。日本の宮都は天皇制との関係で儒教よりも仏教・道教の王権論を重視したため、この都城の基本型のうち、「後苑―宮殿（大極殿）」の要素のみを受容したとされる。(23) そこで、律令制に伴う本格的な都城として造営された藤原宮の苑を見てみると、残念ながら現在までのところ藤原宮周辺には宮に付属する苑と見られる遺構は発見されていない。ただし、藤原京左京七条一坊の発掘調査で「白錦殿作司□」と書かれた木簡が出土していることから、(24) 藤原宮期にも飛鳥の「白錦後苑」が王宮の苑として存続していた可能性がある。

続いて遷都した平城宮ではどうだろうか。『続日本紀』神亀三年（七二六）三月辛巳条には次のように見える。

宴二五位已上於南苑一。但六位已下官人及大舎人・授刀舎人・兵衛等、皆喚二御在所一、給二塩・鍬一各有レ数。

同じく天平元年（七二九）三月癸巳条には、

天皇御二松林苑一、宴二群臣一。引二諸司并朝集使主典以上于御在所一。賜レ物有レ差。

とある。これらから判明するように、平城宮には「南苑」と「松林苑」という二つの苑が存在した。上記はそれぞれ『続日本紀』における南苑と松林苑の初見史料である。次節で詳説するように、二つの苑はともに節日の行事の場として共通性があり、松林苑は「北松林」とも称されたことから（天平七年五月庚申条）、両者は聖武朝に南北で対となる施設として機能していた(25)。苑の規模などに歴然とした差はあるが、平城宮の苑、とりわけ宮の北に広がる松林苑は、主として隋・唐の都城における「苑」（後苑）の概念の本格的な受容によって成立したと理解できる。

以上のことから、飛鳥時代に造成され始めた「嶋」が中国都城における禁苑・後苑などの「苑」の概念の影響を受けて、多様な機能を担う王宮の苑へと発展したと考えられる。

第二節　庭・苑と儀礼

（一）朝庭の儀礼

次に、庭と苑それぞれの場で行われた儀礼について考察する。『続日本紀』慶雲三年（七〇六）正月壬午条（七

日）を見ると、

饗二金儒吉等于朝堂一、奏二諸方楽于庭一。叙レ位賜レ禄各有レ差。

とあり、藤原宮の朝堂・朝庭で新羅使の迎接儀礼と正月七日の宴とが行われている。外交儀礼と節日の饗宴儀礼(26)は宮室中枢部の朝堂・朝庭の典型的な利用事例であり、平城宮でも同様の儀礼が執行される。例えば『続日本紀』天平宝字三年（七五九）正月乙酉条（十八日）に、

帝臨レ軒。授二高麗大使楊承慶正三位、副使楊泰師従三位、判官馮方礼従五位下一。録事已下十九人各有レ差。賜二国王及大使已下禄一有レ差。饗二五位已上及蕃客并主典已上於朝堂一。作二女楽於舞台一。奏二内教坊踏歌於庭一。客主典〔主脱カ〕已上次レ之。事畢賜レ綿各有レ差。

とある。あるいは天平宝字七年（七六三）正月庚戌条（七日）では、

帝御二閤門一、授二高麗大使王新福正三位、副使李能本正四位上、判官楊懐珍正五位上、品官着緋達能信従五位下一。余各有レ差。賜二国王及使傔人已上禄一亦有レ差。宴二五位已上及蕃客一。奏二唐楽於庭一。賜二客主五位已上禄一各有レ差。

というように、大極殿で高麗使への授位・賜禄の儀式を行った後、朝堂で官人・蕃客に対して節日の饗宴を兼ねた賜饗が行われ、朝庭に舞台を設けて奏楽が行われたことがわかる。元日朝賀や即位儀の場合もこの大極殿と朝堂・朝庭空間が使用されるが、これらの国家的行事では官人たちは朝庭に位階ごとに列立する(27)。朝庭での列立順序は、天皇との距離を端的に示すものであった(28)。

朝庭が儀式の場であることを明確に示すものに、養老儀制令文武官条がある。

凡文武官初位以上、毎二朔日一朝。各注二当司前月公文一。五位以上、送二着朝庭案上一。即大納言進奏。若逢レ雨

失レ容、及泥潦、並停。弁官取二公文一惣納二中務省一。

これは文官・武官を問わず初位以上の官人が毎月朔日に朝参することと、朔日に各官司の前月の政務報告を五位以上の官人が提出し、それを大納言が奏上する告朔儀礼について規定した条文だが、これを行うのが朝庭である。また、養老衣服令朝服条には「朝服、一品以下、五位以上、並皁羅頭巾。衣色同二礼服一。（中略）朝庭公事、即服之」とあり、朝庭での種々の行事は朝服を着て臨む公務であった。

このように、律令制都城における朝庭は「朝庭公事」——元日朝賀などの国家的儀礼の際の臣下の列立の場、外交使節の迎接や節日等の饗宴、告朔儀など律令制に則った儀礼を行い、律令制的秩序を具現化する場として機能した。加えて、朝堂・朝庭は官司の日常政務が行われる場でもあり、八世紀中頃までに平城宮において整備された朝政形態は、基本的に長岡宮期まで存続したと考えられる[29]。中国都城での政務が基本的に殿上で完結するものであった[30]のに対し、庭が主要な政務処理の場であったことは、日本の宮室独自の特徴であるといえる。

（二）苑池の儀礼

先に平城宮の南北の苑である南苑と松林苑において三月三日の節日の儀式が行われていたことを確認したが、その他にはどのように利用されていたのであろうか。『続日本紀』に見える苑池での行事について整理したのが表1である。これによると、松林苑は三月三日の曲水宴（表1―8・10）、五月五日の騎射に使用されている（表1―9・14）。その敷地内には松林宮と呼ばれる宮殿施設と倉廩が存在し[31]（表1―10・20）、その貯蔵穀が松林苑への天皇の移動に陪従した臣下に下賜されることもあった。

一方、南苑は正月の三節会（表1―5・18・21）、曲水宴（表1―1）、騎射（表1―24）、七夕詩宴（表1―13）、冬

至の宴（表1—7・11・12）、授位・任官（表1—15・22・23）、仁王経の講説（表1—25）といった行事の儀場となり、南苑を継承した東院・楊梅宮でも同様の用途が確認される。[32] この両「苑」は基本的に五位以上官人、あるいはより限定された侍臣のみが召される宴の場であり、節日の饗宴、なかでも三月三日と五月五日、七月七日節の利用が目につく。五月五日の騎射に利用されたのは、馬を牽くための広い空間が必要とされたからであろう。三月三日と七月七日はともに天平二年（七三〇）三月丁亥条（三日）に「天皇御二松林宮一、宴二五位已上一。引二文章生等一、令レ賦二曲水一。賜二絁・布一有レ差」、天平六年七月丙寅条（七日）に「天皇観二相撲戯一。是夕徙二御南苑一、命二文人一賦二七夕之詩一。賜レ禄有レ差」とあるように、文人の詩賦を伴う宴であった。この文人による漢詩文の作文・奏上は、儒教的思想によって帝徳を褒め称えるものである。[33] よって、苑での詩宴は『懐風藻』の侍宴応詔詩に見られるように、天皇と臣下とが自然の景観を賞美し、その美景の根拠たる天皇の徳を称揚する詩を詠み合う行事であった。[34] これらのことから、苑での宴は限られた臣下たちとの君臣関係を確認・強化する役割を持っていたと考えられる。ただし、節日の饗宴儀礼は朝堂・朝庭でも行われている。それらとの差異を考えるため、以下の史料を検討しよう。

・『続日本紀』天平十二年（七四〇）正月癸卯条（十六日）
　天皇御二南苑一、宴二侍臣一。饗二百官及渤海客於朝堂一。五位已上賜二摺衣一。

・『続日本紀』神護景雲三年（七六九）正月丙戌条（十七日）
　御二東院一、賜二宴於侍臣一。饗二文武百官主典已上・陸奥蝦夷於朝堂一。賜二蝦夷爵及物一、各有レ差。

・『続日本紀』宝亀五年（七七四）正月丙辰条（十六日）
　宴二五位已上於楊梅宮一。饗二出羽蝦夷・俘囚於朝堂一。叙レ位賜レ禄有レ差。

これらの記事によれば、天皇が出御する苑での宴には限られた臣下のみが召され、その他の官人と蕃客・蝦夷らは大極殿院南方の朝堂で賜饗されたことがわかる。ただし、これらの史料中の「朝堂」を南苑・東院・楊梅宮に付属するものとする見解があり(35)、その根拠となるのが『年中行事抄』が引く宝亀五年の記事である。

宝亀五年正月十六日、天皇御二楊梅院安殿一、豊楽。五位巳上参入、儛訖賜二摺衣并饗一。喚二蝦夷于御所一、賜二位并禄一。即於二閤門外幄一、賜二饗及楽一。訖而女嬬世〔卌ヵ〕人分レ頭奏二踏歌一、五位巳上奏二踏歌一。

前掲の『続日本紀』宝亀五年正月丙辰条の記事とこの「喚二蝦夷于御所一」という表現を併せて勘案すると、天皇がいる楊梅宮にある朝堂に蝦夷が召喚されたと解釈することも不可能ではない。しかし、朝堂で饗された蝦夷と俘囚のうち、蝦夷のみを楊梅宮の安殿の近くに喚んで賜位等を行ったと見ることもできる(36)。そもそも、朝堂は

出御	備考
—	
○	賜禄有り
○	五衛府・授刀寮への宮城宿衛に対する賜物
—	飄風により南苑の樹木二株折れる
○	賜禄有り
○	賜禄有り
○	賜禄有り
○	諸司・朝集使主典以上に賜物
○	賜禄有り
○	賜物有り
○	賜銭有り
○	賜物有り
○	相撲観覧後、移御
○	奏楽・賜禄有り
○	
○	賜禄有り
○	鳥池塘と同じ場所ヵ＊
○	五位以上に賜摺衣
○	賜禄有り（※恭仁京の事例）
○	陪従人に賜穀
○	
○	諸司主典以上に賜酒肴
○	
○	
—	
○	
○	
○	叙位・賜物
—	
○	
—	賜御被
—	
○	
—	
—	楊梅宮南池に蓮を生ず

表1　『続日本紀』に見える苑池関連記事

番号	年月日	場所	行事	参加者
1	神亀三年（726）三月辛巳条［3日］	南苑	曲水宴	五位以上
2	神亀四年（727）正月壬午条［9日］	南苑	宴	五位以上
3	神亀四年（727）三月甲午条［22日］	南苑	勅の宣布	参議従三位阿倍朝臣広庭他
4	神亀四年（727）五月辛卯条［20日］	南苑	—	—
5	神亀五年（728）正月甲辰条［7日］	南苑	七日節会	五位以上
6	神亀五年（728）三月己亥条［3日］	鳥池塘	曲水宴	五位以上、文人
7	神亀五年（728）十一月乙巳条［13日］	南苑	冬至の宴	親王以下五位以上
8	天平元年（729）三月癸巳条［3日］	松林苑	曲水宴	群臣
9	天平元年（729）五月甲午条［5日］	松林	騎射	王臣五位以上
10	天平二年（730）三月丁亥条［3日］	松林宮	曲水宴	五位以上、文章生
11	天平三年（731）十一月庚戌条［5日］	南樹苑	冬至の宴	五位以上
12	天平四年（732）十一月丙寅条［27日］	南苑	冬至の宴	群臣
13	天平六年（734）七月丙寅条［7日］	南苑	七夕詩宴	文人
14	天平七年（735）五月庚申条［5日］	北松林	騎射	五位以上、入唐廻使及び唐人
15	天平九年（737）十月庚申条［20日］	南苑	授位	安宿王・黄文王・円方女王・紀女王・忍海部女王
16	天平十年（738）正月丙戌条［17日］	松林	大射カ	文武官主典以上
17	天平十年（738）七月癸酉条［7日］	西池宮	七夕詩宴	五位以上、文人30人
18	天平十二年（740）正月癸卯条［16日］	南苑	十六日節会	侍臣
19	天平十四年（742）正月癸丑条［7日］	城北苑	七日節会	五位以上
20	天平十七年（745）五月乙亥条［18日］	松林倉廩	—	陪従人
21	天平十九年（747）正月丁丑条［1日］	南苑	元日節会	侍臣
22	天平十九年（747）正月丙申条［20日］	南苑	授位	五位以上
23	天平十九年（747）四月丁卯条［22日］	南苑	授位・任官	大神朝臣伊可保・大倭宿祢水守・葛井連諸会
24	天平十九年（747）五月庚辰条［5日］	南苑	騎射・走馬	—
25	天平十九年（747）五月庚寅条［15日］	南苑	仁王経講説	—
26	天平勝宝六年（754）正月癸卯条［7日］	東院	七日節会	五位以上、多治比真人家主・大伴宿祢麻呂
27	神護景雲元年（767）正月己巳条［18日］	東院	授位	諸王、授位者
28	神護景雲元年（767）二月甲午条［14日］	東院	出雲国造神賀詞奏上	出雲臣益方・祝部等
29	神護景雲元年（767）四月癸巳条［14日］	東院	東院玉殿落成	群臣
30	神護景雲三年（769）正月丙戌条［17日］	東院	大射カ	侍臣
31	宝亀元年（770）正月辛未条［8日］	東院	七日節会カ	次侍従以上
32	宝亀三年（772）十二月己巳条［23日］	楊梅宮	設斎	僧一百口
33	宝亀四年（773）二月壬申条［27日］	楊梅宮	天皇徙居	—
34	宝亀五年（774）正月丙辰条［16日］	楊梅宮	十六日節会	五位以上
35	宝亀八年（777）六月戊戌条［18日］	楊梅宮	—	—

＊『万葉集』巻第八・一六五〇番の題詞「御二在西池辺一、肆宴歌一首」の「西池」と関連するか。

本来的には大極殿に付属する臣下の座であり、律令制的儀礼空間を構成するための建物である。よって、平城宮内に中央区・東区以外の朝堂が存在したとするより、朝堂は中央区あるいは東区のどちらかの朝堂区画を指すと解すべきである。宝亀五年の段階では大極殿は東区に移建されているので、この場合の朝堂は東区の朝堂であろう。

このように、天皇が居所である内裏や国家的儀礼の場である大極殿院や朝堂以外の場所に赴いて宴を催すことは、それらの場で行われる儀式とは異なる意味を持っていたと思われる。松林苑も南苑も基本的には宮内施設であると把握されていたと思われるが、それらへの出御が時として「幸」の表現が用いられることもあった[37]。よって、苑での宴が行幸時の宴に準じるものであったと推察される。特に、八世紀の三月三日の節宴がしばしば行幸先の離宮で行われたことも[38]、その裏付けとなる。行幸先の宴では、例えば『続日本紀』天平十二年（七四〇）五月乙未条に「天皇幸㆓右大臣相楽別業㆒。宴飲酣暢、授㆓大臣男無位奈良麻呂従五位下㆒」とあり、聖武天皇が橘諸兄の相楽別業に行幸した際の宴で、諸兄の子息でまだ無位であった橘奈良麻呂が一気に従五位下に叙せられたことに示されるように、臣下に対して破格の待遇が与えられる場ともなった。このことから、天皇が律令制の秩序に規定される宮内から出離して臣下の邸第に行幸することは、宮内では成し得ない人格的結合関係を補完する役割を持っていたことが指摘されている[39]。すなわち、律令制に基づく儀礼体系・官人秩序を体現する場である朝堂・朝庭を離れ、宮内・宮外を問わず天皇が移御して宴を行うことは、そこに召喚した近臣との人格的関係を形成するという意味を持っていたと考えられる。よって、苑での饗宴儀礼は行幸先での宴と同様に、宮室中央の朝堂・朝庭で行う律令制に基づく儀礼とは異なる意義があり、主として天皇と五位以上官人の人格的関係を醸成する機能があったといえる。

（三）池辺の儀式と王権

苑での儀礼のうち、松林苑・南苑の両方で行われた儀式に曲水宴がある（表2参照）。曲水宴は、元来中国で三月の上巳すなわち最初の巳の日に行われていた不祥を流水に託して除去する祓禊の習俗に、日本の祓の思想が結び付いて成立した[40]。三月上巳の祓禊は三国・魏の頃には三月三日に固定化し、唐代には『旧唐書』巻七・中宗紀景龍四年（七一〇）の条に「三月甲寅、幸二臨渭亭一、修二禊飲一」とあるように、祓禊に加えて飲酒が行われた。これは『荊楚歳時記』にいう「曲水之飲」のことで、流水に觴を浮かべ、それが自分の前に流れ着くまでに詩を詠むという行事である。それに加えて、唐・長安城の曲江池では舟遊びも盛んに行われていたという[41]。

『続日本紀』の三月三日の記事に「賦二曲水一」「上二曲水之詩一」という文言が散見することから、日本でも八世紀を通じて同様の宴が行われていた。また『懐風藻』に載る背奈王行文の「上巳禊飲、応詔」に「竹葉禊庭満、…樹茂苑中栄」とあり[42]、祓禊の要素が認められる[43]。加えて、長岡宮の例ではあるが、延暦十一年（七九二）三月丁巳条に「幸二南園一禊飲、命二群臣一賦レ詩」（『類聚国史』巻七十三・『日本紀略』）、延暦十二年三月辛巳条に「禊二于南園一、令二文人賦レ詩」と見える（『類聚国史』巻七十三）。このことから、古代日本の曲水宴には祓禊の要素が多くあったと推察される。そして、曲水宴の主たる開催場所が苑池であったことは想像に難くない。これまでの発掘調査によって、松林苑の遺構にも南苑を継承したとされる東院の遺構にも池が付属していたことが明らかにされている。

平城宮には、この他にも宮の西北隅と西南隅に大きな池が存在した（図1参照）。西北の佐紀池庭園遺構（佐紀池下層苑池）の池は神亀年間頃の築造と見られ[44]、『続日本紀』神亀五年（七二八）三月己亥条（三日）に見える

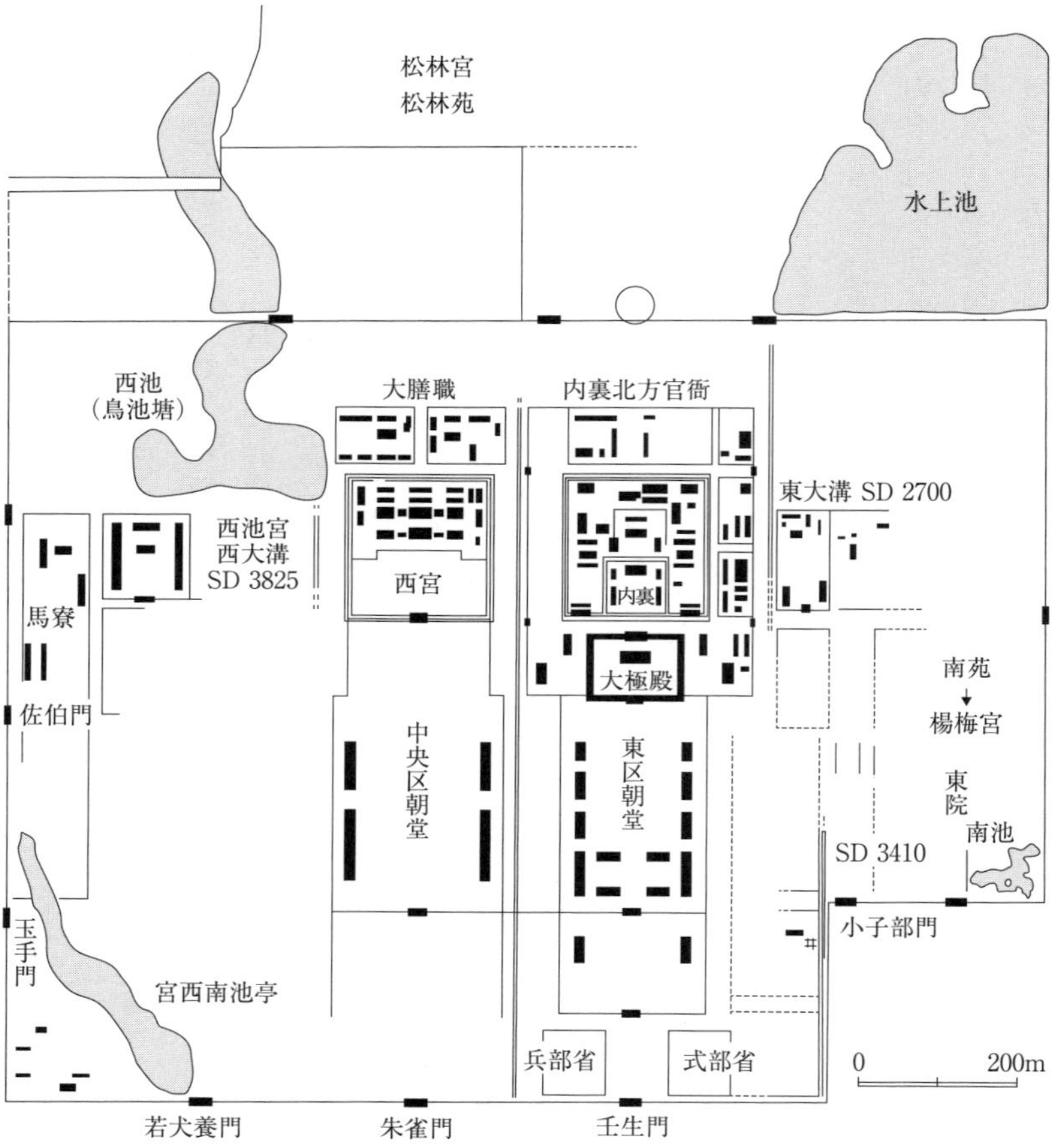

図１　平城宮の苑池
（金子裕之「宮廷と苑池」『古代庭園の思想』角川書店　2002年をもとに作成・加筆）

「鳥池塘」がこれに相当するものとされる。[45] 池の南には建物区画の存在が確認されている。これが『続日本紀』天平十年（七三八）七月癸酉条（七日）に見える「西池宮」であろう。西南隅庭園遺構（宮西南隅苑池）は若犬養門から北西方向に延びる秋篠川の旧流路を利用した苑池で、『続日本紀』宝亀三年（七七二）三月甲申条（三日）に見える「靫負御井」との関連が指摘されている。[46] この池については、天平宝字六年（七六二）三月壬午条（三日）に「於二宮西南一、新造二池亭一、設二曲水之宴一。賜二五位已上禄一有レ差」と見えるのが留意される。前年十月に淳仁天皇が平城宮の改作のために保良宮に行幸しているので、あるいは保良宮関連記事とも考えられるが、[47] 平城宮の記事と解する余地も残されている。ともあれ、これらはいずれも三月三日の曲水宴に関係の深い場所として登場することが注目される。表2からうかがえるように、おそらく八世紀には三月三日に宮内のこれらの池を利用するか、あるいは他所に行幸して、皇族と近臣による禊の儀式と水辺の宴が行われていたのであろう。

ところで、『荊楚歳時記』によれば五月五日は「浴蘭節」ともいわれ祓禊の沐浴を行う習俗が存在した。[48] 日本の五月五日節の史料に沐浴のことは確認できないが、天平十九年（七四七）五月庚辰条（五日）で天皇が南苑で騎射走馬を観たとする記事に続けて「是日、太上天皇（元正）詔曰、昔者、五月之節、常用二菖蒲一為レ縵。比来、已停二此事一。従レ今而後、非二菖蒲縵一者、勿レ入二宮中一」として邪気払いのための菖蒲を用いていたことからは、祓の要素の存在が看取される。また七月七日節には詩会とともに相撲が行われたが（表1―13など）、相撲には田の鎮魂舞踏としての性格があることから、田（稲作）を媒介とした水の祭りとの関連性が指摘できるという。[49] これら三月三日・五月五日・七月七日の各節日はいずれも祓禊の儀式であり、また稲作との関連で水と密接に関連するものであった。[50] よって、五月五日・七月七日の両節にも、三月三日の曲水宴と同じく水辺の宴という性質が付随している可能性が高い。[51]

このように、池辺における儀式が重視されていたことは、顕宗紀に曲水宴の記事を挿入することなどからも察せられる。無論、曲水宴が三月三日に池を中心とした場で行う詩賦の宴として定着するのは令制導入以後だが、池辺の儀式自体は令制以前からの古い伝統を有するのであろう。すなわち、苑池の儀礼の本質は、池とその周辺で行う儀式にあったのではなかろうか。

『日本書紀』履中三年十一月辛未条には、池にまつわる次のような説話が見える。

天皇泛二両枝船于磐余市磯池一。与二皇妃《(黒媛)》一各分乗而遊宴。膳臣余磯献レ酒。時桜花落二于御盞一。天皇異之、則召二物部長真胆連一、詔之曰、「是花也、非時而来。其何処之花矣。汝自可レ求」。於是、長真胆連、独尋レ花、獲二

天皇出御	出典	備考
−	『続日本紀』	
行幸	『続日本紀』	※
行幸（5日還宮）	『続日本紀』	※
−	『続日本紀』	
○	『続日本紀』	賜禄有り
○	『続日本紀』	諸司・朝集使主典以上に賜物
○	『続日本紀』	賜物有り
行幸（5日還宮）	『続日本紀』	※
行幸（5日還宮）	『続日本紀』	※
−	『続日本紀』	賜禄有り＊
行幸	『続日本紀』	賜禄有り
行幸	『続日本紀』	
行幸	『続日本紀』	賜禄有り
−	『続日本紀』	賜禄有り
−	『続日本紀』	賜禄有り
−	『続日本紀』	賜禄有り
−	『続日本紀』	賜禄有り
−	『続日本紀』	賜禄有り
−	『続日本紀』	賜禄有り
−	『続日本紀』	（停節宴）
行幸	『類聚国史』	賜綿有り
（行幸）	『類聚国史』	賜禄有り
（行幸）	『類聚国史』	賜禄有り
（行幸）	『類聚国史』	賜禄有り
−	『類聚国史』	賜禄有り
−	『類聚国史』	賜物有り

表2　八世紀の三月三日節

番号	年月日	場所	参加者
1	大宝元年（701）三月丙子条［3日］	東安殿	王親及群臣
2	霊亀元年（715）三月壬午条［1日］	甕原離宮	−
3	神亀元年（724）三月庚申条［1日］	芳野宮	−
4	神亀三年（726）三月辛巳条［3日］	南苑	五位以上
5	神亀五年（728）三月己亥条［3日］	鳥池塘	五位以上
6	天平元年（729）三月癸巳条［3日］	松林苑	群臣
7	天平二年（730）三月丁亥条［3日］	松林宮	五位以上・文章生
8	天平八年（736）三月辛巳条［1日］	甕原離宮	−
9	天平十一年（739）三月甲午条［2日］	甕原離宮	−
10	天平宝字六年（762）三月壬午条［3日］	宮西南新造池亭	五位以上
11	神護景雲元年（767）三月壬子条［3日］	西大寺法院	五位以上・文士
12	宝亀元年（770）三月丙寅条［3日］	博多川	百官文人・大学生
13	宝亀三年（772）三月甲申条［3日］	靭負御井	陪従五位以上・文士
14	宝亀八年（777）三月乙卯条［3日］	内嶋院	次侍従以上・文人
15	宝亀九年（778）三月己酉条［3日］	内裏	五位以上・文人
16	宝亀十年（779）三月甲辰条［3日］	−	五位以上・文人
17	延暦三年（784）三月甲戌条［3日］	−	五位以上・文人
18	延暦四年（785）三月戊戌条［3日］	嶋院	五位以上・文人
19	延暦六年（787）三月丁亥条［3日］	内裏	五位以上・文人
20	延暦九年（790）三月庚子条［4日］	−	−
21	延暦十一年（792）三月丁巳条［3日］	南園	群臣
22	延暦十二年（793）三月辛巳条［3日］	南園	五位以上・文人
23	延暦十三年（794）三月丙子条［3日］	南園	五位以上
24	延暦十五年（796）三月甲午条［3日］	−	侍臣
25	延暦十六年（797）三月己丑条［3日］	−	侍臣
26	延暦十七年（798）三月癸未条［3日］	−	五位以上・文人

※節宴の明記はないが、三月三日に離宮での宴が推測されるもの。岸俊男「「嶋」雑考」（『日本古代文物の研究』塙書房　1988年、初出1980年）参照。
＊保良宮の可能性あり。

于掖上室山一、而献之。天皇歓二其希有一、即為二宮名一。故謂二磐余稚桜宮一。其此之縁也。是日、改二長真胆連之本姓一、曰二稚桜部造一。又号二膳臣余磯一、曰二稚桜部臣一。

履中天皇と皇妃が磐余市磯池で舟遊びをしていた際、膳臣余磯が天皇に献じた酒盃に季節外れの桜の花が舞い落ちたので、天皇が物部長真胆連に命じて調べさせたところ、掖上の室山で桜花を求めて献上してきた。これにより、王宮名を磐余稚桜宮と名付けたという。

『日本書紀』に見える池の説話に着目した笠井昌昭氏は、古代の池は農耕を司る神としての天皇が、作物の生産に不可欠な水の神としての皇后との婚儀を行う場としての意味を持っており、この履中天皇と皇妃との池における遊宴の説話は、天皇と皇后の禊の神事を象徴化したものであるという。そして履中二年十一月に磐余の王宮の傍に造られたとされる「磐余池」は、国土における川・海浜を象徴する重要な神事の場として機能したと説く(52)。古代における水の聖性については、『日本書紀』『古事記』『風土記』等の説話から度々説かれるところである。滾々と湧き出る水は汲めども尽きぬ永遠性の象徴であり、古くは古墳時代の豪族居館における水の祭祀が聖なる変若水（＝若返りの水）による首長権の更新と永続を求めるものであり(53)、宮廷における井泉を使用する祭儀は、大王の持つ水の支配権と司祭権を示す儀礼として執り行われたという(54)。これらのことをふまえると、王宮における水辺（池辺）の儀式は、王権の神聖性・正統性と天皇の長生祈願に密接に関わるものであったのではなかろうか(55)。

中国の皇室庭園─禁苑は、その宮城警護の機能や饗宴・狩猟の場としての機能、音楽や文学等の文化的活動の舞台としての機能を持ち、皇帝の持つ強大な権力を誇示する装置であった(56)。日本の宮室に設けられた苑にも、そのような権力誇示の側面があった(57)。しかしながら、日本の場合は世俗的な権力の表出というよりも、天皇の神聖性の根拠としての意義が大きかったと思われる。すなわち、天皇は苑池——とりわけそこに造成された池水の霊力を媒介として国土を統べる王としての聖性を身に付けたのであり、そのような苑池での節日の儀式が年中行事として反復されることによって、その聖性が担保されていたのである。そしてその儀式に伴って宴を催し、文人・侍臣らが天皇の徳を称える詩文を奏上することによって君臣関係の更新・強化が図られたのであろう。王権にとって、苑池は王権の神聖性を根拠付ける禊の神事と密接に関わるものであった。そしてその聖なる苑池における近臣との宴は、律令制的秩序を離れた、令制以前の遺制を継承するものであったと考えられる。

小結

日本の古代宮都には、政務・儀礼を行う場としての庭と苑が存在し、両者はともに平城宮において本格的に成立した。「庭」は元来神事に関係する場から、天皇への拝礼や外交儀礼、官人が日常政務を行う朝堂を備える「朝庭」へと発展した。王宮の中で朝庭が政務処理の中心的空間として位置付けられていることは、中国都城とは異なる日本の宮室構造・政務体系の特質の一端を示すものである。実質的な政務空間が内裏や太政官曹司等に移行した後も、天皇への政務奏上儀である「庭立奏」が行われることは、平安時代においても「庭」のマツリゴトの場としての性格が生き続けていることを示している。

一方「苑」は中国都城における禁苑（後苑）の概念に基づいて設けられた王宮の儀礼施設であり、主として節日の饗宴の場として利用された。苑池の儀式の本質は、令制以前からの池辺で行う禊の神事に由来する祓禊儀礼にあり、王権の神聖性を担保するものとして機能した。さらに、苑では行幸先での宴と同様に、律令制的秩序を離れた天皇と侍臣との人格的関係を醸成する宴という性格が認められる。このように、両者の儀礼が相俟って節日の儀礼体系を構成していた。

網野善彦氏は、古代の天皇は水田を基盤とする「稲の王」として中国を範とした帝国的首長を志向する側面と、太陽神を祖先として山野河海を支配する神聖王としての側面をあわせ持っているとした[58]。これに倣えば、王宮における庭と苑の儀礼は、律令制国家の統治者と呪術的な神聖王という天皇の二面性を体現するものであり、日本の古代王権の特質を如実に示すものとして捉えることができよう。

〈注〉

（1）吉村武彦「古代における宮の庭(一)—広場と政（マツリゴト）—」（『千葉大学教養部研究報告』A—18（下）一九八五年）。

（2）奈良県立橿原考古学研究所『飛鳥京跡苑池遺構概報』（学生社　二〇〇二年）、同『史跡・名勝飛鳥京跡苑池(1)—飛鳥京跡V—』（奈良県立橿原考古学研究所調査報告第一一一冊　二〇一二年）など。

（3）日本の宮都の苑については、金子裕之編『古代庭園の思想—神仙世界への憧憬』（角川書店　二〇〇二年）に代表される金子裕之氏の一連の研究のほか、まとまった研究としては奈良県立橿原考古学研究所編『発掘された古代の苑池』（学生社　一九九〇年）、田中哲雄『日本の美術2　発掘された庭園』（至文堂　二〇〇二年）、奈良文化財研究所飛鳥資料館編・刊『東アジアの古代苑池』（飛鳥資料館展示図録　二〇〇五年）、小野健吉『日本庭園』（岩波書店　二〇〇九年）などがあり、主として庭園史の分野から研究が進められている。

（4）妹尾達彦「隋唐長安城の皇室庭園」（橋本義則編著『東アジア都城の比較研究』京都大学学術出版会　二〇一一年）。

（5）諸橋轍次『大漢和辞典』第四巻（大修館書店、修訂版）。

（6）『周礼』巻第三十一・夏官司馬下・司士には「正二朝儀之位一、弁二其貴賤等一」とある（『周礼注疏』〈十三経注疏〉北京大学

出版　二〇〇〇年）。高木智見「古代中国の庭について」（『名古屋大学東洋史研究報告』一六　一九九二年）参照。

(7) 上代語辞典編修委員会編『時代別国語大辞典 上代編』（三省堂　一九六七年）。庭の語義については、益田勝実「古代人と庭」（『ｉｓ』二六　一九八四年）も参照。

(8) 岡田精司氏によれば、この万葉歌に詠まれた邸内の空地＝ニハにおいて常緑樹の枝を地上に刺し立てるような「庭上祭祀」は、ヤシロが建設される以前の古代祭祀の一般的なあり方を示すものだという（岡田精司「神と神まつり」石野博信他編『古墳時代の研究　第一二巻　古墳の造られた時代』雄山閣　一九九二年）。

(9) 吉村注(1)前掲論文。また、井上亘氏も古代の庭は元来神意を聴く「斎庭」であり、総意を結集する「意思形成」の場であったと説く（井上亘「朝政・朝議の形成と展開」『日本古代朝政の研究』吉川弘文館　一九九八年）。

(10) 岸俊男「朝堂の初歩的考察」（『日本古代宮都の研究』岩波書店　一九八八年、初出一九七五年）。

(11) 拙稿「日本古代の朝参制度と政務形態」（『史学雑誌』一二二―三　二〇一三年、本書第二部第一章）。

(12) 早川庄八「前期難波宮と古代官僚制」（『日本古代官僚制の研究』岩波書店　一九八六年、初出一九八三年）。

(13) 佐竹昭「古代宮室における「朝庭」の系譜」（『日本歴史』五四七　一九九三年）。

(14) 欽明天皇の諱の「天国排開広庭」は、「宮庭」概念の成立を反映したものとも捉えられる（水野正好「古代庭園の成立とその道程」金子注(3)前掲書所収）。また、推古九年五月条には「天皇居二于耳梨行宮一。是時大雨、河水漂蕩、満二于宮庭一」とあり、初めて「宮庭」の語が見える。なお、『日本書紀』推古三十六年三月癸丑条・白雉五年十月壬子条・朱鳥元年九月戊申及び辛酉条によれば、宮の「南庭」で推古・孝徳・天武の殯宮儀礼が行われたことがわかるが、殯宮が朝庭に設置されたとは考え難く、「南庭」とは、朝庭のさらに南の空間を指すと考えておきたい（吉村注(1)前掲論文参照）。

(15) 諸橋轍次『大漢和辞典』第九巻（大修館書店、修訂版）。

(16) 馬渕和夫編著『古写本和名類聚抄集成 第二部 十巻本系古写本の影印対照』（勉誠出版　二〇〇八年）参照。

(17) 『万葉集』巻第十七・三九〇六番「み苑生の　百木の梅の　散る花し　天に飛び上がり　雪と降りけむ」、巻第十九・四二七七番「袖垂れて　いざ我が苑に　うぐひすの　木伝ひ散らす　梅の花見に」など。

(18) 苑の農園としての機能については、金子裕之「宮廷と苑池」（金子裕之著・春成秀爾編『古代都城と律令祭祀』柳原出版　二〇一四年、初出二〇〇二年）、同「平城宮の園林とその源流」（前掲書、初出二〇〇三年）、柳沢菜々「古代の園と供御蔬菜供給」（『続日本紀研究』三八九　二〇一〇年）に指摘がある。また園の性格については、伊佐治康成「日本古代「ソノ」の基礎的考察」（『学習院史学』三八　二〇〇〇年）がある。

(19) 『日本書紀』推古三十四年（六二六）五月丁未条。嶋については、岸俊男「「嶋」雑考」（『日本古代文物の研究』塙書房　一九八八年、初出一九七九年）、同「苑池と木簡」（『遺跡・遺物と古代史学』吉川弘文館　一九八〇年）参照。

(20) 飛鳥地域の庭園遺構については、相原嘉之「飛鳥の古代庭園」（金子注(3)前掲書所収）などを参照。

(21) 金子注(18)前掲論文「宮廷と苑池」。

(22) 奈良県立橿原考古学研究所注(2)前掲両書など。

(23) 妹尾注(4)前掲論文。

(24) 奈良文化財研究所編・刊『飛鳥藤原京木簡二』二〇〇九年、木簡一四八六番。

(25) 橋本義則「日本古代宮都の禁苑概観」（橋本注(4)前掲書所収）。

(26) 養老雑令諸節日条には、正月一日・七日・十六日・三月三日・五月五日・七月七日・十一月大嘗日を節日とし、賜宴を行うことが規定されている。節日の概念の導入は天武・持統朝の浄御原令段階まで遡り、大宝令で制度的に規定されたと考えられている（丸山裕美子「律令国家と仮寧制度―令と礼の継受をめぐって」大津透編『日唐律令比較研究の新段階』山川出版社　二〇〇八年）。

(27) 平城宮の二つの朝堂は、即位・朝賀や饗宴には大極殿のある中央区朝堂（ただし大極殿移建後は東区に移行）を使用し、告朔・宣命や朝政は東区朝堂で行うというように機能分担していたとされる（今泉隆雄「平城宮大極殿朝堂考」『古代宮都の研究』吉川弘文館　一九九三年、初出一九八〇年、同「平城宮大極殿朝堂再論」前掲書、初出一九八九年）。なお平城宮での饗宴儀礼の形態については、拙稿「平城宮の饗宴儀礼―八世紀宮室の儀礼空間に関する一考察―」（『古代学研究所紀要』一二　二〇一〇年、本書第三部第一章）参照。

(28) 早川注(12)前掲論文。

(29) 注(11)拙稿（本書第二部第一章）。

(30) 熊谷公男「跪伏礼と口頭政務」（『東北学院大学論集―歴史学・地理学―』三三一　一九九九年）。

(31) 『続日本紀』天平神護二年二月丙午条・同年六月丙申条に見える「松原倉」も松林苑の倉廩を指すものであろう。

(32) 小澤毅「宮城の内側」（『日本古代宮都構造の研究』青木書店　二〇〇三年、初出一九九六年）、吉野秋二「神泉苑の誕生」（『史林』八八―六　二〇〇五年）。なお、南苑を松林苑の東南のコナベ周辺園池に比定する説もあるが（本村充保「平城宮北方における苑池―「松林苑」と「南苑」に関する一考察―」『古代文化』六四―一　二〇一二年）、内裏から見て北方に位置する場所を「南」と呼称するとは考え難い。

(33) 辰巳正明「解説―懐風藻と東アジアの古代漢詩」（『懐風藻全注釈』笠間書院　二〇一二年、初出二〇〇〇年）。

(34) 辰巳正明「日本的自然観はどのように成立したか」（『懐風藻―日本的自然観はどのように成立したか』笠間書院　二〇〇八年）。

(35) 橋本注(25)前掲論文。吉川聡「文献資料より見た東院地区と東院庭園」（奈良文化財研究所編・刊『平城宮発掘調査報告XV―東院地区の調査―』奈良文化財研究所学報第六九冊、二〇〇三年）も東院と楊梅宮における朝堂の存在を推定する。

(36) 『年中行事抄』に引用される記事は『本朝月令』や『政事要略』からの孫引きらしいものが多い（岩橋小弥太「年中行事抄」『群書解題』第五巻　続群書類従完成会　一九六〇年）。また類書である『年中行事秘抄』が引く国史関係記事はほぼ『本朝月令』『類聚国史』からの孫引きであり、なかには『続日本紀』の記事を書き改めたと見られる箇所も存在するので、両書の記事の扱いには注意が必要である。山本昌治「『年中行事秘抄』所引の「国史」」（『大阪青山短期大学研究紀要』二〇　一九九四年）参照。

(37) 『続日本紀』天平十年十月庚申条「皇帝幸二松林一」、神護景雲元年二月甲午条「幸二東院一」。

(38) 岸注(19)前掲論文「「嶋」雑考」。

(39) 鈴木景二「日本古代の行幸」（『ヒストリア』一二五　一九八九年）。関連して、天平九年の南苑での叙位（表1―15）も、長屋王の変に関連した長屋王の子女に対する破格の叙位と見られている（寺崎保広「「若翁」木簡小考」奈良古代史談話会編『奈良古代史論集』第二集　真陽社　一九九一年）。
(40) 山中裕『平安朝の年中行事』（塙書房　一九七二年）。
(41) 中村裕一『中国古代の年中行事　第一冊　春』（汲古書院　二〇〇九年）。
(42) 日本古典文学大系『懐風藻　文華秀麗集　本朝文粋』（岩波書店　一九六四年）。『懐風藻』には「従五位下大学助背奈王行文」とあり、背奈（肖奈）王行文は神亀四年に正六位上から従五位下に叙されているので（『続日本紀』神亀四年十二月丁亥条）、この詩は神亀年間に詠まれたものと思われる。
(43) 王海燕「禁苑と都城―唐長安城と平城京を中心に―」（『國學院大學大學院紀要―文学研究科―』三二　二〇〇〇年）も松林苑での三月三日節に祓禊的側面があることを指摘する。
(44) 奈良文化財研究所編・刊『古代庭園研究Ⅰ』（奈良文化財研究所学報第七四冊　二〇〇六年）。
(45) 岸注(19)前掲論文「「嶋」雑考」。
(46) 岸注(19)前掲論文「「嶋」雑考」。
(47) 新日本古典文学大系『続日本紀』三、天平宝字六年三月壬午条脚注。
(48) 宗懍撰『荊楚歳時記』（守屋美都雄訳注、布目潮渢・中村裕一補訂〈東洋文庫三二四〉平凡社　一九七八年）、中村裕一『中国古代の年中行事　第二冊　夏』（汲古書院　二〇〇九年）参照。
(49) 倉林正次『饗宴の研究（文学編）』（桜楓社　一九六九年）。
(50) 倉林注(49)前掲書。また、注(48)『荊楚歳時記』訳注によれば「五月五日の行事は、多くの点で正月（末日）及び三月三日の水辺の行事と共通する性格をもつ。おそらくは、はじめに一つであったものが、次第に分れて各月に配当されたと見るべきである」という。
(51) 養老五年（七二一）九月十一日に斎王・井上女王が潔斎のために移った「北池辺新造宮」（『政事要略』巻二十四　年中行事九月九日節会事所引「官曹事類」逸文）は、佐紀池南岸出土木簡の中に斎宮の食膳を担う「膳部所」が発信した文書木簡が存在することなどから、佐紀池周辺に造営された可能性が高いという（山本崇「史料から見た第一次大極殿院地区」奈良文化財研究所編・刊『平城宮発掘調査報告XVII　第一次大極殿院地区の調査2（本文編）』奈良文化財研究所学報第八四冊　二〇一一年）。このことからも、池とその近傍の施設に付随する禊の場としての性格がうかがえる。

(52)　笠井昌昭「『日本書紀』を中心とした池の伝承について—立后の儀の周辺—」（『古代日本の精神風土』ぺりかん社　一九八九年、初出一九七〇年）。最近、磐余池跡とされる奈良県橿原市東池尻町の小字「嶋井」で六世紀後半以前に築造されたと見られる池の堤が発見され、これが磐余池の堤である可能性が高いと報道された。池の築造の主たる目的は灌漑と考えられるが、堤の周囲からは掘立柱建物等の遺構も検出されており、鑑賞池としても使用された可能性があるという（平岩欣太「大藤原京左京五条八坊、中嶋遺跡の調査」『明日香風』一二三　二〇一二年）。このことは、王宮と苑池との関係を考える上で興味深い。なお、磐余の範囲やその地で営まれた王宮については、和田萃「磐余の諸宮とその時代」（『明日香風』一二三　二〇一二年）参照。

(53)　辰巳和弘「常世・女・井—神話の土壌—」（奈良県立橿原考古学研究所附属博物館編『水と祭祀の考古学』学生社　二〇〇五年）、同「聖なる水の湧く処」（『新古代学の視点—「かたち」から考える日本の「こころ」—』小学館　二〇〇六年）。

(54)　岡田精司「大王と井泉の祭儀」（『古代祭祀の史的研究』塙書房　一九九二年、初出一九八〇年）。

(55)　鷺森浩幸氏は、河川沿いの生産地である園が元来水辺の祭祀の場を兼ねており、それが宮都の園（＝苑）の宴遊の起源であると指摘する（鷺森浩幸「園の立地とその性格」『日本古代の王家・寺院と所領』塙書房　二〇〇一年）。

(56)　古代中国でも、秦朝の禁苑は皇帝の遊園の場としての性格だけではなく、始皇帝の巡幸祭祀ならびに地方支配の政治拠点としての意義があり、「政」と「祀」両面の性格をあわせ持つ空間であったことが指摘されている（馬彪『秦帝国の領土経営—雲夢龍崗秦簡と始皇帝の禁苑』京都大学学術出版会　二〇一三年）。

(57)　荒木敏夫「日本と東アジアの古代の苑池」（『日本古代の王権』敬文社　二〇一三年、初出二〇〇九年）。

(58)　網野善彦「「日本」とは何か」（『網野善彦著作集　第一七巻　「日本」論』岩波書店　二〇〇八年、初出二〇〇〇年）。

八世紀後半から毎年正月中旬に宮中で行われる御斎会において、山城国が種稲を大極殿前庭に進上するという次第があり

（『西宮記』巻一・御斎会）、これは天皇が稲霊に仏教による呪力を加えて豊作を祈る儀式であると指摘されている（大津透「農業と日本の王権」網野善彦他編『岩波講座天皇と王権を考える　第3巻　生産と流通』岩波書店　二〇〇二年）。この儀式次第は、朝庭における天皇の「稲の王」としての側面を象徴するものと解せよう。

[補注]

飛鳥京跡苑池遺構は、これまでの発掘調査で、①渡堤で仕切られた南北二つの池（南池・北池）と建物などから構成されること、②南池は面積二二〇〇平方メートルで五角形を呈し、池底は石敷きで池には中島や石積み島・石造物が設置されていること、③北池は面積一四五〇平方メートルでやはり池底には石が敷き詰められ、北東隅には階段状の施設が取り付くこと、④苑池の東側（宮殿側）には砂利敷の広場があること、⑤南池から約六メートル上がった南東の高台上に、苑池を上から眺めるための施設と考えられる掘立柱建物二棟が存在したこと等が判明している。最新の発掘調査では、南池の全容がほぼ判明し、当該遺構は宮殿に付属する饗宴・祭祀施設であり、大陸からの影響を受けつつも独自の要素が強く、東アジアの中でも類例のない庭園施設として評価されている（奈良県立橿原考古学研究所編・刊『史跡・名勝飛鳥京跡苑池第8次調査（飛鳥京跡第一七四次調査）現地説明会資料』二〇一三年）。このような発掘成果からも、七世紀に苑池における饗宴・儀式が重要視されていたことがうかがえる。

第二部　政務の形式と官人勤務制度

小序　古代政務構造研究の視座と課題

日本の古代国家の政治構造を考える上で、政務と儀礼とは不可欠の分析対象である。古代においては、日々の政務処理も儀式的体裁のもとに行われるものであり、儀式とは全く別のところで政務が行われていたのではなかった。(1)すなわち、毎年繰り返される朝賀や節会、神事・仏事など朝廷内で執り行われるあらゆる儀式と日常的な行政事務とを厳密に区別することは適当ではない。ただし、饗宴や特定の日を定めて行われる、いわばハレの行事とは別に、律令制に基づく一元的な統治のために官人たちが日々各種の行政に関する事務処理を行っていたこともまた事実であり、そのような政治行為を狭義の「政務」として定義することができよう。

この古代国家における政務の研究は、(2)古代の政治権力構造を考える上で重要な課題である。しかしながら、それが日常的且つ当時の官人にとって半ば自明な営みであるがゆえに、六国史を中心とする基礎史料に現れにくく、特に奈良時代までの制度については、その具体的な様相を復原するのが困難であるという問題点を抱えている。一方、それとは別に、平安時代の古記録などからは、貴族たちによって官政・外記政・陣定などの政務が行われていたことが知られる。これらは『西宮記』や『北山抄』をはじめとする平安時代の儀式書にも次第が記され、貴族の日記にも朝廷でそれらの政務を行っていたことが散見される。これらのことから、古代の政務の研究は、主として摂関期を中心に論じられることになった。

かつて、平安時代の宮廷政治は摂関家の政所を中心に行われ、国政においては宣旨に代わって下文や御教書が効力を持ち、朝廷は恒例・臨時の儀式や詩歌管絃等の遊宴を行う場所であったとする、いわゆる「政所政治」論が存在した。(3) これに対し、古記録・儀式書の精緻な読解をもとに、根本的な批判を加えたのが土田直鎮氏・橋本義彦氏である。(4) 両者の実証的な研究により、平安時代においても、律令官制上の最高機関官庁である太政官が政務処理の中心的な役割を担っていたことが明らかにされた。それ以前にも平安期の政務に関する概説はなされていたが、(5) 土田・橋本両氏の成果によって、より具体的・実証的に平安時代の政治過程を把握することが可能となった。とりわけ、当時の政務を体系的に理解しようとした橋本義彦氏の分析は重要である。すなわち、平安期の政務は「政」と「定」の二系統に大別され、さらに「政」には朝政・旬政などの系統と、官政・外記政などの系統とが存在し、「定」には御前定・殿上定・陣定など数種が存在したとする。そして、律令制以来の政務方式である「政」が衰退し、政務の中心は「定」の方式へと移行するとされる。(6) この「政」と「定」による政治形態とは、諸司・諸国からの申請を、太政官において外記政・南所申文・陣申文等の公卿聴政によって審議・決裁した後、重要案件は官奏として天皇に上奏され、さらなる審議を必要とするものは御前定・陣定において天皇あるいは摂政・関白によって裁定されるというシステムで、これらは九世紀後半までには成立していたとされる。(7)

その後太政官政務については、橋本義則氏が従来不分明であった官政と外記政との差異を明確にし、政務が行われる「場」に即してその変化を意義付けるなど、(8) その手続きがより具体的に論じられるようになった。(9) また、太政官の政務手続は、太政官制そのものの研究及び太政官が行う奏請や文書の発給手続とも密接に関係するため、それらの研究分野でも言及されることになった。(10) さらに、王朝国家論に基づく政務手続の研究や、(11) 摂関期における政務運営実体の分析の中でも考察が深められていった。(12) これらの政務執行手続のうち、陣定等の「定」の政務についてはその性格と意義について考察が進められているが、(13) 外記政をはじめとする「政」の政務については、儀式書に見える各儀の次第が複雑なことなどから、制度的に把握することが難しい。そのため、「政」と「定」両者を見通した上で、政務の全体像を理解するに至ってはいない。加えて、それらの律令制下における制度との連続性・展開過程についても不透明なままである。(14)

上記のような古代の政務形態についての理解に対して、「政」の具体的な方式を明らかにし、従来の政務研究のレベルを飛躍的に向上させたのが、吉川真司氏の研究である。氏は、八〜一〇世紀における古代国家の政務の構造は、以下のように捉えられるとする。(15)

律令制に基づく政務処理を行うにあたって、中心となったのは「申政」という手続きであった。申政とは、諸司・諸国が様々な政治的案件について太政官に上申し、決裁を受けるものである。延喜太政官式によれば、諸司・諸国の上申案件を太政官の弁官が受理・審議し、史が中納言以上に読申するという「弁官申政」と、中務・式部・兵部の三省が弁官に引率され、あるいは引率なしで直接公卿に案件を読申する「三省申政」という二種類の手続きが存在した。弁官申政は一般的な政務処理方法であり、三省申政は季禄目録や考選目録といった官人の処遇に密接に関係する事項を扱うものであった。この『延喜式』に見える申政時の官人の列立法とほぼ同内容が『令集解』職員令太政官条の古記に見えることから、大宝令制下にはすでに上記の政務形態が存在していたと考えられる。(16)この申政手続きの本質は口頭による上申・決裁という点にあり、文書そのものをやり取りせず「〜と申す」と読申して決裁を仰ぐ「読申公文」という政務形式は、八世紀以前に遡る要素を持つ、古代政治の基本的な作法であった。これに対し、平安期になると、文刺に文書を挟んで上申する「申文刺文」という作法が太政官政務に多々散見されるようになる。この「申文刺文」の作法に着目して政務を整理すると、九世紀には〈結政（弁官への申政）—南所申文・陣申文（公卿への申政）—官奏（天皇への上奏）〉という一連の政務処理体系が運用されていることが明らかとなる。一方律令制下から続く「読申公文」の形式は、〈官西庁政（弁官への申政）―外記政・官政（公卿への申政）―少納言尋常奏（天皇への上奏）〉という形式を成していたが、やがて文書行政の複雑化・大量化や日上制・別当制といった政務の分掌体制の整備などによって「読申公文」方式の政務は形骸化し、太政官政務は「申文刺文」方式を中心とする、より合理的な政務体系へと再編成されていったという。また、「申文刺文」方式の政務は平安期になってから登場したものではなく、曹司での政務の重要性が高まる八世紀後半に成立したとされる。

吉川氏による上記の政務研究は、これまで個々に検討されてきた太政官政務の作法を一連の有機的連関を持つものとして体系化し、なおかつ律令制下の制度との連続性を明らかにした点で、非常に重要である。しかしながら、八世紀における政務の舞台である平城宮の朝堂や太政官の曹司については未解明な点も多く、平安期の儀式書等に詳述される政務手続きがどの時期まで遡るかは推測によらざるを得ない面がある。また、平安初期に顕在化する公卿の内裏侍候の成立過程についても、八世紀段階の史料が僅少なこともあり、検討の余地が残されていると思われる。

そもそも、律令制下の政務については、朝堂で行われる朝政がその基本であり、貞観期に編纂された『儀式』巻九に規定された「朝堂儀」の内容がほぼ八世紀まで遡り得るとされ、朝堂政務が次第に儀式化・形骸化し、実質的な政務は内裏や各官司の曹司へと移行していったと考えられている。そして太政官による公卿聴政の場は朝堂院の太政官の庁から太政官曹司庁や外記庁へと移動し、侍従所（南所）や陣座（仗座）でも申政の手続きが行われるようになり、公卿による政務の手続きは、時宜に合わせて次第に合理化されていった。その展開過程については、先に述べたいくつかの異なる問題意識に基づいて、それぞれの視点から考察されている。

このように、古代の政務形式は、公家日記や儀式書の基礎的研究の深化による平安時代の政務研究の進展とも相俟って(17)、徐々に整理され解明されつつあるが、その通時的・体系的な理解にまで至っているとは言い難い。その背景には、そもそも古代の官人の宮廷への出仕を表す朝参・朝政といった日常的な勤務制度に関しては史料が限定されており、基本的には七世紀以来の王宮への朝参・朝政形態が平安期まで存続したという理解のもと(18)、制度全体に関する考察が等閑視されてきたという研究の現状がある。

そこで、日本古代国家の政治的特質の理解を進めるためには、官僚制の基盤にある官人出仕制度の考察を行った上で、政治制度の実態の解明に取り組む必要がある。加えて、太政官の政務は公卿聴政を経て奏上された事項を決裁する天皇の政務と一連のものであるから(19)、官人の政務を分析することは、天皇の権能を明らかにすることにもつながると思われる。よって、第二部では古代の国政運営の前提となる官人の朝参・朝政の実態と、宮廷への出仕日数を示す上日といった王宮での勤務に関わる制度に着目し、さらにそれと密接に関連する天皇聴政のあり方について考察することにより、日本の古代国家の政務執行構造の一端に迫りたい。

〈注〉

（1）　土田直鎮「平安時代の政務と儀式」（『奈良平安時代史研究』吉川弘文館　一九九二年、初出一九七四年）、同『日本の歴史五　王朝の貴族』（中央公論社　一九六五年）。

（2）　古代の政務に関する総論としては、橋本義則「朝政・朝儀の展開」（『平安宮成立史の研究』塙書房　一九九五年、初出一九八六年）、西本昌弘「古代国家の政務と儀式」（『日本古代の王宮と儀礼』塙書房　二〇〇八年、初出二〇〇四年）などを参照。

（3）黒板勝美『国史の研究』（文会堂書店　一九〇八年）。
（4）土田直鎮「摂関政治に関する二、三の疑問」（注（1）前掲書『奈良平安時代史研究』、初出一九六一年）、橋本義彦「摂関政治論」（『平安貴族社会の研究』吉川弘文館　一九七六年、初出一九六八年）、同「貴族政権の政治構造」（『平安貴族』平凡社　一九八六年、初出一九七六年）。
（5）吉村茂樹「平安時代の政治」（国史研究会編『岩波講座日本歴史　第二　上代二』岩波書店　一九三三年）、竹内理三「貴族政治とその背景」（『竹内理三著作集　第五巻　貴族政治の展開』角川書店　一九九九年、初出一九五二年）、藤木邦彦「陣定―平安時代における政務執行の一形態―」（『平安王朝の政治と制度』吉川弘文館　一九九一年、初出一九六一年）など。
（6）橋本注（4）前掲論文「貴族政権の政治構造」。
（7）玉井力「十・十一世紀の日本」（『平安時代の天皇と貴族』岩波書店　二〇〇〇年、初出一九九五年）。
（8）橋本義則「「外記政」の成立」（注（2）前掲書、初出一九八一年）。外記政の成立に関しては、橋本氏はその制度的な確立を弘仁十三年とされたが、近年西本昌弘氏は内裏近傍における大臣の執務室である大臣曹司や太政官の食事所である侍従所の成立を推測させる墨書土器が長岡宮跡から発掘されたこと、官曹司から外記庁が分立したことで外記日記を記す必要が生じ、その最古と見られる逸文が延暦九年であることなどから、延暦八年頃には外記庁・外記政が成立したとする（西本注（2）前掲論文）。
（9）古瀬奈津子「宮の構造と政務運営法―内裏・朝堂院分離に関する一考察―」（『日本古代の王権と儀式』吉川弘文館　一九九八年、初出一九八四年）、吉川真司「申文刺文考」（『律令官僚制の研究』塙書房　一九九八年、初出一九九四年）など。
（10）早川庄八『日本古代官僚制の研究』（岩波書店　一九八六年）、武光誠『増訂律令太政官制の研究』（吉川弘文館　二〇〇七年）、森田悌「太政官制と政務手続」（『古代文化』三四―九　一九八二年）、同「奏請制度の展開」（『日本古代の政治と地方』高科書店　一九八八年、初出一九八五年）、吉川真司「上宣制の成立」（注（9）前掲書所収）など。
（11）曾我良成「太政官政務の処理手続―庁申文、南所申文、陣申文―」（『王朝国家政務の研究』吉川弘文館　二〇一二年、初出一九八七年）、佐々木宗雄「内裏・太政官一体型政務の成立―王朝国家と太政官政治―」（『平安時代国政史研究』校倉書房二〇〇一年、初出一九九九年）など。

(12) 倉本一宏「摂関期の政権構造」（『摂関政治と王朝貴族』吉川弘文館　二〇〇〇年、初出一九九一年）など。

(13) 倉本一宏「一条朝の公卿議定」（注(12)前掲書、初出一九八七年）、大津透「摂関期の陣定―基礎的考察―」（『山梨大学教育学部研究報告』四六　一九九六年）、川尻秋生「陣定の成立」（吉村武彦編『日本古代の国家と王権・社会』塙書房　二〇一四年）など。

(14) ちなみに、摂関期の政務と院政期の政治形態との関連についての研究には、美川圭「平安時代の政務とその変遷」（『院政の研究』臨川書店　一九九六年、初出一九九四年）などがある。

(15) 吉川注(9)前掲論文。

(16) 吉川真司「律令官僚制の基本構造」（注(9)前掲書、初出一九八九年）。

(17) 吉岡眞之「平安時代の政務をめぐって」（吉村武彦・吉岡眞之編『新視点日本の歴史 第三巻 古代編Ⅱ』新人物往来社　一九九三年）。

(18) 岸俊男「朝堂の初歩的考察」（『日本古代宮都の研究』岩波書店　一九八八年、初出一九七五年）。

(19) 今正秀「王朝国家政治構造考察の視角と方法」（『史学研究』二一〇　一九九五年）。

第一章　日本古代の朝参制度と政務形態

はじめに

日本の古代において、国政の審議・決裁がいかなる形態で行われていたかという問題は、古代国家における政治権力構造を解明する上で不可欠の課題である。これまで政治の運営形態に関しては、律令官司制・官僚制研究の枠組みの中で論じられ、律令法とそれを補完する格式についての研究の深化とともに、その基本的構造の解明が進められてきた。古代の権力構造を検討する上で政治形態の具体的な把握が必要とされることは、早く関晃氏による貴族制研究の中で指摘されていた(1)。しかしその手続きの詳細な解明には、太政官政治の実態的分析によって古代政治の特質を解明するという、土田直鎮氏による方法論の提示を待たねばならなかった(2)。土田氏によって定立された、平安時代の政務と儀礼とは不可分のものであるという見解は、基本的に平安時代以前にも遡らせ得るものであり、儀式の分析によって政務手続を究明しようとする研究が隆盛した(3)。しかしながら六国史を中心とする編纂史料から政務の具体的な方式を復原するのは難しく、律令制下の官人の執務形態や天皇の政務関与の実態について未だ共通理解を形成するに至っていない。その一方で平安中・後期における政務手続の分析が進められたものの(4)、律令制下の制度との連続性・展開過程については不透明なままである。日本古代国家の政治的特質の理解を進めるためには、政治制度のさらなる具体的な解明が必要とされよう。

古代の政治は朝政という語で象徴的に表される。朝政とは、広義には国政そのものを、狭義には宮室に設けられた朝庭・朝堂で行われた政務を意味し[5]、従来は漠然と天皇が早朝に政務を視ることと捉えられてきたが、近年の儀式研究の深化により、その定義について再考が迫られている[6]。また、朝政と密接に関係する語として朝参がある。朝参とは臣下が朝廷に出仕することを意味し、古代の官人の勤務を包括する概念である。律令制では宮に参上した官人は朝堂・曹司で執務することが原則で、日々の勤務は上日として把握され、一定の上日数を満たすことが位階の昇進や禄の支給の前提となる。

古代の政務形態については、推古朝の小墾田宮以来の朝堂・朝庭における朝参・朝政の形式が基本的には平安宮まで存続すると考えられており[7]、九世紀半ば以降毎日の朝政は毎月一・十一・十六・二十一日のみの旬政となり、その後四・十月の一日のみの二孟旬として年中行事の中に位置付けられ、政務の実質は陣定等に移行したと説明される[8]。また、平安初期には太政官庁内の庁舎が日常的な政務・儀礼の場となって朝堂院での朝政が儀式化する[9]、長岡宮での内裏と朝堂院との分離を画期として天皇の日常政務の場が朝堂院から内裏に移行するというように[10]、宮室構造の変化をふまえた政務運営方式の転換が指摘された。これらの先行研究では主として朝政の変質過程に重点が置かれているため、政務運営の基盤となる官人の朝参制度についての考察は手薄であり、朝参の仕組みとその制度的展開については十分に説明されていない。

本章では、古代国家の展開過程においていかなる政治制度の確立が意図され、実現されたかという問題を、政務の前提となる朝参制度に焦点を当てて考察する。同時に、従来曖昧なままに議論されてきた朝参・朝政・上日といった制度について、その舞台となった宮室の空間構造の変遷をふまえて具体的に把握することにより、未解明な部分の多い古代の政務形態の一端を明らかにする。

第一節　朝参の規定とその形式

（一）朝参の起源と官僚制の形成

朝参は「みかどまゐり」と訓まれるが、元来「朝」の字には臣下が早朝に君主に謁見するという意味があり、[11]『日本書紀』皇極二年（六四三）十月壬子条に「蘇我大臣蝦夷、縁レ病不レ朝」とあるように、「朝」は天皇（大王）の王宮に参上することを意味している。推古十二年（六〇四）九月条には「改二朝礼一。因以詔之曰、凡出二入宮門一、以二両手一押レ地、両脚跪之、越レ梱則立行」と見える。これは臣下が小墾田宮の門を入る際の礼法を改定したものであるが、この記事から、宮に参上した臣下は君主に対する拝礼（朝礼）を行っていたことがわかる。続いて舒明八年（六三六）七月己丑条には次のようにある。

大派王謂二豊浦大臣《（蘇我蝦夷）》一曰、群卿及百寮、朝参已懈。自レ今以後、卯始朝之、巳後退之。因以レ鐘為レ節。然大臣不レ従。

これによると、臣下は卯刻の始め（午前五時頃）に参上して巳刻の後（午前十一時頃）まで宮に居ることが求められており、これは推古紀に見える憲法十七条の「群卿百寮、早朝晏退」を具体化したものと捉えられる。[12]また大化三年（六四七）是歳条には、

壊二小郡一而営レ宮。天皇処二小郡宮一、而定二礼法一。其制曰、凡有レ位者、要於二寅時一、南門之外、左右羅列、候二日初出一、就レ庭再拝、乃侍二于庁一。若晩参者、不レ得二入侍一。臨レ到二午時一、聴レ鐘而罷。其撃レ鐘吏者、垂二赤巾

　　於前一。其鍾台者、起二於中庭一。

とあり、参上する時間は舒明八年段階よりも若干早められているが、有位者に宮の「庭」への定時の参上と「庁」に一定時間侍ることが求められている。庁（マツリゴトドノ）は大臣・大夫らが座して外交儀礼などの政（マツリゴト）を行う場であったから、[13]この「就レ庭再拝」（王宮への定時の参上とそれに続く拝礼）が朝参、「侍二于庁一」（庁での一定時間の侍候）が朝政に相当すると解釈できる。このように、七世紀半ばまでには臣下が王宮に参上して一定時間侍候する規則が存在していたことがうかがえる。

朝参・朝礼・朝政は天皇（大王）の居所の前の庭である朝庭で行われていたと考えられ、この公的儀式と政務を行う庭が、以後の宮室構造における朝堂院へと発展する。[14]ただし、宮に設けられた公的な執務空間は一箇所とは限らない。例えば近年発掘調査により内部構造の詳細が明らかになりつつある七世紀末の飛鳥浄御原宮には、内郭南方に広がる朝庭以外にも公的儀礼空間として複数の殿舎とそれに付属する庭が存在しており、[15]宮内の殿舎はそこに集う階層や儀式内容によって使い分けられていた。[16]その飛鳥浄御原宮が宮室として機能していた天武十二年（六八三）の十二月庚午には「諸文武官人及畿内有位人等、四孟月、必朝参。若有二死病一、不レ得レ集者、当司具記、申二送法官一」という詔が出された。これにより、文武官人と畿内の有位人は正・四・七・十月には必ず朝参することが義務付けられた。ここで、朝参の参不を記録して律令制下の式部省に当たる法官に申送することが注目される。天武・持統朝は律令官僚制の成立期と位置付けられているが、[17]持統四年（六九〇）四月庚申条に見える「百官人及畿内人有レ位者、限二六年一。無レ位者、限二七年一。以二其上日一、選二定九等一。四等以上者、依二考仕令一、以二其善最功能、氏姓大小一、量授二冠位一」という詔はこれに先立つ天武十一年八月癸未条の官人考選詔を改訂したもので、以後上日による勤務評定区分制が開始される。[18]よって、これを以て有位者の朝参が上日という官僚制度の基礎となる指標として把握されることになった[19]。

このように、令制以前から有位者は早朝に宮に参上し（朝参）、一定時間侍候・執務する（朝政）ことが求められていたが、やがてその参上する日数が上日（ツカヘマツルヒ）という官人の勤務指標として把握されることになった。この朝参・上日の制は天武・持統朝の律令官僚制確立のための政策の一環として推進され、官人勤務の基礎的制度として整備された[20]。そして律令制定の際、朝参に関連する規定が設けられた。次に、その条文について詳しく見ていくことにする。

（一）朝参の規定

一般に、朝参の規定とされているものは、次に挙げる養老儀制令文武官条である（○は古記によって復原できる大宝令文の語句を表す）[21]。

[a]凡文武官初位以上、毎二朔日一朝。[b]各注二当司前月公文一、五位以上、送《進》二着《置》朝庭案上一。即大納言進奏。[c]若逢レ雨失レ容、及泥潦、並停。弁官取二公文一、惣納二中務省一。

本条文は、内容によって[a]・[b]・[c]の三つに区切られる。まず[a]の部分に関して、『令集解』同条の古記が「毎二朔日一朝。謂朝参也」、令釈が「朝、朝参也」と注釈することから、「毎二朔日一朝」の「朝」とは朝参を意味し、文武官初位以上の官人が毎月朔日に朝参すべきことを規定する。次に[b]では、朔日に朝参する際、各官司が前月に作成した公文書類などを朝庭に置かれた案の上に提出し、それを大納言が天皇に奏上するという次第を示す。続けて[c]では朔日が雨で朝庭がぬかるんでしまった場合は儀式を中止すること、及びその際の公文の提出方法についても規定する。本条の義解に「其視二告朔一之時、大納言奏後亦中務受取」とあるように、この一連の儀式は

（視）告朔と称されるものであった。これに対し、本条文のもとになった唐令は、以下のように復原されている。[22]

Ａ諸在京文武官職事九品以上、朔望日朝。Ｂ其文官五品以上及供奉官・員外郎・監察御史・太常博士、毎日参。武官五品以上、仍月五日・十一日・二十一日・二十五日参。三品以上、九日・十九日・二十九日又参。当〻上日、不〻在〻此例〻。其長上折衝・果毅、若文武散官五品以上直〻諸司〻及長上者、各准〻職事〻参。其弘文館・崇文館及国子監学生、毎〻季参。Ｃ若雨霑〻服失〻容及泥潦、並停。

唐令も日本令同様、三つの内容に区分できる。まずＡでは在京の文武官職事九品以上の官人はみな毎月朔日と望日（十五日）に朝参することを規定し、Ｂではその他の日について、文官五品以上及び供奉官・員外郎・監察御史・太常博士の毎日参上を規定するのをはじめとして、官品と職事によって朝参すべき日を詳細に定める。Ｃでは、雨の場合は朝参の儀式を中止することを明記する。

両条文を比較すると、日本令は大枠では唐令を継受しつつも、全官人の朝参は朔日のみとし、[23]その他の朝参日に関する部分を、各官司が前月に行った政務内容を奏上するという告朔の規定に改変している。本条が唐の朔望朝参制の影響を受けていることはすでに指摘されているが、[24]条文内容の独自性については、より深く考察を進める必要があろう。そこで、まずは本条唐令の背景にある中国の朝参制度を概観しておく。

渡辺信一郎氏によれば、[25]中国では前漢の宣帝以後に朝政の基礎が築かれたことに伴い、官僚の集団的意志を形成する政治空間としての朝堂が成立し、公卿に対して五日に一度の朝参を義務付ける五日一朝制が整備される（『三国志』巻十三・王粛伝）。皇帝と官僚とが王宮の正殿と朝堂で朝議を決定するという政治構造は前漢末に萌芽し、後漢を通じて形成された。魏晋南北朝期の朝議の中心は朝堂での公卿議で、晋令には朔望日に朝堂で公卿に議政させるという規定が存在した（『魏書』巻二十七・穆亮伝）。隋唐期には朝堂は外朝に配置され、実質的な朝政の場は中朝・内朝の各殿舎へと移行する。隋の文帝期には毎日の朝会儀礼（朝参・聴政）が行われたこともあったが、煬帝の時には五日一朝であった（『隋書』巻六十一・郭衍伝）。松本保宣氏によれば、唐では朝参は官人の身分により皇帝との距離（空間）と接触の頻度（時間）とが分節化されており、その構造は朝会儀礼に反映されているという。宮内に朝参（入朝）した官人たちの前に皇帝が出御（臨朝）して行われる朝会儀礼には三段階の区別があった。すなわち、①元旦・冬至等に開催される大朝会、②在京の九品以上の官人が参加する毎月一・十五日の朔望朝会、③文官五品以上の官人が中心に参加する毎日の常日朝会であり、それぞれ外朝・中朝・内朝の正殿で行われることになっていた[26]。また、唐代前半期では百官は毎日太極宮両儀殿に朝参、五日に一度太極殿に朝参、さらに朔日・望日は元日に準じた格上の儀式を行うという制度であった[27]。

大隅清陽氏は、中国の朝参が儀式の場・皇帝の出御頻度・参加官人の範囲などによって段階差が設けられているのに対し、日本では全官人が原則として毎日朝庭（朝堂院）に朝参するというように一元化されていたことを指摘し、このような朝参の方式は、畿内・地方豪族の官僚制への組織化が七世紀以降天皇権力のもとで一気に達成されたことに対応するとした[28]。しかし、七世紀末の飛鳥浄御原宮においてすでに儀礼空間が分化していたように[29]、宮内における朝参や侍候の場は身分や行事によって早い時期から区別されていたことがうかがえ、朝参に階層や場所ごとの区分などが存在したかについては、別途検討する必要があると思われる。そこで、日本の朝参の実態について、項を改めて検討する。

(三) 朝参の基本的形式

朝参と政務の具体的な方式については、八世紀以前の史料からうかがい知ることが困難であるため、まずは平安期の制度を明らかにすることから始めたい。儀制令文武官条が朔日の朝参規定であることは、先に述べた通りである。令文の「文武官初位以上」に関して、『令集解』古記には「文武官初位以上、謂二長上一。唯分番准レ此耳」とあり、朝参するのは文武百官全てで、また義解に「至二於朔日一特於レ庭会也」とあることから、参集した百官は朝庭に会した。この文武官条に見える百官の朝庭への朝参を、A朔日朝参とする。公式令朝参行立条（「凡文武職事散官、朝参行立、各依二位次一為レ序。位同者、五位以上、即用二授位先後一。六位以下以レ歯。親王立レ前。諸王・諸臣、各依二位次一。不レ雑分列。」）は朝参時の朝庭での整列基準を示すものであるが、(30)この条文の義解には「夾二馳道一而分二立東西一」とあるから、朝参の場は朝堂院であることが確認される。朔日に関しては、宮衛令元日条に「凡元日・朔日、若有二聚集及蕃客宴会辞見一、皆立二儀仗一」という条文が存在する。本条古記の「元日夫装二五纛一有二鉦鼓一也。朔日・五位以上授聚集時無レ幡。直帯仗威儀耳」により、朔日は元日に次いで威儀を正す日であった。また、穴記が「又疑、朔日之中、或立二儀仗一、或不レ立二儀仗一歟。仮四孟立耳」というように朔日にも儀仗の有無による格差があり、儀仗を立てる四孟月の朔日は『延喜式』掃部寮式に「孟月告朔設二御座一、如二朝賀儀一」とあるように、孟月告朔は朔日の中でも特に重要な儀式であった。朝廷儀式の規模については、衣服令武官朝服条が参考になる。

朝服

衛府督佐、並皂羅頭巾・位襖・金銀装腰帯・金銀装横刀・白襪・烏皮履（中略）会集等日、加二錦裲襠赤脛巾一。帯二弓箭一。以レ鞋代レ履。兵衛、（中略）会集等日、加二挂甲一帯レ槍。以二位襖一代二紺襖一。以レ鞋代レ履。主帥、（中略）会集等日、加二挂甲一帯二弓箭一。以二縹襖一代二位襖一。以レ鞋代レ履。並朝庭公事即服之。衛士、（中略）会集等日、加二朱末額挂甲一。以二皂衫一代二桃染衫一。朔・節日、即服之。尋常去二桃染衫及槍一。其督以下主帥以上袋、准二文官一。

これによれば、朝服を着用する「朝庭公事」には尋常と朔・節日という区分があり、武官は「会集等日」にはとりわけ甲・弓箭等で威儀を備えるとする。「会集等日」とは「謂元日及聚集幷蕃客宴会等」（義解）を指す[31]。後述のように武官は朝堂に朝座を持たないため、ここに記されるのは朝庭を用いる儀式である。すなわち、朔日のほか節日にも朝庭に朝参することがわかる。後宮職員令内侍司条には、内侍司の長官である尚侍の職掌として「掌下供二奉常侍・奏請・宣伝一、検二校女孺一。兼知二内外命婦朝参及禁内礼式一之事上」とあり、その朱説に「朝参者朔節日朝参也」と見える。禄令兵衛条は兵衛府の番上官である兵衛の季禄支給基準を規定したものだが、その古記に「月別節日及会集等日、須二必参上一」とある。これらによると、朔日・節日には命婦などの女官や兵衛ら下級武官も朝参する規則であり、朝参には朔日のほか「節日朝参」が存在する。節日とは、養老雑令諸節日条に明記された正月一日・七日・十六日・三月三日・五月五日・七月七日・十一月大嘗日を指し、平安期には延喜大蔵省式に禄支給のある節会として載る正月十七日・九月九日が追加された。これ以外にも、宮衛令元日条の「聚集」について義解が「謂、元朔之外別有二聚集一。仮如出雲国造奏二神事一之類也」と注釈するように、臨時の「聚集」があった。「節日朝参」と「聚集」とは、ともに元日・朔日以外の朝庭儀式として、B行事朝参に分類できる。

ところで、再度儀制令文武官条集解諸説に目をやると、「言尋常之日唯就二庁座一」（義解）、あるいは「有二常朝参一。但為レ示二朔日儀式一別立参顕耳」（師云）とあり、これらは儀式のある日以外に朝堂で日常的な朝政が行われていたことを示している[32]。これにより、朔日朝参及び行事朝参といった朝庭に会する朝参とは別に、C尋常朝参が存在したことが知られよう。先述の義解によれば、尋常の朝参は朝堂空間の朝庭に列立するのではなく、朝堂に設けられた各官司の朝座につくものであったと考えられる。朔日と旬日の朝参が朝庭に会集する「朝会」であるのに対し[33]、朝座への朝参は朝堂で政務を行うためのものであった。朝堂の朝座につく機会については、『類聚符宣抄』第六・外記職掌・弘仁四年（八一三）正月二十八日宣旨の事書に「朔及旬日朝座政応レ申二中納言一事」とあり、朝堂院における公卿聴政は朔日と旬日に行われていた。このことから、旬日の朝参が存在したことがわかり、これを朔日の朝参と関連するものとしてA'旬日朝参として措定する。以上の考察から抽出した朝参の分類を整理すると、次のようになる。

○朝参の種別

A　朔日朝参　―　イ．朔日朝庭朝参（朝会）　※正月は元日朝賀、孟月は視告朔となる。
　　　　　　　　ロ．朔日朝座朝参（朝政）
A'　旬日朝参　―　朔日以外の十一・十六・二十一日に朝堂の朝座に着座（朝政）
B　行事朝参　―　節日宴会・蕃客賜宴等の臨時聚集（朝会）
C　尋常朝参　―　朝堂の朝座に着座（朝政）

右に示した朝参のうち、儀制令文武官条は朝会、すなわちA―イ．朔日朝庭朝参について規定したものであり、公式令朝参行立条はA―イ．朔日朝庭朝参及びB行事朝参の際の列立基準を規定したものである。この朝参の区分に関連して、『日本紀略』弘仁十一年（八二〇）二月甲戌朔条には次のようにある。

詔曰、云々。其朕大小諸神事及季冬奉二幣諸陵一。則用二帛衣一。元正受レ朝、則用二袞冕十二章一。朔日受レ朝、同聴政、受二蕃国使奉幣〔表〕一及大小諸会、則用二黄櫨染衣一。（中略）皇太子従二祀及元正朝賀一、可レ服二袞冕九章一。朔望入朝、元正受二群官若宮臣賀一及大小諸会、可レ服二黄丹衣一。並常所レ服者不レ拘二此例一。

これは天皇と皇太子の儀式時の服の規定を唐制に倣って規定したものであるが、ここに元日朝賀とは別に天皇の「朔日受朝」という区分が見られることが注目される。この「朔日受朝」はA朔日朝参に、「受二蕃国使奉幣〔表〕一及大小諸会」はB行事朝参に相当する。すなわち、この記事は平安前期において上記の朝参の種別が存在したことを裏付けると同時に、朔日朝参及び行事朝参に対して天皇が出御することが原則であったことを示している。これらを唐制と比較すると、大朝会―元日朝賀、朔望入朝―朔日朝参・旬日朝参、常参―尋常朝参という対応関係であったと考えられる(34)。

では、このような区分はいつから存在したのだろうか。宮衛令元日条古記には「元日夫装二五纛一有二鉦鼓一也。朔日・五位以上授聚集時無レ幡、直帯仗威儀耳」、「蕃客宴会辞見・左大臣以上任授聚集立レ幡。無二纛・鉦鼓一也」とあり、元日（朝賀）と蕃客の賜宴・左大臣以上の任官及び叙位のための聚集、そして朔日・五位以上の授位のための聚集という儀式区分が見受けられるので、上記の朝参の種別は、基本的に大宝令段階から存在したと考えられよう。C尋常朝参については『延喜式』式部省上・空座条に、

凡諸司皆先上二朝座一、後就二曹司一。不レ得下経二過他処一以闕中所職上。若無レ故空座及五位以上頻不レ参経二三日以上一者、並省推科附レ考。其節会雨泥日及正月・二月・十一月・十二月、並停二朝座一。但三月・十月旬日著之。

とあり、また儀制令文武官条集解朱説に「武官依レ文朔日朝参。但毎日居二上位一者、不レ見二正文一」とも見えることから、朝堂に朝座を持つ文官が毎日朝座に朝参する原則であったのは確実で、先述の宮衛令元日条古記に見える儀式区分が『延喜式』左近衛府条などに見える大儀・中儀・小儀の区分とほぼ対応することを考慮すれば(35)、『延喜式』の規定は八世紀以来の原則をふまえたものと見てよいだろう。そうなると、日本令が唐の常参に当たる尋常朝参を令文に規定していないことが問題となる。これについては、日本では政務に関する儀礼が令や礼ではなく『内裏式』などの儀式書に規定されたという指摘(36)が参考になると思われる。『続日本紀』文武二年（六九八）八月癸丑条には「定二朝儀礼一、語具二別式一」と見え、朔日朝参だけは全京官人が関わる朝儀として令文に

規定したものの、それ以外の朝参については、別途朝儀の細則をまとめた「式」などに規定されていた可能性が想定できるのではなかろうか(37)。

このように、日本では唐令の朝参規定を参照しつつも、朔日に官人が朝庭に列立して前月の政務報告を行うという儀礼に改変して規定した。朔日に庭に会集するという朝儀が重要視された背景には、天皇（大王）の居る殿の前庭に参り侍るという令制以前からの慣習の影響が色濃く反映されていると考えられる。

第二節　朝参制度と朝政形態

（一）朝参と朝堂政務

王宮への朝参には大きく分けて朝会と朝政のための二種類の朝参があり、朝会では朝庭に列立するのに対し、朝政は朝堂で行われる。上記の朝参の実態を明らかにするためには、朝政の内容を明らかにする必要がある。朝政は広義には天皇の聴政も含めた政治行為全般を意味するが、本節では朝堂空間における官人の政務（朝堂政務）の意味に限定して考察を進める。『延喜式』太政官・朝堂政条には「凡百官庶政皆於朝堂行之。但三月・十月旬日著之。正月・二月・十一月・十二月並在曹司行之」とあり、これは「百官庶政」の場について、四月から九月の間と三・十月の旬日は朝堂、正・二・十一・十二月は曹司で行うとする、政務の場についての総則的な規定である。朝堂には各官司の朝座が設置されており、『延喜式』式部省上・在京文官条には「凡在京文官皆就朝座。陰陽・主計・主税寮毎旬著。但神祇官及監物・中宮・大舎人・縫殿・内蔵・内匠・隼人・囚獄・織部・大膳・木工・

大炊・主殿・典薬・掃部・内膳・造酒・采女・主水・左右京職・東西市司・春宮坊并管司・修理職・勘解由使及諸武官皆無二朝座一」と規定されている。そして前節でも触れた式部省上・空座条には「凡諸司皆先上二朝座一、後就二曹司一。不レ得下経二過他処一以闕中所職上。若無レ故空座及五位以上頻不レ参経二三日以上一者、並省推科附レ考」、さらに弾正台式には「凡諸司五位以上、共率二僚下一、且就二朝座一、然後行二曹司政一。怠慢政事有レ闕、厳加二禁制一」とあることから、朝堂に朝座を持つ官人は毎日朝座について政務処理を行うことが原則で、その後各官司の曹司に赴くことになっていた。この朝堂の朝座への毎日の朝参がC尋常朝参に相当する。朝堂での政務次第については、『儀式』巻九・朝堂儀にその詳細が見える。(38)

朝堂儀

[a]朝堂座者、昌福・含章・承光・明礼・延休・含嘉・顕章・延禄等堂、皆以レ北為レ上。暉章堂、以レ中為レ上。（中略）[b]其昌福堂太政大臣、次左右大臣・大納言・中納言・参議並西面北上、少納言・弁北面東上。（中略）但勅使座、当二大臣一北面。[c]未レ撃二開門鼓一之前、〈参議已上及左右大弁・八省卿・弾正尹、開門後猶応レ就レ座。〉諸司各就レ座。（中略）開門之後、各行二常政一。[d]大納言已下、就二含章堂座一、〈西面北上、参議已上帯二諸司一者、先就二本司座一、更立就二含章堂一、其在二西方堂一者、得レ度二馳道一。〉大臣初入レ門、式部録称レ位〔唯〕一度、大納言已下共起座。（中略）北折二称一度、就レ座。訖大納言已下共居、須臾大納言先進、就二昌福堂座一。于レ時大臣喚二召使一二声、召使称唯進就レ版。大臣宣、「喚二大夫等一」。召使称唯、退就二含章堂版一、北向喚レ之。中納言已下共称唯、就二昌福堂座一。〈若大臣不レ参者、大納言当レ聴レ政。〉[e]訖左右弁官、五位已上行二立堂前一、六位已下堂西、少納言・左右弁先進、就二前版一而揖、外記・左右史後走就二後版一、並北向。〈以レ東為レ上。〉立定大臣宣「召レ之」。五位已上共称唯、次六位已下共称唯、五位已上随レ色登就レ座、訖六位已下共引就二庇案下一、北向而立。弁一人申云「司司乃申世留政申給止申」、史依レ次読申。毎二一事訖一、大臣処分。少納言・弁共先称唯、次外記并読申

史共称唯。訖六位已下先以レ次退、至二於堂後一而立。次五位已上降レ階就レ版、揖至二堂前一。立定五位已上依レ次、揖昇就レ座、六位已下共升就レ座。訖左右史一人申云「申世留政」、弁命云「任レ申」。詞云、万宇世留万爾万爾。史共称唯。右亦如レ此。[f]訖参議已上依レ次退、少納言・弁・外記・史又依レ次退出、諸司乃退。[g]若引二諸司及使一申レ政者、少納言・左右弁及省輔并使五位已上、先進就二前版一。次外記・左右史及省丞・録・使六位以下、後走就二後版一、大臣宣「召レ之」、依レ例称唯、五位以上随レ色升就レ座。六位以下依二官次一。進二庇案下一、諸司及使政畢帰却、弁官乃申二尋常政一。（後略）

右の式文は[a]から[g]の七つの内容に分けられる。まず朝堂院の各朝堂の名称とその上座の方向を定め（a）、大臣の座がある昌福堂での議政官等の座位を記す（b）。諸司は開門鼓が撃たれる以前に座につき、開門後官司ごとに「常政」を行う（c）。続いて、まず大納言以下が含章堂の座につく。その後大臣が参入し、座についたらまず大納言が、次いで中納言以下が大臣のいる昌福堂に向かう（d）。議政官が座につくと少納言と左右弁官も昌福堂に赴き[39]、弁官が官司からの上申内容を報告する旨を告げ、史が順次読申し、それに対して大臣が一事ごとに「処分」（決裁）を行う[40]。終わると今度は史が申政、大臣の決裁を承けた弁官が史に奉行を命じる（e）。終わったら参議以上・少納言以下の太政官官人・諸司の順に退出する（f）。もし諸司及び使が大臣に直接申政を行う場合は、それらの申政が終わってから弁官が「尋常政」（[e]の手順に相当）を申政する（g）。

この朝堂儀の形式は、大きく分けて二つの要素から成る。すなわち①諸司官人が各朝堂の朝座につき、それぞれ日常的な政務処理を行い、政務の内容によっては弁官の暉章堂に赴き政務を報告し決裁を受ける（＝申政）という〈諸司常政〉と、②弁官（あるいは弁官に率いられた諸司官人）が昌福堂に着座した大臣以下参議以上の議政官に諸司からの上申事項を報告、大臣が決裁するという〈公卿聴政〉である。この二段階の申政による政務は、延喜太政官式に「百官庶政」と称されるものとして捉えられる。①〈諸司常政〉が原則として毎日行われる日常的な政務処理であるのに対し、②〈公卿聴政〉が行われる日は限定されていた。このことは、以下の史料から読み取れる。

・『類聚符宣抄』第六・外記職掌・弘仁四年（八一三）正月二十八日宣旨

朔及旬日朝座政応レ申二中納言一事

右大臣《（藤原園人）》宣、身不レ堪レ上二於朝座一、因已廃レ政、於レ理不レ穏。宜下件日之政申二中納言一莫上レ欠二常例一者。

弘仁四年正月二十八日　　少外記船連湊守奉

・『類聚符宣抄』第六・外記職掌・天長三年（八二六）三月十一日宣旨

左大臣《（藤原冬嗣）》宣、朝座申レ政日、須三五位外記率二五位官史一。而令三六位外記引二五位官史一。是不便也。自今以後、朝座申レ政之時、五位外記、宜レ率二五位之史一。其大外記坂上忌寸今継、亦須下当二旬日之朝座一了《（申カ）》レ政以後乃就教授上。

天長三年三月十一日　　少外記嶋田朝臣清田奉

前者は大臣不在時の行政処分権を中納言にも認めたもの、後者は申政時の五位外記による五位官史の引率の励行を命じたものである。両宣旨の「朝座」とは朝堂の太政官の朝座を指しており、「朔及旬日朝座政」「旬日之朝座」という文言から、朝堂院での公卿聴政は朔日と旬日に行われていたことが知られる。前節での朝参の種別に示したように、朔日には天皇が出御する朝庭の朝会と、朝座に着座する朝政とが行われるが、この朔日の「朝座政」は**A—ロ．朔日朝座朝参**に対応すると考えられる。ちなみに朝堂儀には勅使座が置かれることから（b部分参照）、通常の朝堂政務に天皇の出御はなかったと見られる。[41] さらに、「朝堂儀」を構成する二つの要素のうち、

①〈諸司常政〉がＣ尋常朝参に、②〈公卿聴政〉がＡ―ロ．朔日朝座朝参及びＡ'旬日朝参に対応すると考えられ、朝参と朝堂政務については以下のような対応関係が想定される。

「百官庶政」｛公卿聴政　…　Ａ―ロ．朔日朝座朝参・Ａ'旬日朝参
諸司常政　…　Ｃ尋常朝参｝

以上のことから、平安初期における「百官庶政」（朝堂儀）とは太政官と諸司による朝堂政務を指し、その内容は〈諸司常政〉（官司ごとの政務処理と弁官への報告・決裁）と〈公卿聴政〉（弁官による諸司上申事項の報告と議政官による決裁）から成る。〈諸司常政〉は各官司の朝堂で毎日行われ、〈公卿聴政〉は太政官の朝堂で毎月朔日・旬日に行われた。延喜太政官式が三・十月は旬日のみ朝座につくと規定するのは、〈公卿聴政〉が朔・旬日に限定されていることを裏付けるものであろう。

（二）朝参と上日

朝参して朝政に参加することは官人としての職務であり、日々の朝参は上日として把握される。そこで、次に朝参と上日の把握方法との関係を考察する。官人の勤務日数を意味する上日は、令制以前からの君臣関係を象徴する普遍的概念である「仕奉」（ツカヘマツル）[42]の理念をもとに、王宮への出仕を制度化したものである[43]。よって、上日は官人の朝参状況を把握するための指標であるといえる。なかでも五位以上官人の上日は『続日本紀』大宝元年（七〇一）五月癸酉朔条に「太政官処分、王臣五位已上上日、本司月終移二式部一。然後、式部抄録、申二送太

政官二」とあるように、各官司で毎月集計されて月末に式部省に集積されることになっていた。上日が太政官に申送されるのは、天皇への奏上が前提となっているためである。[44]この五位以上上日について、『延喜式』式部省上・上日条には次のようにある。

①凡諸司毎月二日、送二五位以上前月上日一。②其参議以上及少納言並聴レ通二計内裏上日一。③皆収二置省一、不レ可二奏聞一。

まず、各官司で集計された「五位以上前月上日」は毎月二日に式部省に申送される（①）。これに関連する規定が『延喜式』式部省下・上日条の「毎月二日（正月三日）。諸司各計二五位以上前月上日一、造レ簿[45]令三主典申二送省一。（太政官上日下二符於省一。以下諸条皆放レ此。）令下専当史生抄二諸司五位以上朝座上日及巡点集会請暇等簡一、置中丞座前上。（後略）」である。これは各官司が「五位以上前月上日」を式部省に申送する際の儀式の規定であるが、この「五位以上前月上日」とは「五位以上朝座上日」とも称されている。五位以上官人のうち、太政官官人の上日は把握方法が異なっていた。『延喜式』太政官・上日条[46]には「凡毎月晦日、太政官録二参議以上上日一、少納言来月一日進奏。又録二参議以上及少納言上日一送二弁官一。弁官惣修レ符」とあり、式部省下・上日条に見える「太政官上日」とは、弁官によって式部省に申送される参議以上及び少納言の上日を指している。この太政官の参議以上の議政官と少納言の上日には、「内裏上日」を通計することが認められていた（式部省上・上日条②）。「内裏上日」とは内裏に侍候することで給される上日で、[47]「五位以上朝座上日」は本来的には天皇に奏上されるものであったが、後掲の大同四年（八〇九）正月十一日宣旨により省に留めて奏聞せず、太政官官人のうち参議以上の上日のみが天皇に奏聞される制度に改められた。この五位以上上日と朝参との関係を明らかにするためには、上記の式文と『類聚符宣抄』第十・五位已上朝参上日に載る一連の宣旨との整合的な解釈が必要となる。

i. 延暦十一年（七九二）十月二十七日宣旨
五位已上上日事
右、右大臣(藤原継縄)宣、太政官所㆑送五位已上上日、自今以後、宜㆑通㆓計内裏上日㆒。勿㆔独点㆓朝座上日㆒而已。
延暦十一年十月二十七日　即日面召㆓式部大丞藤原友人㆒宣告了。

ii. 大同四年（八〇九）正月十一日宣旨
一　五位已上朝参上日、自今以後、宜㆓式部・兵部二省依㆑例勘録㆒。即各収㆑省、更不㆓煩申㆒。（イ）
一　親王雖㆑不㆑就㆓朝座㆒、猶給㆓上日㆒。（ロ）
一　観察使已上々日、宜㆓毎月奏聞㆒。（ハ）
右大臣(藤原内麿)宣、奉　㆑勅如㆑件。
大同四年正月十一日

iii. 天長九年（八三二）三月二十一日宣旨
去大同元年十月二十九日上宣偁、「参議已上不㆑着㆓庁坐㆒、雖㆑侍㆓内裏㆒、莫㆑給㆓上日㆒」者。而頃年之間、漏㆓此宣旨㆒。依㆓去延暦十一年十月二十七日宣旨㆒、「通㆓計内裏上日㆒行之。」今被㆓大納言正三位清原卿(夏野)宣㆒偁、見㆓大同元年宣旨㆒、有㆑理㆓遵行㆒。自今以後、須㆘就㆓行事㆒侍㆗候内裏㆒随以行㆖之。唯無㆓行事㆒者、依㆓大同宣旨㆒行之。
天長九年三月二十一日　大外記嶋田朝臣清田奉

行論の都合上、iiの宣旨から見ていきたい。これは（イ）「五位已上朝参上日」を式部・兵部の二省に留めて太政官に申送しないこと、（ロ）親王には朝座につかずとも上日を給うこと、（ハ）観察使（＝参議）以上の上日は毎月奏聞することの三項から成る。このうち（イ）が式部省上・上日条③の淵源と見なせることから、『延喜式』がいう「五位以上前月上日」及び「五位以上朝座上日」はiiの宣旨中の「五位已上朝参上日」と同義である。朝座上日とは朝堂の朝座につくことで得られる上日であるが[48]、この場合の朝参は諸司五位以上官人の朝堂院への日常的な朝参すなわちC尋常朝参であり、朝堂での〈諸司常政〉に対して給付される上日である。朝堂の朝座につき政務を行うことで得られるのが朝座上日であるから、「百官庶政」すなわち〈諸司常政〉と〈公卿聴政〉の両方が行われるA—ロ．朔日朝座朝参とA'旬日朝参にも朝座上日が適用されると推定されよう。

一方、太政官官人の上日の把握方法は、諸司のそれとは異なる。i延暦十一年宣旨は太政官の五位以上官人の朝座上日と内裏上日の通計を認めた宣旨で、内容から見て式部省上・上日条②の淵源となった法令である。宣旨本文の「太政官所レ送五位已上上日」とは、太政官・上日条の「参議以上及少納言上日」に相当し、弁官で集計されて式部省に下符されるものであった（式部省下・上日条）。それに加えて、太政官・上日条に「太政官録二参議以上上日一、少納言来月一日進奏」とあることから、参議以上の議政官の上日は別途毎月天皇に奏上されることになっており、これはii大同四年宣旨の（ハ）が法的淵源となっている。従来iの宣旨は延暦十一年頃における公卿の内裏侍候の日常化を示し[49]、内裏上日の公認は朝堂院から内裏への実質的な政務の場の移行を反映するものと解釈されてきた[50]。しかし、iの宣旨がいう「五位已上上日」は太政官の参議以上と少納言の上日であることに注意する必要がある[51]。iii天長九年宣旨が引用する大同元年（八〇六）十月二十九日上宣には、参議以上は庁坐（座）につかなければ内裏に侍候しても上日は給わないとあり、天長九年宣旨によって行事のための内裏侍候は上日として把握されるが、それ以外の侍候は上日とは扱わないとされた。iの宣旨が出された背景に長岡宮における内裏と朝堂院の分離が影響したのは確かであろうが[52]、iiiの宣旨からは、参議以上には内裏侍候を上日と見なすこと

朝参		政務	上日
A　朔日朝参	イ．朔日朝庭朝参	（朔参）	「朔日見参」
	ロ．朔日朝座朝参	諸司常政＋公卿聴政	「朝座上日」
A'　旬日朝参		諸司常政＋公卿聴政	「朝座上日」
B　行事朝参		（節会・臨時聚集）	「節会見参」
C　尋常朝参		諸司常政	「朝座上日」

図1　朝参・朝政と上日との関係

を認めながらも、本来的な上日は朝座上日とする方針がうかがえる。すなわち、五位以上官人の上日の基本は朝座上日であった。

それとは別に、朝座を持たない官人の朝参も把握されていた。『延喜式』式部省上・無朝座条に「凡諸司五位已上、朝堂無レ座者、皆毎二朔日一就レ省受レ点。（散五位已上亦准レ此。）其停二朝座一月、有座無座皆就二曹司一受レ点」とあるように、毎月朔日には式部省の朝座（停朝座月は式部曹司）において「受レ点」、すなわち点呼を取られる。そして『延喜式』式部省下・朔日見参条に「毎月朔日（正月三日。）諸司摠二計見参初位以上長上番上一、造レ簿各令三主典申二送省一」(53)とあるように、六位以下の官人も含めた「朔日見参」として、その出欠が各官司から式部省に申送される規定であった。これは毎月朔日の全官人によるA—イ．朔日朝庭朝参に対応する。一方『延喜式』太政官・節会見参条には「凡諸節会五位已上見参者、未レ召二刀祢一之前、式部省書二其簿一進二太政官一」とある。節会の日には朝堂政務は行われず（式部省上・空座条）、節会への参加はB行事朝参に分類されるが、その出欠は式部省が作成する見参簿によって把握されることになっていた。太政官に提出された見参は、天皇に奏上されて御所で照合される。[54]節会等の際には、五位以上官人が朝庭に設置された版位につくことで式部省が出欠を確認した。

朝参の種別と政務と上日との対応関係はおおよそ図1のように考えられ、[55]毎日の朝堂政務で得る朝座上日が官人の上日の基本であった。ただし太政官官人の上日把握の方法は、他の五位以上官人とは異なる形式をとっており、延暦十一年の内裏上日通計許可の宣旨は、参議以上の議政官の内裏侍候の機会の増加に対応する処置であった。しかし、これは朝座を持つ五位以上官人全てが朝堂で執務しなくなったことを意味するものではない。このことは、平安初期に外記政の成立に象徴されるような太政官の内裏への吸収が顕在化するものの、それは弁官を除く狭義の太政官を中心とするものであったという指摘[56]とも呼応しよう。すなわち平安初期においても朝堂院は尋常朝参による官人の日常政務の場として機能していた。それに変化が生じる契機となったのは大同四年宣旨であり、以後五位以上官人の朝座上日が天皇に奏上されなくなったことで朝堂院への尋常朝参の重要性が低下し始める。その結果、朔日・旬日朝参のみが儀式的政務として残り、やがて「着朝座事」[57]という年中行事として定着していくものと推測される。

第三節　朝参制度の展開と天皇聴政

（一）律令制的朝参制度の成立と藤原宮

本節では、上述した朝参・朝政の形成過程と、それに付随する天皇聴政との関係について、朝参・朝政の舞台となった各宮室の朝堂区画の利用形態と対照させて考えていきたい。第一節で確認したように、朝参・朝政・上日が制度的に結び付いて機能し始めたのは天武・持統朝であった。天武紀には元日（もしくは二日・三日）に群臣百寮が拝朝した記事が散見し、[58]正月七日や十七日などには群臣が朝庭での宴や射礼に参加したことが見える。[59]また「不二告朔一」という文言も確認されることから、[60]朔日と行事のある日には宮に朝参する規則であったことがうかがえる。朝政については、天武十二年（六八三）二月己未朔条に「大津皇子、始聴二朝政一」とあるが、その形式など実態は不明である。朝堂の語は持統四年（六九〇）七月甲申・己丑条に見えるが、現在までのところ飛鳥浄御原宮に朝堂遺構は確認されておらず、後の宮室に見られる形式の朝堂は想定し難いとされる。[61]そもそも飛鳥浄御原宮の段階では、朝廷に出仕する氏族の多くは自身の本拠地に居住し必要に応じて宮に参上したのであり、彼らを宮から一定の範囲内に集住させ、定期的に朝参させることで「官人」として組織することが可能になったのは、藤原宮においてであった。[62]これらのことから、律令官人勤務制度としての朝参は、藤原宮の成立とほぼ同時に成立したものと考えられる。

持統八年に遷居した藤原宮には宮室中央に大極殿、その南方の朝庭に一二の朝堂が置かれた。この朝堂区画は前期難波宮の基本プランを基に、飛鳥浄御原宮での政治機構と儀礼の整備を受けて形成された。[63]藤原宮大極殿は元日朝賀・即位・授位・任官等に使用され、[64]朝堂は群臣・外国使節を饗する場として登場する。[65]これらの儀式に加えて、正月七日・十六日の節日の宴会が朝堂で催されていることから、[66]行事朝参が行われていたことが知られる。さらに、『続日本紀』慶雲四年（七〇七）五月己亥条に「兵部省、始録二五衛府五位以上朝参及上日一、申二送太政官一」とあるのが注目される。これは第二節で挙げた五位以上上日を式部省が抄録して太政官に申送するという大宝元年の太政官処分を改め、武官の考選関係については兵部省が担当することを規定したものである。朝参と上日とが別々に把握されるのは、武官は朝堂に朝座を持たないので、尋常の上日は本司で得るが、節会等の際には朝堂に朝参するためである。このことは、官人の勤務評定資料として朔日朝参と本司への上番とが別個に把握されていたことを示している。

藤原宮の朝堂は瓦葺礎石建物で、東第一堂が四面庇の入母屋造あるいは寄棟造であるのに対し、第二堂以下は二面庇の切妻造であったことが発掘調査により判明しており、この第一堂の隔絶性は、この堂が大臣の聴政場所であることを反映したものであるという(67)。しからば、藤原宮の朝堂区画が完成した大宝三年以後(68)朝堂での政務が行われ始めたと推定され、朝政の前提としての尋常朝参の存在が想定される。ただし、『続日本紀』慶雲四年十二月辛卯条に「詔曰、凡為レ政之道、以レ礼為レ先。無レ礼言乱。言乱失レ旨。往年有レ詔、停二跪伏之礼一。今聞、内外庁前、皆不二厳粛一。進退無レ礼、陳答失レ度。斯則所在官司不レ恪二其次一。自忘二礼節一之所レ致也。宜下自今以後厳加二糺弾一、革二其弊俗一、使上靡二淳風一」とあるように、朝堂での朝儀と政務の形態は、前代の制から律令制に基づく新たなものへと転換しようとする過渡的な状況にあった(69)。

(二) 平城宮の二つの朝堂と朝参

続いて和銅三年(七一〇)に遷都した平城宮には、中枢部に中央区と東区という二つの朝堂区画が並立する(70)。その空間構造は八世紀半ばの恭仁京遷都を境に大きく変化するため、和銅三年から恭仁京遷都の天平十二年(七四〇)までを平城宮前半期、紫香楽宮・難波宮への遷居を経て平城に還都する天平十七年(七四五)から長岡京に遷都する延暦三年(七八四)までを平城宮後半期として各々復原されている(図2参照)。前半期の中央区には朱雀門の北に礎石建の朝堂と大極殿院が配され、官人は大極殿前の朝庭に列立あるいは東西に設けられた四堂の朝堂

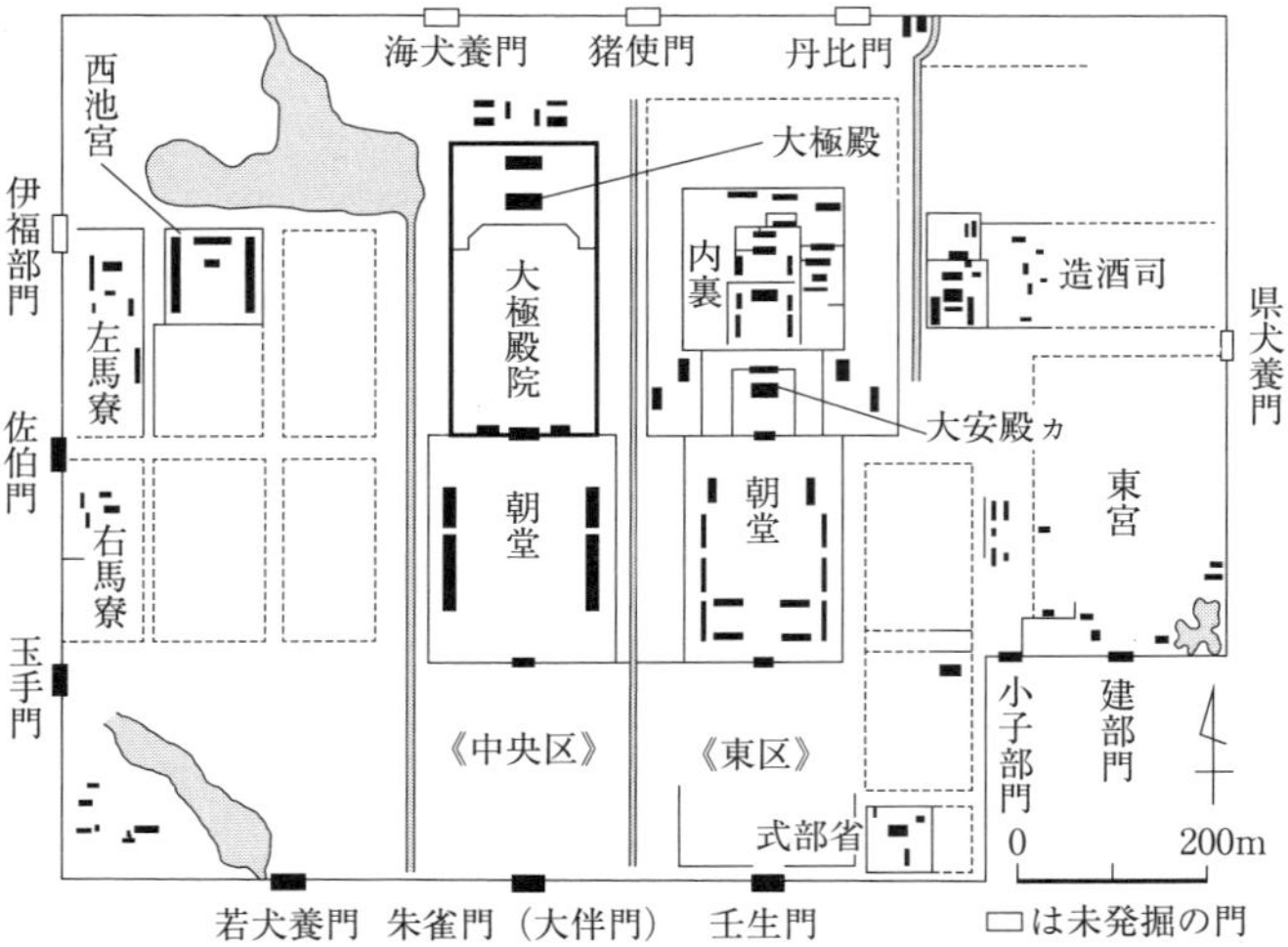

奈良時代前半の平城京

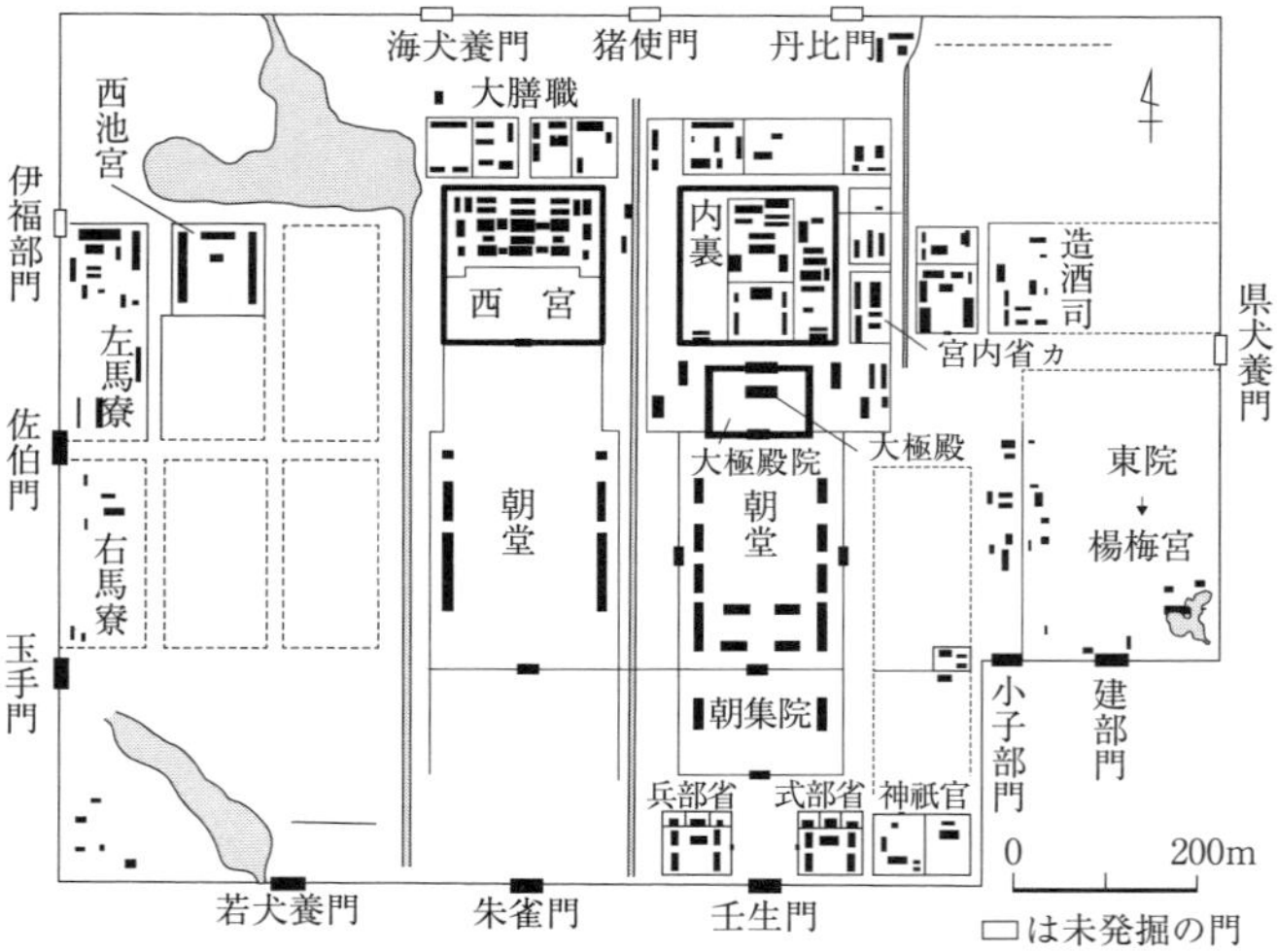

奈良時代後半の平城京

図２　平城宮の構造
（渡辺晃宏『日本の歴史四　平城京と木簡の世紀』講談社　2001年をもとに作成・加筆）

に位階順に着座した[71]。壬生門の北の東区には掘立柱の朝堂と東区下層正殿（大安殿カ）[72]が並び、その北に内裏が存在した。東区の一二堂の朝堂では官人は官司ごとに設けられた朝座に着座した。この二つの朝堂への朝参について、『続日本紀』霊亀元年（七一五）正月甲申朔条を見てみると、「天皇（元明）御二大極殿一受レ朝。皇太子（首）始加二礼服一拝朝。陸奥・出羽蝦夷并南嶋奄美・夜久・度感・信覚・球美等来朝各貢二方物一。其儀、朱雀門左右、陣二列鼓吹・騎兵一」と見え、「朱雀門左右…」とあることから、元日朝賀には中央区一帯が使用された。また天平四年（七三二）正月乙巳朔条に「御二大極殿一受レ朝。天皇（聖武）始服二冕服一」とあるので、礼服や冕服といった中国礼制に基づく服制を取り入れた律令制的な朝儀には中央区の大極殿・朝堂区画が使用されており、朔日朝庭朝参のうち元日朝賀が中央区で行われていたことが明らかとなる。加えて、天平九年六月甲辰朔条の「廃レ朝。以二百官官人患レ疾也」は、儀制令文武官条に規定された元日以外の朔日朝参が行われていたことを示している。

一方、神亀元年（七二四）十一月辛巳条に聖武天皇の大嘗会の際「宴二五位已上於朝堂一」とあり、大嘗祭自体が東区朝庭で行われたため[73]、宴が行われたのは東区の朝堂であろう。また、正月の元日・七日・十六日の各節会は「中宮」で行われる事例が多い[74]。「中宮」とは内裏と東区下層正殿を含む内裏外郭全域を指すと推定されるため[75]、節会に参加する官人は東区朝堂に会集したものと思われる。このことから、天皇と官人との節日の饗宴—行事朝参が主として東区で行われていたことがわかる。また養老五年（七二一）正月庚午に、従五位上佐為王以下一六名等に対して「退朝之後、令レ侍二東宮一焉」という詔が出されたが、これは公式令京官上下条の規定（「凡京官、皆開門前上、閉門後下。外官、日出上、午後下。務繁者、量レ事而還。宿衛官、不レ在二此例一」）に則り、朝堂で執務して退朝鼓が打たれた後に東宮に侍候することを命じたものと思われ[76]、これにより、尋常朝参が行われていたことが判明する。尋常朝参では官人は各官司の朝座につくから、参上するのは官司ごとの朝座が置かれた東区となる。これに関連する史料として、和銅六年（七一三）十一月十六日官宣[77]がある。

親王・太政大臣出二入朝堂一者、式部告二知下座之事一。其左右大臣動レ座、五位以上降二立床下一、余跪二座下一。就レ座及出レ門訖、倶復レ座。

これは朝堂に出入りする際の作法についての規定である。中央区の大極殿と朝堂区画は、和銅三年の年紀を持つ荷札木簡が大極殿院南面回廊の基壇下の整地土から出土したことから、遷都当初には未完成で、その完成は霊亀元年（七一五）頃と見られるため[78]、史料中の「朝堂」は東区の朝堂を指していることになる。すなわち、平城宮造営当初から朝堂政務は東区の朝堂区画で行われていたことが確かめられる。八世紀の政務方式については、『令集解』職員令太政官条古記の「大外記、於二太政官庁一申レ事之時、列二於弁官大史及諸省丞等上一、（後略）」により、古記が成立した天平年間には太政官の朝堂において後の外記政・官政における弁官の中文・三省の申政と同様の公卿聴政が行われていたことが指摘されている[79]。この和銅六年官宣は朝堂における礼法に関するもので、政務方式について直接言及したものではないが、親王・太政大臣の朝堂入堂の際の作法は〈諸司常政〉後の〈公卿聴政〉のためのものと推察される。また、この規定内容は後に弘仁十年（八一九）の改定を経て『延喜式』式部省上・朝座礼儀条に継承されることを考慮すれば[80]、前節で考察した平安期の朝堂儀の原型の形成は、和銅年間まで遡る可能性がある[81]。加えて、藤原行成撰『新撰年中行事』上・四月の同日（朔日）着朝座事に見える以下の記事に注目したい[82]。

官曹事類云、和銅七年十一月一日、制、告朔之日、五位以上陪二従御前一、宜レ入二朝参一。自余之徒、勿レ入二参例一。

これは『続日本紀』の編纂材料とされた「官曹事類」の逸文で、『延喜式』式部省上・告朔日条「凡告朔日、陪従五位以上、預二朝参之例一」の淵源となっている[83]。この告朔日の朝参は朔日朝庭朝参（視告朔）と対応するものである。告朔の場所については、大宝元年正月戊寅条に「天皇（文武）御二大安殿一、受二祥瑞一、如二告朔儀一」という記事があり、この場合の大安殿は藤原宮のものだが、平城宮でも同様に大安殿で行われたと考えると、儀式の場は東区朝堂となる。これらの和銅年間における一連の規定の存在から、前節で示した朝参・朝政の制度は、藤原宮における朝儀・朝政の基礎的整備をもとに、平城宮初期の和銅年間を第一の画期としてその基本形式が成立したと考えられる。

　では第二の画期はいつか。結論から言えば、それは聖武即位後の天平期前半に求められる。なぜなら、上記の考察によれば元日朝賀と外国使節・夷狄参列の節会は中央区朝堂、それ以外の朝参は東区朝堂であったが、天平期を境に朝参の場は東区に集約されると考えられるからである[84]。大極殿を使用する儀式の場と政務の場が宮室の構造上完全に一元化されるのは、厳密には大極殿が東区に再建された後だが、東区の改作自体は神亀年間にすでに始まっていた。東区朝堂が掘立柱建物から礎石建物となるのは平城還都後であるが、朝堂に葺かれた軒瓦は七四〇年以前に造瓦されており、神亀元年（七二四）頃には東区朝堂の南方に付属する朝集院の築地塀の工事が進められ、天平前半期には朝集院の南に式部省と兵部省が全棟礎石建物で建造されたと見られている[85]。式部省の建て替えは、式部曹司における考問等の儀式の成立と連動するものであり[86]、この二省の儀式空間の整備は、前節で挙げた『延喜式』に見える朝座停止月や無朝座官人の受点、あるいは朔日見参・諸司五位以上上日奏上の儀式の成立とも密接に関係すると思われる。

　これをふまえた上で、天平前半期の朝参を見てみると、天平五年（七三三）正月庚子朔条に「天皇（聖武）御二中宮一宴二侍臣一。自余五位已上者、賜二饗於朝堂一」とあり、同様の記事が天平年間に続けて現れることが注目される[87]。これらはいずれも東区で行事朝参が行われた例として解釈できるものだが、天皇と侍臣とが「中宮」―内裏正殿を中心とする区画で宴を行っているのに対し、自余の五位以上は朝堂で饗を賜っており、この時朝堂に天皇の出御はなかったと解される。このことは、五位以上官人は節日に天皇の出御がなくても朝堂に朝参するというシステムが確立していることを示していよう。弘仁式部省式から復原される九世紀における諸司の政務構造が八世紀中葉に遡るものであるのと同様に[88]、九世紀初頭の朝参及び朝政の基本的構造は、和銅年間から天平前半期にかけて本格的に整備されたと見なし得るのである[89]。

その後天平十二年（七四〇）十二月、にわかに恭仁京への遷都が敢行され、平城宮中央区に建設された大極殿は恭仁宮に移建される。五年後に平城宮に還都した際、大極殿は元の位置ではなく東区の内裏南方に再建され、二つの朝堂区画の一元化が図られた。この空間構造の変化は、実質的な政務処理の場が内裏に移行されたことによる朝堂の政務機能の低下を示すものであるといわれる[90]。確かに、式部曹司庁の成立に代表される諸司の曹司の拡充という傾向はうかがえるが、上記の考察によれば、そもそも八世紀前半から尋常朝参の場は東区朝堂であり、朝堂で公卿聴政を行う機会も限定されていたのであるから、朝堂政務の衰退という解釈には再考の余地があると思われる。すなわち、還都後の平城宮で朝参場所が東区に一元化されたことの背景には、和銅～天平年間にかけての朝参・朝政制度の整備を想定するべきであろう。平城宮後半期に東区に大極殿院が移建されたことにより、朔日朝参（朝賀・告朔・朝政）・行事朝参・尋常朝参の全てを行い得る政務・儀礼空間が誕生したのであり、ここに朝参制度の一つの到達点を見出すことができる。その後、上日奏上方法の改定によって朝堂政務の意義に変化が生じるまで、朝堂は〈諸司常政〉―尋常朝参の場として機能し続けたと考えられる。

（三）朝参制度から見た天皇聴政

上述した朝参・朝政の制度からは、どのような天皇聴政のあり方が考えられるだろうか。まず朝参の種別と天皇の出御との関係を考えると、朝参のうち最も重要なものは朔日朝参である。これは天皇への政務報告を伴うものであり、天皇の出御が前提となっている。また朔日及び旬日に官人が朝座について行う朝堂政務についても、それを天皇が視ることが原則であったと思われる。ただし平安初期の朝堂儀では勅使座が置かれることから、九世紀には朝堂院の朝政への出御はなくなっていた。行事朝参は節会を中心とするもので、節会は天皇と五位以上官人とが支配者層としての君臣関係を醸成・維持するという機能を持つことから[91]、出御が原則であった。では尋常朝参はどうであったか。唐代前半期において百官は毎日両儀殿に朝参するが皇帝は基本的に朔望日以外出御しなかったように[92]、日本でも毎日の朝参に対する天皇の出御はなく、尋常朝参は出御の有無に関わらず官人がそれぞれの官司の日常の政務を処理し、朝座上日を得るために行われていたと考えられる。

このような五位以上官人の朝参・上日のあり方は八世紀前半まで遡ると考えられるから、天皇が大極殿ないし大安殿といった殿舎に出御して官人と相対する機会は、基本的に朔日と旬日に限られていたことになる。朝堂の使用形態を見ても、朝政の場は平城宮遷都当初から東区朝堂であり、中央区朝堂の使用機会はごく限られていたから、奈良時代に天皇は毎日大極殿に出御して政務を視ていたとする説は成立し難い[93]。また、従来長岡宮における内裏の移転を画期として天皇聴政と臣下の朝参とが制度的に分離したとされていたが[94]、上記の考察によれば八世紀前半にすでに朝参は天皇聴政を前提とせず、上日と関係する宮廷出仕のシステムとして確立していた可能性が高い。よって、天皇の実質的な政務の場は一貫して内裏であり[95]、内裏正殿を中心とする空間において天皇と議政官による政務が行われていたと考えられる。(96) このように、天皇の内裏における聴政と大極殿への出御とは別個の事象と捉えるべきであり、『日本三代実録』貞観十三年（八七一）二月十四日庚寅条の「天皇（清和）御二紫宸殿一視レ事。承和以往、皇帝毎日御二紫宸殿一視二政事一。仁寿以降、絶無二此儀一。是日、帝初聴レ政。当時慶レ之」は、天皇の内裏での政務が毎日行われるのが原則であったことを示すものと解釈できよう。

小結

古代の朝参制度は、臣下が早朝宮に参上して天皇（大王）に拝礼することに始まり、七世紀以降の官人制の導入と連動して段階的に整備され、律令制的な朝参制度は藤原宮における大極殿・朝堂という儀礼空間の建設とともにその基礎的な枠組みが成立した。朝参の本質は毎朝天皇の居所の前庭に参り侍ることであり、儀制令における朔日朝参の規定はこの本質を受け継ぐものであるが、律令制に基づく官僚制の浸透とともに、天皇の出御と切り離された上日の制度として変化していった。

唐の朝会・朝参制度と類似した構造を持つ平安初期の朝参・朝政の形式は平城宮前半期において本格的に運用され始めた。平城還都後に大極殿が東区に移建されて朝参の場が一元化されたことの背景には、天皇の出御を前提としない朝参・上日のシステムの確立があった。八世紀後半には、曹司の拡充や公卿の内裏侍候といった新たな傾向が見出せるものの、朝堂区画は長岡宮段階まで五位以上官人の尋常朝参の場として機能しており、太政官を中心とする政務体系の質的転換は、五位以上官人の朝座上日が奏上されなくなった初期平安宮に求められる。

このように、律令制の初期から朝堂での政務は太政官を筆頭に朝堂に朝座を有する官人によって運営されるものであり、天皇は基本的に朔日・旬日と節会等の儀式に出御し、象徴的に政を視る存在であった。このことは、日本では中国と異なり広範な官人層が一堂に介して国政を審議する機会をほとんど設けず[97]、実質的な政策決定が一貫して内裏において行われていたことを反映しているものと思われる。このような政務形態は、一見政策審議の主体が太政官にあったことを示すように思われるが、太政官官人は上日の奏上を以て天皇にその出仕を直接的に把握される存在であった。五位以上官人の朝座上日の奏上が停止され、律令制的な上日制度が解体するとされる九世紀以降[98]にも太政官官人の上日が天皇に奏上され[99]、官司・官僚機構の再編を経た十世紀以降にも蔵人や殿上人の日給が厳密に行われていたことは[100]、天皇と官人との関係性において上日の奏上による仕奉の把握が重要性を持ち続けていたことを意味する。これらのことから、天皇は支配者集団の政治的結集核[101]として政務を総攬する存在であり、官人の朝参を計量化したものである上日を奏上させることによって議政官組織を牽制するという形での相互統制が行われていたと考えられる。

〈注〉

（1）関晃「大化改新と天皇権力」、同「大化前後の天皇権力について」（『関晃著作集　第二巻　大化改新の研究　下』吉川弘文館　一九九六年、初出一九五九年）。

（2）土田直鎮「上卿について」（『奈良平安時代史研究』吉川弘文館　一九九二年、初出一九六二年）、同「平安時代の政務と儀式」（前掲書、初出一九七四年）。

（3）先行研究については順次掲出するが、吉川真司氏による律令官僚制研究が現時点での古代政治制度史研究の到達点であるといえよう。吉川氏は「政治の形式」（政治手続・政治空間・政治表象）の具体的な把握によって律令官僚制・官司制と古代政治の特質を理解するという方法論を打ち立てた（吉川真司『律令官僚制の研究』塙書房　一九九八年）。本書も基本的にこの視角を継承するものである。

(4) 代表的なものとして、橋本義彦「貴族政権の政治構造」（『平安貴族』平凡社　一九八六年、初出一九七六年）、曾我良成「太政官政務の処理手続―庁申文、南所申文、陣申文―」（『王朝国家政務の研究』吉川弘文館　二〇一二年、初出一九八七年）など。

(5) 井上亘「朝賀行幸論」（『日本古代朝政の研究』吉川弘文館　一九九八年）。

(6) 朝政に関する先行研究については、西本昌弘「古代国家の政務と儀式」（『日本古代の王宮と儀礼』塙書房　二〇〇八年、初出二〇〇四年）参照。

(7) 岸俊男「朝堂の初歩的考察」（『日本古代宮都の研究』岩波書店　一九八八年、初出一九七五年）。

(8) 橋本注(4)前掲論文。

(9) 橋本義則「「外記政」の成立」（『平安宮成立史の研究』塙書房　一九九五年、初出一九八一年）。

(10) 古瀬奈津子「宮の構造と政務運営法―内裏・朝堂院分離に関する一考察―」（『日本古代の王権と儀式』吉川弘文館　一九九八年、初出一九八四年）。

(11) 『爾雅注疏』釈言の「陪朝也」の疏に「臣見レ君曰レ朝」とある（『十三経注疏』北京大学出版社　二〇〇〇年）。

(12) 日本思想大系『律令』新装版（岩波書店　一九七六年）の公式令京官上下条の補注による（早川庄八氏執筆）。

(13) 『日本書紀』推古十八年十月丁酉条。岸注(7)前掲論文参照。

(14) 鬼頭清明「日本における朝堂院の成立」（『古代木簡と都城の研究』塙書房　二〇〇〇年、初出一九八四年）。

(15) 林部均『飛鳥の宮と藤原京―よみがえる古代王宮』（吉川弘文館　二〇〇八年）、奈良県立橿原考古学研究所『飛鳥京跡Ⅲ―内郭中枢の調査(1)―』（奈良県立橿原考古学研究所調査報告第一〇二冊　二〇〇八年）。

(16) 拙稿「飛鳥浄御原宮における儀礼空間の復原的考察」（『文学研究論集』二八　二〇〇八年、本書第一部第一章）。

(17) 青木和夫「浄御原宮令と古代官僚制」（『日本律令国家論攷』岩波書店　一九九二年、初出一九五四年）。

(18) 野村忠夫「天武・持統朝の官人法―考選法の整備過程を中心に―」（『律令官人制の研究　増訂版』吉川弘文館　一九七〇

年、初出一九六五年）。

(19)　藤原宮大極殿院中央北半の南北大溝から（表）「甲申年〔天武十三年〕七月三日　□〔部カ〕□□」／（裏）「日仕　甘於連［　］「仕日二百□〔卅カ〕日□［　］／「夜五十五」と記す木簡が出土しており、これらは大極殿の北回廊造営以前に大溝に投棄されたものであるため、大宝令施行以前の浄御原令制下においてすでに官人の出勤日を厳密に把握することが行われていたことがうかがえる（奈良国立文化財研究所編・刊『藤原宮木簡二』一九八一年）。

(20)　ただし、後述するように支配機構が皇子宮等に分散している段階では、朝参の頻度は実態として毎日であったとは考えにくいが（仁藤敦史「小墾田宮と浄御原宮」『古代文化』五一―三　一九九九年）、天武紀に見える告朔停止の記事から、少なくとも毎月朔日には会集していたと考えられる。

(21)　大宝令の復原には、仁井田陞著・池田温編『唐令拾遺補』（東京大学出版会　一九九七年）を参照した。

(22)　条文の復原は、仁井田陞『唐令拾遺』（東京大学出版会　一九六四年）及び仁井田著・池田編注(21)前掲書による。

(23)　日本令に望日が含まれなかったのは、唐では望日は十五日であったのに対し、日本では十六日とされていたこと（『内裏式』上巻に載せる正月十六日踏歌の日の宣に「正月望日乃豊楽聞食須日爾…」とある）に関係しよう（丸山裕美子「仮寧令と節日―律令官人の休暇―」『日本古代の医療制度』名著刊行会　一九九八年、初出一九九二年）。十六日は旬日に当たるため、後述の旬日朝参に組み込まれたものと考えられる。

(24)　岸注(7)前掲論文、吉田歓「旬儀の成立と展開」（『日中宮城の比較研究』吉川弘文館　二〇〇二年、初出一九九六年）。西本注(6)前掲論文は旬政の成立に関して朔望朝参制度の影響を指摘するが、日本の朝参制度の具体的内容は検討されていない。

(25)　渡辺信一郎『天空の玉座―中国古代帝国の朝政と儀礼―』（柏書房　一九九六年）。

(26)　松本保宣「唐代の正殿奏事―対仗奏事と仗下奏事―」（『唐王朝の宮城と御前会議―唐代聴政の展開―』晃洋書房　二〇〇六年、初出一九九四年）。

(27)　松本保宣「唐代前半期の常朝―太極宮を中心として―」（『東洋史研究』六五―二　二〇〇六年）。

(28) 大隅清陽「唐の礼制と日本」(『律令官制と礼秩序の研究』吉川弘文館　二〇一一年、初出一九九二年)。
(29) 注(16)拙稿。
(30) この条文が載る『令集解』巻三十五はいわゆる「異質令集解」に当たるため、古記による大宝令の復原はできないが、『日本書紀』持統四年六月庚午条に「尽召二有位一者、唱二知位次与一年歯一」とあることから、大宝令での存在が推定される（黛弘道「律令官人の序列―「公式令」朝参行立条の成立―」『律令国家成立史の研究』吉川弘文館　一九八二年、初出一九六二年)。
(31) 「会集等日」の解釈・意義については、寺崎保広「「会集の日」小考―武官の衣服と儀式―」(『奈良史学』二〇　二〇〇二年）参照。
(32) 岸注(7)前掲論文。
(33) 儀制令文官条義解「朝者朝会也」、後宮職員令縫司条穴記「元日朔日朝会」、同朱説所引古答「朝会、謂節日等也」。
(34) 田畑豪一「七・八世紀における朔日朝参と官人秩序」(『続日本紀研究』三九〇　二〇一一年）は、大朝会・朔望入朝・常参に加えて唐儀制令復旧五条における諸県令・学生等の朝参を「季朝参」として立項できるとする。日本の場合、毎季＝孟月の朝参は朔日朝参に含まれると推定される。
(35) 寺崎保広「平城宮大極殿の検討」(『古代日本の都城と木簡』吉川弘文館　二〇〇六年、初出一九九三年)。
(36) 神谷正昌「『内裏式』と弘仁期の儀式」(『國學院大學大學院紀要』二一　一九八九年)。
(37) 唐儀制令文武官条は、『唐令拾遺』は日本令と同じく車駕巡行条の後（五条）に復原するが、『開元礼』序礼及び『六典』に見える条文配列から見て車駕巡行条より前（四条）に置かれるべきで、それは唐令では朝参を君臣関係の要項として君主以下の称謂（一〜三条）の次に置いたためであるという（池田温「唐令と日本令―〈唐令拾遺補〉編纂によせて―」池田温編『中国礼法と日本律令制』東方書店　一九九二年)。日本令が当該条文を車駕巡行条の後に配列し、且つ唐令では当該条文の次条に設けられていた朔望朝参時の官人の服についての規定（「諸文武官九品以上、応二朔望朝参一者、十月一日以後二月二十日以前、並服二袴褶一。五品以上者、著二珂繖一。周喪未練、大功未葬、非二供奉一、及諸宿衛官、皆聴レ不レ赴」）を採用しなかったことは、日本令では当該条文を朝参の全般的な規定というよりは、告朔という朝儀に重点を置いた条文として位置付けていたことを意味するのではないかと考えられる。

(38)　朝堂儀の解釈については、橋本義則「朝政・朝儀の展開」(注(9)前掲書、初出一九八六年)及び井上亘「参議朝政考」(注(5)前掲書)がある。

(39)　延喜式部上式・朝政条は本式文のb・d・e・fと同内容を規定するが、これによるとe「訖左右弁官」の下に「了政」の二字が入る。政務の時系列から推測するに、この「政」とは弁官らが大臣への申政準備のために行っていた、後世の「結政」に相当するものであろう。

(40)　この部分は延喜太政官式・庶務条の「凡内外諸司所㆑申庶務、弁官惣勘㆓申太政官㆒」に対応する。

(41)　橋本注(38)前掲論文。

(42)　吉村武彦「仕奉と貢納」(『日本古代の社会と国家』岩波書店　一九九六年、初出一九八六年を再編)。

(43)　大隅清陽「律令官人制と君臣関係―王権の論理・官人の論理―」(注(28)前掲書、初出一九九六年)。

(44)　新日本古典文学大系『続日本紀』一の当該条補注(早川庄八氏執筆)。

(45)　弘仁式では「簿」の下に「訖」の字が入る(弘仁式部式下断巻)。虎尾俊哉編『弘仁式貞観式逸文集成』(国書刊行会　一九九二年)参照。

(46)　本条の弘仁式逸文は『小野宮年中行事』(正月)所引のものと『年中行事秘抄』及び『師光年中行事』所引のものとで少納言による上日進奏日が異なっており、式文の復原には注意を要するが、いずれにせよ参議以上の上日が奏上されていたことは確かめられる。虎尾注(45)前掲書参照。

(47)　橋本注(9)前掲論文。

(48)　橋本注(9)前掲論文。

(49)　橋本注(9)前掲論文。

(50)　古瀬注(10)前掲論文。

(51)　訳註日本史料『延喜式』中（集英社　二〇〇七年）の補注（一一二〇頁、虎尾達哉氏執筆）にも指摘がある。

(52)　近年の発掘調査の成果によれば、長岡宮の第一次内裏は朝堂院の北方ではなく西側に置かれたようであり、朝堂院と切り離された内裏への議政官の日常的な侍候は、遷都当初から始まっていた可能性も考えられる。國下多美樹「長岡宮城と二つの内裏」（『長岡京の歴史考古学研究』吉川弘文館　二〇一三年、初出二〇〇七年を改稿）、梅本康広「長岡京」（西山良平・鈴木久男編『古代の都3　恒久の都平安京』吉川弘文館　二〇一〇年）、向日市埋蔵文化財センター『長岡宮推定「西宮」』（向日市埋蔵文化財調査報告書第九一集　二〇一一年）参照。

(53)　弘仁式には「省」の字無し（虎尾注(45)前掲書）。

(54)　山下信一郎「『延喜式』からみた節会と節禄―「賜」の考察―」（『日本古代の国家と給与制』吉川弘文館　二〇一二年、初出一九九四年）。

(55)　ここで対象とするのは、基本的には朝堂に朝座を持つ五位以上官人についてである。例えば『儀式』によると元日朝賀の出欠確認を行う際、五位以上は式部省史生によって「唱計」され、名を把握される存在であったのに対し、六位以下の官人はその名ではなく員数で把握される存在であったことが指摘されているように（虎尾達哉「律令官人社会における二つの秩序」補考」栄原永遠男・西山良平・吉川真司編『律令国家史論集』塙書房　二〇一〇年）、六位以下は上日の把握方法が根本的に異なっていたと思われるため、別途検討する必要がある。

(56)　大隅清陽「弁官の変質と律令太政官制」（注(28)前掲書、初出一九九一年）。

(57)　『九条年中行事』四月の項には「朔日着朝座事　自㆓是日㆒迄（ママ）㆓八月㆒毎月着。若天子御㆓朝堂㆒之時、各云㆓告朔㆒。」とある。

(58)　天武四年正月丁未条・同五年正月庚子朔条など。

(59)　天武四年正月壬子条及び壬戌条・同六年正月庚辰条など。

(60)　天武五年九月丙寅朔条・同六年五月壬戌朔条など。

(61)　林部注(15)前掲書。

(62)　舘野和己「天武天皇の都城構想」（栄原・西山・吉川編注(55)前掲書）。

(63) 林部均「藤原宮の成立」(『古代宮都形成過程の研究』青木書店　二〇〇一年、初出一九九八年)。朝参の場としての朝堂の成立過程を考えるにあたっては、前期難波宮の朝庭・朝堂の評価が問題となる。第一節に挙げた大化三年是歳条で朝参についての制が規定されたのは小郡宮であること、難波長柄豊碕宮の完成後も孝徳天皇は元日朝賀を終えると大郡宮に還御していること(白雉三年正月己未朔条)などから見ると、豊碕宮の遺構とされる前期難波宮の朝堂区画は国家大儀としての元日朝賀や外交儀礼を行うことを主目的とした施設であり、日常的な朝参・朝政の場としての機能を持つに至ってはいなかったと推測される。西本昌弘「元日朝賀の成立と孝徳朝難波宮」(注(6)前掲書、初出一九九八年)及び仁藤敦史『都はなぜ移るのか―遷都の古代史』(吉川弘文館　二〇一一年)参照。

(64) 大宝元年正月乙亥朔条・慶雲二年四月辛未条・慶雲四年二月甲午条・同七月壬子条(元明即位前紀)。

(65) 慶雲二年正月丙申条・和銅二年五月壬午条。

(66) 大宝元年正月庚寅条・慶雲三年正月壬午条。節日についての規定は浄御原令段階で創出され、大宝令に引き継がれたと見られる(丸山裕美子「律令国家と仮寧制度―令と礼の継受をめぐって」大津透編『日唐律令比較研究の新段階』山川出版社　二〇〇八年)。また、天聖仮寧令における関連条文の存在から、唐令では節日休暇の規定が仮寧令に規定されていたことが明らかとなった(中村裕一『中国古代の年中行事　第二冊　夏』汲古書院　二〇〇九年)。日本令で雑令に節日条を置いたことは、節日の饗宴への出席が官人の勤務として扱われていたことを示している。

(67) 市大樹「藤原宮の構造・展開と木簡」(『飛鳥藤原木簡の研究』塙書房　二〇一〇年)。

(68) 市注(67)前掲論文。

(69) 山元章代「古代日本の朝堂と朝政・朝参」(『ヒストリア』二二一　二〇一〇年)は藤原宮朝堂では臣下による自律的な朝政が行われていたとするが、以下の本文に述べるように、『延喜式』に連なる朝政形態の確立は、平城宮期まで下るものと考える。

(70) 平城宮の構造に関する知見は、小澤毅『日本古代宮都構造の研究』(青木書店　二〇〇三年)、渡辺晃宏『平城京一三〇〇年「全検証」奈良の都を木簡からよみ解く』(柏書房　二〇一〇年)及び奈良文化財研究所編『図説平城京事典』(柊風社二〇一〇年）による。

(71) 平城宮の二つの朝堂は、即位・朝賀・饗宴は中央区、告朔・宣命・朝政は東区というように機能を分担していたとされる（今泉隆雄「平城宮大極殿朝堂考」『古代宮都の研究』吉川弘文館　一九九三年、初出一九八〇年、同「平城宮大極殿朝堂再論」前掲書、初出一九八九年）。近年では、朝堂の本質は五位以上官人の侍候空間とする説がある（吉川真司「王宮と官人社会」上原真人他編『列島の古代史3　社会集団と政治組織』岩波書店　二〇〇五年、及び同『天皇の歴史2　聖武天皇と仏都平城京』講談社　二〇一一年）。

(72) 寺崎注(35)前掲論文は、東区下層正殿を大安殿に比定する。

(73) 東区朝庭からは五時期の大嘗宮遺構が検出されており、その第二期遺構が聖武の大嘗宮に相当すると推定されている（奈良文化財研究所編注(70)前掲書参照）。

(74) 養老七年正月壬午条・神亀元年正月戊辰条・天平元年正月壬辰朔条など。

(75) 寺崎注(35)前掲論文。

(76) この記事は、文芸学術の才のある者を皇太子首皇子（聖武）の教育のために近侍させることを命じたものである（新日本古典文学大系『続日本紀』二、当該条脚注）。首親王の居所である東宮は、平城宮の東の張出部分にあったとされる。

(77) 『日本三代実録』元慶八年（八八四）五月二十九日条所引。

(78) 渡辺晃宏「平城宮第一次大極殿の成立」（『奈良文化財研究所紀要二〇〇三』二〇〇三年）及び渡辺注(70)前掲書。

(79) 橋本注(9)前掲論文。

(80) この礼法の変遷については、岸注(7)前掲論文及び橋本注(38)前掲論文参照。

(81) 政務処理に関して、律令制の初期から大臣以上が決裁する案件と大中納言の決裁で済まされる案件とが区別されていたとする説がある（坂上康俊「符・官符・政務処理」池田温編『日中律令制の諸相』東方書店　二〇〇二年）。このような公卿聴政の形式が整えられた背景には、朝参制度の整備によって〈諸司常政〉と〈公卿聴政〉という段階的政務処理体系が八世紀中葉までに確立されていたことと関係するのではなかろうか。

(82) 史料の引用は、西本昌弘編『新撰年中行事』（八木書店　二〇一〇年）による。

(83) 西本昌弘「「官曹事類」「弘仁式」「貞観式」などの新出逸文―『新撰年中行事』に引かれる新史料―」（『日本古代の年中行事書と新史料』吉川弘文館　二〇一二年、初出一九九八年）。

(84) 儀式における中央区・東区の使い分けから見て、中央区朝堂の使用機会は平城宮前半期からすでにかなり限定されていた（拙稿「平城宮の饗宴儀礼―八世紀宮室の儀礼空間に関する一考察―」『古代学研究所紀要』一二　二〇一〇年、本書第三部第一章）。このように考えると、中央区朝堂の存在意義が問題となるが、ここではひとまず中央区の大極殿と朝堂区画は朝賀と外交使節が参加する行事に特化して設けられた施設で、日常的な朝参場所は専ら東区であったと指摘するに留めておく。

(85) 渡辺注(70)前掲書。

(86) 寺崎保広「式部曹司庁の成立」（注(35)前掲書、初出二〇〇〇年）。

(87) 天平六年正月癸亥朔条・天平七年正月戊午朔条・天平十年正月庚午朔条。

(88) 佐藤全敏「古代日本の四等官制」（『平安時代の天皇と官僚制』東京大学出版会　二〇〇八年、初出二〇〇七年）。

(89) 『続日本紀』天平五年八月辛亥条に見える「天皇《(聖武)》臨レ朝、始聴二庶政一」とは、平安前期に確立されていた朝参・朝政と同様の枠組みを持つ制度が、この時を以て始められたと解釈できるのではなかろうか。この天平五年八月の記事が『類聚国史』巻第二十八帝王八・天皇聴朝の項目の最初に掲出されているのは、天皇の朔・旬日の朝政出御がこの時期に開始されたと後世認識されていたことを示唆するように思われる。

(90) 渡辺晃宏「平城宮中枢部の構造―その変遷と史的位置―」（義江彰夫編『古代中世の政治と権力』吉川弘文館　二〇〇六年）及び同注(70)前掲書。

(91) 吉川真司「律令官僚制の基本構造」（注(3)前掲書、初出一九八九年）。

(92) 松本注(27)前掲論文。

(93) 古瀬注(10)前掲論文。

(94) 吉田歓「天皇聴政と大極殿」（注(24)前掲書、初出一九九九年）。

(95) 橋本注(38)前掲論文・吉田注(94)前掲論文・西本注(6)前掲論文、吉川注(71)前掲書。

(96) 平城宮内裏Ⅱ期（元正～聖武前半期）には、内裏南半に正殿の東西に南北棟の脇殿を配するコの字型配置の区画が形成されており（橋本義則「日本の古代宮都―内裏の構造変遷と日本の古代権力―」『古代宮都の内裏構造』吉川弘文館　二〇一一年、初出二〇〇六年）、内裏にも公卿が執務を行い得る空間が存在していた。

(97) 倉本一宏「議政官組織の構成原理」（『日本古代国家成立期の政権構造』吉川弘文館　一九九七年、初出一九八七年）。

(98) 吉川真司「律令官人制の再編過程」（注(3)前掲書、初出一九八九年）。

(99) 例えば『西宮記』巻三・毎月奏には、「毎月一日、内侍所奏₂去月参議已上上日一枚、少納言・外記一枚、弁・史上日一枚₁」と見える。

(100) 拙稿「平安時代日給制度の基礎的考察―東山御文庫本『日中行事』を手がかりとして―」（『日本歴史』七三九　二〇〇九年、本書第二部第二章）。

(101) 石母田正『石母田正著作集　第三巻　日本の古代国家』（岩波書店　一九八九年、初刊一九七一年）。

第二章　平安時代日給制度の基礎的考察

――東山御文庫本『日中行事』を手がかりとして――

はじめに

第二部第一章では官人勤務の前提となる朝参の制度について考察し、朝参して行う朝政と、勤務日数である上日とがいかなる関係にあったかを明らかにした。前章でも述べたように、上日による官人勤務評定の制度は浄御原令における考仕令の存在や、飛鳥京跡から出土した「日」「夜」などと記す木簡から確実視され、最近では漏刻の使用等から天智朝にはすでに行われていたとする説も出されている(1)。朝参制度の整備と相俟って、七世紀代から王宮における官人の勤務が把握されていたことは推察されるが、その具体的方法を示す奈良時代の史料は、ほぼなきに等しい。官人の評定については考課木簡があり(2)、また正倉院文書には写経所の上日帳(3)や告朔解(4)が存在するものの、これらは官人の日常的な勤務形態までを解明するに足るものではない。とりわけ、政務の主体である議政官や五位以上官人の出仕形態については不明な点が多く、基礎的な制度の解明には至っていない。

ところが、平安時代中期にはその一端をうかがうことのできる行事が存在した。それが平安宮内裏の清涼殿・殿上間で行われていた日給である。平安時代、蔵人や殿上人は、殿上間に置かれた日給簡によって毎月の出仕を把握されていた。この日給制度についても従来具体的な方法等は不明とされてきたが、近年西本昌弘氏によって紹介された、東山御文庫に伝わる『日中行事』（勅封番号一四四―一六）なる書物に、[5]日給についての新出史料が存在することが判明した。西本氏によれば、これは明暦年間（一六五五～一六五八年）前後に後西天皇が新写させ、宝永四年（一七〇七）までには禁裏文庫に収蔵された写本と見られる。内容は内裏の一日と月ごとの行事を詳細に記した行事書で、『西宮記』や「天暦蔵人式」・『侍中群要』に近い内容を持つことから、十一世紀前半の摂関期前後の日中行事を伝える書である可能性が高いという。また他の儀式書等には見られない独自項目を有しており、そのうちの一つである「内豎奏時事」の記述から宮中の時刻制度が考察されるなど、[6]今まで詳細が不明であった行事を知る手がかりとして注目される。

本章では、この東山御文庫本『日中行事』の独自項目である「殿上日給事」の記事を手がかりに、平安時代の日給制度について考察する。日給とは出勤者を確認し、その出欠を日給簡（ひだまいのふだ）と呼ばれる札に記入して上日・上夜を把握するための制度である。[7]日給については、殿上人の上日を記録し、月奏として天皇に奏上するのは蔵人の重要な職務の一つであることが指摘されているが、[8]日給簡の形態やその具体的な記録方法については不明とされてきた。また、殿上人とは公卿及び清涼殿に昇殿を許された四位・五位の廷臣で、蔵人頭の指揮のもと、殿上間に常侍して輪番で宿直・陪膳等をつとめるものと定義されるが、[9]実際の勤務形態は未だ明らかではない。

上日とは官人の勤務日数を意味し、勤務状態を評価する基準であった。しかし平安時代に入り律令制に則った考選制が実質的に機能しなくなった後も、上日の制度は「殿上上日」という新たな形式によって存続する。本章では「殿上上日」の把握方法である日給制度の検討により、蔵人を含む殿上人の天皇への奉仕形態、ならびに摂関期における上日把握の意義を明らかにする。

第一節　日給の作法と日給簡

（一）東山御文庫本『日中行事』に見る日給の作法

東山御文庫本『日中行事』には、日給作法について次のように定められている。(10)

辰剋、殿上日給事。自二三月一至二八月一辰。自二九月一至二二月一巳。

（A）蔵人、先取レ簡抜二出自レ袋。件袋随二抜出一、帖二置於日記辛櫃東一。（B）取レ硯而給二宿侍人々夜一。昨日子・丑等字傍注二夕字一也。若昨昼不二参入一者、不字傍注也。

（C）次給二今日一。注下若二子・丑等一字上也。（D）畢立二簡於袋上一。（E）次主殿司、立二殿上台盤一上二帟布一。但夏時無二件幕一。

未剋、封二殿上簡一事。

（a）蔵人束帯、先取レ簡給二剋限以前参入人々日一、不二参入一之人注二不字一。（b）次入二簡於袋一、倚二立於北壁一本所。（c）元三日間不レ封レ簡、雖二入夜参入之人一、猶給レ日之故也。（d）御物忌時不レ封、以二簡面一向二壁方一立レ之。（e）仁王会・季御読経・御仏名等時、及レ暁封レ之。（f）献二仮文一之人付二仮若干一、日数満了日、以レ墨引二垂之一。（g）恐懼之人不レ書二不字一、被レ免之日、若給レ日若注二不字一。（h）恐申間日等、被レ免之後又以レ墨引二垂之一。

『日中行事』の記事は、卯刻（午前五時～七時）に主殿寮の官人たちが南殿（紫宸殿）の庭や清涼殿の東庭等を払い清める「主殿寮奉二仕朝清一事」に始まり、辰刻（午前七時～九時）の「殿上日給」は、それに続く行事とされ

「東山御文庫本『日中行事』第一丁表（宮内庁蔵　勅封番号　一四四―一六）」

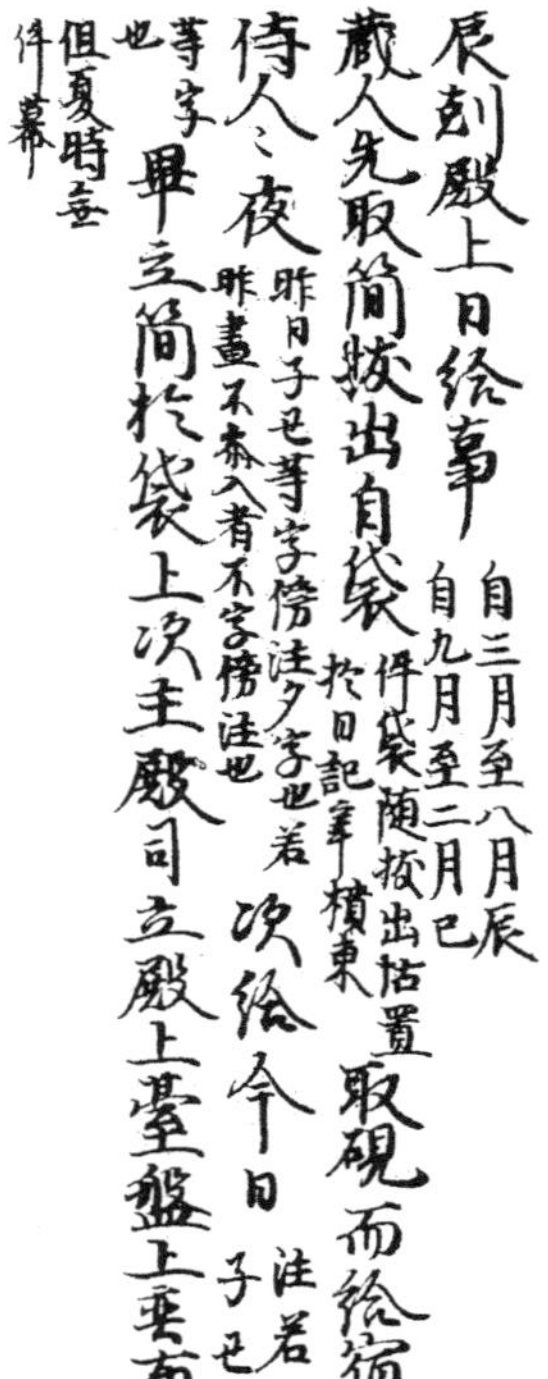
辰刻殿上日給事 自三月至八月辰 自九月至二月巳
蔵人先取簡抜出自袋 件袋随抜出沽置於日記辛櫃東 取硯而給宿
侍人々夜 昨日子丑等字傍注夕字也若昨晝不参入者不字傍注也 次給今日 注若子丑
等字 畢立簡於袋上次主殿司立殿上臺盤上垂布
也 但夏時垂
件幕

「東山御文庫本『日中行事』第五丁表・裏（宮内庁蔵　勅封番号　一四四―一六）」

未刻封殿上簡事
蔵人 東帯 先取簡給刻限以前参入人々日不参入
之人注不字次入簡於袋倚立於北壁 本所 元三日
同不封簡雖入夜参入之人猶給日之故也御物忌
時不封以簡面向壁方立之仁王會季御讀經御佛
名等時及晩封之歟假文之人付假若干日數満了
日以墨引垂之恐懼之人不書不字被免之日若給
日若注不字恐申間日等被免之後又以墨引垂之

る。同じ辰刻には上格子・四衛府による御贄供進・御手水・石灰壇御拝・御念誦が行われ、巳刻には朝餉、午刻には昼御膳が供された後、未刻（午後一時〜三時）に殿上簡を封じるという次第になっている。辰刻と未刻の記事から、毎日の日給は以下のような手順で行われていたことがわかる。

　辰刻（ただし九月から二月は巳刻）に（A）蔵人が日給簡を袋から取り出して、（B）宿侍者には「夕」の字を記し、（C）今日殿上に参内して来た者に「日」を子・丑などと記し、（D）終わったら簡を袋の上に立てる。（E）次いで、主殿司が殿上台盤（殿上間に置く机）を立て、帟布（埃よけの幕）を上げる。こうして殿上間での執務の用意が整えられる。その後（a）未刻までに参入した者に

「日」を給い、（b）簡を袋に入れてもとの場所に立てる。ただし（c）正月三箇日は夜に参入した人にも日を給うため封をせず、（d）御物忌の時は封じずに簡面を壁に向けて立てておく。（e）仁王会・季御読経・御仏名等の日は暁になってから封をし、（f）休暇を申請した者は「仮若干」と記し、休暇後に墨で線を引く。（g）恐懼（謹慎）の間は「不」の字は記さず、被免となった日に「日」を給うか、あるいは「不」の字を記す。（h）謹慎等が被免となった日に墨で線を引く。

日給の作法については『侍中群要』第一・日給事に詳細な記事がある。表1に示したように、東山御文庫本『日中行事』の未刻の記事は、『侍中群要』に見える記事とほぼ同様の内容を持つ。『侍中群要』が引く「懐」「式抄」が日給の時刻を「未三点封レ之。上古説、未二剋云々」(11)とするため、従来日給の刻限はこの「未三点」が知られるのみ

表1　東山御文庫本『日中行事』・『侍中群要』に見る日給作法の対照

	東山御文庫本『日中行事』未刻「殿上日給事」	『侍中群要』第一・日給事
a	蔵人東帯、先取レ簡給二剋限以前参入人々日一、不二参入一之人注二不字一。	未三点封レ之。上古説、未二剋云々。此以前参入、皆預二日給一。但供二朝膳一人、随レ触封後可レ直二改不字一欤。但竟上日蔵人不二直改一。不二参入一人をハ書二不字一。
b	次入二簡於袋一、倚二立於北壁一本所。	凡簡封了テハ、入レ袋、倚二立壁一。
c	元三日間不レ封レ簡、雖二入夜参入之人一、猶給レ日之故也。	正月三箇日及御物忌、及レ晩封レ之。不レ入レ袋、以レ面対レ壁立レ之。
d	御物忌時不レ封、以二簡面一向二壁方一立レ之。	
e	仁王会・季御読経・御仏名等時、及レ暁封レ之。	仁王会・御読経・御仏名、臨レ晩封レ之。或事了封レ之、又入レ袋。
f	献二仮文一之人付二仮若干一、日数満了日、以レ墨引二垂之一。	献二仮文一人ハ、付二仮若干一。満日以レ墨引下。
g	恐懼之人不レ書二不字一、被レ免之日、若給レ日若注二不字一。	恐申人不レ書二不字一、白紙也。被レ免被レ召日給レ日、以レ墨引下。
h	恐申間日等、被レ免之後又以レ墨引二垂之一。	

であったが[12]、東山御文庫本『日中行事』により、未刻以前、辰刻にも日給が行われていたことが判明した。辰刻と未刻にどのようにして上日・上夜が計えられたのか、以下詳しく検討する。

（二）日給簡の形状と役割

最初に、日給簡の形状とその役割について確認しておく。日給簡の初見は『九暦』天暦四年（九五〇）七月二十三日条とされ[13]、憲平親王（冷泉天皇）の立太子の際、新たに「殿上内給《〔日カ〕》簡」を修理職に作らせたとある[14]。これより前の事例としては、『寛平遺誡』に内侍所に関することとして「行二蔵人等日給之事一」という女蔵人の日給のことが見えるため、宇多朝には殿上簡・女房簡が設置されていたとされる[15]。

『侍中群要』第九・昇殿人事に、昇殿を許された者は「拝舞昇殿、即以附レ簡」とあり、『中右記』寛治七年（一〇九三）正月十六日条に「四位侍従并新蔵人、今夜初参付レ簡」とあるように、昇殿を許され殿上に出入りする者として登録されることを「簡に付く」と言う。『親信卿記』天禄三年（九七二）三月二日条には「同日、侍従光《(藤原)》照《〔昭〕》朝臣参入、令レ奏二慶由一、其儀、（中略）即開レ簡給レ日」とあり、昇殿した日から日給が行われた[16]。

一方、『小右記』永祚元年（九八九）十二月二十七日条に、備前守藤原理兼らが「依二本任事未済一、今日被レ除二殿上簡一。依二起請一」、長和四年（一〇一五）十一月五日条には「昨日守隆《(源)》朝臣被レ削二殿上簡一」とあるように、その資格を失うことを「簡を除く」あるいは「簡を削る」と言った。そして『権記』長徳元年（九九五）十二月二十五日条に、

> 晩景有レ召参二御前《(一条天皇)》一。仰云、「周頼《(藤原)》・朝経《(藤原)》・相《〔経脱カ〕》等依二不恪勤一、除二削其籍一已了。今有レ所二思食一、後優《〔復カ〕》免如レ元令レ候二殿上一」者、奉レ勅、次申二右府《(藤原道長)》一、仰二出納為《(藤原)》親《(下部)》一。

とあることから、簡に付くあるいは簡を削るといった昇殿資格の取得・剥奪については、天皇の意向も大きく反映されていたことがうかがえよう。

簡への記名については、『権記』長徳四年（九九八）十一月十九日条に藤原頼通（幼名鶴君）に対して昇殿の許可が下りた際「即奏㆓名簿㆒□、下給、即下㆓出納允政《惟宗》㆒、令㆓権左中弁《藤原説孝》蔵人、付㆑簡。」とあり、簡には名簿に従って「小舎人蔭孫藤原朝臣頼通」と記されたことがわかる。(17) 同じく『権記』寛弘三年（一〇〇六）十一月二十日条に「左兵衛督《藤原懐平》息男童今日昇殿、注㆓無位藤原朝臣経任㆒」と見え、ただし「件名簿非㆓先例㆒、（中略）童不㆑書㆑位、但書㆑蔭」とある。この場合厳密には名簿の書式ではあるが、童の場合は位を書かないとあり、一般的には位階が併記された。

このように、簡には昇殿者の位階と姓名が記され、さらに「削㆑簡」という表現から、簡面に直接記名されたと推測される。簡は清涼殿の殿上間に常置され、前掲の東山御文庫本『日中行事』未刻の「入㆓簡於袋㆒倚㆓立於北壁㆒本所」により、殿上間の北側、鬼間との境の壁面に立てかけて置かれるものであった(18)（図1参照）。

また、清涼殿の西廂にある女房等の詰所である台盤所には女房簡が置かれた。『小右記』永延二年（九八八）三月二十一日条に「掌侍藤原友子有㆘可㆑聴㆓昇殿㆒之仰㆖。仍付㆑簡了」とあるように、清涼殿上に控える女房たちも殿上人と同様に昇殿許可を得て簡に名を連ねたのであり、(19) その形状や取り扱いは殿上簡に準じるものであった。(20) 昇殿者の登録簿としての簡は、清涼殿だけでなく東宮や院にも設置された。東宮については、『権記』寛弘八年（一〇一一）六月十三日条の「鴨院児名簿書㆓二通㆒。一献㆓左府《藤原道長》㆒令㆑付㆓東宮簡㆒、一付㆓頭弁《源道方》㆒付㆓内簡㆒」という記事から確認できる。(21)

そして、簡には放紙（はなちがみ）という紙が貼られ、参入・不参入はこの紙に墨で記された。東山御文庫本『日中行事』の「毎月事」に、

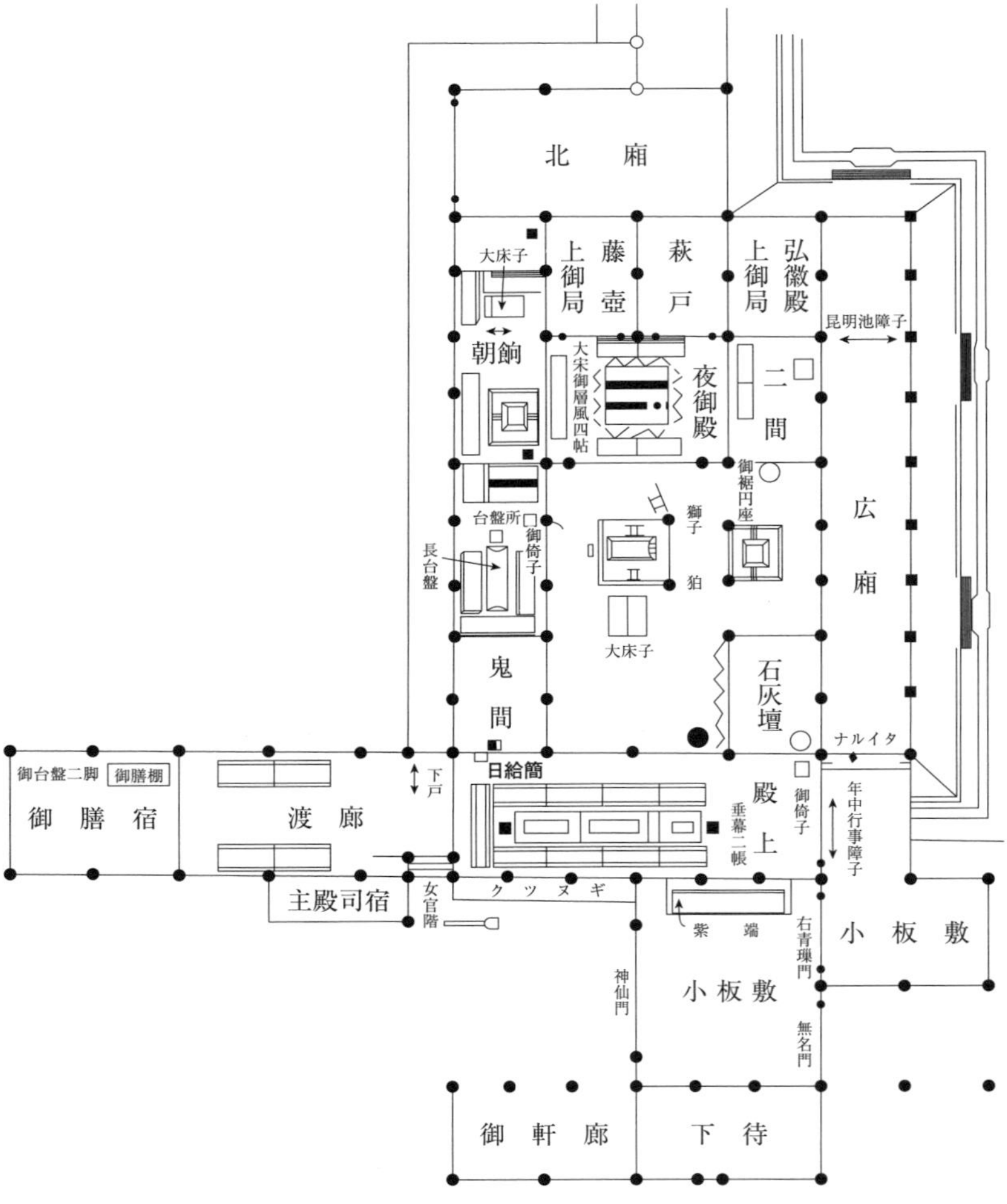

図１　清涼殿平面図と日給簡の位置
（小泉和子『室内と家具の歴史』中央公論新社　2005年〔初刊1995年〕をもとに作成・加筆）

殿上放紙事
一日、早旦、蔵人取レ簡、放二去月日給之紙一。各毎レ人之下注二姓官一、其下又注二日若干・夕若干一。給二於蔵人所一、令レ勘レ之。次召二小舎人一、令レ押二新紙於簡一、給二今日々一。
三日、奏二去月々奏一事（以下略）

とあり、毎月一日に蔵人が前月分の放紙をはがして上日・上夜を人ごとに集計し、小舎人に新しい紙を貼らせ、集計結果は三日に天皇に奏上される。(22)『侍中群要』第六・放紙事によると、放紙は「上中下三枚」あるという。すなわち簡は上中下の三段に分かれており、『朝野群載』巻五・朝儀下の永承二年（一〇四七）十一月五日付内侍所月奏や、時代は下るが『台記別記』久安六年（一一五〇）正月十九日条に見える台盤所の日給に「一番」「二番」とあるのが、それぞれ上段・中段（あるいは下段）に対応するものと思われる。(23)

簡に記名される人数は、『西宮記』巻十・殿上人事に「殿上侍臣、除二親王・公卿一世源氏及外国受領吏等一、付レ簡之数卅人（童子、十人）、此外或有二一両人之余剰一」、『禁秘抄』上に「凡員数二十五人、具二六位一卅人（見二寛平遺誡一）」、『朝野群載』巻五・朝儀下の長治三年（一一〇六）正月一日付殿上月奏には四七名の上日・上夜が列挙されていることから、時期によって推移はあろうが、寛平期以降蔵人を含めた四〇名から五〇名が昇殿者として簡面に記名されていたと推測される。(24)

このように、日給簡には四〇から五〇名ほどの昇殿者の位階と姓名が、おそらく位階別に三段に分けて直接記され、各段には放紙が貼られていた。この簡は、月奏に備えて各人の毎月の上日・上夜を記録するために設置された。後世著された『禁秘抄』の注釈書である『禁秘抄階梯』に見える「按、日給簡也。長五尺三寸、弘（上八寸、下七寸）、厚六分、袋（表両面 裏平絹）有二大字銘一。其下三堺書二殿上人官位姓名一（上四位・中五位・下六位。）」という形態は、ほぼそのまま平安期まで遡ることが確認された。

（三）上日・上夜の記録方法

上日・上夜の記録方法について、次の『権記』長保二年（一〇〇〇）二月冒頭の記載が参考になる。

夕夕　不夕夕　　夕夕　夕夕
酉戌亥不丑寅卯辰巳午未申酉戌不子丑寅卯不巳午未申酉戌亥子丑
吉吉　吉吉吉吉　　吉吉　吉吉

「伏見宮本『行成卿記（権記）』長保二年二月冒頭（宮内庁書陵部所蔵　函架番号　伏－3）」

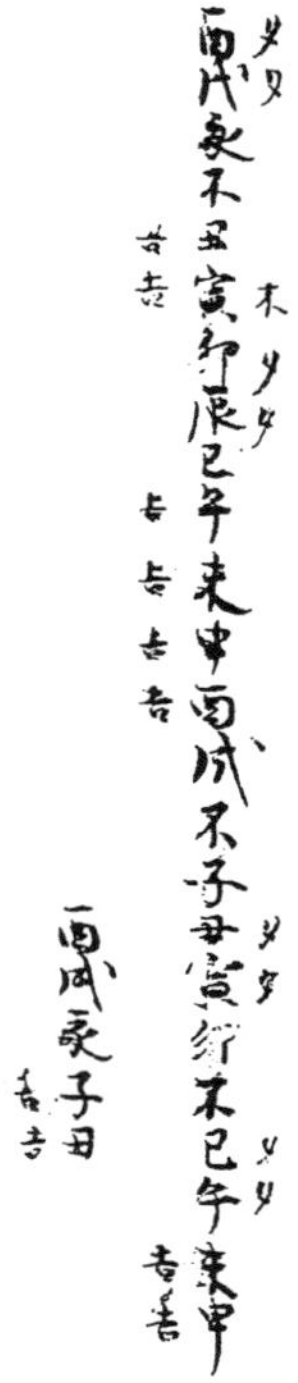

「酉」で始まる中央の行の十二支は日付を表すと見られ、これは記主の藤原行成がこの月の上日を書き留めたものであろう。この記録を『権記』の当月の記事と対照させたものが、表2である。この表から、十二支は出仕した日付を、傍書の「夕」は上夜を意味することが明らかであり、「不」は不参の日を、左側の「吉」の傍書は結政所に参向した日を示すと思われる。[25] 同様の記載が長保二年三月冒頭・寛弘二年（一〇〇五）八月末尾・同年十二月末尾及び寛弘六年（一〇〇九）二月末尾に存在し、いずれも上記の規則が当てはまる。東山御文庫本『日

中行事』辰刻には、宿侍者に「昨日子・丑等字傍注二夕字一」、出勤者に「注下若二子・丑等一字上也」とあるから、日給簡への上日・上夜の記し方は、この行成が付けた記録のように、出勤者にはその日の干支の十二支を、宿侍者には昨日の日付の傍らに「夕」の字を記すという規則であった。すなわち「給日」とは、具体的には日付の十二支を記すことをいう。なお長保二年三月二十八日に当たる日に「不《夕》」という記載が見られ、これが「若昨昼不二参入一者、不字傍注」という例に当たるものと思われる。

以上の考察により、日給簡に貼られた放紙への上日・上夜の記録方法は、出勤者にはその日の十二支を、宿侍

表2　『権記』長保二年二月条に見る藤原行成の出勤状況

日付	干支	記号	本文
一	己酉	酉（夕）	候レ内
二	庚戌	戌（夕）	候レ内
三	辛亥	亥	参レ院…参二東宮一
四	壬子	不	沐浴後参二左府一
五	癸丑	丑（吉・不）	参二結政一…次参レ内
六	甲寅	寅（吉・夕）	自二中書宮一有レ召、仍参
七	乙卯	卯（夕）	亦参レ内、候レ宿
八	丙辰	辰	候レ内
九	丁巳	巳	罷出、参レ院
十	戊午	午（吉）	参二結政一…了参レ内
十一	己未	未（吉）	就二結政一之間…参レ内
十二	庚申	申（吉）	予候二御装束一
十三	辛酉	酉（吉）	自レ内着二結政一、事了参レ内
十四	壬戌	戌	詣二左府一、参レ院…参レ内
十五	癸亥	不	（本文欠）
十六	甲子	子	朝自二左府御宿所一有レ召、参レ内之間出給…
十七	乙丑	丑（夕）	（本文欠）
十八	丙寅	寅（夕）	候レ内
十九	丁卯	卯	（本文欠）
二十	戊辰	不	（本文欠）
二十一	己巳	巳（夕）	（本文欠）
二十二	庚午	午（夕）	左大臣被レ定二申臨時仁王会事一　（※参内と明記なし）
二十三	辛未	未（吉）	早朝参レ衙、依レ召詣二左府一
二十四	壬申	申（吉）	（本文欠）
二十五	癸酉	酉	此日立后…参レ内〈一条院〉
二十六	甲戌	戌	（本文欠）
二十七	乙亥	亥	参レ内〈未剋〉
二十八	丙子	子（吉）	参二結政一、詣二左府一
二十九	丁丑	丑（吉）	（本文欠）

者には昨日の十二支の脇に「夕」の字を記すというものであった(26)。こうして記録された一ヵ月の上日・上夜は蔵人によって集計・検勘され、月奏として天皇に奏上されたのである。

第二節　内裏の日給刻限と上日規定

（一）「辰刻殿上日給」の意義

続いて、平安期の内裏において二つの日給刻限が設けられた目的、特に東山御文庫本『日中行事』によって明らかとなった辰刻の日給の意義を考える。

第一に、本文に「給二宿侍人々夜一」とあるように、辰刻の日給は前夜からの宿侍者に対する「夕」の給付時刻として規定されている。清涼殿への上宿は、昼間の出仕とともに蔵人及び殿上人の重要な職務であるが、『権記』長保三年（一〇〇一）四月二十七日条に「赴二三井寺一。夕帰宅、参レ内、候レ宿」、同年八月四日条に「参二左府（藤原道長）一。夕帰宅、与二蔵人弁（藤原朝経）一参レ内候レ宿」とあることから、宿侍の場合は日給の刻限に関わらず、夕方以降の参内でも構わなかったのだろう。ただし『西宮記』巻十・侍中事所引「日中行事文」では、亥一刻（午後九時）に、内豎によってその日上宿する殿上人・蔵人の姓名を記した宿簡が奏され、その簡に基づいて侍臣の名対面（点呼）が行われる次第になっているため、亥刻前までには参内しなければならなかったと思われる(27)。『権記』長保三年八月六日条には「此夕参レ内」、翌七日条に「早朝帰宅」とあり、翌朝辰刻に「夕」を給付されて宿侍終了となるのだろう。

平常の上宿のほか、天皇の物忌の際傍に控える参籠もまた上夜の扱いとされた(28)。参籠の時刻は『権記』寛弘元年（一〇〇四）十二月二十一日条に「又参レ内。依二御物忌一丑剋参上」、『小右記』永祚元年（九八九）十二月二十二日条に「丑一剋蔵人景理（大江）着二膝突一召二公卿一依二御物忌一公卿候也。次第参上」とあることから、御物忌の参籠は丑刻に参内するものとされていた。物忌参籠が上夜として数えられることについては、『小右記』長和五年（一〇一六）四月十二日条に「但以下不レ候二御物忌一之者上不レ可レ給レ夕」とあることから確認できる(29)。また、『侍中群要』第一・日給事の「式抄」には次のような規定がある。

御物忌中夜参籠之人、及二丑一剋一昇殿、雖三入レ日記二宿侍一、不レ得レ夕。但近代皆得レ夕云々。

最低でも二日以上連続する物忌の途中（中夜）から参籠した場合、「宿侍」と記されても「夕」（上夜）にはならなかったのが、近代では「夕」を給付されるようになったという。『侍中群要』日給事の「草長」の引用では「御物忌中夜参籠并候二上宿一等之類」とあるから、平常の宿侍と参籠による上宿とは区別して記録されたようで、前記の場合の「夕」は参籠による上宿を指す。ただし最終的に集計する際には上夜として一括されたものと思われる。参籠の終了は忌明けの早朝で、忌の軽い時には物忌当日の明け方になることが多く(30)、「夕」を給わった後に退出となったのだろう。以上、辰刻の日給は、第一に夜間の侍候に対する上夜の給付のためのものであった。

次に辰刻の「給二今日一」という規定の意味を考える。平安時代の政務や儀式が未刻頃に始まり、しばしば深夜まで行われたことは、古記録等に多く散見される。よって、未刻の日給が公卿及び殿上人の一般的な日給刻限であったと理解される。当時の日付変更の時刻は丑刻と寅刻の間（午前三時頃）とされていたから(31)、それ以降未刻までに内裏に参入した者は上日の扱いとなる。しかし、東山御文庫本『日中行事』には辰刻にも「給二今日一」とあり、上日を記すとある。これはどのような場合をいうのだろうか。

まず考えられるのは、丑刻以降に参内して早朝に勤務を終え、未刻前に退出する場合である。『権記』長徳四年（九九八）七月十一日条には「払暁参レ内。巳剋罷出。依レ召参二法興院一」とあり、また寛弘四年（一〇〇七）四月二十六日条は、参内した時刻は不明だが「事了退出、午時」と見える。このように未刻以前に退出する場合、辰刻にその日の上日が記録されなければならない。あるいは、例えば長徳元年（九九五）九月二十二日条では、卯刻に右府（道長）を訪ねて越前国の解文を天皇の奏覧の前に確認し、その後「辰刻参レ内。以二女房一令レ候二気色一。出二御昼御座一。即挿二件解文於文刺一、出二於殿上東戸一、跪候二年中行事御障子北頭一、斜望二龍顔一。主上御目、即参進、（中略）今日為二陪膳一、亦候レ宿」とあるように、未刻前に退出しなくとも早朝から政務で参内した場合には辰刻に日給にあずかったものと思われる。早朝から宮中に出仕するのは、必ずしも例外的な勤務ではない。『西宮記』巻十・侍中事所引「日中行事文」には、辰一刻の行事として以下のようにある。

　可レ給二殿上并所日一事

　侍永籍簡書云、「日給剋限者、自二正月一至二八月一、辰四点、自二九月一至二二月一、巳二点」。今案、殿上蔵人把レ筆給レ之。所者、出納於二蔵人前一給レ之。[32]

これにより、辰刻に蔵人が殿上の、出納が蔵人所の日給を行っていたことが知られる。同じく『西宮記』巻十・侍中事の「天暦蔵人式」と推測されている条々の中に[33]「当番人可二早参一事、右日給時前参入、供二奉御盥御膳一」とあるが、「日行事」として挙げられた行事を見ると、御盥は辰刻に行われ、御膳は午一刻に供される朝膳を指すのであろうから、この「日給」は辰刻の日給と解される。すなわち、天皇の御盥に供奉する蔵人や朝膳の陪膳に奉仕する殿上人への日給は、辰刻に行われていたと推測される。『左経記』寛仁四年（一〇二〇）六月十二日条に「早旦束帯参レ内。主殿寮供二□事御手水一。（中略）余（源経頼）供二朝夕御膳一、及レ晩帰宅」とあるのは、早朝に参内して天皇の御手水・御膳等の身辺雑事に仕える例として挙げられる。後述するように、陪膳に奉仕することは蔵人・殿上人の重要な役目とされていた。辰刻の日給の第二の意義は、早朝から政務につく、あるいは天皇の身辺雑事に供奉する蔵人及び殿上人に対する上日を給付することであった。

その他に早朝に出仕する例として、外記政・結政に参加する場合が考えられる。十一世紀の太政官政務の中心は内裏の東の外記庁で行われる外記政であり、外記政は諸司・諸国の上申を決済する庁申文儀と施行文書に太政官印を捺す外印請印儀から成るが、中文の前に弁官が準備作業として行う文書の閲覧・確認が結政である(34)。外記政の刻限は三月から七月は辰三点、九月から正月は巳二点、二・八月は巳一点で、公卿等が参会者を一刻ほど待ち受ける間に同刻限に結政所での準備を終えた弁と史も庁座に着き、外記政が終了すると上卿・参議・少納言・弁は外記庁南隣の侍従所（南所）に移動して、食事をしつつ南所中文を行い、その後参内する。

『権記』・『左経記』にも、まず結政所に向かい、その後南所を経て参内する例が多く見られる。この場合、一連の政務を終えて参内してから殿上簡に日給が記録されたものと思われる。『権記』長保四年（一〇〇二）九月一日条に、「欲レ参レ衙、牛足痛。仍借求之間、日及レ午、欲レ参レ内」（外記庁に向かおうとしたら牛車の牛が足を痛め、借り求める間に午刻になったので参内しようとした）とあることから、辰～巳刻に外記庁に向かい、政務を終えて午～未刻に参内して日給にあずかるのが通例だったのだろう。

以上述べたように、蔵人を含む昇殿者の上日・上夜は辰刻と未刻の二つの日給刻限によって厳密に把握されていた。

（二）上日の規定と不参処分

上日・上夜は日々蔵人によって記録されたが、ひと月あたりの出仕日数には一定の基準が設けられていた。『西宮記』巻十・殿上事には殿上人らの上日は二十、上夜は十と規定され、不足する者は「殊加二勘責一、随レ状進止。習常不レ悔、頻被二勘責一者、商二量行迹一及可二除籍一。蔵人所亦同レ之」とされた。『小右記』長和四年（一〇一五）八月十二日条には、

　従レ内資平《藤原》告送云、「木工頭周頼《藤原》・右衛門尉源頼範検非違使、被レ削レ簡了」者。依二不恪勤一。去月起請云、「日十五・夜五、無二指故障一件日・夜不レ満者、可二除籍一」。両人無レ故致怠者欤。

とある。上日十五・上夜五は『西宮記』に見える日数より少ないが、『左経記』長元元年（一〇二八）三月二十八日条では、

　有二殿上起請一云々。当番陪膳二人可レ候レ宿。又五位一人・近衛司一人必可レ候。兼又任二古例一、毎月日廿・夜十、可二奉仕一之由、右大弁《藤原重尹》奉レ仰申二関白《藤原頼通》殿一令二定下一云々。

とあり、「古例」により上日二十・上夜十と定められている。上日二十日というのは養老考課令内外初位条に規定する日数（年間二四〇日）に準じるものであり、ひと月の平均的な出仕日数として意識され続けたのであろう。「殿上起請」とは殿上人が遵守すべき制規・制誡を意味する。(35) 日数不足の者は「除籍」、つまり参内を停止されて昇殿資格を失うこととなり、(36)『日本紀略』寛弘三年（一〇〇六）六月十三日条には「民部大輔藤原為任朝臣除二殿上籍一。依二不仕一也」という例が見える。(37)

上日・上夜日数の遵守と同様に重要視されたのが、陪膳の当番である。『侍中群要』第六・月奏事には月奏さ

れる者として「殿上加二陪膳一」とあり、陪膳奉仕の記録もまた天皇に奏上されるものであった(38)。『侍中群要』第三・陪膳番に引用された寛弘二年（一〇〇五）六月二十三日付陪膳番には、蔵人頭を含む四位の殿上人二一人を以て陪膳四番を定め、「若有二懈怠一、守二次勤仕一。無二故障一三度闕、不レ可レ令二昇殿一」とあり、『左経記』治安元年（一〇二一）六月二十四日条にも「殿上有二起請一。当番人不レ参、一度恐、二度除籍」とあり、陪膳の当番懈怠にも恐懼・除籍といった処分がなされた。『左経記』治安二年（一〇二二）十一月十五日条には次のようにある(39)。

> 早旦参二関白殿《(藤原頼通)》一。被レ仰云々、「昨日依レ無二陪膳一、及レ晩不レ供二解斎御粥一。召二問蔵人則長《(橘)》一。申云『左京大夫経親《(藤原)》朝臣候レ宿。仍兼仰下知可レ奉二仕御粥陪膳一之由上。臨レ期令レ候之処、已退出者。仍令レ召二東宮亮泰通《(藤原)》朝臣一、而申二午上障一不レ参。仍令レ召二経親并経任《(藤原)》朝臣一之処、共参、経任朝臣供了。如レ此之間、所二延引一也』者。如レ申則長無レ罪。仍令レ除二経親・泰通等籍一已了」者。

これより前、十三日の夜に行われた神今食の解斎の御粥が十四日に供されるはずであったが、当番人が不参のため遅延した。事の由を蔵人の橘則長に問うたところ、当番人の藤原経親はすでに退出し、藤原泰通は障りを申して参仕せず、経親と藤原経任を召したところ、ともに参入し、経任が陪膳に供奉した。この一件により、経親と泰通は除籍処分になったという。

このように、殿上侍候・陪膳当番の懈怠は、簡から名を削られ昇殿を停止される除籍処分の対象とされた。換言すれば、殿上侍候と陪膳供奉とは昇殿資格を保持するための天皇近侍者の基本的な職務であり、月々の出仕日数は天皇への奉仕の度合いを端的に示すものであった。ゆえに、毎日の日給によって上日・上夜を積み重ねていく必要があったのである(40)。

第三節　日給制度の整備とその意義

（一）「殿上上日」の重視

清涼殿上における日給制度の整備は、昇殿制の成立と密接に関係しよう。古瀬奈津子氏によれば、平安初期に内裏の政務の場としての重要性が増し、天皇が出御している殿舎と同じ殿舎の「殿上」が特権的な場として意識され始め、弘仁年間には天皇の私的側近制度としての昇殿制が成立した。その後、清涼殿が天皇の日常政務兼生活の場として固定化し、殿上間が設けられた宇多朝には、殿上人が政治的な存在として位置付けられるようになったとされる(41)。律令制において、五位以上の官人の上日は朝堂に設けられた各官司の朝座につく「朝座上日」が基本とされたが、五位以上の上日に「内裏上日」を通計することを許可した宣旨が出された延暦十一年（七九二）(42)には公卿の内裏侍候が日常化しており(43)、公卿にとって「内裏上日」が「朝座上日」と同等並の価値を持つに至った。この「内裏上日」の延長上に位置するのが「殿上上日」であり、「殿上上日」は、次に掲げる応和四年（九六四）三月五日宣旨によって、本司の上日に加算されていたことが知られる(44)。

従二位行大納言兼民部卿藤原朝臣（在衡）宣、「奉レ勅、式部少丞正六位上藤原朝臣雅材・紀朝臣文利等去年閏十二月二十五日奏状云、『請下以二毎月殿上上日一被上下二本省一状、謹検二案内一、任二諸司一候二殿上一之者、皆以二殿上上日一下二加於本司一。而此省丞独不レ労二申下一。是則不レ勘二上日一、不レ受二省奏一。偏依二年労次第等一預二叙位一之故也。而今任二省申請旨一、始レ自二去年一、只依二上日之優劣一有レ定二給奏之先後一。雅材等須三日日罷向致二其勤績一。

而或候二御物忌一、或忽有二承行一。如レ此之時不レ能レ赴レ省。但至二於陣頭一給二宣旨等一、其役已繁。然則、奉公之勤雖レ多、参省之日自少。望請天裁。始レ従下拝二省官一之日上、以二毎月殿上上日一被レ下二於省一、将レ致二勤績一』者。又応和元年八月五日下二彼省一宣旨云、『省奏云、〔当省之丞依二着座恪勤一、将レ預二栄爵一者、可二依レ奏行一之。但叙位之奏者定二大丞之中一、転任之奏者定二少丞之中一。大小〔少〕之間不レ得二相混一〕者。依二奏状一尋二事情一、依二着座恪勤一預二叙位・転任一之旨、雖レ無二先例一、省奏所レ下也。今依二恪勤之優劣一、定二省奏之先後一。然則、已謂二恪勤一、盍レ用二上日一。文利等所レ申、理誠可レ然。須丙始レ従下任二省丞一之日上以二殿上毎月上日一加乙載本省上日甲。又後年若有下候二殿上一之輩上、同准二此例一』者。宜レ仰二彼省一」者。

応和四年三月五日

大外記兼主税権助備後介御船宿祢傅説奉

これは当時六位蔵人であった藤原雅材と紀文利が(45)、省丞を拝官した日から遡って毎月の「殿上上日」を式部省の上日に加えることを求めた奏状が了承され、以後同様に殿上に侍候する者に殿上上日の加算を認めた宣旨である。この要求の背景には、これまで式部丞の叙位には上日ではなく官職の年労が基準とされており、去年（応和三年）から上日の優劣で給奏の先後を定めることとなったものの、蔵人を兼務するため、殿上での勤務が繁忙であると式部省に参向して本司の上日を得ることができないという事情があった。正六位上である二人の奏上は、六位以下が五位を授かる叙爵と関係するものと思われる。

律令制の原則では、毎年の上日と善・最という基準により勤務評定（考課）が行われ、考課を経ることで叙位の候補者としての資格を得る（成選）(46)。この原則は五位以上官人にも適用されるものであったが、九世紀を通じて次第に成選と叙位とが切り離され、位階の上日・成選よりも官職の年労が重視されるようになる。そして巡爵・院宮年爵・氏爵等の種々の叙爵も九世紀後半に形成され、このような叙位制度の再編を背景に、殿上人などの近臣が重視されるようになった(47)。

式部丞は、特定の官職に在職する六位官人の中から各一人を従五位下に叙す「巡爵」の対象となる官職でもあった。この制度は、村上朝から円融朝頃には成立していたと見られ(48)、同時期に出された宣旨の主眼は、式部丞の臈次（先任順による叙爵候補序列）を決める基準にあると思われる。これより先、応和元年（九六一）六月二十日には、式部省が「請レ被下当省之丞不レ依二拝任次第一依二着座恪勤一預中栄爵上状」を奏上し、同年八月五日に「可二依レ奏行一」との宣旨が出されている(49)。つまり、応和元年に式部丞の叙爵の臈次を決めるにあたって「拝任次第」（任官の順序）よりも朝座への「着座恪勤」（本司の上日）を重視することが定められたことに対し、蔵人を兼務するため本司の上日数が少なくなる式部丞が、殿上上日の加算を求めたのが応和四年宣旨であった。官職の労が重要視される傾向に対し、応和年間には本司の上日という律令制本来の上日が、官人の勤務状態の指標として再評価されたことがうかがえる。宣旨に引用された「去年閏十二月二十五日奏状」には「任二諸司一候二殿上一之者、皆以二殿上上日一下二加於本司一」とあり、本司の上日と殿上上日の通計は、それ以前に行われていたことがわかる。

『延喜式』式部上・上日条には「凡諸司毎月一日、送二五位以上前月上日一、其参議以上及少納言、並聴レ通二計内裏上日一。皆収二置省一、不レ可二奏聞一」とあるように、内裏侍候の上日の加算が許可されるのは原則として参議以上と少納言のみであった。官人評価の基準となる上日は、あくまで本司の上日であったが、応和四年の式部丞の例以後、主として四位・五位官人及び六位蔵人にとっての殿上上日の価値が高まったといえる。特に「或候二御物忌一、或忽有二承行一」といった日常的な殿上侍候が本司の上日と同等の価値を持つようになったことの意味は大きく、このような殿上上日の価値の変化が、上日・上夜の厳密な把握に結び付いたものと考えられる。

古瀬氏が指摘したように、『台記』久安三年（一一四七）六月十七日条には「蔵人所別当、可レ付二殿上簡一之由、見二寛平遺誡一」とあり、宇多朝に殿上間が成立することと関連し、殿上簡が設置されて、殿上日給が行われるようになった可能性は高い。東山御文庫本『日中行事』に見えるような日給の刻限と作法は、天暦段階には蔵人式に規定されていたと思われ、応和年間以降「殿上上日」は叙位に結び付く基準としても重要視されるようになる。

（二）殿上侍候と日給の意義

殿上人にとって、殿上間に侍候して日給にあずかることはいかなる意味を持っていたのだろうか。西尾市岩瀬文庫所蔵の『言談抄』（分類番号一一〇―七六―一）の第一三段に、日給にまつわる興味深い話がある。

殿上人故実に、簡封のあひた、後参の殿上人は硯水いまたかはかさるさきに参入人は給レ日云々。簡封の後なれとも供膳人給レ日云々。夜論ある時は下侍にふせるは不レ給。若殿上長押を枕にしたるには給。御物忌外宿といへとも、御使うけたまはりたる人給レ日。

『言談抄』は摂関期から院政期初期頃までの内容を持つ言談集で、『本朝書籍目録』雑抄篇に見える「言談抄一巻」と関係するかと見られる。[50]『江談抄』との相似性から大江匡房の関与が想定され[51]、匡房が中納言に任じられた嘉保元年（一〇九四）頃に『江家次第』をまとめる傍らに執筆されたと指摘されている。[52]

この話の「殿上人故実」は、四つの内容から成る。①封簡の刻限に遅れた場合でも、上日を記すための硯の水が乾く前に参入すれば日を給う。②封簡後であっても供膳人には日を給う。③夜論の時に下侍（侍臣の詰所）に臥す者には上夜を給わず、殿上間の長押を枕にしている者には給う。④御物忌の時に外宿（不参籠）であっても御使であれば日を給う。

このうち②については『侍中群要』第一・日給事にも同様の内容が見られる（表1のa参照）。④についても、御物忌ではないが、出使を命じられた際には参内しなくとも上日扱いとなっていたことは、『権記』寛弘二年（一〇〇五）十二月の記述から確かめられ[53]、この日給に関わる故実が摂関期以来の内容であることが知られる。[54]

これらは殿上の日給の例外規定として言い伝えられてきたもので、このうち③は「夕」を給う際の例外規定であると思われる。上述のように、夜間の殿上侍候は、昼間の侍候と同様に殿上人の重要な職務とされていた。しかしその侍候場所は小庭を挟んで南側に位置する下侍では上夜扱いにはならず、あくまで殿上間でなくてはならなかった。殿上間の東側の上戸の脇に置かれた天皇用の椅子である「殿上の御倚子」が、天皇が着席せずともそれが殿上間に存在することで天皇の視線が常在していることを象徴していたように[55]、殿上間は殿上人にとって天皇との関係を維持するために重要な空間であったことが、この故実からうかがえる。

殿上人は清涼殿に「上（ツカヘマツル）」ことに対して天皇から「日」または「夕」を給わるのであり、殿上間に置かれた日給簡は、殿上人個々人の天皇に対する奉仕の度合いを表すものと認識されていたと考えられる。日給簡に昇殿を許可された者として名を連ね、放紙に日々の上日・上夜が記録されることは、公卿予備軍としての天皇近侍者たることの証明であり、上日・上夜を重ねていくことは、昇殿資格を保持するために不可欠な手続きであった。

小結

平安中期において公卿・殿上人・蔵人等の宮中への出仕は、殿上間に置かれた日給簡に記録され、上日・上夜を給う行事は、辰刻と未刻の二回にわたって行われていた。辰刻には宿侍者への上夜の給付と、早朝に政務または天皇の陪膳等のために出仕する蔵人や殿上人への上日が給付された。未刻は公卿及び殿上人の一般的な日給刻限で、この時刻までに参入した者は出勤扱いとなり、太政官での政務を終えて参内した公卿等に対する上日の給付も未刻に行われたものと思われる。

このように上日・上夜が厳密に把握された背景には、十世紀中葉以降、参籠を含む上宿・陪膳といった天皇の日中行事に供奉することが「殿上上日」として官人の勤務状況を評価する基準になるという上日概念の変化があった。この「殿上上日」の本司の上日への通計は、律令制以来の天皇への奉仕形態の変質を示すものであり(56)、本章で述べた日給制度は、このような変化を受けて、十世紀中葉以降本格的に成立したものと考えられる。

近年、朝堂は五位以上官人の侍候空間であるとする説が吉川真司氏によって提起されている。すなわち、朝堂への出仕が「朝座上日」として把握され、長岡宮で朝堂院が内裏と切り離された後も、朝堂の本質的機能は内裏に引き継がれるとされる(57)。本章で論じたように、上日の基本は天皇の傍近くの侍候空間に出仕することであるという律令制以来の意識は継承され続けたのである。平安宮の清涼殿で行われていた日給制度は、蔵人を含む殿上人たちの天皇への奉仕の度合いを視覚的に示す制度として機能していたといえよう。

〈注〉

(1) 吉川真司『飛鳥の都』(岩波新書 二〇一一年)。

(2) 寺崎保広「考課・選叙と木簡」(『古代日本の都城と木簡』吉川弘文館 二〇〇六年、初出一九八六年)、同「考課木簡の再検討」(前掲書、初出一九八九年)、同「考課・選叙の木簡と儀式」(角谷常子編『東アジア木簡学のために』汲古書院 二〇一四年）など。

(3) 山田英雄「奈良時代における上日と禄」（『日本古代史攷』岩波書店　一九八七年、初出一九六二年）、栄原永遠男「上日帳について」（上横手雅敬監修、井上満郎・杉橋隆夫編『古代・中世の政治と文化』思文閣出版　一九九四年）など。

(4) 古瀬奈津子「告朔についての一試論」（『日本古代王権と儀式』吉川弘文館　一九九八年、初出一九八〇年）、風間亜紀子「文書行政における告朔解の意義」（『正倉院文書研究』一〇　二〇〇五年）など。

(5) 西本昌弘「東山御文庫本『日中行事』について」（『日本古代の年中行事書と新史料』吉川弘文館　二〇一二年、初出二〇〇八年）。

(6) 芳之内圭「平安時代の内豎時奏―東山御文庫本『日中行事』の検討を中心に―」（『日本古代の内裏運営機構』塙書房　二〇一二年、初出二〇〇八年）。また、東山御文庫本『日中行事』の記事を反映させた研究に、佐藤全敏「古代天皇の食事と贄」（『平安時代の天皇と官僚制』東京大学出版会　二〇〇八年、初出二〇〇四年）がある。

(7) 杉本一樹「日給簡」（鈴木敬三編『有職故実大辞典』吉川弘文館　一九九五年）。

(8) 縣和恵「蔵人の職務としての日給と月奏」（『文学・史学』六　一九八四年）。

(9) 橋本義彦「貴族政権の政治構造」（『平安貴族』平凡社　一九八六年、初出一九七六年）。

(10) 史料の引用は、東山御文庫本『日中行事』（勅封一四四―一六）のデジタル画像[補注]及び芳之内注(6)前掲論文に付された翻刻に拠る。芳之内氏は「辰剋殿上日給事」本文の「帖」を「怗」とするが、ここでは文意から「件（日給簡を取り出した後）の袋を日記辛櫃の東側に帖《たた》み置く」と解釈した。

(11) 『侍中群要』の本文に付された鼇頭標目の「懐」は「懐中抄」（藤原為房著『貫首抄』に書名が見えるが詳細は不明）と関連するかとされ（目崎徳衛校訂・解説『侍中群要』吉川弘文館　一九八五年の「解説」）、「式抄」は「天暦蔵人式」を抄出して若干の事例や新出行事などを付加したものとされる（所功「『蔵人式』の復元」『平安朝儀式書成立史の研究』国書刊行会　一九八五年）。

(12) 縣注(8)前掲論文、野口孝子「「夜」化の時代―物忌参籠にみる平安貴族社会の夜―」（『古代文化』五九―一　二〇〇七年）。

（13）東野治之「奈良平安時代の文献に現われた木簡」（『正倉院文書と木簡の研究』塙書房　一九七七年、初出一九七四年）。当該部分は逸文で、『御産部類記』所引「九条殿記」にある。

（14）後掲の『権記』寛弘八年（一〇一一）六月十三日条により、殿上簡を「内簡」とも称すことが確認される。

（15）古瀬奈津子「昇殿制の成立」（注（4）前掲書、初出一九八七年）。

（16）『親信卿記』の引用には、財団法人陽明文庫編『平記・大府記・永昌記・愚昧記』〈陽明叢書一七　記録文書篇　第六輯〉（思文閣出版　一九八八年）及び佐藤宗諄先生退官記念論文集刊行会編『『親信卿記』の研究』（思文閣出版　二〇〇五年）を参照した。

（17）古谷紋子「平安時代の童殿上―小舎人・蔭孫・殿上簡―」（『駒沢史学』五一　一九九八年）。

（18）島田武彦『近世復古清涼殿の研究』（思文閣出版　一九八七年）一六七頁に掲載された殿上間見取図が参考になる。

（19）吉川真司「平安時代における女房の存在形態」（『律令官僚制の研究』塙書房　一九九八年、初出一九九五年）。

（20）田島公「女房簡」（『日本史大事典』五　平凡社　一九九三年）。

（21）院の昇殿制については、白根靖大「院政と昇殿制―院政系列の秩序体系の形成―」（『中世の王朝社会と院政』吉川弘文館　二〇〇〇年、初出一九九四年）参照。

（22）月奏については、佐藤全敏「宮中の「所」と所々別当制の成立」（注（6）前掲書、初出一九九七年）参照。

（23）例えば『中右記』嘉保元年（一〇九四）正月五日条の叙位記事の人名の後に「殿上簡二」とあるのは、殿上簡の一番目（上段）に記名されることを示すと思われる。

（24）『禁秘抄』はこの後に「上古、公卿十五六人時、殿上人及二百人一、貞観・寛平比」と続くが、これは「半殿上」を含めた数と思われ、実質的な昇殿者は『西宮記』に見える付簡人数（三〇人に童子一〇人と「一両人之余剰」を加えた計四二人）の他に昇殿が許可される親王・公卿等を合わせて五〇人程度と見られる（渡辺直彦「蔵人所の研究」『日本古代官位制度の研究』増訂版　吉川弘文館　一九七八年、初出一九七〇年）。

(25)『権記』寛弘四年（一〇〇七）五月十一日条に「参レ吉、南申文、参レ内」とあり、傍書「吉」は「結」の略号と思われる（史料纂集本の頭注にも同様の指摘がある）。なお、六日甲寅の右の傍書は史料纂集本で「木」と翻刻されるが、伏見宮本『行成卿記（権記）』（函架番号　伏―三）の紙焼き写真により、「不」に改めた。左の傍書には「吉」とあり、日記本文に「晩景自二中書宮（具平親王）一有レ召、仍参」とあることから、この日行成は結政所に参向したが、参内はしなかったものと推測される。

(26)『建武日中行事』には「簡の三段に、名のしたにおしたるかみをはなちがみといふ。その紙に、名の下にまゐりたるものをば、日をかく。午とも未ともかくなり」とあり、平安期とほぼ同様の方法を示す（引用は、和田英松註解・所功校訂『建武年中行事註解』講談社学術文庫　一九八九年に拠る）。

(27) 東山御文庫本『日中行事』では、殿上名対面を亥二刻とする。

(28) 原則として「宿侍」「候宿」は一般的な上夜、「参籠」「籠居」「籠候」等は参籠と判断するが、参籠にも「候宿」が使用されるなど、厳密に区別できない場合がある（野口注(12)前掲論文）。

(29) 廣田いずみ「平安貴族社会における物忌について」（『お茶の水史学』三九　一九九六年）。

(30) 三和礼子「物忌考」（村山修一他編『陰陽道叢書一　古代』名著出版　一九九一年、初出一九五六年）。

(31) 橋本万平『日本の時刻制度』増補版（塙書房　一九七八年）。

(32)「侍永籍簡書」の性格は不明だが、『拾芥抄』中に「自二正月一至二八月一辰四点　自二九月一至二十一月一巳二点已上殿上日給剋限見二蔵人式一。」とあり、蔵人式との関係がうかがえる。

(33) 渡辺注(24)前掲論文、所注(11)前掲論文。

(34) 吉川真司「申文刺文考」（注(19)前掲書、初出一九九四年）。以下の政務の次第はこれに拠る。

(35) 早川庄八「起請管見」（『日本古代の文書と典籍』吉川弘文館　一九九七年、初出一九八九年）。

(36) ここで言う「除籍」は「恐懼」「勘事」と同様、天皇に近侍する者を参内の停止等により天皇を中心とする一定の空間から疎外することを意味するもので、解官・停任といった官職の停止とは異なる（長谷山彰「「恐懼」「除籍」等の慣習的制裁と官人統制」『律令外古代法の研究』慶應通信　一九九〇年、初出一九八九年）。

(37)『権記』及び『御堂関白記』同日条にも同内容の記事がある。

(38)東山御文庫本『日中行事』毎月事の三日の月奏にも「先蔵人仰二各本所一、取二集所々月奏一。殿上并陪膳記（後略）」とある。

(39)九条家本『左経記』（宮内庁書陵部所蔵）の写真帳（東京大学史料編纂所架蔵、請求記号　六一七三―六八）により一部字を改めた。

(40)日々の日給によって厳密に上日が把握されるのは、主として蔵人を含む四位・五位の殿上人で、三位以上の公卿らについては必ずしもその対象ではなかった。『台記』仁平元年（一一五一）二月十日条所引の天長元〔二カ〕年十二月九日外記日記には、大納言藤原緒嗣が病身のため愛宕第に蟄居していたのを、宮城近辺に曹司を与えて遷らせたが、その際の上日の記録について明法博士興原敏久に問うたところ、「雖レ不レ出二官庁一、在二曹司一釐二政事一。与二上日一、於レ事無レ妨」として一月あたり二五日を限度に上日としたという記事がある。元慶期以降には宮内に大臣曹司が置かれたと見られ（鈴木琢郎「大臣曹司の基礎的研究」『古代文化』五九―一　二〇〇七年）、摂関・大臣・大納言等は内裏に直廬を与えられることもあり、緒嗣の例の如くそこへの出仕が上日と見なされたとも推測され、殿上間で行われる日給には関わらなかった可能性がある。

(41)古瀬注(15)前掲論文。

(42)『類聚符宣抄』第十・延暦十一年十月二十七日宣旨。

(43)橋本義則「「外記政」の成立」（『平安宮成立史の研究』塙書房　一九九五年、初出一九八一年）。

(44)『類聚符宣抄』第七所収。

(45)紀文利は、応和元年から康保三年まで蔵人であったことが確認でき（市川久編『蔵人補任』続群書類従完成会　一九七九年）、藤原雅材が蔵人であったことが確認できるのは応和三年九月十二日までだが（山口博『王朝歌壇の研究　別巻蔵人補任』桜楓社　一九七九年）、宣旨が出された時点でも正六位上であることからして、未だ蔵人であったと思われる。

(46)野村忠夫『律令官人制の研究　増訂版』（吉川弘文館　一九七〇年）。

(47)吉川真司「律令官人制の再編過程」（注(19)前掲書、初出一九八九年）。

(48)高田淳「「巡爵」とその成立―平安時代的叙位制度の成立をめぐって―」（『國學院大學紀要』二六　一九八八年）。

(49)『類聚符宣抄』第七所収。

(50) 史料の引用は、西尾市岩瀬文庫所蔵『言談抄』（分類番号二〇―七六―一）の紙焼き写真及びそれと同内容を持つ東山御文庫所蔵『秘記』（勅封二九―七）のデジタル画像〔補注〕に拠るとともに、山崎誠「西尾市立図書館岩瀬文庫所蔵「言談抄」について」（『広島女子大国文』二　一九八五年）の翻刻を参照した。なお、『言談抄』のテキストには、早稲田大学図書館所蔵『先秘言談抄』も存在する（田島公「早稲田大学図書館所蔵『先秘言談抄』の書誌と翻刻―三條西家旧蔵本『言談抄』の紹介―」田島公編『禁裏・公家文庫研究』第四輯　思文閣出版　二〇一二年）。

(51) ニールス・グリュベルク「岩瀬文庫所蔵『言談抄』と大江匡房」（『国語と国文学』六六―一〇　一九八九年）。なお、山崎注(50)前掲論文は『言談抄』を全四三話（段）とするが、グリュベルク氏が訂正されたように、全四五話（段）とするのが正確である。このことは、東山御文庫所蔵『秘記』との対照により確かめられる。詳細については、田島公「祈年祭料の「白猪」と近江国―『言談抄』第二一話をめぐって―」（朧谷壽・山中章編『平安京とその時代』思文閣出版　二〇〇九年）参照。

(52) 五味文彦「『言談抄』の成立と大江匡房」（『中世社会史料論』校倉書房　二〇〇六年）。

(53)『権記』によると、藤原行成は寛弘二年十二月十一日から十八日まで、十一月の内裏焼亡によって神鏡が焼損した旨を奉告する使として伊勢に参向したが、この月の末尾に付された上日記録では、その間は上日扱いになっていることが確認できる。殿上人が種々の使に赴いていたことについては、岡田荘司「王朝国家祭祀と公卿・殿上人・諸大夫制」（『平安時代の国家と祭祀』続群書類従完成会　一九九四年、初出一九九〇年）参照。

(54) これとほぼ同様の話が藤原重隆（一〇八六～一一一八）の著した『蓬莱抄』の奥書に存在する。ただし奥書は重隆の筆ではなく転写の際の加筆であり、その時期は最初の奥書に記された文永八年（一二七一）七月かそれ以前であるという（グリュベルク注(51)前掲論文参照）。

(55) 保立道久「内裏清涼殿と宮廷説話」（『物語の中世―神話・説話・民話の歴史学』東京大学出版会　一九九八年、初出一九九六年）。

(56) 今正秀「王朝国家宮廷社会の編成原理―昇殿制の歴史的意義の再検討から―」(『歴史学研究』六六五　一九九四年)。
(57) 吉川真司「王宮と官人社会」(上原真人他編『列島の古代史3　社会集団と政治組織』岩波書店　二〇〇五年)。

[補注]

東山御文庫収蔵史料のデジタル画像は、平成一九～二三年度科学研究費補助金(学術創成研究費)「目録学の構築と古典学の再生―天皇家・公家文庫の実態復原と伝統的知識体系の解明―」(研究代表者　田島公)の成果によるものであり、著者は当該プロジェクトのＲＡ(リサーチ・アシスタント)としてデジタル画像の目録作成及び原本調査等を行った。史料の調査ならびに使用を許可してくださった宮内庁侍従職に深謝申し上げる。

第三部　儀礼の構造と君臣秩序

小序　古代饗宴儀礼研究の意義とその視角

王宮において行われる日々の政務とともに、決められた期日に定期的に行われる節会などの宮廷儀礼も、古代における「まつりごと」として包括することができる。近年、古代の儀式研究は微細を極め、これまでに様々な行事の次第や意義が明らかにされている。古代国家における儀礼の主たる目的は国家の観念的秩序を顕現・再確認することであり、個々の儀式は国家の秩序を存続させるための実践である(1)。よって、儀式の実相を読み解くことは、そこに反映される日本の古代国家が志向した支配理念・秩序観念を明らかにすることにつながると考えられる。

儀礼研究の視角は多々あるが、本書では古代の宮廷儀礼を構成する要素のうち、「饗宴」と「奏楽」に着目する。両者は時代や洋の東西を問わず、儀式を成り立たせるための重要な構成要素として存在し続けるものであり、儀式の実相に迫るための重要な手がかりになると考えるからである。

秩序形成としての国家的儀式を考える場合、第一に天皇即位儀礼・元日朝賀、あるいは受蕃国使表などの外交儀礼を議論の俎上に載せるべきかもしれない。これらは『延喜式』で「大儀」に分類されており(2)、大規模な国家的儀式として位置付けられるものである。なかでも、即位儀や外交儀礼が臨時の行事であるのに対し、原則的には毎年行われる元日朝賀の重要性は言を俟たない。元日朝賀儀は天皇を頂点とし、理念的には全官人・天下公民に至る全ての階層を対象とする支配秩序と社会的関係を可視的に示すための毎年の恒例行事であり(3)、律令制に基づく儀礼体系における最上級の儀式と位置付けられる。ところが、原則として毎年行うべき朝賀儀は、九世紀半ば以降挙行されなくなる。(4) そして大規模な朝賀に代わって、内裏での小朝拝が成立する。この変化の主な要因は、すでに指摘されているように、平安時代には公卿・殿上人・蔵人といった天皇との私的関係性が強い政治機構の台頭と相俟って、儀礼空間としての内裏の重要性が高まり、(5) 内裏を中心とする新たな儀礼体系が構築されたことに求められよう。朝賀が衰退・廃絶に向かう一方、元日節会をはじめとする七日の白馬節会・十六日の踏歌節会等の正月の饗宴儀礼は、平安時代を通じて挙行され続け、儀式書にもその次第が詳細に記される。朝賀は停止するが元日節会あるいは七日・十六日の節会は行うという事例はすでに八世紀から散見されるのであり、この現象は古代国家における節会の重要性を物語っている。このことから、中国の儀礼に倣った律令制的儀式よりも、節会――すなわち饗宴儀礼にこそ、日本的「儀式」の本質が潜んでいると言えるのではなかろうか。

日本の節会は、従来行われていた節日の行事を、唐における「会」（朝廷行事に付属する宴会）の概念を『大唐開元礼』を参考に再編したもので、弘仁期までにはその運営システムが成立していたという。(6) また唐では節日は休日とされ、朝廷での賜宴に出席しても出勤とは見なされなかったのに対し、日本では節会の参加は官人としての勤務の一環であり、それに対する報酬として節禄が賜与された。(7) この相違は、日本における政務と饗宴との密接な関係を示している。

上記の観点から、はじめに第一章・第二章では王宮で行われた饗宴儀礼を取り上げる。古代において政務と饗宴とが密接に結び付いていたことは、九世紀以降内裏で行われた旬儀が旬政（政務）と旬宴（宴会）から構成されることからもうかがえる。天皇聴政の場だけでなく公卿聴政の場においても、外記庁に南接する侍従所で行われる南所申文では公卿が食事をとりつつ聴政を行っており、八世紀には太政官庁の朝所でも同様のことが行われたと見られている。[8] このように、天皇―太政官という意志決定の各段階において共食を通じて政治的総意を確認するという行為があり、政事における上下の共食は、神今食に代表される祭事における神と人との共食とともに、古代政治の特徴的なあり方を示している。[9] すなわち、「共食」は政務・儀礼の重要な構成要素であり、古代の政治構造を明らかにするためには、朝政形態と並行して饗宴形態についても検討を加える必要があると考える。[10]

〈注〉

(1) 藤森健太郎「研究の意義と方法」(『古代天皇の即位儀礼』吉川弘文館　二〇〇〇年)。

(2) 『延喜式』左右近衛府条・左右衛門府条・左右兵衛府条。

(3) 藤森健太郎「日本古代元日朝賀儀礼の特質」(注(1)前掲書、初出一九九一年)。

(4) 藤森健太郎「元日朝賀儀礼の衰退と廃絶」(注(1)前掲書)。

(5) 古瀬奈津子「平安時代の「儀式」と天皇」(『日本古代の王権と儀式』吉川弘文館　一九九八年、初出一九八六年)。

(6) 古瀬奈津子「格式・儀式書の編纂」(注(5)前掲書、初出一九九四年)。なお、古瀬氏は平安初期に節日饗宴が再編されるにあたって「節会」の語が造語されたとするが、節会の語自体はすでに『令集解』儀制令儀戈条の古記に見える(「問、儀戈、節会之日令レ取以不。答、元日於二朱雀一陳二列飾馬一許。立二藤原左右大臣儀戈一、奏聞自二兵庫一下充。還上者不レ知也」)。

(7) 古瀬注(6)前掲論文。

(8) 吉川真司「申文刺文考」(『律令官僚制の研究』塙書房　一九九八年、初出一九九四年)。さらに、吉川氏は「共食」に関して、古代寺院での共食儀礼は寺僧集団の秩序を維持させるものであり、寺院の食堂が僧侶集団の共同性を体現するための重要な儀礼空間であったとする。それと同様に、律令官司でも食所における日々の共食儀礼が官人相互の「共知」という連帯責任主義に基づく官司の共同性を支えるものとして機能していたことを指摘する(吉川真司「古代寺院の食堂」栄原永遠男・西山良平・吉川真司編『律令国家史論集』塙書房　二〇一〇年)。王宮内における日常的な共食行為の意義については、芳之内圭「日中行事「殿上台盤事」について」（『ヒストリア』二四七　二〇一四年）でも触れられている。これによれば、平安宮内裏の清涼殿・殿上間において蔵人や殿上人に天皇の御膳の一部を下賜する「殿上台盤」が、天皇と殿上人との人格的関係を強化する機能を有していたとされる。このように、古代における共食行為は臨時の儀式だけではなく、日常政務の遂行の上でも重要な意味を持つものであった。

（9）井上亘「天皇の食国」（『日本古代の天皇と祭儀』吉川弘文館　一九九八年）。

（10）「共食」行為は『日本書紀』雄略十四年四月甲午朔条に「天皇欲レ設二呉人一、歴二問群臣一曰、其共食者誰好乎。群臣僉曰、根使主可。天皇即命二根使主一為二共食者一。遂於二石上高抜原一饗二呉人一」、推古十八年（六一〇）十月乙巳条に「饗二使人等於朝一。以二河内漢直贄一為二新羅共食者一。錦織首久僧為二任那共食者一」とあるように、外交儀礼の場でも重要な意味を持っていた。『延喜式』太政官・蕃客条にも蕃客の入朝にあたって「供食使」二人が任命され、同じく治部省・蕃客条にも「共食」二人が「掌下饗日各対二使者一飲宴上」と規定されていることから、平安期にも外交使節との「共食」が外交儀礼中の重要な要素として存続していたことが看取される。

このように、外交使節への饗宴儀礼も王宮での饗宴を考えるにあたって重要な課題ではあるが、後の章で取り上げる史料に明らかなように、群臣との節日の饗宴が外交使節への饗宴も兼ねて行われている場合が少なくないため、両者は節日の饗宴儀礼として包括できる。また、本書では天皇と官人との君臣間の儀礼に主眼を置くことから、外交儀礼そのものの分析には立ち入らない。なお、外交儀礼における饗宴・共食については、浜田久美子「『延喜式』にみえる外国使節迎接使」（『日本古代の外交儀礼と渤海』同成社　二〇一一年、初出二〇〇二年）、同「日本古代の外国使節への饗宴儀礼」（『国史学』二〇八　二〇一二年）に詳しい。

第一章　古代王宮の饗宴儀礼――「共食」儀礼の意義をめぐって――

はじめに

奈良時代の儀式については、平安時代のような儀式書が残されていないため、その具体的様相を知ることは難しい。しかしながら、近年の発掘調査の進展により、儀式が行われる場をより具体的に考察することが可能となりつつある。本章では、文献史料と遺跡の発掘成果とをあわせて政務・儀礼空間を実証的に把握しようとする視点から、近年宮室構造の解明が進められている平城宮における饗宴儀礼について考察する。(1)

古代において儀式とは、定期的に行うことによって人間関係を確認し、秩序を保持・再生産するという役割を持っていた。(2)宮において天皇と支配階級とが決められた日時に饗宴を催すことには、天皇と支配者集団との関係性を強め、支配権力を強化するという意味があったものと理解される。

石母田正氏は、前近代国家における支配階級が、機構や制度を媒介とする結合と人格的・身分的従属関係を媒介とする結合という二重の形態で結集することを論じたが、(3)饗宴は後者の関係性の構築に関わるものであるといえる。また、節会や臨時の宴会は、天皇と政治的特権・指導性を持つ五位以上官人とを人格的に結び付ける場として重要なものであったことが、吉川真司氏によって指摘されている。(4)このように、饗宴という行事は、(5)支配者集団の人格的結合を強めるという効果を持っており、宮廷社会における天皇と官人との人格的関係を考える手がかりとなる。

本章では、古代の宮で行われた饗宴を、主としてそれが執り行われた場に着目して考察する。饗宴儀礼の実施形態を具体的に分析することによって、天皇と官人との人格的関係、及び八世紀の宮における儀礼のあり方を解明する一助としたい。

第一節　饗宴儀礼の成立とその機能

（一）饗宴の発生と共食の作用

最初に、饗宴という儀礼の持つ意味と機能について確認しておきたい。歴史学において饗宴（banquet／feast）とは、「主客の社会的相互作用にもとづく、酒食に重点がおかれる共食の慣行」と定義付けられている。(6)日本においては、例えば『常陸国風土記』筑波郡条の神祖尊の説話に見えるような、遠来の神である「マレビト」を饗応する「マツリ」（物を神に献上する儀式）が饗宴の原型とされる。(7)そして、文化人類学において「宴」とは、「飲食物というシンボルを、形式的にせよ、自由奔放にせよ象徴的に飲食し、「主」と「客」の対応の中に荘厳性（solemn）をつくる、あるいはうちとけた状況（festivity）をつくるというあらわれ」と説明されるように、(8)饗宴の中心的要素は共同飲食行為であった。また、饗宴では贈り物がやりとりされる場合が多いが、贈与交換は人格的結合を成立させる機会でもあった。(9)すなわち、饗宴は共同飲食と贈与交換を通じて主客双方の関係性を深める場として機能するものと定義されよう。それでは、日本の古代において饗宴はどのように始まり、いかなる意味を持ち、やがて宮廷儀礼へと発展していったのだろうか。

飲食物をやりとりすることに関しては、『日本書紀』神武即位前紀甲寅年に次のような話がある。

其年冬十月丁巳朔辛酉、天皇親帥二諸皇子・舟師一東征。（中略）行至二筑紫国菟狭一。菟狭者地名也。此云二宇佐一。時有二菟狭国造祖一、号曰二菟狭津彦・菟狭津媛一。乃於二菟狭川上一、造二一柱騰宮一而奉レ饗焉。一柱騰宮、此云二阿斯毘苔徒鞅餓離能宮一。是時、勅以二菟狭津媛一、賜二妻之於侍臣天種子命一。天種子命、是中臣氏之遠祖也。

これによれば、神武が筑紫へ赴いた時、宇佐国造の祖であるウサツヒコ・ウサツヒメが川上に一柱騰宮を造り、そこで神武に饗を献じたという。

また『古事記』景行段には、

自二其国《（甲斐）》一越二科野国一、乃言二向科野之坂神一而、還二来尾張国一、入二坐先日所レ期美夜受比売之許一。於レ是、献二大御食一之時、其美夜受比売、捧二大御酒盞一以献。

とあり、ヤマトタケルが尾張国に至り大御食を献上された時、国造の祖ミヤズヒメが大御酒盞を献じたことが描かれている。

天皇や皇子に対して飲食物を供献する話は、天皇による征服行為や地方豪族の服属に関する文脈の中で語られることが多い。これらの記事は、岡田精司氏によって①降伏した部族の首長が献げるもの、②征服以外の場合に地方豪族が献げるもの、③異族視された種族の貢上という三類型に分類され、いずれも服属を示すために饗宴を設けるという風習が後に説話化したものであると指摘されている(10)。

また『播磨国風土記』讃容郡条には、

邑宝里土中上。弥麻都比古命、治レ井飡レ糧、即云、吾占二多国一。故曰二大村一。治レ井処、号二御井村一。

とあって、統治者が食事を供献されることと、その土地の支配とが密接に関係することがうかがえる。これらの説話から、大化前代においては政治的下位者から政治的上位者へ食物を献じることで服属を表現し、また統治者が国土の生産物を食す、あるいはその土地で食事をすることがその国の支配を象徴的に表していたことが知られる。この観念を背景としているのが、即位宣命などにしばしば見られる「食国（をすくに）」という言葉である。(11)

このような食物供献儀礼は、新嘗祭と結合した「ニイナメ＝ヲスクニ儀礼」という宮廷儀礼として整備され、やがて大嘗祭へと定着していったとされる。(12)すなわち、支配―隷属関係の構築において、その媒介物となる食事が提供される場が饗宴であり、古代の宮における饗宴は、食物供献儀礼の発展した形式であるといえよう。

（二）史料に見える「饗」と「宴」

饗宴儀礼は、史料上「饗」あるいは「宴」の字を以て表される。字義として、「饗」には飲食物によって人をねぎらうという意味がある。(13)『日本書紀』推古十六年（六〇八）八月丙辰条には、「饗二唐客等於朝一」とあり、唐（事実は隋）使の裴世清を饗応したことが見え、同じく斉明元年（六五五）七月己卯条に、「於二難波朝一、饗二北北越蝦夷九十九人、東東陸奥蝦夷九十五人一。并設二百済調使一百五十人一」とあるように、「饗」には遠方からやって来た者に対するねぎらいという意味とともに、服属儀礼的な要素があることがわかる。

一方「宴」は、人が集まって憩い楽しむという意味を持つ。(14)例えば『日本書紀』天武十年（六八一）正月丁丑条に「天皇御二向小殿一而宴之。是日、親王・諸王、引二入内安殿一。諸臣皆侍二于外安殿一。共置酒以賜レ楽」と見えるように、酒や奏楽・舞などの遊興的要素を伴うという傾向がある。

史料において饗宴が「饗」と「宴」に区別されて記載されることに関しては、天皇の出御が関係すると考えられている。九世紀の外交儀礼において外国使節に対する二度の宴会のうち、天皇が出御する豊楽院での一度目の宴会は正史で「宴」と表記されるのに対し、朝集堂での二度目の宴会は「饗」と称され、この時天皇は出御しないという。(15)この指摘を受けて、奈良時代の元日節会を考察された西本昌弘氏は、天平年間を中心として天皇の出御する中宮や内裏に同席して酒食を賜るのを「宴」、天皇の出御のない朝堂などで酒食を賜るのが「饗」と区別できるとされた。(16)本章も基本的にはこの見解を踏襲するものである。

なお、平城宮期を通じて天皇と五位以上官人との親睦儀礼が「宴」で、六位以下との支配確認儀礼が「饗」とされる傾向があり、そのような対象者の差別化には、貴族層に対して宴と饗を使い分けることによってその支配性と一体性とを効果的に演出しようとする八世紀王権の専制性が反映されているという指摘がある。(17)「宴」と「饗」それぞれの行事の性格については、確かにそのような傾向が看取されるが（付表参照）、儀礼の場所や対象者の規則性を考察するにあたっては、平城宮内の改作や宮室構造の時期的な特徴を考慮する必要がある。加えて、八世紀を考える上で基本の史料となる『続日本紀』の編纂過程は複雑であり、また年中行事は基本的に変更のあった場合などに限って特記され、通常は記載しないのが原則であるため、(18)このような史料的性格にも留意する必要があるだろう。そこで次節においては、先行研究と近年の都城の発掘成果の知見をふまえた上で『続日本紀』の記事を検討し、儀礼の様相をより具体的に考えていくことにする。

第二節　八世紀宮室の饗宴形態

（一）藤原宮期

平城宮の饗宴について考察する前に、その前段階である藤原宮での饗宴について概観しておきたい。

藤原宮は、持統八年（六九四）から和銅二年（七〇九）までの宮室である。中国都城の建築様式を本格的に採用し、天皇の代を超えた初めての恒久的な宮室として建設され、外観の面でもこれまでの宮とは一線を画する壮麗な宮であった。宮城の中心には天皇の独占的空間である大極殿と、それに対する臣下の場である朝堂が方形に設けられ[19]（図1参照）、その構造は天皇を頂点とする律令支配体制の権威を視覚的に示す機能を果たしたと考えられている。

藤原宮における饗宴儀礼の事例を見てみると、『日本書紀』持統九年（六九五）正月丙戌条（七日）には「饗二公卿大夫於内裏一」、同年正月乙未条（十六日）に「饗二百官人等一」、持統十年（六九六）正月庚戌条（七日）には「饗二公卿大夫一」、同年正月己未条（十六日）に「饗二公卿・百寮人等一」、そして持統十一年（六九七）正月甲辰条（七日）には「饗二公卿大夫等一」、同年正月癸丑条（十六日）に「饗二公卿・百寮一」とあるように、正月の七日と十六日に臣下との饗宴を行うことが定着している。これは律令制の本格的導入とともに養老令の雑令諸節日条に見える中国的な「節日」という概念が取り入れられたことに伴い[20]、天皇と臣下との定期的な儀礼が整備されたことを示している。藤原宮において初めて〈大極殿―朝堂〉という本格的な儀礼空間がつくられ、官人が一斉に列立するこ

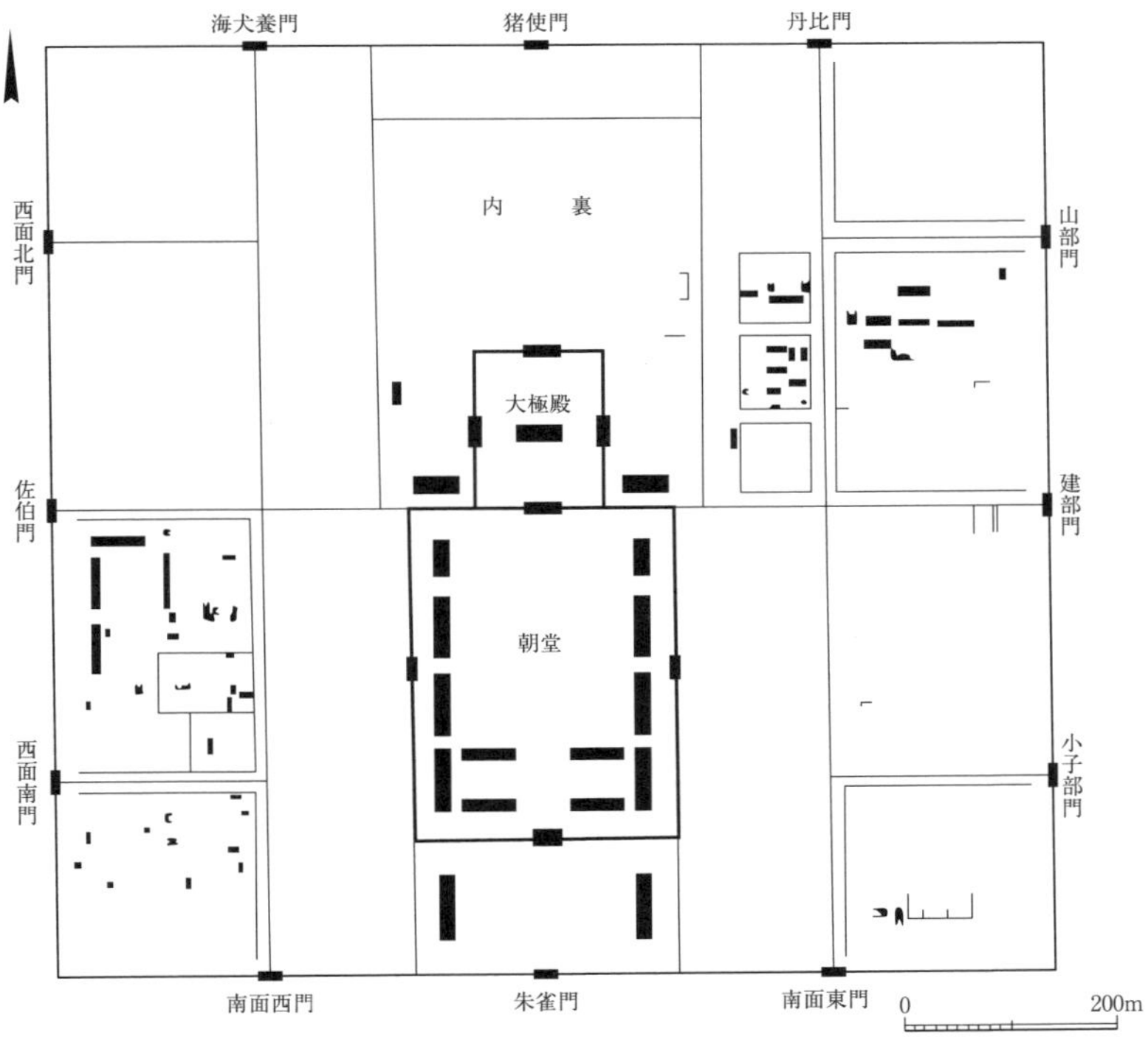

図1　藤原宮の構造（小澤毅『日本古代宮都構造の研究』青木書店　2003年をもとに作成・加筆）

とが可能になったことにより、節日に宮において下級官人をも含む「百官」に大々的に酒食を供する行事が成立したのである。[21] 続いて、『続日本紀』では饗宴のより具体的な内容を知ることができる。

『続日本紀』大宝元年（七〇一）正月庚寅条には、

宴二皇親及百寮於朝堂一。直広弐已上者、特賜二御器膳并衣裳一。極レ楽而罷。

同じく大宝元年六月丁巳条には、

引二王親及侍臣一、宴二於西高殿一。賜二御器膳并帛一各有レ差。

とあり、両饗宴では参加者に「御器膳」が下賜されている。養老公式令闕字条には、文書上闕字にすべき語句として「御。謂、斥二至尊一。」とあり、

「御」は天皇を意味する。また、「器」はうつわ、「膳」は料理した食物を意味するから、「御器膳」は天皇の使用するものと同じ器に盛った食事ということになる[22]。すなわち、その場で食す料理を賜り、天皇との共食が行われたと解釈することができる。朝堂かその他の殿舎かといった場の違いはあっても、このような饗宴の場での膳の下賜は、平城宮においても引き続き行われていたと思われる。

(二) 平城宮前半期

平城宮は、聖武朝における恭仁宮・難波宮・紫香楽宮への遷移と平城への還都に伴って大規模な改作が行われたため、還都した天平十七年(七四五)を境として前半期・後半期に分けて考察する。まずは平城京遷都後の和銅三年(七一〇)から天平十七年までの平城宮前半期を考察対象とする。

平城宮には遷都当初から中枢部に二つの朝堂空間が並立し、東面の北四分の三が東に張り出すという特異な構造を持つ(図2参照)。そして朱雀門の北に位置する中央区には礎石建ちの〈大極殿—朝堂(四堂)〉が、壬生門の北の東区には掘立柱による〈宮殿(大安殿ヵ)—朝堂(十二堂)〉が建てられ、その北方には内裏が存在した[23]。中央区・東区という大規模な二つの朝堂空間が並び建てられたのは、東区には藤原宮から継承した朝参・朝政のための空間を、中央区には儀式と饗宴を重視した新しい構造の大極殿と朝堂を建設して、機能的な分担を図ったためと考えられている[24]。

では、遷都当初の饗宴はどこで行われていたのだろうか。『続日本紀』霊亀元年(七一五)正月己亥条(十六日)には「宴㆓百寮主典以上並新羅使金元静等于中門㆒」と見える。これは正月十六日の節日饗宴の記事である。遷都直前の和銅三年(七一〇)正月丁卯条(十六日)では「天皇(元明)御㆓重閣門㆒、賜㆓宴文武百官并隼人・蝦夷㆒」とあり、

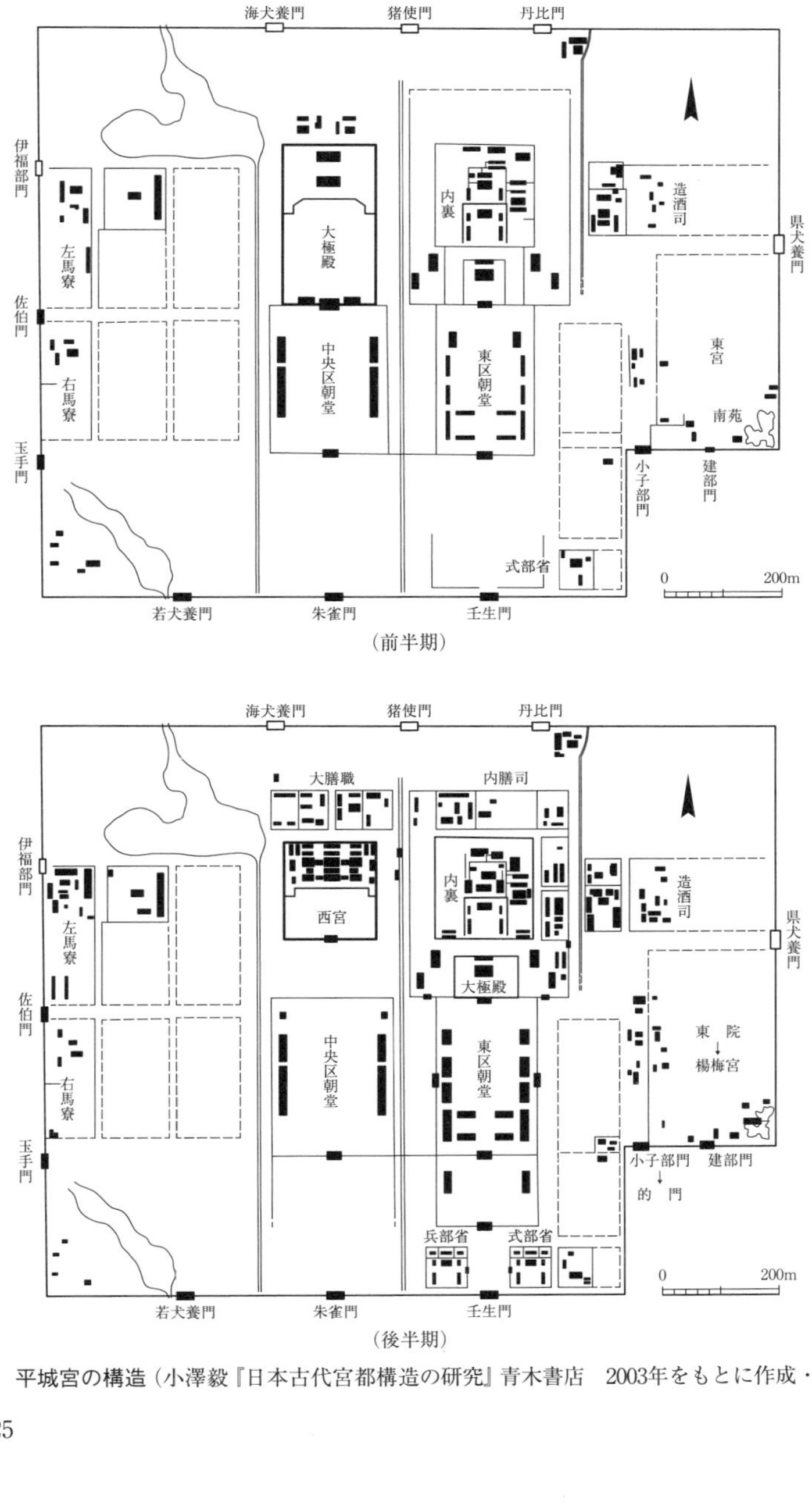

図２　平城宮の構造（小澤毅『日本古代宮都構造の研究』青木書店　2003年をもとに作成・加筆）

「重閣門」は藤原宮内の大極殿南門を指す可能性が高いことから、藤原宮と平城宮という違いはあるものの、霊亀元年正月己亥条の「中門」も中央区朝堂の大極殿南門を指すと推測される。[25]〔補注〕平城宮の大極殿については、中央区大極殿院南面築地回廊の基壇造成前に、この区画に搬入された黒色砂質土の整地土から出土した木簡の中に和銅三年の年紀を持つものがあることから、平城遷都当初大極殿は未完成で、中央区の大極殿が完成・使用されるのは霊亀元年の元日朝賀以降と見られている。[26]その霊亀元年正月甲申朔条では、

天皇《(元明)》御二大極殿一受レ朝。皇太子始加二礼服一拝朝。陸奥・出羽蝦夷并南嶋奄美・夜久・度感・信覚・球美等来朝各貢二方物一。其儀、朱雀門左右、陣二列皷吹・騎兵一。元会之日、用二鉦鼓一自レ是始矣。

とあるように、朱雀門の使用が明記されていることから、元日朝賀が完成直後の中央区で行われたことが判明する。このように、外国使節や夷狄を交えての儀礼には礎石建ちの殿舎を構える中央区を使用していたことがわかる。

それに対して、天皇と官人との節日の饗宴は東区で行われたものと見られる。なぜなら『続日本紀』神亀元年（七二四）十一月辛巳条に、

宴二五位已上於朝堂一。因召二内裡一、賜二御酒并禄一。

と見え、五位以上官人が朝堂での宴の後に内裏に召されて御酒と禄を賜ったとあることから、この記事の「朝堂」は内裏南方の東区朝堂であると判断できるからである。また天平五年（七三三）正月庚子朔条には、

天皇《(桓武)》御二中宮一宴二侍臣一。自余五位已上者、賜二饗於朝堂一。

とあり、「中宮」は内裏と東区下層正殿（大安殿カ）を含む内裏外郭全域を指すと推定されるため、[27]侍臣以外の五位以上官人は東区の朝堂に会集したと解釈できよう。

後掲の付表によれば、平城宮前半期の主な饗宴の場としては、朝堂・中宮・南苑[28]・松林苑があり、参加者は概ね五位以上に限られ、その中でも近臣は天皇の出御する中宮や南苑に召される場合が多く、それ以外の五位以上官人は朝堂に会集した。その際、外国使節や夷狄を迎えての儀礼には中国都城を模した中央区朝堂を、天皇と官人との君臣間での儀礼には東区朝堂が使用されたと考えられる。

（三）平城宮後半期

続いて、恭仁・難波・紫香楽への遷居を経て平城に還都した天平十七年（七四五）五月から、長岡に遷都する延暦三年（七八四）十一月までの平城宮後半期について考察する。平城宮は前半期と後半期では宮の構造が大きく変化する。当初中央区北区画に建設された大極殿は、恭仁京遷都の際に礎石とともに恭仁宮に移建され、平城還都後はもとの中央区ではなく、東区の内裏南方に改めて建設されることになった。それと同時に東区全体の大改造が行われ、掘立柱建物を廃して礎石建ちの建物に建て替えられた。この構造の変化に伴って、それまで中央区で行われていた儀式なども東区で行われるようになったと見られている。

東区の建て替えの時期については諸説あるが、①孝謙天皇が天平勝宝元年（七四九）七月甲午に大極殿で即位したのち、天平勝宝年間（七四九〜七五七年）には元日朝賀等の儀式において大極殿が使用された記事が見えないこと、②孝謙天皇が即位後平城宮を離れて大郡宮に滞在し、同年十一月乙卯の大嘗祭を南薬園新宮で行っていること、③淳仁天皇即位前年の天平宝字元年（七五七）七月庚戌に、東区朝堂を指す「太政官院」[29]が初見することなどから、天平勝宝年間が工事期間に当たり、この期間内に東区に新たな〈大極殿―朝堂〉空間が建設・完成したと考えられるという[30]。当該期間の饗宴は南院・中務南院・東院などで行われており、〈大極殿―朝堂〉区画を使用したことを明確に示す史料はない。天平勝宝三年（七五一）正月庚子条において踏歌が「大極殿南院」で行われたとあるのも、大極殿が建設のために存在しなかった期間を考える上で示唆的である(31)。

また、大極殿を失った中央区は、還都後しばらく実質的な機能停止状態であったと見られ、天平宝字年間（七五七〜七六五年）には称徳天皇の居所と見られる「西宮」が北区画に登場する。南区画には依然として四朝堂が残ってはいたが、西宮は居住空間としての色彩が濃いこともあり、中央区は大極殿が存在した頃とは根本的に性格を異にするという(32)。

平城宮後半期の饗宴では、宝亀年間以降は内裏の事例が増加する傾向が見られるが、主たる饗宴の場は前半期と同様、朝堂・南苑などである。『続日本紀』天平宝字二年（七五八）十一月癸巳条の淳仁天皇の大嘗会の記事では「御二閤門一、宴二於五位已上一。賜レ禄有レ差」とあり、閤門は大極殿院の門を指すから、五位以上官人との宴は東区で行われたと見られる。

続いて天平宝字七年（七六三）正月を見ると、庚戌条の七日節会では、

帝（淳仁）御二閤門一、授二高麗大使王新福正三位、副使李能本正四位上、判官楊懐珍正五位上、品官着緋達能信従五位下一。余各有レ差。賜二国王及使傔人已上禄一、亦有レ差。宴二五位已上及蕃客一。奏二唐楽於庭一。賜二客主五位已上禄一各有レ差。

とあり、庚申条の十六日節会（実際の日付は十七日）には次のように見える。

帝御二閤門一、饗二五位已上及蕃客、文武百官主典已上於朝堂一。作二唐・吐羅・林邑・東国・隼人等楽一。奏二内教坊踏歌一。客主々典已上次レ之。賜下供二奉踏歌一百官人及高麗蕃客綿上有レ差。

両日とも天皇が閤門に出御していることから、節日の饗宴は大極殿のある東区朝堂で行われていることがわか

る。

また、宝亀九年（七七八）正月戊申朔条には、

廃朝。以皇太子枕席不安也。是日、宴次侍従已上於内裏。賜禄有差。自余五位已上者、於朝堂賜饗焉。

と見え、内裏との場所の連続性から見て、君臣間での饗宴には引き続き東区が使用されていると考えられる。さらに、延暦二年（七八三）正月乙巳条には、

饗大隅・薩摩隼人等於朝堂。其儀如常。天皇（桓武）御閤門而臨観。詔、進階賜物各有差。

とあり、天皇の閤門出御が明記されていることにより、夷狄への饗応も東区で行われていることが明らかとなる。延暦三年（七八四）正月戊子条（十六日）に見えるような「宴五位已上於内裏、饗百官主典已上於朝堂」という場合の「朝堂」も、内裏との対応関係から東区朝堂であると思われ、平城宮後半期における「朝堂」は基本的に東区の朝堂を指す可能性が高い。すなわち、大極殿移建後の中央区朝堂は、饗宴の場として使用されてはいないと推測されるのである。

第三節　平城宮における饗宴儀礼の特質

（一）八世紀の饗宴儀礼の特質

前節での考察により、平城宮では遷都当初、朝賀や外交使節の来朝時などに伴う饗宴は中国都城を範とした中

央区朝堂で行われ、天皇と官人との君臣間における饗宴は東区朝堂で行われていたが、八世紀中期の宮室の改作によって大極殿が東区に移建された後は、中央区で行っていた儀礼も基本的には東区で行われるようになったことが明らかとなった。[33] このことは、実質的な政務処理の場の内裏への移行による政務空間・儀礼空間の一元化の流れの一環として理解することもできよう。だが君臣間の饗宴に限っていえば、天皇と場を共有しての共食行為に重きが置かれていたために、天皇の居所である内裏により近い東区朝堂で行われていたと思われる。ただし、近臣が内裏や中宮、あるいは南苑での宴に召され、その他の五位以上が朝堂で饗される場合などは、場所に隔たりが生じることになる。その場合、天皇が出御しない朝堂の儀礼では何が行われていたのだろうか。

後の時代の史料になるが、『年中行事抄』三月同日（三日）曲水事に、

宝亀三年三月三日、幸㆓靫負御井㆒、宴㆓五位以上㆒。令㆑侍㆓幄下㆒、賜㆓饗并禄㆒。又文人賦㆓曲水㆒。

という記事がある。[34] ここでの「饗」は「下賜された食事」という意味で用いられていることから、饗とは天皇による酒食の下賜、すなわち擬似的な共食行為を指していると考えられる。朝堂で饗宴に与った官人たちは必ずしも天皇と場所を共有してはいないが、天皇から供される酒食を食すことにより、空間を隔ててはいても、「天皇の君恩に与る」という効果はあったものと思われる。

後掲の付表で確認できるように、饗宴においては、時に参加者に被（ふすま）の賜与が行われる事例が散見する。被の賜与という行為には、天皇の御服の分与、ひいては天皇霊の分与という呪術的意味があり、律令官人制とは別の次元で天皇と官人との人格的結合を可能にしていたと指摘されているが、[35] 食事の下賜にも同様の意味があったものと考えられる。

このように、八世紀の饗宴において共食及び酒食の下賜が重視されたことの背景には、古事記・日本書紀・風

土記の説話に見られる、饗宴が政治的上位者と下位者との支配関係を体現する場であるという大化前代以来の観念の影響を見て取ることができる。

（二）平城宮の儀礼空間に関する問題点

平城宮から平安宮へと継承される儀礼の形式とその空間については、橋本義則氏によって以下のように整理されている。(36)

奈良時代には、天皇が大極殿に出御し、門を挟んだ朝庭には文武百官が列立するという①大極殿出御型の儀式と、天皇が大極殿閤門に出御し、臣下は朝堂の座につき、中央の朝庭で儀式の主要な行事や芸能が執り行われるという②閤門出御型の儀式とがあり、前者には即位儀・元日朝賀・任官・叙位・改元等の宣詔・告朔などが当てはまり、後者には正月七日と十六日の宴・十七日の大射・豊明節会・外国使・化外民への賜饗と彼らによる奏楽などの行事が当てはまる。そして①大極殿出御型の儀式は平安宮における朝堂院型儀式へと受け継がれ、②閤門出御型の儀式は豊楽院型儀式へと継承されるとの説を提示された。〈大極殿出御型―朝堂院型〉儀式は基本的には朝拝を中心とした儀式で、臣下が天皇への忠誠・服属を誓う儀礼であり、〈閤門出御型―豊楽院型〉儀式は節会を中心とした饗宴が主で、天皇と臣下が共同飲食することによって一体となることが目的とされ、賜禄を通じて天皇と臣下とが関係を取り結ぶ場となった。そして中央区朝堂の四堂構成には、天皇と官人がともに朝庭を向いて座し、そこで行われる芸能などの行事に興じることによって支配者集団の一体性を醸成するという効果があるとされる。

前節において検討したところによれば、平城宮において国家的饗宴の場として建設されたのは中央区朝堂であるが、造営工事終了後の霊亀年間以降も中央区朝堂が饗宴の場として使用されたと判断される事例は少なく、他の儀式においても使用が確定できる事例は見当たらない。このことは、中央区の大極殿及び朝堂の利用が遷都後早い時期からかなり限定されたものであった可能性を示唆する。そして、平城還都後に大極殿が東区に移建された後は、外国使節や夷狄を交えた饗宴も東区朝堂で行われており、中央区朝堂を使用する例は確認できない。すなわち、中央区朝堂は大極殿が東区に移建された後も饗宴会場として存続し、その機能は平安宮豊楽院へと受け継がれるという通説的見解(37)は再検討する必要がある(38)。中央区朝堂区画の使用が極めて限定されていることは(39)、奈良時代前半における天皇の聴政や官人の政務のあり方にも波及する問題である。

小結

饗宴は、日本の古代において元来神まつりの一環として行われるとともに、共同飲食や贈与交換といった行為を通じて共同体成員同士の関係を円滑化させるものとして、古代の社会生活にとって重要な意味を持っていた。また、服属の証として食事を支配者に献上するという大化前代以来の食物供献儀礼は、政治的な支配―隷属関係を体現し、身分秩序を明確化する機能を有していた。そして律令制に基づく政治制度が整備されていくなかで、饗宴は外国使節の饗応や君臣間の人格的関係を構築するための国家的儀礼として成立することとなる。特に、饗宴の中心的要素である共食行為は、参加者間に親和性を生み出し、支配共同体の結束を固めるという意味で重要であった。

このような機能を持つ饗宴儀礼は律令制国家の天皇制支配にとって不可欠な行事であり、王宮における大規模な饗宴が定例化するのは、藤原宮以降のことである。君臣間で行う定期的な饗宴が制度化する背景には、饗宴が政治的上位者と下位者との支配関係を体現する場でもあるという大化前代からの観念があり、特に「饗」は、下賜された酒食を食すことで天皇への服属を誓うという服属儀礼的な意味を持つものとして認識されていた。

その後、饗宴が制度的に定着した平城宮では、宮室中枢部の内裏や朝堂を主たる会場として節日の饗宴が行われた。平城宮には饗宴儀礼を行い得る空間として中央区・東区という二つの朝堂空間が存在したが、平城宮内に当初饗宴用に建設された中央区朝堂よりも、内裏に接する東区朝堂が多用された。このことは、天皇と場を共有できない下級官人等に対しても、天皇の居所である内裏の南に位置する朝堂で、天皇から下賜された膳を食すという擬似的な共食が重視されたことを意味しよう。すなわち、八世紀の饗宴の中心的要素は天皇との共食行為であり、このような饗宴儀礼によって君臣関係が維持・再生産されていたと考えられる。

〈注〉

（1）岸俊男「朝堂の初歩的考察」（『日本古代宮都の研究』岩波書店　一九八八年、初出一九七五年）。

（2）橋本義則「朝政・朝儀の展開」（『平安宮成立史の研究』塙書房　一九九五年、初出一九八六年）。

（3）石母田正「古代官僚制」（『石母田正著作集　第三巻　日本の古代国家』岩波書店　一九八九年、初出一九七三年）。

（4）吉川真司「律令官僚制の基本構造」（『律令官僚制の研究』塙書房　一九九八年、初出一九八九年）。

（5）古代における饗宴の総論的な研究としては、倉林正次『饗宴の研究（儀礼編）』（桜楓社　一九六五年）がある。

（6）須藤健一「饗宴（供応）」（『歴史学事典　第一巻　交換と消費』弘文堂　一九九四年）。

（7）折口信夫「国文学の発生（第三稿）」（『折口信夫全集』第一巻　中央公論社　一九五四年）。

（8）伊藤幹治「宴の象徴的世界」（伊藤幹治・渡邊欣雄『宴』ふぉるく叢書6　弘文堂　一九七五年）。

(9) マルセル・モースによれば、贈与交換の基本にあるのは互酬性という概念であり、贈り物に付帯する他者の霊的存在の一部を引き受けることによってそれに対する返礼の必要性が生じることから、贈与は相手との人格的結合を求めるということと同義であるという（マルセル・モース著、吉田禎吾・江川純一訳『贈与論』筑摩書房　二〇〇九年［原論文は一九二五年発表］）。

(10) 岡田精司「大化前代の服属儀礼と新嘗―食国（ヲスクニ）の背景―」（『古代王権の祭祀と神話』塙書房　一九七〇年、初出一九六二年）。

(11) 『古事記』応神段に見える「食国之政」が、「山海之政」（山部・海部の管掌）・「天津日継」（皇位の血筋）とともに統治権に関わるものとして認識されていたことについては、吉村武彦「天下の主者と政治的支配」（『日本古代の社会と国家』岩波書店　一九九六年、初出「「天皇」の誕生と山海の政」中森義宗・坂井昭宏編著『美と新生』東信堂、一九八八年を再編）参照。

(12) 岡田注(10)前掲論文。

(13) 『漢書』高帝紀上「於是饗士」の顔師古注に「饗、謂飲食也」とある。諸橋轍次『大漢和辞典』第一二巻（大修館書店、修訂版）参照。

(14) 『漢書』賈誼傳「是與太子宴者也」の顔師古注に「宴、謂安居」とある。諸橋轍次『大漢和辞典』第三巻（大修館書店、修訂版）参照。

(15) 田島公「日本の律令国家の「賓礼」―外交儀礼より見た天皇と太政官―」（『史林』六八―三　一九八五年）。このほか、史料に見える「饗」と「宴」の相違を指摘したものに、中山薫「『日本書紀』にみえる饗について」（水野恭一郎先生頌寿記念会編『日本宗教社会史論叢』国書刊行会　一九八二年）、同「『日本書紀』にみえる宴と『続日本紀』にみえる饗について」（瀧川政次郎博士米寿記念論文集刊行会編『神道史論叢』国書刊行会　一九八四年）がある。また、高嶋弘志「日本古代国家と共食儀礼」（『釧路公立大学紀要　人文・自然科学研究』一　一九八九年）は饗と宴での共食行為における政治的統属関係の関連を指摘する。

(16)　西本昌弘「奈良時代の正月節会について」(『日本古代儀礼成立史の研究』塙書房　一九九七年)。
(17)　榎村寛之「飲食儀礼からみた律令王権の特質」(『日本史研究』四四〇　一九九九年)。
(18)　坂本太郎「史料としての六国史」(『坂本太郎著作集 第三巻 六国史』吉川弘文館　一九八九年、初出一九六四年)及び清水潔「『続日本紀』と年中行事」(『創立十周年記念皇學館大學史料編纂所論集』一九八九年)。
(19)　小澤毅「藤原京の造営と京域をめぐる諸問題」(『日本古代宮都構造の研究』青木書店　二〇〇三年)。
(20)　丸山裕美子「唐と日本の年中行事」(『日本古代の医療制度』名著刊行会　一九九八年、初出一九九二年)。
(21)　なお、飛鳥浄御原宮では「大極殿」「大安殿」「内安殿」「朝庭」等が主な儀式の場として機能しており、それらの空間の使用形態は律令制に基づく官人秩序の形成と密接に関係している。飛鳥浄御原宮の儀礼空間については、本書第一部第一章参照。
(22)　新日本古典文学大系『続日本紀』一(岩波書店　一九八九年)、大宝元年正月庚寅条脚注。
(23)　寺崎保広「平城宮大極殿の検討」(『古代日本の都城と木簡』吉川弘文館　二〇〇六年、初出一九九三年)は、平城宮前半期に内裏と朝堂の間に存在した殿舎(東区大極殿下層遺構SB九一四〇)を大安殿に比定する。
(24)　今泉隆雄「平城宮大極殿朝堂再論」(『古代宮都の研究』吉川弘文館　一九九三年、初出一九八九年)、同「権力表象としての古代宮都」(『国立歴史民俗博物館研究報告』第七四集　一九九七年)。
(25)　小澤毅「平城宮と藤原宮の「重閣門」」(奈良文化財研究所編『文化財学の新地平』吉川弘文館　二〇一三年)。
(26)　渡辺晃宏「平城宮第一次大極殿の成立」(『奈良文化財研究所紀要二〇〇三』二〇〇三年)。このことは、それ以前の『続日本紀』の記事に大極殿が見えないことと符合する。
(27)　寺崎注(23)前掲論文。また、二〇〇四年に行われた平城宮跡第三六七次発掘調査で、第一次大極殿南の中央区朝堂院朝庭に、称徳天皇の大嘗宮跡と思われる遺構が検出された。これにより、称徳の居所である西宮が第一次大極殿の跡地に設けられた宮殿であることがほぼ確定し、聖武朝と淳仁朝に見える「中宮院」が東区に比定される可能性が強まった(『奈良文化財研究所紀要二〇〇五』二〇〇五年)。これらのことからも、「中宮」は東区を指す可能性が高いと思われる。

(28)　南苑の「南」とは東宮との位置関係によるもので、東宮は東院とも称され、東院の使われ方は南苑と共通性があることから、南苑は東院に含まれる施設と見られている（小澤毅「宮城の内側」注(19)前掲書、初出一九九六年）。

(29)　「太政官院」の場所の比定とその成立の背景については、飯田剛彦「太政官院について」（笹山晴生編『日本律令制の構造』吉川弘文館　二〇〇三年）参照。

(30)　小澤注(28)前掲論文及び渡辺晃宏「平城宮中枢部の構造―その変遷と史的位置―」（義江彰夫編『古代中世の政治と権力』吉川弘文館　二〇〇六年）。

(31)　この「大極殿南院」とは、建て替え工事中の〈大極殿―朝堂〉空間南方の朝集院に当たる場所を指すと思われる。〈大極殿―朝堂〉空間の南で踏歌が行われたことが明確な例としては、『続日本紀』霊亀元年（七一五）正月己亥条がある（第二節(二)参照）。『続日本紀』における「大極殿南院」の用例は、この一例のみである。

(32)　小澤注(28)前掲論文。

(33)　渡辺注(30)前掲論文。

(34)　なお、『続日本紀』宝亀三年三月甲申（三日）条には「置二酒觳負御井一。賜下陪従五位已上及文士賦二曲水一者禄上有レ差」とある。

(35)　梅村喬「饗宴と禄―〝かづけもの〟の考察―」（『日本古代社会経済史論考』塙書房　二〇〇六年、初出一九八六年）、饗場宏・大津透「節禄について―「諸節禄法」の成立と意義―」（大津透『古代の天皇制』岩波書店　一九九九年、初出一九八九年を再編）。

(36)　橋本義則「平安宮草創期の豊楽院」（注(2)前掲書、初出一九八四年）、及び同注(2)前掲論文。

(37)　今泉隆雄「平城宮大極殿朝堂考」（『古代宮都の研究』吉川弘文館　一九九三年、初出一九八〇年）、小澤毅「宮城の内側」（注(19)前掲書、初出一九九六年）、吉川真司「王宮と官人社会」（上原真人他編『列島の古代史3　社会集団と政治組織』岩波書店　二〇〇五年）など。

(38)　橋本注(2)前掲論文は、平城宮の中央区朝堂と平安宮豊楽院とが直接的な系譜関係を持つとは言及していないが、豊楽院型（豊楽殿出御型）の儀式は平城宮の朝堂型（大極殿閤門出御型）の節会・饗宴を受け継ぐものとされている。この点について、西本注(16)前掲論文は「たしかに七日節会のように、蕃客来朝時の朝堂儀から豊楽院儀へという図式が有効なものもあるが、奈良時代の節会には内裏出御型や朝堂院門出御型など多様なタイプがあり、橋本氏のいう朝堂での節会から豊楽院での節会へという図式については、一部再考の余地もあろうかと思われる」と述べ、橋本氏の分類方法に対し疑問を呈する。なお、宮における政務・儀礼空間の変遷を考えるにあたっては、史料上に「朝堂院」の語が初めて現れる長岡宮期も視野に入れる必要がある。本書第三部第二章参照。

(39)　渡辺注(30)前掲論文においても、大極殿院は元日朝賀・即位儀礼・蕃客辞見といった限られた用途のための空間であり、「第一次大極殿院において叙位や賜宴などいわば日常的な行事が頻繁に行われていたとは考えにくい」と指摘されている。この問題については、本書第一部第二章及び第二部第一章をあわせて参照されたい。

［補注］

旧稿では、『続日本紀』和銅三年正月丁卯条に見える「重閣門」は藤原宮の朝堂院南門、霊亀元年正月己亥条の「中門」は平城宮の中央区朝堂の南門を指すと推測していたが、平城宮に存在した重層の門は中央区大極殿南門（前半期）と東区上層の大極殿南門（後半期）のみと推定され、朝堂院の持つ臣下の場としての性格と平城宮における賜宴の形態から、天皇の出御は、原則として大極殿南門までと考えられるという小澤毅氏の論考に触れ（小澤注(25)前掲論文）、本文のように解釈を改めた。なお、和銅三年正月壬子朔条の元日朝賀及び丁卯条の節日の賜宴の場を藤原宮と見る説には異論もある（市大樹「平城遷都直前の元日朝賀と賜宴」吉村武彦編『日本古代の国家と王権・社会』塙書房　二〇一四年）。

付表　『続日本紀』の饗宴記事

番号	年月日	参加者	場所	天皇出御	備考（禄物等）
1	大宝元年 1/16	皇親・百寮	朝堂		御器膳・衣裳を賜う
2	大宝元年 3/3	王親・群臣	東安殿		
3	大宝元年 6/16	王親・侍臣	西高殿		御器膳・帛を賜う
4	大宝二年 1/15	群臣	西閣		賜物
5	大宝三年閏 4/1 【饗】	新羅使	難波館		布帛を賜う
6	慶雲二年 1/15	文武百寮	朝堂		
7	慶雲三年 1/7 【饗】	新羅使金儒吉等	朝堂		賜禄
8	和銅元年 11/23	五位以上	内殿		賜禄
9	和銅元年 11/25	職事六位以下			絁各一疋
10	和銅二年 5/27	新羅使金信福等	朝堂		国王に美濃絁・糸・綿を賜う
11	和銅三年 1/16	文武百官・隼人・蝦夷	重閣門	○	従五位已上に衣一襲を賜う
12	霊亀元年 1/16	百寮主典以上・新羅使金元静等	中門		賜禄
13	霊亀二年 1/1	五位已上	朝堂		
14	養老三年閏 7/11	新羅使金長言等			賜禄
15	養老四年 1/1	親王・近臣	殿上		賜物
16	養老七年 1/16【饗】	四位已下主典已上	中宮		
17	養老七年 5/20【饗】	隼人			酋帥34人に叙位・賜禄
18	養老七年 8/9	新羅使金貞宿等	朝堂		
19	神亀元年 1/7	五位已上	中宮	○	賜禄
20	神亀元年 11/25	五位已上	朝堂・内裏		御酒・禄を賜う
21	神亀元年 11/26【饗】	百寮主典已上	朝堂		無位の皇親・諸司の番上官・悠紀・主基二国の国郡司とその妻子に酒食と禄を賜う。
22	神亀元年 11/4 ※記事誤挿入カ	諸司長官・秀才・勤公人等	中宮		糸各十絇
23	神亀二年 11/10	文武百寮五位已上・諸司長官・大学博士等	大安殿	○	賜禄

24	神亀三年3/3	五位已上	南苑		
		六位已下・大舎人・授刀舎人・兵衛等	御在所		塩・鍬
25	神亀三年6/6【饗】	新羅使金造近等	朝堂		賜禄
26	神亀四年1/7	五位已上	朝堂		
27	神亀四年1/9	五位已上	南苑	○	帛を賜う
28	神亀四年11/2	文武百寮已下使部まで	朝堂		皇子誕生三十三日の賀、五位已上に綿を賜う
29	神亀四年11/19	五位已上・無位諸王			皇子誕生五十日の産養、賜禄
30	神亀五年1/7	五位已上	南苑	○	賜禄
31	神亀五年1/17	五位已上・渤海使高齊徳等	中宮	○	賜禄
32	神亀五年3/3	五位已上	鳥池塘	○	賜禄
33	神亀五年11/13	親王已下五位已上	南苑	○	絁を賜う
34	天平元年1/1	群臣・内外命婦	中宮		絁を賜う
35	天平元年1/7【饗】	五位以上	朝堂		
36	天平元年3/3	群臣	松林苑	○	賜物
		諸司・朝集使の主典已上	御在所		
37	天平元年5/5	王臣五位已上	松林（苑）	○	賜禄
		奉騎人			銭一千文を賜う
38	天平二年1/7	五位已上	中朝		賜禄
39	天平二年1/16	五位已上	大安殿	○	
		主典已上の陪従人			酒食
40	天平二年3/3	五位已上・文章生	松林宮	○	絁・布を賜う
41	天平三年1/1	群臣	中宮	○	
42	天平三年11/5	五位已上	南樹苑	○	銭を賜う
43	天平四年5/21【饗】	新羅使金長孫等	朝堂		賜禄
44	天平四年11/27	群臣	南苑	○	親王已下に絁、高年者に綿を賜う
45	天平五年1/1	侍臣	中宮	○	
	天平五年1/1【饗】	五位已上	朝堂		

46	天平六年１/１	侍臣	中宮	○	
	天平六年１/１【饗】	五位已上	朝堂		
47	天平七年１/１	侍臣	中宮	○	
	天平七年１/１【饗】	五位已上	朝堂		
48	天平八年１/17	群臣	南楼	○	賜禄
49	天平九年11/22	群臣	中宮		五位已上に賜物
50	天平十年１/１	侍臣	中宮	○	
	天平十年１/１【饗】	五位已上	朝堂		
51	天平十年１/17	文武官主典已上	松林（苑）	○	賚賜
52	天平十年６/24【饗】	新羅使金想純等	大宰府		
53	天平十二年１/７	渤海郡副使雲麾将軍己珎蒙等	朝堂		渤海郡王と己珎蒙に美濃絁・絹・糸・調綿等を賜う
54	天平十二年１/16	侍臣	南苑	○	五位已上に摺衣を賜う
	天平十二年１/16【饗】	百官・渤海客	朝堂		
55	天平十二年５/10		右大臣橘諸兄の相楽別業	○	
56	天平十三年１/１	五位已上	内裏（恭仁宮）		賜禄
57	天平十三年１/16	百官主典已上	大極殿（恭仁宮ヵ）	○	賜禄
58	天平十三年７/13	群臣	恭仁宮		五位已上に賜禄
59	天平十四年１/７	五位已上	城北苑	○	賜禄
60	天平十四年１/16	群臣	大安殿（恭仁宮）	○	賜禄
	天平十四年１/16	天下有位人・諸司史生			賜禄
61	天平十四年２/１	群臣	皇后宮	○	賜禄
62	天平十四年４/20	五位以上	皇后宮	○	賜禄
63	天平十五年１/６	五位以上	大安殿（恭仁宮ヵ）	○	賜禄
64	天平十五年１/11【饗】	百官・有位人	石原宮の楼	○	歌を弾く五位已上に摺衣・六位已下に禄を賜う

65	天平十五年5/5	群臣	内裏(恭仁宮ヵ紫香楽宮ヵ)		
66	天平十五年7/3【饗】	隼人等	石原宮	○	
67	天平十五年11/13	群臣	内裏（恭仁宮ヵ）		五位已上に賜禄
68	天平十六年1/1【饗】	五位已上	朝堂（恭仁宮）		
69	天平十七年1/1	五位已上	御在所（紫香楽宮）		賜禄
70	天平十七年1/7	五位已上	大安殿（紫香楽宮）	○	賜禄
	天平十七年1/7【饗】	百官主典已上	朝堂（紫香楽宮）		賜禄
71	天平十七年11/16	五位已上	内裏		賜禄（七十歳以上には加えて被を賜う）
72	天平十九年1/1	侍臣	南苑	○	
73	天平十九年1/20	五位已上	南苑	○	諸司主典已上に酒肴を賜う
74	天平二十年1/1	五位已上	内裏		賜禄
	天平二十年1/1【饗】	（宴五位已上於内裏）其余	朝堂		賜禄
75	天平二十年1/7	五位以上	南高殿	○	賜禄
76	天平二十年8/21	群臣	散位従五位上葛井連広成の宅	○	
77	天平勝宝元年11/26	五位已上	南薬園宮ヵ		
78	天平勝宝元年11/27	五位已上	南薬園宮ヵ		賜禄
79	天平勝宝元年11/28【饗】	諸司主典已上	南薬園宮ヵ		賚禄
80	天平勝宝元年11/29【饗】	国司・軍毅・百姓	南薬園宮ヵ		賜禄
81	天平勝宝二年1/1	五位以上	大郡宮ヵ		賜禄
	天平勝宝二年1/1【饗】	自余の五位已上	薬園宮		
82	天平勝宝三年1/16	百官主典已上	大極殿南院	○	賜禄
83	天平勝宝三年7/7	大臣已下諸司主典已上	南院	○	
84	天平勝宝四年6/17【饗】	新羅使	朝堂		

85	天平勝宝五年 1 / 1	五位已上	中務南院	○	賜禄
86	天平勝宝五年 5 /27【饗】	渤海使慕施蒙等	朝堂		授位・賜禄
87	天平勝宝六年 1 / 1	五位已上	内裏		賜禄
88	天平勝宝六年 1 / 7	五位已上	東院	○	
89	天平宝字二年 11/25	五位已上	閤門	○	賜禄
90	天平宝字二年 11/26【饗】	内外諸司主典已上	朝堂		主典已上・番上と学生らに布・綿などを賜う
91	天平宝字三年 1 /18【饗】	五位已上・渤海使・主典已上	朝堂		綿を賜う
92	天平宝字三年 1 /27	渤海使	藤原仲麻呂の田村第		内裏の女楽・綿を賜う
93	天平宝字四年 1 / 1	五位已上	内裏		賜禄
94	天平宝字四年 1 / 7	五位已上・渤海使	閤門	○	国王に美濃絁・糸・調綿を賜う
95	天平宝字四年 1 /17【饗】	文武百官主典已上	朝堂		
96	天平宝字五年 8 / 3		藤原朝臣御楯の第	○	
97	天平宝字五年 10/19	従官	藤原仲麻呂の第（保良宮）	○	賜物
98	天平宝字六年 1 / 6【饗】	唐人沈惟岳等	大宰府		賜禄
99	天平宝字六年 3 / 3	五位已上	池亭		賜禄
100	天平宝字七年 1 / 7	五位已上・渤海使	閤門	○	賜禄
101	天平宝字七年 1 /17【饗】	五位已上・渤海使・文武主典已上	朝堂	○	踏歌に供奉する百官人・渤海使に綿を賜う
102	天平宝字七年 2 / 4	渤海使			雑色の袷衣を賜う
103	天平神護元年 1 / 7	五位已上			賜禄
104	神護景雲二年 1 / 7	五位已上	内裏		賜禄
105	神護景雲三年 1 / 7	五位已上	法王宮	○	五位已上に摺衣一領・蝦夷に緋袍・左右大臣に綿一千屯を賜う
106	神護景雲三年 1 /17	侍臣	東院	○	
	神護景雲三年 1 /17【饗】	文武百官主典已上・陸奥蝦夷	朝堂		蝦夷に爵と物を賜う

107	神護景雲三年 11/28	五位已上			賜禄
108	宝亀元年 1 / 8	次侍従已上	東院		御被
109	宝亀元年 3 / 3	百官・文人・大学生等	博多川	○	
110	宝亀二年 1 /16【饗】	主典已上	朝堂		賜禄
111	宝亀二年 11/23	五位已上	閤門前幄		五位已上と内外命婦に賜禄
112	宝亀二年 11/25	五位已上			五位已上に綿、自余にも賜物
		内外諸司主典已上	朝堂		
113	宝亀三年 1 / 1	次侍従已上	内裏		賜物
114	宝亀三年 2 / 2 【饗】	五位已上・渤海使	朝堂		国王に美濃絁・絹・糸・調綿を賜う
115	宝亀四年 1 / 1	五位已上	内裏		被を賜う
116	宝亀四年 1 / 7	五位已上			賜物
117	宝亀五年 1 / 1	五位已上	内裏		被を賜う
118	宝亀五年 1 / 7	五位已上			賜禄
119	宝亀五年 1 /16	五位已上	楊梅宮		
	宝亀五年 1 /16【饗】	出羽蝦夷・俘囚	朝堂		叙位・賜禄
120	宝亀六年 1 / 1	五位已上	内裏		賜禄
121	宝亀六年 1 / 7	五位已上			衾を賜う
122	宝亀六年 1 /16	五位已上			賜禄
123	宝亀六年 3 /26	群臣	田村旧宮		賜禄
124	宝亀六年 8 /12				蓮葉宴
125	宝亀六年 10/13	群臣			天長節、賜禄
126	宝亀七年 1 / 1	五位已上	前殿		賜禄
127	宝亀七年 1 / 7	五位已上			賜禄
128	宝亀八年 1 / 1	五位已上	前殿		賜禄
129	宝亀八年 1 /16	次侍従已上	前殿		
	宝亀八年 1 /16【饗】	(宴次侍従已上於前殿）其余者	朝堂		
130	宝亀八年 3 / 1		田村旧宮		賜禄
131	宝亀八年 3 / 3	次侍従已上・文人	内嶋院		賜禄
132	宝亀九年 1 / 1	次侍従已上	内裏		賜禄
	宝亀九年 1 / 1 【饗】	自余五位已上	朝堂		

133	宝亀九年 1 / 7	次侍従已上	内裏		被を賜う
134	宝亀九年 1 /16	五位已上			
135	宝亀九年 3 / 3	五位已上・文人	内裏		賜禄
136	宝亀十年 1 / 7	五位以上・渤海使仙壽等	朝堂		賜禄物
137	宝亀十年 1 /16	五位已上・渤海使	朝堂		賜禄
138	宝亀十年 3 / 3	五位已上・文人			賜禄
139	宝亀十年 5 /17【饗】	唐使	朝堂		賜禄物
140	宝亀十年 5 /20【饗】	唐客	右大臣大中臣清麻呂の第		綿三千屯を賜う
141	宝亀十年 10/13	群臣			天長節、賜禄
142	宝亀十一年 1 / 1	五位已上	内裏		被を賜う
143	宝亀十一年 1 / 5	唐使・新羅使	朝堂		賜禄
144	宝亀十一年 1 / 7	五位已上・唐使・新羅使	朝堂		賜禄
145	天応元年 9 / 3	五位已上	内裏		賜禄
146	天応元年 11/15	五位已上			賜禄
147	天応元年 11/17【饗】	諸司主典已上	朝堂		賜禄
148	延暦二年 1 /16	五位已上	大極殿閤門	○	賜禄
149	延暦二年 1 /28【饗】	大隅・薩摩隼人等	朝堂	○(閤門)	進階・賜物
150	延暦二年 4 /18	侍臣			藤原乙牟漏立后に伴う宴、賜禄
151	延暦三年 1 / 7	五位已上			賜禄
152	延暦三年 1 /16	五位已上	内裏		賜禄
	延暦三年 1 /16【饗】	百官主典已上	朝堂		賜禄
153	延暦三年 3 / 3	五位已上・文人			賜禄
154	延暦三年閏 9 /17		右大臣藤原是公の田村第	○	
155	延暦四年 1 / 1	五位已上	内裏		賜禄
156	延暦四年 1 / 7	五位已上			
157	延暦四年 3 / 3	五位已上・文人	嶋院	○	賜禄

158	延暦五年１/１	五位已上			賜禄
159	延暦五年１/７	五位已上			
160	延暦六年３/３	五位已上・文人	内裏		賜禄
161	延暦七年１/15	群臣	殿上		皇太子元服儀の後宴、賜禄
162	延暦七年11/25	五位已上			
163	延暦八年１/７	五位已上	南院		
164	延暦十年１/７	五位已上			賜禄
165	延暦十年４/27		弾正尹神王第	○	

※本文中に「宴」または「饗」など、饗宴が行われたことが明確な事例のみを抽出（節日であっても宴会の開催が明記されないものや、「節宴を停む」等の記事は除外した）。

第二章　長岡宮・平安宮の儀礼空間と饗宴儀礼

はじめに

古代の王宮において、いかなる形態で儀礼が執り行われたかという問題は、古代王権が意図した政治体制・支配観念を考える上での重要な分析視角である。七世紀末の藤原宮において、律令制に則った儀式を行う儀礼空間の基礎が築かれた後、平城宮では宮室中央に設けられた二つの朝堂で主たる政務・儀礼が行われた。そして、八世紀半ばに大極殿が東区に移建された後は、政務・儀礼の場としての比重が内裏と東区朝堂に集中することになった。その背景には、政務形態の変化が大きく影響していると考えられる(1)。

平城宮での試行錯誤を経て、王宮の儀礼空間は、内裏とその南方に広がる大極殿院・朝堂空間という形式に集約したかのようであったが、平安宮では再び朝堂院・豊楽院という二つの広大な独立した区画が建設されることになる。この変化については、その区画の配置と朝堂の数から、基本的には平城宮東区朝堂が平安宮朝堂院へ、中央区朝堂が豊楽院へと発展したと理解されている(2)。しかし、この問題については、その間に十年間のみ機能した長岡宮の儀礼空間の検討を経た上で考えるべきであろう。そこで本章では、長岡宮と初期平安宮の空間構成と饗宴儀礼を分析対象として、奈良時代から平安時代に至る時代の転換期における王宮の儀礼空間と儀礼形態の特質について考察する(3)。

第一節　長岡宮の儀礼空間と饗宴

(一) 長岡宮の構造──新たな宮室構造の志向──

延暦三年(七八四)十一月戊申(十一日)、桓武天皇は山背国長岡に移幸し、この地を新たな都と定めた。その後、平安京に遷都する延暦十三年(七九四)までの十年余りの都であった長岡京は、短命の都である。しかしながら、この都城は奈良時代から平安時代へと移り変わる画期に造営されたものであり、前代からの伝統的要素を残しつつも新時代へと引き継がれる諸要素をも内包している点において、時代の転換期を表象する宮都としての重要性を持っている(4)。

新京の置かれた乙訓郡一帯は桂川と西山に挟まれた京都盆地の西部に位置し、水陸交通の利便性を備えた土地であったが、その反面、丘陵や河川による地形の制約を大きく受けることになる。そのため、向日丘陵の上に設計された宮室は、土地を「ひな段」状に切土・盛土する大規模な造成工事によって確保された平坦面上に造営されることとなった。

長岡京・長岡宮跡は現在も発掘調査が継続的に行われており、遺構については不明な点も多いが、宮室中央部の大極殿院と朝堂院はその全容がほぼ明らかにされている(5)(図1参照)。長岡宮の大極殿院は周囲を複廊で囲まれ、中央北寄りに大極殿とその後ろに後殿を配置する。回廊と切り離される独立した大極殿後殿を設けるという形式は、長岡宮で初めて現れた特徴である。大極殿の南方には広い前庭があり、五基の宝幢遺構が確認されている(6)。

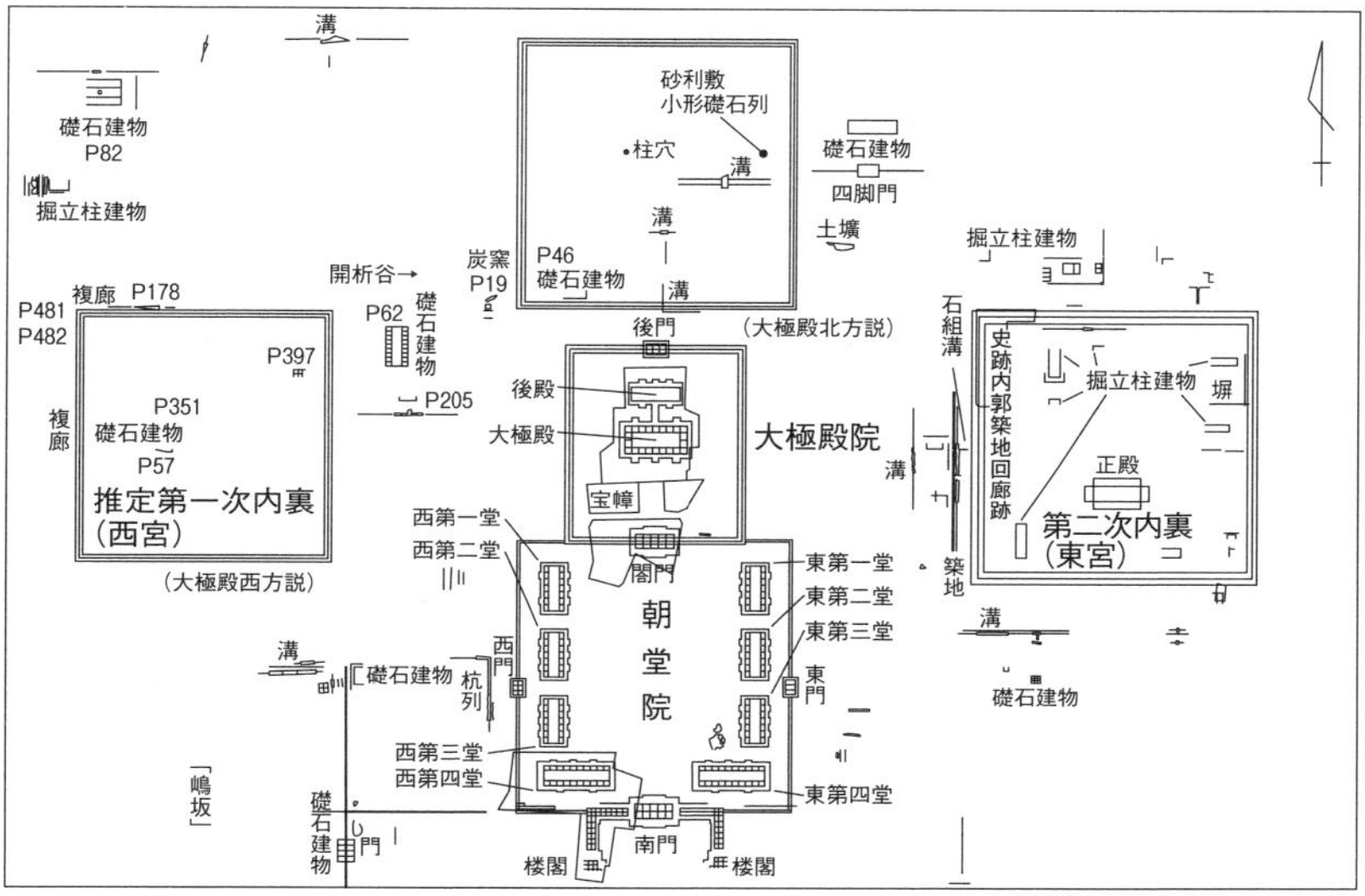

図１　長岡宮の遺構（向日市埋蔵文化財センター注(10)報告書をもとに作成）

大極殿院の南端には礎石建ち五間門の閤門が付き、空間を遮蔽する。長岡宮では、平安宮大極殿のような龍尾道形式はまだ存在していなかった。その南に接する朝堂院は、礎石建ちの東西八堂形式であった。平城宮東区のように十二朝堂ではなかったのは、大極殿院・朝堂院がともに後期難波宮の施設をそのまま移建したことによる。朝堂院南門の両側には翼廊が取り付き、二つの楼閣建物が新たに設けられた。これらはそれぞれ平安宮朝堂院にある翔鸞楼・栖鳳楼に相当する施設と見られている(7)。このように、長岡宮の大極殿院・朝堂院区画は、前代までの形式を受け継ぎつつ平安宮に見られる要素も取り入れられていたことがうかがえるが、全体としては平城宮・平安宮よりも小規模なものであった。

長岡宮の内裏については、『続日本紀』延暦八年（七八九）二月庚子条に「移レ自二西宮一、始御二東宮一」、『日本紀略』延暦十二年（七九三）正月庚子条に「遷二御於東院一。縁レ欲レ壊レ宮也」とあることから、遷都後に天皇は「西宮」から「東宮」に移り、さらに「東院」に遷御するという二度の居所の変化があったと考えられている。「東宮」と「東院」については、それぞれ大極殿東方及び左京域の北東側で発見された遺構に比定されている。

大極殿院・朝堂院と同様、後期難波宮の資材を移建して造営されたと思われる「西宮」内裏の位置については、従来は平城宮までの宮室構造に倣って大極殿院の北方に位置したと考えられていたが[8]、大極殿院の北側約一〇〇メートルの範囲は現在でも三～四メートルの高低差を持つ谷地形が東西に入り込んでいる場所で、地形上想定が困難であるとの疑問が提出されていた[9]。その後、近年の調査で、朝堂院西方官衙地区において難波宮式軒瓦が多数出土していることや、主に内裏の建築様式として用いられる掘立柱形式の複廊遺構が確認されたことから、大極殿院・朝堂院の西側に「西宮」が建設されたとする説が有力視されている[10]。西宮が朝堂院の西方に存在したとすると、長岡宮では内裏と大極殿院・朝堂院が遷都当初から分離していたのであり、それまでの王宮の空間構造とは異なる根本的な変化が生じたことになる。この変化が、大極殿院の後方が傾斜地であるという地形的制約によるものであるのか、それとも桓武の積極的な意志によるものであるのかは不明だが、大極殿後殿の独立は内裏と切り離されたために天皇の控えの場が必要になったことを受けて設けられたとも考えられ[11]、長岡宮においてこのような宮室構造の変化が生じた意義は大きい。

「東宮」の内郭は築地回廊で囲まれた一辺約一五九メートル四方の正方形区画で、平城宮内裏（東西約一七八メートル、南北約一八七メートル）・平安宮内裏（東西約一七〇メートル、南北約二一六メートル）に比べ、小規模である。内部中央に桁行九間・梁間三間の正殿と、その東南に東西棟の掘立柱建物一棟が確認されている。この東西棟は平安宮内裏の春興殿に相当する東第二脇殿と見られている。この脇殿の基壇外周の凝灰岩切石の抜取痕跡からは鉄製の小札が出土していることから、この殿舎に累代の伝世品としての甲冑が収納されていた可能性があり、すなわち平安宮内裏の脇殿とほぼ同様の殿舎の利用形態が想定される。ただし、この殿舎が南北棟ではなく東西棟であることは、平城宮とも平安宮とも異なる脇殿の形式であり、その機能については検討の余地が残されている。また、正殿北側には数棟の掘立柱建物跡が確認されており、「後宮」関係の殿舎が配置されたと推定されている。

この二つの内裏については、「西宮」を廃して「東宮」が造営されたのか、両者が並存して利用されたのかが問題となるが、「西宮」推定位置と「東宮」遺構とが大極殿院・朝堂院区画を挟んでほぼ左右対称に位置することから、宮城造営当初から二つの内裏が配置計画されていた可能性もあると見られている(12)。また、史料には「西宮」を廃するとする文言はなく、「東宮」への移御のみが記されることから、両者は並存していたものと考えておきたい(13)。

宮外に造営された「東院」は西を東二坊大路、南を北一条大路で画された二町四方の区画であり、内部中枢には正殿・後殿・南北棟の脇殿二棟の四棟の四面廂付き大型建物が左右対称のコの字型に配置され、平安宮内裏の中枢部の原型が長岡宮「東院」において成立していたと評価されている。この「東院」遺構からは内蔵寮官人関係や木簡や近衛府の舎人の歴名札、また「東院内候所納帳」と記す木簡が出土しており、「東院」の内部または近傍に内廷官司が置かれていたことがうかがえる。このほか、長岡京には「東院」以外にも「猪隈院」(『日本紀略』延暦十一年正月甲子条)、「木蓮子院」(『日本紀略』延暦十三年五月己亥条)などの施設が存在したことが知られている。

（二）節日の饗宴

上記の長岡宮の宮室構造をふまえ、それらの空間で行われた儀式形態について考察していきたい（表1参照）。まずは、養老雑令に「凡正月一日・七日・十六日・三月三日・五月五日・七月七日・十一月大嘗日、皆為㆓節日㆒。其普賜、臨時聴㆑勅」として規定された、律令制に基づく節日の饗宴について見ていこう。

遷都から約二ヵ月後の『続日本紀』延暦四年（七八五）正月丁酉朔条の記事には、

天皇（桓武）御㆓大極殿㆒受㆑朝。其儀如㆑常。石上・榎井二氏、各竪㆓桙楯㆒焉。始停㆓兵衛叫閤之儀㆒。是日、宴㆓五位已上於内裏㆒、賜㆑禄有㆑差。

とあり、新宮での元日朝賀と節会が行われた。ただし、大極殿院は完成していたものの朝堂院の造営は遅れていたらしく、官人たちが各々の朝座につくことができたのは延暦五年（七八六）の七月のことであった[14]。すなわち、延暦四年の元日朝賀では朝堂院は使用されず、儀式は大極殿院内で完結していたと見られる。本条に見える「叫閤」とは、大極殿院前に陣を取る兵衛が、奏賀者が閤門から参入する際にその旨を門内に高く呼びかける儀であるが[15]、それが停止されたことは、この時に大極殿院のみが使用されたことを裏付けるものと思われる。また、朝堂院造営の遅延を考慮しなければならないが、元日朝賀の規模縮小の傾向がうかがわれる。

元日節会は、内裏で五位以上を喚んで行われており、『続日本紀』延暦五年（七八六）正月壬辰朔条の「宴㆓五位已上㆒、賜㆑禄有㆑差」も、同様に開催されたものと見られる。延暦八年（七八九）二月庚子（二十八日）に「西宮」から「東宮」に移御した後の延暦十一年（七九二）正月丁巳条（二日）には「宴㆓侍臣於前殿㆒、賜㆓御被㆒」とあり[16]、内裏前殿で侍臣との宴が行われている。翌延暦十二年（七九三）正月庚辰朔条には、

皇帝（桓武）御二大極殿一、受二朝賀一。宴二侍臣於前殿一賜レ被。[17]

とあり、大極殿での朝賀の後、内裏で宴が行われている。

正月七日の節会については、延暦四・五・八・十年にともに五位以上を対象に行われ、その場では授位も行われた[18]。十六日の節会については、やはり延暦十二・十三年にともに五位以上を対象に行われている[19]。弘仁九年以前の内容を持つとされる『内裏儀式[20]』の七日宴会式に「所司供設及宴会之儀一同二元日一」、十六日踏歌式に「天皇賜二宴侍臣一、供設儀式、一同二元日会一」と記されることから、七日・十六日節会は元日節会と同形式で行われたと見られる。その他の節会では三月三日の曲水宴が散見され、延暦四年には嶋院で[21]、延暦六年には内裏で[22]、延暦十一・十二・十三年には南園で[23]、やはり五位以上を対象として開催されている。三月三日節会の場合、行事の性格上苑池を伴う施設で行うことが多かったと思われる[24]。一方、正月の三節会は『内裏儀式』でともに内裏儀とされていることから[25]、基本的には内裏で五位以上官人を対象に行われる規定であったことが推測される。ただし、場所については注意すべき点がある。それは「南院」の存在である。

「南院」は延暦八年（七八九）と延暦十一年（七九二）の正月七日の宴の場と[26]、同じく延暦十一年正月十七日の観射の場として見える[27]。この場所は朝堂院とはどのような関係にあるのだろうか。長岡宮朝堂院の前面には、回廊と築地によって遮蔽された東西約三六〇メートル、南北約一八〇メートル規模の外郭施設が存在し、そこには南北棟の大型礎石建物二棟の遺構が確認されている。このうち北側の一棟は桁行七間以上、梁間二間の身舎に東西二面の廂を持つことから、これらは朝堂に匹敵する建物であり、この区画が「南院」という饗宴施設として使用されたのではないかとする説がある[28]。平城宮期に一例見られる「大極殿南院」が朝堂の南の朝集殿院区画を指すことを考慮すれば[29]、「南院」が朝堂院の南方区画である可能性は否定できないが、長岡京左京三条二坊一町に面

天皇出御	出典	備考
—	『続日本紀』	
—	〃	
○	〃	
—	〃	
—	〃	
—	〃	
○	〃	皇太子元服儀に天皇・皇后が前殿に出御、その後殿上にて宴飲。
—	『続日本紀』	
—	〃	
—	〃	
—	〃	
—	『類聚国史』	
○	〃	
○	『類聚国史』『日本紀略』	
○	〃	
○	『類聚国史』	登勒野に遊猟し、葛野川に臨んで従臣に酒を賜う。
—	〃	藤原小黒麻呂による奉献。
—	〃	
○	〃	藤原継縄の孫・正六位上諸主に従五位下を授く。
○	〃	
—	〃	
—	〃	
—	〃	馬射停止。
—	〃	
—	〃	
—	〃	
—	『類聚国史』	
—	〃	
—	『類聚国史』『日本紀略』	
—	『類聚国史』	
—	『類聚国史』『日本紀略』	女楽を奏す。
—	『類聚国史』	
—	〃	淳和太上天皇主催。
—	〃	藤原小黒麻呂による奉献。
—	〃	高津内親王主催。
○	〃	伊予親王及び山背国司による奉献。
—	〃	安殿親王による奉献。雑楽を奏す。
—	〃	藤原継縄による奉献。
—	〃	
—	〃	
—	〃	
—	〃	
—	〃	
—	〃	
—	『類聚国史』『日本紀略』	
○	『類聚国史』	栗前野に遊猟後、伊予親王・藤原雄友らが奉献。
—	〃	
—	〃	
—	〃	
—	〃	藤原継縄による奉献。
—	〃	
—	〃	
○	〃	新京巡覧後、高津荘に還御して宴飲。
—	〃	馬射停止。

表１　長岡宮期の饗宴

番号	年月日	場所	参加者	行事
1	延暦四年（七八五）正月丁酉［１日］	内裏	五位已上	元日節会
2	延暦四年（七八五）正月癸卯［７日］	－	五位已上	七日節会・叙位
3	延暦四年（七八五）三月戊戌［３日］	嶋院	五位已上・文人	曲水宴
4	延暦五年（七八六）正月壬辰［１日］	－	五位已上	元日節会
5	延暦五年（七八六）正月戊戌［７日］	－	五位已上	七日節会・叙位
6	延暦六年（七八七）三月丁亥［３日］	内裏	五位已上・文人	曲水宴
7	延暦七年（七八八）正月甲子［15日］	殿上（前殿）	群臣	皇太子元服
8	延暦七年（七八八）十一月戊辰［25日］	－	五位已上	豊明節会
9	延暦八年（七八九）正月己酉［７日］	南院	五位已上	七日節会・叙位
10	延暦八年（七八九）三月癸卯［１日］	－	－	造宮使献酒食
11	延暦十年（七九一）正月戊辰［７日］	－	五位已上	七日節会・叙位
12	延暦十一年（七九二）正月丁巳［２日］	前殿	侍臣	元日節会
13	延暦十一年（七九二）正月壬戌［７日］	南院	五位以上	七日節会
14	延暦十一年（七九二）正月甲子［９日］	猪隈院	五位已上	射礼
15	延暦十一年（七九二）正月壬申［17日］	南院	－	射礼
16	延暦十一年（七九二）正月乙亥［20日］	登勒野	従臣	行幸
17	延暦十一年（七九二）正月癸未［28日］	－	五位以上及藤原氏六位以上	奉献
18	延暦十一年（七九二）二月壬辰［７日］	－	侍臣	宴
19	延暦十一年（七九二）二月甲寅［29日］	藤原乙叡第	藤原乙叡・継縄等	巡幸・宴飲奏楽
20	延暦十一年（七九二）三月丁巳［３日］	南園	群臣	曲水宴
21	延暦十一年（七九二）三月戊寅［24日］	－	五位以上	曲宴
22	延暦十一年（七九二）四月己酉［25日］	－	五位已上	曲宴
23	延暦十一年（七九二）五月己未［５日］	－	侍臣	宴（奏楽・賜物）
24	延暦十一年（七九二）七月丁丑［24日］	－	五位以上	曲宴
25	延暦十一年（七九二）八月己亥［17日］	－	五位以上	曲宴
26	延暦十一年（七九二）九月丙辰［３日］	－	五位已上	曲宴
27	延暦十一年（七九二）十一月甲寅［３日］	朝堂院	陸奥夷俘・俘囚	饗応
28	延暦十一年（七九二）十一月戊辰［17日］	－	群臣	新嘗会
29	延暦十二年（七九三）正月庚辰［１日］	前殿	侍臣	元日節会
30	延暦十二年（七九三）正月壬午［３日］	－	五位已上	宴飲
31	延暦十二年（七九三）正月丙戌［７日］	－	五位已上	七日節会・叙位
32	延暦十二年（七九三）正月乙未［16日］	－	五位已上	十六日節会
33	延暦十二年（七九三）正月甲辰［25日］	－	藤原縄主等・五位已上	奉献曲宴
34	延暦十二年（七九三）正月丙午［27日］	－	五位已上	奉献
35	延暦十二年（七九三）二月壬子［３日］	－	雲飛浄永等・五位已上	奉献曲宴
36	延暦十二年（七九三）二月癸丑［４日］	伊予親王荘	五位以上	奉献
37	延暦十二年（七九三）二月乙亥［26日］	－	皇太子・諸王・藤原諸親等	奉献
38	延暦十二年（七九三）二月丁丑［28日］	－	藤原継縄等	奉献
39	延暦十二年（七九三）三月辛巳［３日］	南園	五位已上及文人	曲水宴
40	延暦十二年（七九三）四月己酉［１日］	－	五位已上	曲宴
41	延暦十二年（七九三）四月乙卯［７日］	－	五位已上	宴
42	延暦十二年（七九三）四月戊午［10日］	－	参議以上	曲宴
43	延暦十二年（七九三）五月戊寅［１日］	－	五位已上	曲宴
44	延暦十二年（七九三）七月丁丑［１日］	－	侍臣	曲宴
45	延暦十二年（七九三）八月癸丑［７日］	－	－	瓢蓮葉宴飲
46	延暦十二年（七九三）九月戊戌［22日］	伊予親王江亭	親王・藤原雄友等	奉献
47	延暦十二年（七九三）十月乙丑［20日］	－	五位已上	曲宴
48	延暦十三年（七九四）正月丙子［２日］	－	侍臣	元日節会
49	延暦十三年（七九四）正月庚寅［16日］	－	五位以上	十六日節会
50	延暦十三年（七九四）正月甲午［20日］	－	五位已上	奉献
51	延暦十三年（七九四）二月乙丑［23日］	－	五位已上	宴
52	延暦十三年（七九四）三月丙子［３日］	南園	五位已上	曲水宴
53	延暦十三年（七九四）四月庚午［28日］	藤原継縄高津荘	五位已上	宴飲
54	延暦十三年（七九四）五月丁丑［６日］	－	侍臣	宴

する三条条間北小路北側溝ＳＤ四二五〇一から「南院」と記す木簡が出土したことにより、この付近に比定できるとする説も提示されている。(30)

先に述べたように、正月の節会は内裏で行うことを原則とし、基本的には五位以上官人との共食儀礼は内裏で行われたものと思われるが、延暦十一年（七九二）正月壬申条（十七日）には「幸二南院一観レ射」(31)とあるように、宮外の儀礼空間で行われることもあったようである。七日の節会では白馬を牽き回すための(32)、射礼には的を設置するための空間が必要とされるため、これらの行事には内裏以外の場が設定されることもあり、その傾向が踏襲されているものと思われる。平城宮では基本的に宮内施設で完結していた節日行事が宮外の離宮的性格を持つ場で行われたことには、注意する必要があるだろう。

（三）曲宴と奉献

もう一点、この時期の饗宴を考える上で留意するべきことがある。それは「曲宴」の増加である。曲宴とは、令制に規定された恒例の節日以外に行われた臨時の宴を意味し、参加者は五位以上かあるいは一層限定された範囲の侍臣で、天皇による私的な性格の強い宴会と定義される。(33)曲宴の初見は延暦十一年（七九二）三月戊寅条の「曲宴、賜二五位已上銭一有レ差」(34)で、以後五位以上あるいは参議以上官人に帛や衣などの賜物を行う場として史料に散見されるようになる。この曲宴の増加は、桓武天皇の遊猟地への頻繁な巡幸や各地での奉献の出現とほぼ同時期であり、延暦十二年（七九三）正月甲辰条に「諱（淳和太上天皇）奉献、曲宴。従五位上藤原朝臣縄主授二正五位下一、正六位上板茂連浜主外従五位下一。其供レ事五位已上、賜レ禄有レ差」(35)、同年二月壬子条に「高津内親王、奉献、曲宴。外従五位下雲飛宿祢浄永・正六位上坂上大宿祢広人、授二従五位下一。以二親王外親一。五位已上賜レ衣」(36)とあるように、曲宴は「奉献」と同様の性格を持つものであったことがうかがえる。「奉献」とは、桓武天皇による頻繁な遊猟・行幸を背景として盛行した饗宴の一種で、嵯峨・淳和・仁明朝を通じて算賀などの祝賀や競馬・相撲の際の負態、賭物等の儀式へと発展し、平安朝の宮廷儀礼と貴族文化を生み出す基礎となった行事とされる(37)。初期の奉献・曲宴は遊猟・行幸先で行われる傾向にあることから、曲宴は基本的に宮の公的な儀礼施設以外で行われるものであり、朝堂院やその周辺の区画を使用するものではなかったと推察される。

　では、朝堂や内裏といった王宮中枢部の施設以外で饗宴を行うことには、どのような意味があるのだろうか。宮外の宴の代表的なものが、行幸先での宴である。例えば天平十二年（七四〇）五月乙未条には「天皇幸㆓右大臣相楽別業㆒。宴飲酣暢、授㆓大臣男無位奈良麻呂従五位下㆒」とあり、聖武天皇が橘諸兄の相楽別業に行幸した際の宴で、諸兄の子息でまだ無位であった橘奈良麻呂が一気に従五位下に叙せられたことに示されるように、臣下に対する破格の待遇が与えられる場となっていた。このことから、天皇が律令制の秩序に規定される宮内から出離して臣下の邸第に行幸することは、宮内では成し得ない人格的結合関係を補完する役割を持っていたことが指摘されている(38)。すなわち、律令制に基づく儀礼体系・官人秩序を体現する場である朝堂を離れ、宮内・宮外を問わず天皇が移幸して宴を行うことは、そこに召喚した近臣との人格的関係を形成するという意味を持っていたと考えられる。これは令に規定される以外の日に、宮室中枢部の外で行われる曲宴にも通じる性格であり、曲宴も同様の意味を持つ饗宴儀礼であったと思われる。このような曲宴の増加は、令外の新たな官人秩序の形成とも密接に関係するものといえよう。

　このような曲宴―奉献の増加の背景には、光仁朝以来顕在化した律令制の変容がある。すなわち、この時期律令制の変質による自己の権力基盤の崩壊を危惧する貴族層が、律令制の再建を求めて王権のもとに結集しようとする動きがあり、その動向を的確に捉えた桓武天皇が、諸皇族・諸氏族からの奉献とそれに対する賜地を通じて天智系皇統による新たな王権の指導性を確立しようとする意図が存在した。[39] その試みは奏功し、従来の貴族層よりも一層限定された姻戚や恩寵の関係によって天皇と結び付く特権的集団が形成されることとなった。[40] 長岡宮期における饗宴儀礼の場の変化は、このような新たな君臣秩序の形成と連動するものであった。

上記の変化をふまえ、再び長岡宮の儀礼空間について見てみると、次のように整理できる。長岡宮では、元日朝賀には大極殿院を、元日節会をはじめとする節会には内裏を使用し、広い空間を必要とするものや苑池で行う儀式には「南院」「南園」等の区画を利用した。加えて、天皇が宮外に行幸することも多く、雑令に規定された節日以外の日に近臣とともに曲宴などの臨時の宴を行う例も増えたが、これらは基本的に宮室の公的儀礼施設を使用するものではなかった。長岡宮期の宴は全て「宴」の字を以て表されるように、平城宮期に見られたような朝堂区画での大規模な官人への賜食―「饗」は行われなくなる。この変化の要因については、長岡京の地形的な悪条件によって大規模な儀礼空間の整備が困難であったことや、行幸の多さについては桓武の個人的な趣向といった点、さらには当該時期の正史である『日本後紀』を欠いているという問題等も考慮すべきではあるが、平城宮後半期以降の空間構造の変化に始まる儀式形態変質の一環として捉えられる。

第二節　平安宮の儀礼空間――儀式体系と君臣秩序の再編――

延暦十三年（七九四）十月、桓武天皇は平安京への遷都を決行した。長岡京から平安京への遷都の契機については、水害による造営工事の遅延や早良親王の怨霊問題など複数の要因が指摘されている。なかでも、長岡丘陵の傾斜地を造成した上に位置するという立地上の弊害の大きさは看過できないものであったと考えられ、主として地形上の悪条件が、十年での棄都と新天地への遷都を促したのであろう。

新たな王宮である平安宮には、平城宮と同じく宮室中央部に二つの朝堂区画が建設された（図2参照）。周知のように、平安宮は発掘による宮室構造の把握が困難な宮であるが、陽明文庫本の「宮城図」や九条家本『延喜式』巻四十二付図等の記載から、平安宮の構造は以下のように復原されている。[41] 平安京の中心道路である朱雀大路を北上すると、まず朝堂院が姿を現す。朝堂院の南門の応天門の左右には、長岡宮から取り付けられるようになった翼廊である翔鸞楼・栖鳳楼が付き、南門を入ると朝集堂院、その北の会昌門を入ると、朝庭には一二の朝堂が建つ。大極殿と朝庭とは龍尾道という坂道で隔てられ、長岡宮まで存在した大極殿閤門は取り払われた。大極殿は朝庭より一段高い龍尾壇の上に聳え、壇上両脇には蒼龍楼・白虎楼の二楼が付き、大極殿の北には控えの殿舎である小安殿が設けられている。朝堂院の西隣には、豊楽院が建設された。豊楽院の正殿・豊楽殿の両脇には四つの朝堂が朝庭を向いて建ち並び、豊楽殿の後方には、天皇臨御の際の便殿で、大嘗会の後には御神楽が行われる清暑堂が存在した。

内裏は大極殿の東北に位置し、外郭南正面の建礼門、内郭南正面の承明門を入ると内裏正殿である紫宸殿が建ち、その奥に寝殿である仁寿殿、そのさらに北には後宮の殿舎が並ぶ（図3参照）。朝堂院・豊楽院・内裏の周りは二官八省の曹司が取り囲み、大内裏の北辺部には倉庫などが配されていた。平安宮内の建物は、しばしば火災による焼失・再建が行われたが、現存する宮城古図に描かれる朝堂院・豊楽院・内裏の構造は遷都当初からのものので、その平面構造は、その後も基本的に変更されることはなかったと見られている。[42]

朝堂院・豊楽院の朝堂の配置は、それぞれ平城宮の中央区・東区の朝堂区画とほぼ同形式であるといえるが、

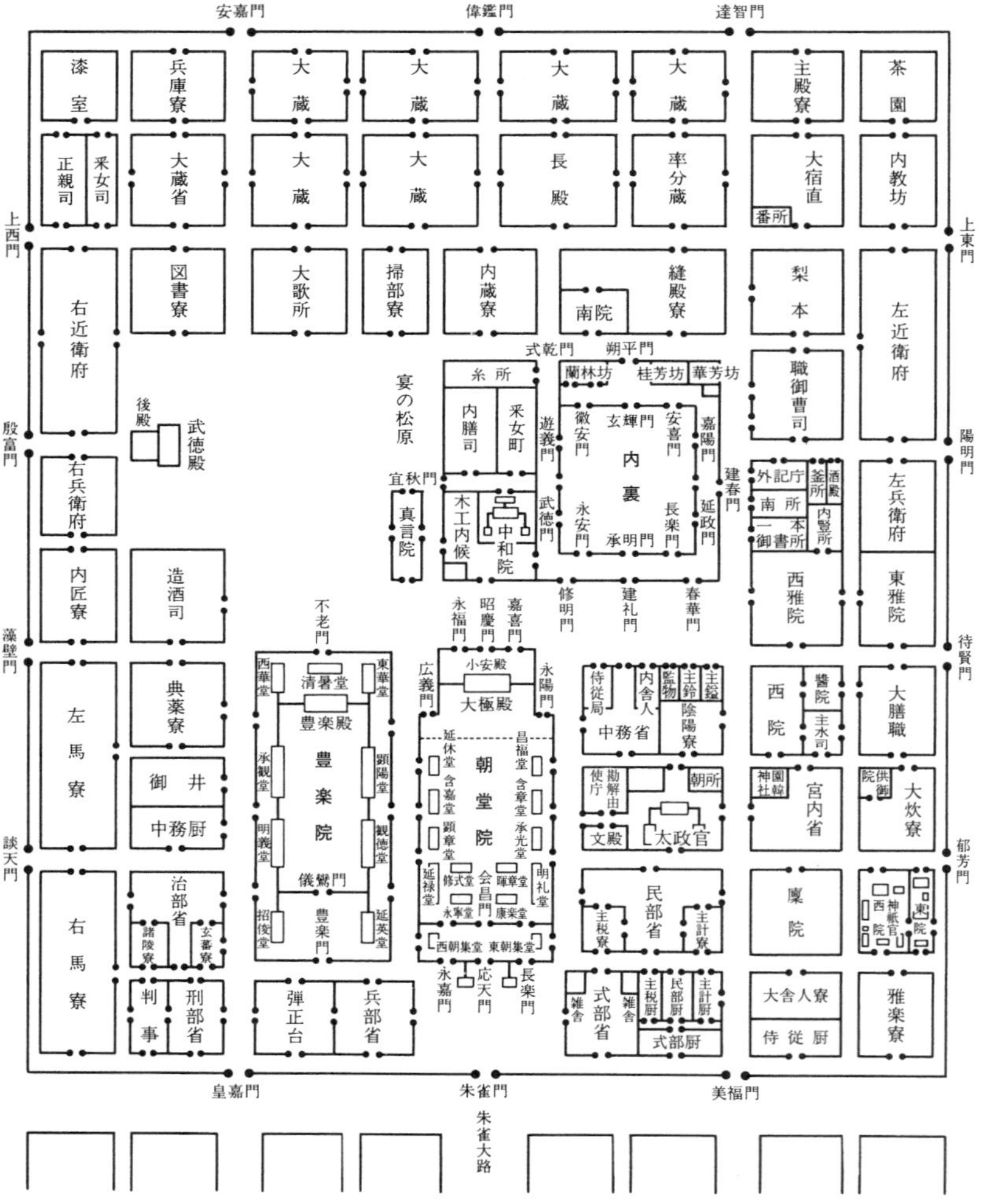

図2　平安宮大内裏
（永原慶二監修・石上英一他編『岩波日本史辞典』岩波書店　1999年をもとに作成・加筆）

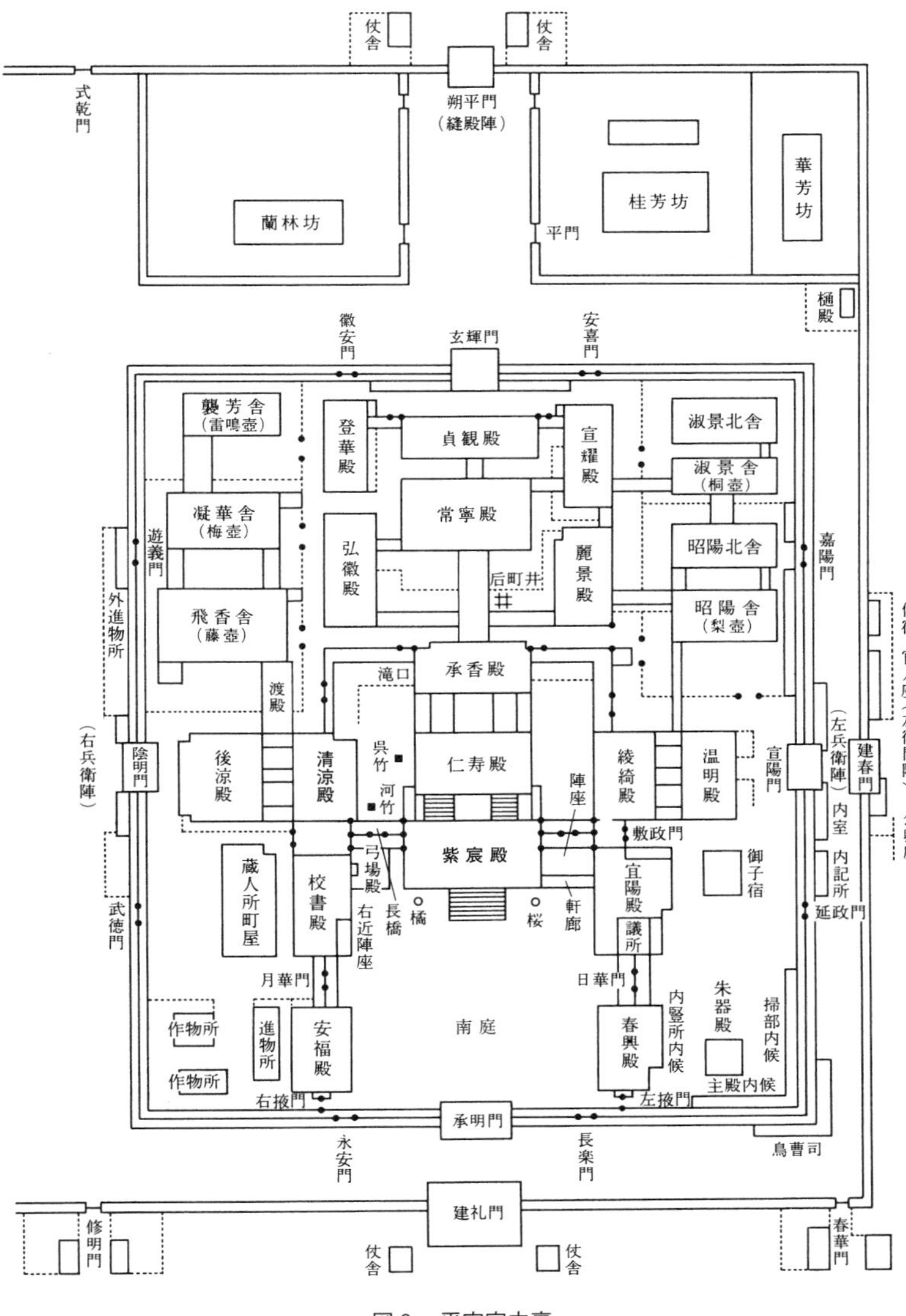

図３　平安宮内裏

（永原慶二監修・石上英一他編『岩波日本史辞典』岩波書店　1999年をもとに作成・加筆）

長岡宮での内裏・朝堂院の分離形態を経て形成されたそれらの空間の利用形態には変化が見られる。以下それぞれの空間について、遷都直後から、宮廷の大部分の儀式の場が紫宸殿に集約される貞観年間[43]を目安として、九世紀後半までの展開について考察することにする。

（一）朝堂院（八省院）

平安宮朝堂院は延暦十三年（七九四）の遷都時にはまだ造営中であり[44]、延暦十五年（七九六）正月に、新しく完成した大極殿で朝賀が行われた[45]。平安宮内の施設は朝堂院を中心に、平安京全体の設計プランに基づいて造営されたことが考古学的見地から明らかにされており[46]、朝堂院が宮城全体を象徴する重要な施設として建設されたことがうかがえる。その後、延暦期には主として正月十七日の大射の場として見え[47]、延暦二十二年（八〇三）三月には遣唐使の拝朝が行われている[48]。延暦年間に朝堂院が大射の儀場となったのは、後述のようにこの時点で豊楽院が未完成であったためと思われる。

九世紀における大極殿及び朝堂院は、恒例行事としては元日朝賀・告朔・伊勢大神宮への奉幣・御斎会・大般若経転読の場となり、臨時のものとしては、天皇即位儀や大嘗祭・出雲国造の神宝奉献といった行事に用いられた（表2参照）。この使用状況の傾向は、弘仁年間に「八省院」と改称された後に顕著となり、九世紀を通じて恒例化するものと思われる。そして元日朝賀後に行われる元日節会は、例えば『日本紀略』弘仁十一年（八二〇）正月甲戌朔条に「皇帝（嵯峨）御二大極殿一、受二朝賀一。文武王公及蕃客朝賀、如レ儀。宴二侍臣於豊楽殿一、賜二御被一」、同じく『日本紀略』天長元年（八二四）正月辛亥朔条に「皇帝御二大極殿一、受二朝賀一。宴二侍従已上於紫宸殿一、賜レ被」とあるように、豊楽院の豊楽殿もしくは内裏の紫宸殿に場を移して行われており、朝堂院がその儀場となることはなかった。

貞観十八年（八七六）に八省院が火災に遭い、その再建工事が始まった元慶元年（八七七）四月と、大極殿が完成した元慶三年（八七九）十月に、工事に当たった雑工らが朝堂院で「饗」され、同日に親王・公卿・群臣らが宴を設けた記事があるが、[49]それ以外に朝堂院（八省院）で饗宴儀礼が行われた例は見当たらない。

このように、平安宮朝堂院は平城宮東区朝堂区画と大極殿を有することと、朝堂の数において類似した形態をとるものの、平城宮期に行われていた天皇と臣下との饗宴儀礼は行われず、大極殿を用いる大規模儀式に特化した空間であった。[50]

（二）豊楽院

朝堂院の西側に同規模の区画で存在したとされる豊楽院は、宮内の中心的施設の中では造営が最も遅れ、『日本後紀』延暦十八年（七九九）正月壬子条に「豊楽院未レ成レ功。大極殿前龍尾道上構二作借殿一、葺以二彩帛一」とあるように、遷都から五年経ってもまだ工事が終わらず、次に史料上にその名が現れる大同三年（八〇八）十一月までには完成したと見られる。豊楽院は、『西宮記』巻八・諸院に「豊楽院天子宴会所」と端的に記されるように、饗宴に特化した施設である。ところが、平安時代の儀式書を見ると、宮廷儀式の大部分は内裏正殿である紫宸殿で行うと規定されている。

豊楽院の性格については、橋本義則氏の研究がある。[51]橋本氏によれば、豊楽院は桓武朝において「蕃客」の来朝に備えた国家的饗宴と天皇の即位儀礼の一環を成す大嘗会・豊明節会での使用を目的として造営された施設であったが、嵯峨朝には儀式整備政策推進の一環として、それらの機能に加えて正月三節・大射・新嘗会等の節会の場としての機能もあわせ持つようになる。しかし豊楽院が饗宴施設としての機能を発揮したのは弘仁年間までであり、淳和朝以降は豊楽院の節会の場としての機能は失われていったとされる。確かに、豊楽院は大同三年（八〇八）に大嘗会による五位以上官人への賜宴の場として史料上に現れて以後、弘仁年間には大嘗会・新嘗会の場としてだけではなく、正月の元日節会・七日節会・十六日節会・十七日大射と、正月の主要儀式の儀場とされたが、それ以降は使用機会が限定されていく傾向が、表3からも読み取れる。しかし、正月七日節会と十七日大射及びそれに付随する十八日の賭射、そして大嘗会・新嘗会の際の豊明節会では、豊楽院が儀場となっている。特に、大射での利用頻度が高いことが注目される。大射（射礼）は七世紀の天武朝の頃から行われている伝統的な宮廷行事であり、原則として全官人が参加する、君臣間の礼的秩序を律するための儀式である[52]。七日節会（白馬節会）もまた八世紀以来連綿と続けられてきたもので[53]、大嘗会・新嘗会についても同様である。そしてこれらの行事では、例えば『続日本後紀』承和二年（八三五）正月癸丑条（七日）に「天皇御㆓豊楽院㆒、宴㆓百官於朝堂㆒」、『日本文徳天皇実録』仁寿元年（八五一）十一月癸巳条（二十五日）に「頻御㆓豊楽院㆒宴飲」と見えるように、天皇出御のもとでの共食儀礼が行われていた。

平城宮において、天皇と臣下との饗宴儀礼が行われていたのは東区の朝堂区画・内裏（「中宮」と称される場合も含む）・松林苑や南苑といった「苑」であり、基本的に五位以上官人との饗宴には東区の朝堂・朝庭が、侍臣や次侍従以上といったより限定された臣下との饗宴には内裏や「苑」関連の施設が用いられていた[54]。豊楽院での饗宴は「御㆓豊楽院㆒、宴㆓五位以上㆒」「御㆓豊楽殿㆒、賜㆓宴侍臣㆒」などと表現され、上記の平城宮期の君臣間の饗宴と同様の形式で行われたものと考えられる。すなわち、豊楽院はその空間構造上は平城宮の中央区朝堂と同様の形態を持つものの、そこで行われていたのは東区朝堂で行われていた君臣間の儀礼の系譜を引く行事であり、七世紀以来の伝統的な宮廷儀式であった[55]。

桓武朝以来、唐礼に基づく儀礼が積極的に導入され、嵯峨朝における唐風化政策の推進による宮廷儀礼の再編・整備が行われ、宮廷儀式は内裏の紫宸殿を中心に、その規模を縮小させながらも、内容的には洗練され、体系化されていく。その一方で、儀式の中でも原則として全官人の参加を要する大規模な伝統的饗宴儀礼は豊楽院で行うことを原則としていた。これらの行事は律令制的な君臣秩序の維持にとって重要であると認識されていたものであり、また「蕃客」を参加させることで、律令制に基づく帝国意識を体現するものでもあった。しかし八世紀後半以降、律令制自体が変質していく潮流の中で、それらの儀式の意義もまた変容を余儀なくされた。よって、豊楽院が十世紀以降ほとんど使用されなくなるのもまた必然だったのである。

（三）内裏紫宸殿と南庭

紫宸殿は平安宮内裏の正殿であり、南庭はその南面に広がる儀式空間である。神谷正昌氏は、平安宮で行われる主要な節会を、弘仁期から豊楽院あるいは神泉苑で行われるようになるもの（元日節会・十六日踏歌節会・重陽節会）と弘仁期以前から豊楽院あるいは神泉苑で行われていたもの（七日白馬節会・相撲節会・新嘗会）とに分類し、後者の節会が承和から貞観期に紫宸殿儀に移行することから、貞観年間までに紫宸殿が公的儀式の場として確立したことを明らかにし、(56) また紫宸殿は五位以上官人の専有空間であったことを指摘された。(57) 確かに、貞観期には主要な宮中行事が紫宸殿に集約する傾向が表4からも見て取れるが、そもそも初期平安宮の紫宸殿はどのような性格の場であったのだろうか。

延暦十四年（七九五）の元日には、大極殿が未完成のために朝賀は行われなかったものの、「宴㆓侍臣於前殿㆒。奏㆓大歌及雅楽㆒、宴畢賜㆑被」とある。(58) この「前殿」とは内裏正殿と同義であり、(59) 元日節会は、内裏の正殿である

嘉祥	仁寿	斉衡	天安	貞観	元慶	仁和
1	2			1		2
2	1			1	3	4
				1		
3				18	6	3
3	2	2	3	9	1	1
1			1		1	1
	1			1	1	
1					1	

嘉祥	仁寿	斉衡	天安	貞観	元慶	仁和
	2			2		
3	2	1	2	5	1	1
	1			2		
					1	
					1	
	3			1	2	1
1				1	2	
1					2	

表２　九世紀の平安宮朝堂院（八省院）の使用状況

	延暦（平安遷都以後）	大同	弘仁	天長	承和
元日朝賀	6		12	8	8
正月七日節会	1				
正月十六日節会	1				
大射	3				
告朔	1		1	1	1
相撲節会	1				
伊勢神宮奉幣・斎王発遣			5	8	9
祈祷名神		1			
御斎会					13
大般若経転読		1		8	10
仁王経講説					1
即位儀		2	1	1	
大嘗会		1	1	1	
出雲国造関連儀式			1	2	
遣唐使関連儀式	1				3
渤海使関連儀式			3		2

『日本後紀』『続日本後紀』『日本文徳実録』『日本三代実録』『日本紀略』『類聚国史』による。
※延暦期の正月七日及び十六日節会は、豊楽院の未完成による代替。
※貞観18年４月に大極殿が火災で焼失、元慶３年10月に再建。
※渤海使関連儀式は、朝堂院南の朝集堂で開催。

表３　九世紀の平安宮豊楽院の使用状況

	延暦	大同	弘仁	天長	承和
元日節会			2		
正月七日節会			5	5	8
正月十六日節会			4		
大射			7	1	10
射遺・賭弓					2
相撲節会				1	
伊勢斎宮発遣					
即位儀					
大嘗会・新嘗会		1	3	1	
仏教関連儀式					
渤海使関連儀式					1

『日本後紀』『続日本後紀』『日本文徳実録』『日本三代実録』『日本紀略』『類聚国史』による。
※延暦年間は豊楽院造営中。
※大嘗会の同年中の連日の宴会については、一回と数える。
※元慶年間の陽成天皇の即位儀・伊勢斎宮発遣・仏教関連儀式（御斎会）は、大極殿再建中の朝堂院の代用。

紫宸殿で行われたことがわかる。第一節の（二）で見たように、元日節会を内裏前殿で行うことはすでに長岡宮期にも見られ、平安宮でもこの原則が踏襲されたのであろう。

嘉祥	仁寿	斉衡	天安	貞観	元慶	仁和
3	2	2	1	13	6	3
3		2	2	14	7	3
1				14	5	3
				10	4	3
2		3		6	5	2
						1
		3		14	4	2
				2	1	1
2	2			2		
				2	3	2
3	1			11	4	3
				2	6	4
						1
				1	1	
3				35	14	3
				1		2
1						1
2	1		1	2	2	
				5	3	1
					1	
					1	
					1	

表4　九世紀の平安宮紫宸殿の使用状況

	延暦（平安遷都以後）	大同	弘仁	天長	承和
元日節会	10	3	7	6	11
正月七日節会					4
正月十六日節会				2	7
五月五日節会			1		
相撲節会				2	4
重陽節会			1	3	11
御暦奏					
新嘗会					1
論義				4	5
辞見・引見				1	2
賜宴（節日以外）	1			7	2
献物・奉献		1		5	1
旬儀				4	28
聴政				1	1
皇太子・親王朝覲				1	5
御杖献上				1	2
祥瑞献上					1
講書					2
元服					1
大般若経転読					2
仏教関連行事（大般若経転読以外）	1	1	1		4
唐勅書奏上					1
挙哀		1			
叙位・任官					2
貢馬御覧					
諸国銓擬郡司擬文奏上					
御体御卜奏上					
追儺					

『日本後紀』『続日本後紀』『日本文徳実録』『日本三代実録』『日本紀略』『類聚国史』による。
※「前殿」「南殿」とある場合も含む。
※相撲節会のように複数日にわたって行われる行事は一回と数える。童相撲も含む。
※「不レ御二紫宸殿一」のように天皇が出御せず、儀式が紫宸殿で行われなかったことが明らかな場合は除外する。

紫宸殿の初見史料である『日本紀略』弘仁十二年（八二一）十一月己未条には、

睢鳩執レ魚、集二紫宸殿前版位一。見人異レ之。

とあり、紫宸殿の前庭に版位が置かれていることは、この殿舎とその前庭が儀礼空間として位置付けられていることを意味する。版位とは政務・儀式において、位階順に列立する参列者や特定の所役の者が立つべき位置を示す目印の札をいう(60)。儀式書を見ると、各儀式の敷設に際し、紫宸殿前庭の「尋常版（位）」が散見されるが、この「尋常版（位）」は日華門と月華門を結ぶ線上の中央に常置されているもので、臨時の版位や標はこの「尋常版（位）」を基準として割り付けられる(61)。弘仁十二年に撰進され、天長十年（八三三）に綴緯された『内裏式』において元日節会は豊楽院儀とされるものの、天長元・六・七・九・十年には大極殿での朝賀の後、紫宸殿で近臣との宴を行っている(62)。同じく『内裏式』で豊楽院儀と規定される十六日節会も、天長七・八年には天皇の出御のもと、紫宸殿で賜宴と踏歌が行われている(63)。このように、九世紀前半段階において、紫宸殿はすでに君臣間の公的な饗宴の場として機能していたことがうかがえる。また、「南殿」における賜宴の初見は天長九年（八三二）だが(64)、これに先立つ弘仁五年（八一四）に、次のような宣旨が出されている（『類聚符宣抄』第六・少納言職掌）。

右大臣（藤原園人）宣、少納言依レ例所レ奏請印官符、理須乙候下御二南大殿一時上即奏甲。而比来怠慢、至レ廻二御北大殿一乃奏、遂煩二聴覧一、甚乖二道理一。自今以後、仰二少納言一、莫レ令二更然一。

弘仁五年七月廿日　　大外記豊宗宿祢広人奉

これは、少納言が官符への内印の請印を奏する際、本来は天皇が「南大殿」に出御している間に奏するべきであるが、近頃では「北大殿」に戻ってから奏するために天皇の聴覧を煩わせているので、以後そのようなことがないようにと少納言の怠慢を戒めるものである(65)。内印の請印は南庭で行われるものであるから、その時天皇は紫宸殿に出御していると想定される。よって、宣旨に見える「南大殿」とは紫宸殿、「北大殿」はその北に位置する仁寿殿を指すと考えられる。[66] このことは、九世紀当初から紫宸殿と南庭が政務の場としても機能していたことを示している。

その後天長期を見てみると、紫宸殿は律令制以来の節日の饗宴以外にも、正月四日の卯杖献上や七月の相撲御覧、八月の釈奠内論議、九月九日の重陽節会、さらに旬日ごとに行われる旬儀等の恒例行事が行われたほか、諸道巡察使辞見や嵯峨天皇の皇子である源定の元服儀とその後宴、皇太子朝覲などの臨時の行事の儀場ともなった。

また、この時期に目を引くのが節日以外の饗宴の事例である。

・天長四年（八二七）十月戊申条（二十日）[67]

御二紫宸殿一賜レ飲。群臣酔舞、帝弾レ琴而歌、楽只亘レ談。有レ詔賜二花葉之簪一、人々挿レ頭詠歌。投レ暮右近衛奏レ楽。宴畢、賜二群臣衣被一。

・天長五年（八二八）二月丁未条（二十日）[68]

御二紫宸殿一、賜二侍臣酒一。酒酣、雅楽寮奏二音声一。賜二見参五位已上禄一有レ差。

・天長八年（八三一）八月丙寅朔条[69]

皇帝《（淳和）》御二紫宸殿一。兵部卿源朝臣常・宮内卿源朝臣弘等、殊蒙二引接一。時降二恩杯一、群臣具酔。命二治部卿源朝臣信一弾レ琴。侍臣亦奏二唱歌一。見参五位已上、賜レ禄有レ差。

・天長八年（八三一）九月丙辰条（二十二日）[70]

皇帝御二紫宸殿一。刑部大輔和気朝臣真綱・内蔵頭藤原朝臣輔嗣等献レ物。群臣具酔、日西乃罷。

これらはみな節日以外に行われた臨時の宴である。ここでは「賜₌侍臣已上飲₋。謝座謝酒」「群臣具酔」とあるように、共食行為が行われるとともに雅楽寮による奏楽や臣下の歌舞が行われ、時には天皇自身が琴を弾くこともあった(71)。これらの宴は、衛府による御贄の献上や臣下からの献物といった「奉献」の要素を持つことから、長岡宮期に見られた「曲宴」の流れを引くものと考えられ(72)、紫宸殿とその前庭は、平安宮初期段階から律令制的儀礼体系とは異なる新たな儀礼空間として設定されていたと考えられる。そして、この天長期の紫宸殿の利用形態は承和以降にも引き継がれ、貞観期には豊楽院儀とされた正月七日節会や新嘗会も行われるようになり、主要な宮廷儀式の儀場として固定化されることになる。これらのことからすると、紫宸殿は天長期にはすでに主要な饗宴儀礼を行う儀礼空間として整備されていたといえよう。

上記のように、平安宮には朝堂院・豊楽院・内裏（紫宸殿）という大きく分けて三つの儀礼空間が存在したが、二つの「院」と内裏紫宸殿との大きな相違点は、朝堂の有無である。紫宸殿は広い前庭を持っていたが、そこに日本の王宮の庭に伝統的に存在し続けていた「庁」―朝堂はなく、儀式時には尋常版位を基準として、官人の列立する位置を示す標が立てられた。朝堂院では全ての標識が版位であったのに対し、内裏では尋常版位と宣命版位以外は概ね標が使用される(73)。標は節会など饗宴を主体とする儀式において群臣の参入から着座までの間一時的に殿庭に列立するために使用された標識であり(74)、行事によって設置する位置が異なるため、標は可動式のものであったと見られる。また、朝堂院・豊楽院での儀式は、天皇との距離を可視的に示す位階制の秩序によって整然とした左右対称の列をつくるのに対し、紫宸殿南庭での儀式では議政官が東側に偏る左右非対称な列をなすことが指摘されている(75)。このような差異も、紫宸殿儀が律令制的な官人秩序とは異なる君臣秩序を形成するためのものであったことを示すと考えられる(76)。

小結

平安宮には、朝堂院・豊楽院という二つの大きな儀礼空間が存在した(77)。この二つの「院」は、八世紀の平城宮期に政務・儀礼の中心的空間とされていた二つの朝堂区画とほぼ同形式の空間構成を有するものの、その利用形態には新たな変化が生じていた。

平安宮の朝堂院では、八世紀段階と同じく、天皇即位儀や元日朝賀といった国家的儀式が行われたが、朝堂で臣下への賜宴が行われることはなく、大極殿を使用する大規模な儀式のための空間に特化した。平城宮で、主として東区の朝堂区画や苑で行われていた天皇と臣下との饗宴儀礼は、平安宮では豊楽院もしくは内裏の紫宸殿で行われるようになる(78)。豊楽院では、律令制的な帝国秩序に基づく外国使節の饗応や、節会の中でも正月七日節会・射礼・大嘗会・新嘗会といった七世紀以来の伝統を持ち、律令制下の君臣秩序を確認・維持する儀式の儀場として設定された。しかしながら、平安前期に進行した律令制の根本的な変容によって儀礼体系そのものが再編されていく中で、急速にその意義を失っていった。一方、内裏正殿たる紫宸殿とその前庭である南庭は、儀式時に使用する版位の存在から、平安遷都当初より政務及び儀礼を行うための空間として位置付けられ、九世紀前半において君臣間の公的儀式の場として機能していた。紫宸殿で行われる饗宴は、長岡宮期に隆盛した曲宴・奉献といった臨時の宴に淵源し、これらの饗宴を通じて、律令制下とは異なる新たな君臣秩序が形成される素地がつくられた。

八世紀末から九世紀にかけて、儀礼空間の比重が朝堂から内裏へと移行したことの背景には、長岡宮における朝堂院と内裏の空間的分離、節日以外に特定の近臣を宮室中枢部以外の場に喚んで行われる曲宴・奉献の定例化、そして延暦十一年（七九二）の内裏上日の通計許可による上日把握場所の変化などが関連していると思われる。[79]周知のように、弘仁年間以降蔵人が内廷での存在感を強め、天皇の私的側近制度としての昇殿制が整備され始める[80]など、内裏と天皇周辺の制度改革が行われたが、紫宸殿はこのような新たな官制体系・官人秩序の形成と連動して、儀式の場として確立したのである。こうして内裏紫宸殿が公的儀礼空間として成立したことは、中国礼制に基づく儀礼体系を体現する場としての中国都城の空間構成を範としつつも、日本の王宮独自の儀礼空間が確立したことを意味すると考えられよう。

〈注〉

（1）本書第一部第二章、第二部第一章参照。

（2）今泉隆雄「平城宮大極殿朝堂考」（『古代宮都の研究』吉川弘文館　一九九三年、初出一九八〇年）、小澤毅「宮城の内側」（『日本古代宮都構造の研究』青木書店　二〇〇三年、初出一九九六年）、吉川真司「王宮と官人社会」（上原真人他編『列島の古代史3　社会集団と政治組織』岩波書店　二〇〇五年）など。

（3）八世紀の平城宮期の饗宴儀礼については、本書第三部第一章参照。

（4）山中章「長岡京から平安京へ—都城造営にみる律令体制の変質」（『新版古代の日本　近畿Ⅱ』角川書店　一九九一年）。

（5）長岡宮の構造については、主として國下多美樹『長岡京の歴史考古学研究』（吉川弘文館　二〇一三年）による。長岡宮の大極殿・朝堂・内裏といった宮室中枢部の建物は、延暦三～五年の間に集中的に造営された（清水みき「長岡京造営論—二つの画期をめぐって—」『ヒストリア』一一〇　一九八六年）。

（6）この宝幢遺構をめぐっては、吉川真司「長岡宮時代の朝廷儀礼」（財団法人向日市埋蔵文化財センター『年報都城』一〇

一九九九年）、同「大極殿儀式と時期区分論」（『国立歴史民俗博物館研究報告』第一三四集　二〇〇七年）がある。
（7）この楼閣建築については、山田邦和「桓武朝における楼閣附設建築」（『京都都市史の研究』吉川弘文館　二〇〇九年、初出二〇〇七年）及び金子裕之「長岡宮会昌門の楼閣遺構とその意義」（奈良女子大学二十一世紀COEプログラム報告集vol.14『古代都市とその形制』二〇〇七年）参照。
（8）山中章「変換点としての長岡京第二次内裏」（『日本古代都城の研究』柏書房　一九九七年）。
（9）國下多美樹・中塚良「長岡京の地形と造営〜丘と水の都〜」（財団法人向日市埋蔵文化財センター『年報都城』一四　二〇〇三年）。
（10）國下多美樹「長岡宮城と二つの内裏」（注(5)前掲書、初出二〇〇七年を改稿）、梅本康広「長岡京」（西山良平・鈴木久男編『古代の都3　恒久の都平安京』吉川弘文館　二〇一〇年）、向日市埋蔵文化財センター『長岡宮推定「西宮」』（向日市埋蔵文化財調査報告書第九一集　二〇一一年）。
（11）梅本注(10)前掲論文、川尻秋生『平安京遷都』（岩波書店　二〇一一年）。
（12）梅本注(10)前掲論文。
（13）この「西宮」と「東宮」の性格について、橋本義則氏は「西宮」は太上天皇宮として機能することが予定されており、東宮は当初から内裏として造営されたとして、遷都当初からの西宮・東宮の並存を想定されている（橋本義則「平安京の中心―中院と縁の松原をめぐる憶説―」朧谷壽・山中章編『平安京とその時代』思文閣出版　二〇〇九年、及び同『古代宮都の内裏構造』吉川弘文館　二〇一一年の第一章第二節の補註2でも言及されている）。
（14）『続日本紀』延暦五年（七八六）七月丙午条「太政官院成。百官始就二朝座一焉」。「太政官院」が朝堂院の別名であることについては、飯田剛彦「太政官院について」（笹山晴生編『日本律令制の構造』吉川弘文館　二〇〇三年）参照。
（15）吉川真司「律令国家の女官」（『律令官僚制の研究』塙書房　一九九八年、初出一九九〇年）。また吉川氏は、この兵衛の叫閤の儀の停止はすでに内裏が大極殿に付設していなかったことを示しているとする（吉川注(6)前掲論文「長岡宮時代の朝廷儀礼」）。

(16)『類聚国史』巻七十一・歳時二・元日朝賀。
(17)『類聚国史』巻七十一・歳時二・元日朝賀及び『日本紀略』同日条。
(18)『続日本紀』延暦四年正月癸卯条・五年正月戊戌条・八年正月己酉条・十年正月戊辰条。
(19)『類聚国史』巻七十一・歳時二・七日節会（延暦十二年正月丙戌条）、『類聚国史』巻七十二・歳時三・十六日踏歌（延暦十三年正月庚寅条）。
(20)西本昌弘「古礼からみた『内裏儀式』の成立」（『日本古代儀礼成立史の研究』塙書房　一九九七年、初出一九八七年）。
(21)『続日本紀』延暦四年三月戊戌条。
(22)『続日本紀』延暦六年三月丁亥条。
(23)『類聚国史』巻七十三・歳時四・三月三日（延暦十一年三月丁巳条・延暦十二年三月辛巳条・延暦十三年三月丙子条）。
(24)中国の上巳祓に起源する三月三日の曲水宴は、曲溝に浮かべた酒坏が自分の前を流れすぎぬうちに歌を詠む行事であり、流水施設を伴う場所で行われることが多かった。本来の中国の年中行事としては不祥を水に流す祭祀的要素の強いものであったが、そこに日本の祓の思想が結合するとともに遊宴的要素が付加され、宮廷儀式として形成されたという（山中裕『平安朝の年中行事』塙書房　一九七二年）。
(25)『内裏儀式』元正受㆓群臣朝賀㆒式并会・七日宴会式・十六日踏歌式。厳密には、上記史料に儀式の挙行場所について明記はないが、「元正受㆓群臣朝賀㆒式并会」の「会」に「皇帝還㆑宮饗㆓宴侍臣㆒」とあり、「七日宴会式」に「所司供張及宴会之儀、一同㆓元日㆒」、「十六日踏歌式」にも「天皇賜㆓宴侍臣㆒供設儀式、一同㆓元日会㆒」とあることから、「宮」＝内裏で行うことを念頭に置いていると判断できる。
(26)『続日本紀』延暦八年正月己酉条、『類聚国史』巻三十二・帝王十二・天皇遊宴及び巻七十一・歳時二・七日節会（延暦十一年正月壬戌条）。
(27)『類聚国史』巻七十二・歳時三・射礼（延暦十一年正月壬申条）及び『日本紀略』同日条。
(28)梅本注(10)前掲論文。この他、「南院」をその名称から第二次内裏南方の築地ＳＡ八九〇一東方に想定する説（向日市教育

委員会編『向日市埋蔵文化財調査報告書　史跡長岡宮築地跡・整備報告』第九集　一九八三年）、朝堂院と同義と見る説（吉野秋二「神泉苑の成立」『史林』八八―六　二〇〇五年）がある。

(29)『続日本紀』天平勝宝三年正月庚子条。本書第三部第一章注(31)参照。

(30)國下多美樹「長岡京の庭園―離宮と園池司―」（注(5)前掲書、初出二〇〇七年を改稿）。

(31)『類聚国史』巻七十二・歳時三・射礼（延暦十一年正月壬申条）及び『日本紀略』同日条。

(32)白馬節会は天皇が庭中で行われる白馬（青馬）牽き回しなどを覧る行事で、中国の人日節（正月七日に岡に登って青衣の人に青馬を牽かせて青陽の気を整えるとする陰陽五行説に基づく風習）に起源がある。本来の表記は「青馬」（緑がかった色の馬）であったが十世紀頃から「白馬」に変化し、十二世紀以降白馬節会と呼ばれるようになったという。六国史において青馬を牽くことの初見は『続日本後紀』承和元年（八三四）の記事だが、天平宝字二年（七五八）作とされる大伴家持の歌に「水鳥の鴨の羽色の青馬を今日見る人は限りなしといふ」（『万葉集』巻第二十・四四九四番）とあることから、八世紀においても青馬を牽いていたと見られる（西本昌弘「奈良時代の正月節会について」注(20)前掲書、初出一九九四年）。しかし、家持の歌の左注によれば、天平宝字二年の正月七日節会は仁王会開催により停止されているため、この時期の七日節会で実際に青馬が牽かれたかどうかは不明である。ただし、『政事要略』巻二十九・年中行事十二月下の追儺事所引延暦九年閏三月十五日外記別日記が引く「神祇官天応元年記文」や『袖中抄』巻五・とよのあかりに見える「官曹《（事）》部類」逸文の存在などから光仁朝の末期には青馬御覧が恒例化され、その後弘仁期に豊楽院儀として規定されたと考えられている（荒井秀規「『延喜式』の色―青馬と白馬、赤漆と黒漆―」『延喜式研究』二八　二〇一二年）。

(33)目崎徳衛「宮廷文化の成立―桓武・嵯峨両天皇をめぐって―」（『王朝のみやび』吉川弘文館　一九七八年、初出一九六九年）。

(34)『類聚国史』巻三十二・帝王十二・天皇遊宴（延暦十一年三月戊寅条）。

(35)『類聚国史』巻三十二・帝王十二・天皇遊宴及び巻七十八・奉献部・献物（延暦十二年正月甲辰条）。

(36)『類聚国史』巻三十二・帝王十二・天皇遊宴及び巻七十八・奉献部・献物（延暦十二年二月壬子条）。

(37) 目崎徳衛「平安時代初期における奉献―貴族文化成立論の一視角として―」(『平安文化史論』桜楓社　一九六八年、初出一九六五年)。
(38) 鈴木景二「日本古代の行幸」(『ヒストリア』一二五　一九八九年)。
(39) 笹山晴生「平安初期の政治改革」(『岩波講座日本歴史3　古代3』岩波書店　一九七六年)。
(40) 笹山注(39)前掲論文。
(41) 寺升初代「平安宮の復元」(財団法人古代学協会・古代学研究所編『平安京提要』角川書店　一九九四年)、辻純一「平安宮の復原」(財団法人京都市埋蔵文化財研究所編『平安宮Ⅰ』京都市埋蔵文化財研究所調査報告第一三冊　一九九五年)。平安宮の宮城図については、財団法人陽明文庫編『宮城図』〈陽明叢書記録文書篇別輯〉(思文閣出版　一九九六年)を参照。また、建築史学の分野から平安宮の構造を考察したものとして、鈴木亘『平安宮内裏の研究』(中央公論美術出版　一九九〇年)がある。
(42) 古瀬奈津子「初期の平安宮」(『日本古代の王権と儀式』吉川弘文館　一九九八年、初出一九八〇年)。
(43) 神谷正昌「紫宸殿と節会」(『古代文化』四三―一二　一九九一年)。
(44) 『日本紀略』延暦十四年(七九五)八月癸未条に「幸二朝堂院一観二匠作一」とある。
(45) 『類聚国史』巻七十一・歳時二・元日朝賀(延暦十五年正月甲午朔条)及び『日本紀略』同日条。
(46) 網伸也「平安京の造営計画とその実態」(『平安京造営と古代律令国家』塙書房　二〇一一年、初出一九九九年を改稿)。
(47) 『日本後紀』延暦十六年正月甲辰条・延暦十八年正月癸亥条、『日本紀略』延暦二十二年正月庚午条。
(48) 『日本紀略』延暦二十二年三月己巳条。
(49) 『日本三代実録』元慶元年四月九日庚辰条・元慶三年十月八日甲子条。
(50) 『西宮記』巻八・諸院には「八省院天皇臨朝即位、諸司告朔所」とあり、朝堂院は一貫して「臨朝」、すなわち天皇が大極殿に出御して臣下に対する律令制的権威を顕示する場として認識されていたことがうかがえる。
(51) 橋本義則「平安宮草創期の豊楽院」(『平安宮成立史の研究』塙書房　一九九五年、初出一九八四年)。

(52)　大日方克己「射礼・賭弓・弓場始―歩射の年中行事―」（『古代国家と年中行事』講談社学術文庫　二〇〇八年、初刊一九九三年）。また、八世紀以前の射礼については本書第一部第一章も参照されたい。

(53)　『拾芥抄』中では「豊楽院八省西 天子宴会ノ所、謂二之馬場殿一」とあり、豊楽院は馬を用いる儀式の場としても認識されていたことがわかる。なお、平安宮の馬場の正殿である武徳殿（改称前は馬埒殿）で射礼が行われたこともあった（『日本紀略』天長七年四月癸亥条・同八年正月丙辰条）。これらのことから、豊楽院は特に白馬節会及び大射儀礼と密接な関係を持っていたことがうかがえる。

(54)　本書第一部第二章・第三章及び第三部第一章参照。

(55)　豊楽院の正殿・豊楽殿が七間四面（東西柱間九間・南北柱間四間）で平城宮東区大極殿（第二次大極殿）と類似した平面プランに復原できることから、平安遷都に伴って東区大極殿を移建した可能性があること（網伸也「平安宮の構造」西山・鈴木注(10)前掲書）、『和名類聚抄』巻十・居処部で豊楽殿は初め乾臨閣と称したが、その名は後に神泉苑の正殿に付けられたため、豊楽殿と改称したとされていること（「豊楽〻（殿）〻〻（豊楽）院正殿也。本名乾臨閣、為二神泉苑正殿之名一時、以ヽ（豊楽）〻（為カ）名二此殿名一耳」）は、平城宮東区大極殿・朝堂区画及び苑で行われた儀式と、豊楽院を使用する儀式との親近性を示すように思われる。『和名類聚抄』の本文は、高山寺本天理図書館善本叢書和書之部編集委員会編『和名類聚抄　三宝類字集』（八木書店　一九七一年）を参照した。

(56)　神谷注(43)前掲論文。また、主要儀式の紫宸殿儀への一元化と天皇不出御儀の恒常化とは同時期であり、これらの変化により、貞観期の画期性を指摘する（神谷正昌「九世紀の儀式と天皇」『史学研究集録』一五　一九九〇年）。

(57)　神谷正昌「平安宮の大庭と儀式」（『国史学』一五三　一九九四年）。

(58)　『類聚国史』巻七十一・歳時二・元日朝賀（延暦十四年正月庚午朔条）。

(59)　村田治郎「前殿の意味」（『日本建築学会研究報告』一六　一九五一年）。

(60)　杉本一樹「版位」（鈴木敬三編『有職故実大辞典』吉川弘文館　一九九五年）。

(61)　横山浩一「古代の文献に見える「版位」とその実物」（『古代技術史攷』岩波書店　二〇〇三年、初出一九八二年）。

(62)『日本紀略』天長元年正月辛亥朔条・六年正月壬午朔条・七年正月丁丑条・九年正月乙未朔条・十年正月庚寅条。

(63)『日本紀略』天長七年正月辛卯条・天長八年正月乙卯条。

(64)『類聚国史』巻七十八・献物（天長九年四月己巳条）及び『日本紀略』同日条。

(65)『西宮記』巻七・内印によれば、少納言は内案を「南殿艮階上」で内侍に付し、その後南庭に付設された案につく次第になっている。

(66)橋本義則・山岸常人「〈書評〉鈴木亘著『平安宮内裏の研究』を読む」（『建築史学』一七　一九九一年）。

(67)『類聚国史』巻三十二・帝王十二・天皇遊宴（天長四年十月戊申条）。『日本紀略』同日条では「帝弾レ琴而歌、楽只叵レ談」を「帝弾レ琴而歌楽」とする。

(68)『類聚国史』巻三十二・帝王十二・天皇遊宴（天長五年二月丁未条）。『日本紀略』同日条は「賜二見参五位已上禄一有レ差」を「賜二五位已上禄一」とする。

(69)『類聚国史』巻七十五・歳時六・曲宴（天長八年八月丙寅朔条）。

(70)『類聚国史』巻七十八・奉献部・献物（天長八年九月丙辰条）。

(71)このような饗宴形態は、後の「御遊」の萌芽と見なし得る。御遊については本書第三部第四章を参照。

(72)紫宸殿（前殿）での奉献及び曲宴が行われた事例は、他にも『類聚国史』巻七十八・奉献部・献物（大同二年四月戊午朔条）・『日本後紀』弘仁二年九月庚子条・『続日本後紀』承和二年八月辛丑条・『同』承和六年四月壬戌条・『同』承和十年九月丙午条・『同』承和十年十月丙辰朔条が確認できる。

(73)永原慶二監修・石上英一他編『岩波日本史辞典』（岩波書店　一九九九年）の「標」の項。

(74)鈴木琢郎「版位制の展開と標の成立―平安前期の検討から―」（『行政社会論集』一五―三　二〇〇三年）。

(75)飯淵康一「平安宮の儀式空間」（『平安時代貴族住宅の研究』中央公論美術出版　二〇〇四年、初出一九八五年）。

(76)神谷氏によれば、豊楽院儀では四位・五位の座は豊楽殿左右の朝堂に設けられるものの紫宸殿儀では承明門内の東西の幄とされ、殿上の天皇や参議・三位以上官人と大きく隔てられることから、紫宸殿儀は豊楽院儀に比べて参議・三位以上と四位・五位（特に昇殿を許されていない者）との格差が増大しているという（神谷注(43)前掲論文）。すなわち、承明門内の空間においては律令制的位階秩序よりも、昇殿制の論理が強く働いていたことが指摘できる。また、豊楽院での饗宴時の座席が天皇の座も含め全て平敷であるのに対し、紫宸殿の儀式では昇殿者以外は倚子座か兀子に着すという形態の差異も（川本重雄「古代宮殿における饗宴空間」『家具道具室内史』三　二〇一一年）、両空間の性格の相違を反映するものと思われる。

(77)　平安宮の儀礼空間を考える上では、天皇の親祭施設として朝堂院の北に中和院が新設されたことの意義も大きいといえる（網注(55)前掲論文）。

(78)　長岡宮では、現在までのところ、朝堂院西隣接地において豊楽院相当施設と推定される遺構は確認されていない（國下注(5)前掲書）。

(79)　本書第二部第一章・第二章参照。

(80)　古瀬奈津子「昇殿制の成立」（注(42)前掲書、初出一九八七年）。

第三章　宮廷儀礼における奏楽の意義と雅楽寮の機能

はじめに

古代から現代に至るまで、国家が主催する儀式において音楽を奏することは、世界のあらゆる国において行われてきた普遍的な儀礼の一要素である。日本の古代国家も例外ではなく、中国の律令制に基づく政治制度を継受する中で音楽の制度も取り入れ、自国の制度に合うように改変しながら発展させてきた。『隋書』巻八十一・東夷伝倭国条には「其王朝会、必陳㆓設儀仗㆒、奏㆓其国楽㆒」とあり、推古朝には朝廷の儀式において、すでに奏楽が行われていたことがうかがえる。そして持統朝における「楽官」の設置（『日本書紀』持統元年〔六八七〕正月丙寅朔条）を経て、大宝令で雅楽寮の官員が規定されたことは、律令制に基づく儀礼整備政策の一環として理解される。

儀礼での奏楽については、中国隋唐期の朝儀に倣ったものと見られる。[補注] しかし、例えば元日朝賀において『大唐開元礼』巻九十七・嘉礼・皇帝元正冬至受群臣朝賀并会では殿庭に「宮懸」と称する楽器群が置かれて儀式の節目で奏されたが、日本の朝賀では『儀式』巻六には鉦鼓以外の楽器は見られず[1]、唐のような形式での奏楽は行われなかった。一方、元日節会をはじめとする各種の節会次第には雅楽寮あるいは衛府による奏楽のことが見えるため、演奏に関する技術的な問題による差異ではなかったことが知られる[2]。このことは、日本の儀礼では饗宴での奏楽が重視されていたこと、「奏楽」は儀式を構成する重要な要素であることを示していると思われる。例えば『類聚国史』巻七十五・歳時六の二孟の項に「五位以上歌㆓舞庭中㆒」「有㆑勅、奏㆓音楽㆒」等の記述が頻出し、政務と饗宴の要素をあわせ持つ旬儀において、奏楽が不可欠の要素になっていることがうかがえる。このように、平安期の儀式を考える上で「奏楽」は重要な儀式次第の一つとされていた。ただし、饗宴において楽を奏することは奈良時代から行われており、儀式における奏楽については、八世紀以降奏楽担当機関としての役割を担い続けた雅楽寮を中心に考察するべきであると考える。よって本章では、古代の国家的儀式において奏楽を担当した雅楽寮の位置付けとその活動を通して宮廷儀礼の構造を分析し、儀式を成り立たせる奏楽の思想的意義について考えていきたい。

第一節　奏楽担当官司としての雅楽寮の成立とその活動

古代の宮廷音楽を掌る官司として設置されたのは雅楽寮である。雅楽寮は、日本固有の歌舞と中国・朝鮮などの国々から伝来した外来歌舞の奏楽を担当する公的機関であり、国家的な儀式において不可欠な存在であった。従来、雅楽寮は平安時代に入ると楽人数が減員され、律令体制そのものの縮小整備に伴ってその機能が衰退し、行事における奏楽の主体は衛府の官人や大歌所に移行すると考えられてきた[3]。確かに、平安時代の史料に衛府や楽所といった雅楽寮以外の機関による奏楽記事が多く見られるようになることは事実であり、『源氏物語』をはじめとする平安期の文学作品においても、天皇や貴族らによる奏楽の場面が多く描かれていることは言を俟たない。

これまでの平安時代の音楽に関する研究では、楽所や御遊といった平安期以降に成立した奏楽形態の考察に比重が置かれ、九世紀以降の雅楽寮の活動について論じられることは少ない(4)。しかしながら、古代の奏楽の実態を考えるにあたっては、奈良時代以来宮廷の奏楽担当機関として機能し続けてきた雅楽寮を中心として考えるべきであろう。

（一）雅楽寮の設置と奏楽内容

日本の原始・古代の音楽とは、歌謡と語りといった声楽を中心とするものであったとされ(5)、種々の楽器を用いた奏楽は、主として中国・朝鮮等からもたらされた外来音楽によって形成・発展することとなる。

雅楽寮による奏楽の中心は、後述するように外来楽であったが、その音楽がもたらされた時期について、『日本書紀』允恭四十二年正月戊子条には以下のような伝承が記されている。

> 天皇崩。時年若干。於是、新羅王聞二天皇既崩一、而驚愁之、貢二上調船八十艘、及種々楽人八十一。是泊二対馬一而大哭。到二筑紫一亦大哭。泊二于難波津一、則皆素服之。悉捧二御調一、且張二種々楽器一、自二難波一至二于京一、或哭泣、或儛歌。遂参二会於殯宮一也。

この伝承は、新羅古来の楽が比較的古い時期から日本へ流入していたことを示すものと思われる(6)。また欽明十五年（五五四）二月条には百済楽人の交替を伝える記事があり(7)、推古二十年（六一二）是歳条には、

> 自二百済国一有二化来者一。（中略）又百済人味摩之帰化。曰、学二于呉一、得二伎楽儛一。則安二置桜井一、而集二少年一、令レ習二伎楽儛一。於是、真野首弟子・新漢済文、二人習之伝二其儛一。此今大市首・辟田首等祖也。

とあり、日本が外来楽を摂取するにあたって百済の楽と楽人が大きな影響をもたらしたことが知られる。続く推

古二十六年（六一八）八月癸酉朔条には高句麗から隋の鼓吹（軍楽）が貢上されたとの記事も見られる(8)。
中国、すなわち隋・唐の音楽の伝来に関して『日本書紀』に明記はないが、新羅や百済では五世紀半ば頃から中国の音楽を受容して組織的な音楽が整備されるようになることから(9)、日本は朝鮮半島経由で隋・唐の楽舞を摂取していたものと思われる。

宮廷における奏楽の整備については、『日本書紀』天武四年（六七五）二月癸未条に、大和国をはじめとする諸国に対して「選二所部百姓之能歌男女、及侏儒伎人一而貢上」することを命じ、同じく天武十四年（六八五）九月戊午条では「凡諸歌男・歌女・笛吹者、即伝二己子孫一、令レ習二歌笛一」という詔が出されている。また、天武十二年（六八三）正月丙午条に、

是日、奏二小墾田儛及高麗・百済・新羅三国楽於庭中一。

と見え、この時までには王宮での儀礼において外来楽舞の奏楽が行われていたことがわかる。天武朝は節日の概念を採用して年中行事が整備される時期であり(10)、律令制に基づく諸制度の形成とともに、各種の儀式における楽舞の整備も進められた。すなわち、持統元年（六八七）正月丙寅朔条に見える「楽官」は、後の雅楽寮の前身に相当する官司として理解される。しかしながら、体系的な内容を持つ奏楽及び音楽教習機関の成立は、大宝令の制定を待たねばならない。

雅楽寮の職掌と人員構成は、養老職員令に以下のように規定されている。

雅楽寮

頭一人。掌、文武雅曲・正儛・雑楽・男女楽人・音声人名帳・試二練曲課一事。助一人。大允一人。少允一人。大属一人。少属一人。歌師四人。二人、掌、教二歌人・歌女一。二人、掌、臨時取下有二声音一、堪二供奉一者上教之。歌人卌人。歌女一百人。儛師四人。掌、教二雑儛一。儛生百人。笛師二人。掌、習二雑儛一。笛師二人。掌、教二雑笛一。笛生

六人。掌、習二雑笛一。笛工八人。唐楽師十二人。掌、教二楽生一。高麗・百済・新羅楽師准レ此。楽生六十人。掌、習レ楽。余楽生准レ此。高麗楽師四人。楽生廿人。百済楽師四人。楽生廿人。新羅楽師四人。楽生廿人。伎楽師一人。掌、教二伎楽生一。其生以二楽戸一為之。腰鼓生准レ此。腰鼓師二人。掌、教二腰鼓生一。

使部廿人。直丁二人。楽戸。

『令集解』の同条を見ると、大宝令の注釈書である古記によって令文の「文武雅曲正儛」「曲課」「歌女」の各文言が復原でき、また『続日本紀』大宝元年（七〇一）七月戊戌条に「太政官処分、（中略）又画工及主計・主税算師、雅楽諸師、如レ此之類、准二官判任一」とあることから、大宝令が制定された大宝元年には雅楽寮が存在しており、大宝官員令には雅楽寮の職掌の規定がなされていたことが確認される。

雅楽寮には四等官以下、大きく分けて二分野の楽人たちが所属していた。一つは、在来系の音楽を担当する歌師・歌人・歌女、儛師・儛生、笛師・笛生・笛工であり、もう一方の外来系の音楽、すなわち唐楽・高麗楽・百済楽・新羅楽については各々師・生がおり、伎楽・腰鼓には師のみ設置された。『続日本紀』天平三年（七三一）七月乙亥条には、

定二雅楽寮雑楽生員一。大唐楽卅九人、百済楽廿六人、高麗楽八人、新羅楽四人、度羅楽六十二人、諸県儛八人、筑紫儛廿人。其大唐楽生、不レ言二夏蕃一、取下堪二教習一者上。百済・高麗・新羅等楽生、並取二当蕃堪レ学者一。但度羅楽、諸県・筑紫儛生、並取二楽戸一。

という雅楽寮の楽生の人数と任用についての細則規定が見える。この記事によると、唐楽の楽生は日本人と唐人との混用を認め、百済・高麗・新羅等の楽生についてはその国の人を採用するように定めている。このことから、八世紀初頭の雅楽寮の外来系音楽に携わる楽人の多くは渡来系の人々によって占められていたと推測される。(11)

このように、日本は八世紀初期段階に、歌・笛を中心とする在来楽と、唐と朝鮮三国の楽を中心とする外来楽の両系統の楽を掌る総合的な奏楽機関として雅楽寮を設置したが、「雅楽」の語の解釈については注意を要する。「雅楽」とは元々中国で漢代から礼楽思想に基づく郊祀・宗廟のために整備された祭典楽を指し、この廟楽を「雅楽」と称した。隋代には楚辞の系統を引く芸術音楽としての俗楽や西域から伝来した胡楽が隆盛し、唐代には雅楽と胡楽・俗楽を合わせた新形式の燕楽が登場し、宮廷における饗宴の際の音楽として用いられるようになった(12)。日本には宗廟の楽である本来的な意味の雅楽はほとんど伝来せず、これらの中国の楽のうち燕楽（饗宴楽）を中心とする胡楽・俗楽を取り入れ、「雅楽」として受容した(13)。このことから、日本の雅楽は第一に宮廷の饗宴儀礼に用いられるための音楽として整備されたといえよう。

『令集解』職員令雅楽寮条には「大属尾張浄足説、今有㆑寮儛曲等如㆑左」として令文に見えるもの以外にも度羅楽など様々な舞と楽器の種類が列記されている。楽の種類と楽師の人数は「以上随㆑時増減而已」とあり、楽の内容の多様性がうかがえる(14)。

以上のように、五～六世紀頃から日本に伝来した大陸の国々の音楽は、律令制の導入期である七世紀後半の天武・持統朝において、宮廷儀礼における音楽として、日本の在来歌舞とともに「楽官」という音楽に関わる官司によって奏されていたものと思われる。この楽官の流れを引き、律令制のもとに在来楽と外来楽とを組織的・体系的に奏楽する機関として雅楽寮が設立された。その楽人の多くは渡来系の人々であり、令に規定された楽以外にも様々な楽曲の奏楽を行っていたのである。

（二）八世紀の雅楽寮――律令制下の奏楽――

次に、八世紀の宮廷において雅楽寮が実際にどのような活動を行っていたのかを、『続日本紀』の記事から見ていくこととする。

まず慶雲三年（七〇六）正月壬午条（七日）には次のように見える。

饗二金儒吉等于朝堂一。奏二諸方楽于庭一。叙レ位賜レ禄各有レ差。

ここでは、新羅使節を饗応する際、「諸方楽」を奏したとある。この「諸方楽」とは唐楽・高麗楽・百済楽・新羅楽・伎楽等の外来楽の総称であり、[15]これらは和銅三年（七一〇）正月丁卯条（十六日）に「天皇御二重閣門一、賜二宴文武百官并隼人・蝦夷一、奏二諸方楽一。従五位已上賜二衣一襲一。隼人・蝦夷等、亦授レ位賜レ禄各有レ差」と見えるように、天皇の臨席のもとでの群臣と夷狄との饗宴でも奏された。また、天平十三年（七四一）七月辛酉条（十三日）には「宴二群臣于新宮一。奏二女楽・高麗楽一。五位已上賜レ禄有レ差」とあり、宴における外来楽の奏楽が明記されている。

それから、天平十四年（七四二）正月壬戌条（十六日）では、

天皇御二大安殿一、宴二群臣一。酒酣奏二五節田儛一。訖更令二少年童女踏歌一。又賜二宴天下有位人并諸司史生一。於レ是、六位以下人等鼓レ琴歌曰、「新年始迩　何久志社　供奉良米　万代摩提丹」。宴訖賜レ禄有レ差。（後略）

とあり、天応元年（七八一）十一月己巳（十五日）に行われた桓武天皇の大嘗会では、

宴二五位已上一、奏二雅楽寮楽及大歌於庭一。（後略）

とあるように、在来の歌舞である大歌も行われている。これらの奏楽は雑令諸節日条に規定された節日の饗宴に[16]伴うものである。なかでも正月十六日前後に行われる踏歌節会では、天平宝字七年（七六三）正月庚申条（十七日）に、

帝御二閤門一、饗二五位已上及蕃客、文武百官主典已上於朝堂一。作二唐・吐羅・林邑・東国・隼人等楽一。奏二内教坊踏歌一。客主々典已上次レ之。賜下供二奉踏歌一百官人及高麗蕃客綿上有レ差。（後略）

とあるように、外国使節を交えた大規模な奏楽が行われている事例が多い。

そのほか、天平勝宝元年（七四九）十二月丁亥に行われた天皇・太上天皇・皇太后の東大寺行幸では「是日、百官及諸氏人等、咸会二於寺一。請二僧五千一、礼仏読経。作二大唐・渤海・呉楽・五節田儛・久米儛一」とあり、天平勝宝四年（七五二）四月乙酉の東大寺大仏開眼供養においても、

盧舎那大仏像成、始開眼。是日、行二幸東大寺一。天皇親率二文武百官一、設斎大会。其儀一同二元日一。五位已上者、著二礼服一。六位已下者当色。請二僧一万一。既而雅楽寮及諸寺種々音楽、並咸来集。復有二王臣諸氏五節・久米儛・楯伏・踏歌・袍袴等歌儛一。東西発レ声、分レ庭而奏。所作奇偉、不レ可二勝記一。仏法東帰、斎会之儀、未三嘗有二如レ此之盛一也。（後略）

とあるように、宮廷以外の場所での仏教行事においても、雅楽寮が奏楽を行うことがあった。

このように、八世紀の奏楽は、外国使節の饗応や雑令に節日として規定された儀式を中心に、天皇の臨席を伴う国家的儀式の場で行われていた。奏楽を行う中心的な機関は雅楽寮であり、在来歌舞である五節舞・久米舞等のほか、外来楽では唐楽と高麗・新羅・百済の朝鮮三国の楽を中心に、吐羅・林邑なども含めたアジア諸国の音楽を幅広く演奏していた。元来芸能の奏上には支配者への服属を表すという意味があり(17)、節会などの儀式の場で朝鮮三国出身の楽人が奏楽を行うことには、諸蕃の服属を示すという政治思想的な意味があった(18)。

ただし百済・高句麗はすでに七世紀に滅亡しており、八世紀段階での現実の諸蕃は新羅と渤海であったが、天平期に対新羅関係が悪化し、また渤海も朝貢国という立場を取らなかったため、実態として従える「蕃国」は存

在しなかった。また、九世紀初頭には蝦夷・隼人の化内民化が進められたことで「夷狄」もまた実態を失うことになる。しかし、『令集解』賦役令外蕃還条において、平安初期成立と言われる穴記が「外蕃、高・百・新等是」と注釈することなどから、九世紀段階においても朝鮮三国が日本本位の中華意識を充足させるための重要な構成要素であると認識されていたことが指摘されている(19)。

日本の「雅楽」の実質が饗宴楽であるように、雅楽寮の機能は第一義的には音楽によって宮廷の饗宴儀礼の威容を調えることにあった。なかでも、外交使節の迎接や夷狄を参列させての節会の場において、朝鮮三国由来の楽などの外来歌舞を奏楽することにより、日本を中華とする華夷秩序を内外に示し、王権を権威付けるという役割を担っていたのである。

第二節　雅楽寮の再編――「弘仁格」の分析から――

九世紀に入ると、宮廷儀式の整備と関連して、令制官司としての雅楽寮の機構的変遷を考える上で画期となる法令が出された。それが『類聚三代格』大同四年（八〇九）三月二十一日付太政官符及び弘仁十年（八一九）十二月二十一日付太政官符である。本節では、これら二つの格を中心とする『類聚三代格』所載の雅楽寮楽人に関する格の検討、特に「弘仁格」としての分析を通して、儀式における雅楽寮の役割とその位置付けを明確にしたい。

表1に示した雅楽寮楽人の人数に関する規定の中で『類聚三代格』所載の格は①から⑨の九つであり、そのうち「弘仁格」として見えるのは、①天平勝宝九歳八月八日付太政官謹奏と、②大同四年三月二十一日付太政官符及び③同年四月一日付太政官符、それに④弘仁十年十二月二十一日付太政官符である。このうち『弘仁格抄』で

大同４年（809）４／１③	弘仁10年（819）12／21④	天長５年（828）⑤	承和２年（835）⑥	嘉祥元年（848）⑦	斉衡２年（855）８／21⑧	斉衡２年（855）12／21⑨	延喜式（927／967）
40		−５		20			
							30
	4				−１ （五節儛師）	＋１ （五節儛師）	
		−５ （筑紫諸県儛）	−10 （田儛５・筑紫諸県儛５）	儛２ 田儛２ 五節儛２ 筑紫諸県儛３			
6				4			
8				2			
				36　※３			
					＋１ （高麗鼓師）		
				18			
				7			
	4					−１ （新羅儛師）	
				4			

表１　雅楽寮楽人の法制上の変遷

		大宝令（701）※１	天平３年（731）	養老令（718／757）	天平勝宝９歳（757）①	延暦21年（802）	延暦24年（805）	大同４年（809）３／21②
倭楽	歌師			4		2		4
	歌人	▲		40				
	歌女	○		100			20	
	儛師			4	諸県儛師			4
	儛生		28（諸県儛８・筑紫儛20）	100				
	笛師			2				2
	笛生			6				
	笛工			8				
唐楽	師	△		12				12
	生	×	39	60				
高麗楽	師	△		4				4
	生	×	8	20				
百済楽	師	△		4				4
	生	×	26	20				
新羅楽	師	△		4				2 ※２
	生	×	4	20				
伎楽	師	△		1				2
	生	×		—				
腰鼓楽	師	△		2				
	生	×		—				
度羅楽	師			—				2
	生		62	—				
林邑楽	師			—				2
	生			—				
その他					堕羅儛師			

［凡例］
※１　大宝令文での存在について
　○：『令集解』古記より存在が推定される。
　△：『令集解』古記問答「問、諸師等無ㇾ生若為」より、存在が想定される。
　×：上記古記問答より、存在しなかったと考えられる。
　▲：「官員令別記」中に語句が確認される。
※２　本章の考察により、原格では２人、弘仁格では４人であったと考えられる。
※３　格に見える人数は35人。

式部下に配列された天平勝宝九歳八月八日の謹奏は、諸県舞師・堕羅舞師の禄を従八位官相当にするという規定であり、大同四年四月一日付官符も笛工・笛生・歌人に支給する粮米についての規定であって楽師の定員規定とは直接関係しないため、ここでは②大同四年三月と④弘仁十年十二月の格を考察対象とする。[20]

両格は『弘仁格抄』上の格巻第二、式部上に次のように見える。

44［式上28］[21]　定雅楽寮雑楽師事　　大同四年三月廿一日

45［式上29］　定雅楽諸師数事　　弘仁十年十二月廿一日

『弘仁格抄』は式部格であることを考慮して中務と式部の順序が逆転している以外は二官八省の序列に従って格が配列されているとされ[22]、この二つの格の直前には「勅　置二女医博士一」の事書を持つ中務省被管の内薬司に関連すると思われる格が、直後には「民部主計及越前肥後二国増二官員一事」という事書を持つ民部省関連の格が続くことから、［式上28］［式上29］の両格は治部省被管の雅楽寮に関係する格として配列されたと見られる。詳細は後述するが、［式上29］には「太政官去大同四年三月廿一日騰勅符、直挙二其員一、不レ顕二其色一。仍須二具録以令レ無レ疑者」とあるように、［式上28］を補訂する内容の格として、両格は一連のものとして読む必要がある。

まずは、［式上28］を検討する。

A［式上28］大同四年三月二十一日格の検討

雅楽寮所属の楽師の種別と人数について規定した［式上28］に対応するのは、『類聚三代格』巻四の大同四年三月二十一日官符である。[23]

太政官符

定㆓雅楽寮雑楽師㆒事

歌師四人　儛師四人　筑紫諸縣師一人在㆓此中㆒　笛師二人

唐楽師十二人　横笛師　合笙師　簫師　篳篥師　尺八師　箜篌師　筝師　琵琶師　方磬師　鼓師　歌師　儛師

高麗楽師四人　横笛師　箜篌師　莫目師　儛師

百済楽師四人　横笛師　箜篌師　莫目師　儛師

新羅楽師四人　琴師　儛師

度羅楽師二人　鼓師　儛師

右依㆑旧為㆑定、余皆停止。

伎楽師二人　元一人　今置㆓一人㆒　林邑《臨目二音》楽師二人　今置

右依㆑件為㆑定。

以前被㆓右大臣（藤原内麻呂）宣㆒偁、奉㆑　勅依㆑件為㆑定。永為㆓恒例㆒。

大同四年三月廿一日

この格に関連する史料として、以下の二点が挙げられる。

ⅰ．『日本後紀』大同四年三月丙寅条(24)

定二雅楽寮雑楽師一、歌・舞師四人、笛師二人、唐楽師十二人、横笛師二人、高麗楽師四人、横笛・箜篌[篳カ]・莫目・舞等師也、百済楽師四人、横笛・箜篌・莫目・舞等師也、新羅楽師二人、琴・舞等師也、度羅楽師二人、鼓・舞等師也、伎楽師二人、林邑楽師二人。

ⅱ．『令集解』職員令雅楽寮条

大同四年三月二十八日官符云、定二雅楽寮雑楽師一事。歌師四人、儛師四人、筑紫諸縣師一人在二此中一。笛師二人、唐楽師十二人、横笛師・合笙師・簫師・篳篥師・尺八師・箜篌師・箏師・琵琶師・方磬師・鼓師・歌師・儛師。高麗楽師四人、横笛師・篳篌師・莫目師・儛師。百済楽師四人、横笛師・篳篌[箜カ]師・莫目師・儛師。新羅楽師四人、琴師・儛師。度羅楽師二人、鼓師・儛師。右依レ旧為レ定。余皆停止。伎楽師二人。元一人、今置二一人一。林邑楽師二人。今置。

右依レ件為レ定。

諸史料を比較すると、格の日付に関して『令集解』所引の当該格では二十八日となっている。『弘仁格抄』では二十一日であり、弘仁十年十二月二十一日格においても「太政官去大同四年三月廿一日騰勅符」と引用され、『日本後紀』でも二十一日とされているため、二十一日が正しい日付と見てよかろう。

官符の内容は、事書にもある通り雅楽寮の種々の楽師の人数を定めたもので、在来系の楽について歌師・儛師・笛師の人数を確定し、外来系の楽について唐楽・高麗楽・百済楽・新羅楽それぞれの人数と楽器の内訳を明らかにしている。さらに伎楽師を令制の一人から一員増員し、令に規定のなかった度羅楽と林邑楽についても師を置くとした。これら楽師の人数を令制段階と比較すると、表1を見れば明らかなように、ほぼ変化がないことがわかるが、問題は新羅楽師の人数である。『日本後紀』では新羅楽師は「二人」だが、『三代格』『令集解』では「四人」とされる。この差をどう考えるべきであろうか。その後新羅楽師の規定が見えるのは弘仁十年格であるから、［式上29］を検討した上で再考することにしたい。

B［式上29］弘仁十年十二月二十一日格の検討

この格に対応するのは『類聚三代格』巻四の弘仁十年十二月二十一日官符である。

太政官符

定二雅楽諸師数一事

儛師四人　倭儛師一人　五節儛師一人　田儛師一人　筑紫諸県儛師一人

新羅楽師四人　今定二二人一　琴師一人　儛師一人

右造式所起請偁、太政官去大同四年三月廿一日騰　勅符、直挙二其員一、不レ顕二其色一。仍須二具録以令レ無レ疑者。大納言正三位兼行左近衛大将陸奥出羽按察使藤原朝臣冬嗣宣、奉レ　勅、宜下依二件起請一永為中恒例上。

弘仁十年十二月廿一日

前田家本に見える当該格は欠損箇所が多く、本文の確定には狩野文庫本に見える同格を参照する。

(弘式)弘仁十年　十二廿一官符　定雅楽寮諸司［師カ］数、儛師四人　倭儛師一人　五節儛師一人　田儛師一人　筑紫諸県儛師一人

新羅楽麗人［ママ］・(虫)・—　琴師一人、儛師一人　去大同四年三月廿一日騰　勅符、直挙二其員一、不レ顕其二色一、仍須二具録以令レ無レ疑。上卿左近大将藤原冬—［嗣カ］宣

狩野文庫本の格は抄録形式になっているが、これにより傍線部の文言を復原することができる。□で囲った新

羅楽師の人数を国史大系は『令集解』により「四人 今定二二人一」と補うが、前田家本は「・人・・・」と欠損していることを示し、狩野文庫本でも虫損とされ、『三代格』からは人数を確定できない。『令集解』職員令雅楽寮条に見える当該格は、

弘仁十年十二月廿一日官符云、定二雅楽諸師数一事。儛師四人、倭儛師一人・五節儛師一人・田儛師一人・筑紫諸県儛師一人。新羅楽師四人。今定二二人一。琴師一人・儛師一人。

とあり、内容のみが引用される。この格に関連する史料としては、斉衡二年八月二十一日付官符(25)に「太政官去弘仁十年十二月廿一日格、定二儛師四人一之内、置二五節儛師一員一。而件師、徒設二其員一、曾無二其人一」との文言が見えるが、新羅楽師についての言及はなく、また『日本後紀』等にこの儛師と新羅楽師についての改定のことは見えない。そこで、弘仁十年における楽師の人数の改定を明らかにするためには［式上29］の格文自体の分析が必要となる。まず、この格が「造式所起請」に基づいて作成されたことに注目したい。

造式所とは、弘仁・貞観・延喜のそれぞれの式編纂の際に設けられた臨時機関であり、既存の単行法規の分類整文が主要な仕事であったと思われ、その前提作業として奉勅の起請や、取捨困難なものに関して勅裁を仰ぐことが重要な仕事であった(26)。弘仁段階の造式所起請の例は［式上29］以外に四例あり(27)、いずれも律文や令文を引用しつつ格が作成されていることから、造式所は律令の原則を常に参照し、それを遵守・補訂するという立場から先に出された格（官符）を見直し、法制に関する審議を行うとともに、積極的な建議をも行う機関であったとされる(28)。

また貞観段階での「造式所起請」及び「撰格式所起請」が、ほとんど編纂が終局に近付いた地点において当時改正あるいは立法化が要請されていた諸点を解決するべく「起請」という形で太政官に上申、法文化したもので

あったように、(29)弘仁格に見える「造式所起請」によって出された格も弘仁十年十二月から弘仁十一年正月までのものであり、弘仁十一年四月の弘仁格撰進(30)間近であることから、編纂の最終段階において起請がなされたことが確認できる。

以上のことをふまえると、格文に「太政官去大同四年三月廿一日騰勅符、直挙二其員一、不レ顕二其色一。仍須三具録以レ令二無レ疑一」とあることから、［式上29］は［式上28］で不明確であった儛師と新羅楽師について、造式所の起請に基づき、その不備を補うために出された格であると考えられる。以下、それぞれの楽師の人数について詳しく見ていく。

まず儛師の人数と内訳に関しては、令文には「儛師四人。掌、教二雑儛一。」とあるのみで舞の種類は明記がない。儛師の人数自体は養老令・大同四年格（式上28）・弘仁十年格（式上29）とで異同はないが、天平勝宝九歳八月八日謹奏の段階では筑紫儛と諸県儛とが分化しており、どの儛の師を置くかということについては不明確であったことが推測される。大同四年格の段階と人数に変化が見られないことから、儛師の定員を定めるも、在来の儛の種類までは明記されていなかったために、弘仁十年の段階で儛の内容を明文化したものと考えられる。

新羅楽師については『令集解』所引同格に「四人今定二二人一」とあるものの、写本では人数を記した箇所が欠損しているため、慎重に判断する必要がある。そこで「今定二二人一」という文言の形式から考えることにする。

「今定二二人一」という表現は、例えば［式上3］慶雲二年四月十七日格に(31)「更置二中納言三人一」、［式上17］大同三年七月二十六日格(32)の「今加二少属一員一」などという文言とは異なり、必ずしも増員を表すものではない。しかし式部格における「定〇〇人」の用例を見ると、先に挙げた［式上17］大同三年七月二十六日格では「大舎人寮今加二少属一員一今定二舎人八百人一」、嘉祥元年九月二十二日官符(33)では「応レ減二定雅楽寮雑色生二百五十四人一事減二一百五十四人一定二一百人一」とあるように、増員ではないにせよ、元々の規定人数に何らかの変化があった場合に用いられているため、［式上29］の場合も「二人」であったのなら「今定二二人一」なる語を挿入する必然性がない。事書にも「定二雅楽諸師数一事」とあることを考慮すると、本格は儛師に関してはその内訳と人数を、新羅楽師に関しては人数の改訂及びその「今定」めた二人の内訳を明記したものであり、［式上29］における新羅楽師の人数は「四人」であったと考えられる。すなわち新羅楽師は大同四年段階では「二人」と定められたが、弘仁十年段階になってさらに二人増員されて「四人」になったと解釈できる。

右の如く考えると、次に問題となるのが大同四年格での新羅楽師の人数である。先に確認したように、大同四年格に見える新羅楽師の人数は「四人」であるため、弘仁十年格と人数に差がないことになり、人数を改訂したとは言えなくなる。この矛盾をどう解決すればよいのだろうか。結論から言うと、大同四年格における新羅楽師の人数は、原格の段階では『日本後紀』に記される通り「二人」であったが、弘仁十年格での人数の改定を受け、弘仁格編纂段階になってその実情に即して「四人」と書き換えられたのではないだろうか。「弘仁格」は、その編纂に際して編纂時に無効となっている部分が削除されるあるいは格文の修正・改変が行われることがあり、その具体的事例が先学によって明らかにされている(34)。「弘仁格」が編纂時の有効法という編纂基準によって配列されている(35)ことを考え合わせると、［式上28］［式上29］を一連の法令として読むことによって、弘仁格編纂段階における雅楽寮の楽師の定員と内訳が明らかとなる。以上の考察から、弘仁段階での雅楽寮楽師の構成は以下のように復原できる。

○在来系楽師

歌師四人／儛師四人（倭儛師一人・五節儛師一人・田儛師一人・筑紫諸県儛師一人）／笛師二人

○外来系楽師

唐楽師一二人（横笛師・合笙師・簫師・篳篥師・尺八師・箜篌師・箏師・琵琶師・方磬師・鼓師・歌師・儛師）／高麗楽師四人（横笛師・篳篌師・莫目師・儛師）／百済楽師四人（横笛師・箜篌師・莫目師・儛師）／新羅楽師四人（琴師二人・儛師二人）／度羅楽師二人（鼓師・儛師）／伎楽師二人／林邑楽師二人

この定員構成を令制と比較すると、変化した点は伎楽師が一人増員したことと、腰鼓師が確認できない代わりに度羅楽師と林邑楽師が新たに二人置かれたことのみであり、その他の主要な楽師については令制と変動がない。ほとんど変化がないにもかかわらず、このような格が出されたことの意味は何であろうか。

大同四年・弘仁十年両格による雅楽寮楽人の定員規定は、嵯峨朝における宮廷儀式の整備[36]と密接に関係すると思われる。そもそも、節会などの儀式の場における隼人や国栖による歌舞の奏上や朝鮮三国出身の楽人による奏楽は服属儀礼としての意味合いが強く、観念的な中華意識を体現する行為として重要視されていた。

両格が出された平城・嵯峨朝は天皇への権力の集中と律令制の原則重視の施策が行われた時期とされ[37]、宮廷儀式の整備にあたって蕃国の服属を示し、日本的中華世界を体現する装置として雅楽寮による外来楽の奏楽は不可欠であり[38]、儀式を滞りなく行うためにも雅楽寮の楽師を官人として法体系の中に明確に位置付け、「師―生」体制のもとで楽生の教習を行うことが必要とされたのである。そのため、実態としては令規定以外の歌儛を行う楽人も所属し、使用する楽器や儛の種類もその時々によって流動的であったものを、令文の規定に沿って再編し、格文に掲げた楽を正式な儀式楽として位置付けたのである。すなわち大同四年格及び弘仁十年格は、雅楽寮の機構的変遷において、画期となる法令であったといえるだろう。

従来、九世紀以降雅楽寮が「衰退」し、その機能は近衛府等による奏楽に取って代わられるとされてきたが、むしろこの二つの格によって、以後特に外来楽を掌る令制官司としての雅楽寮の機能が明確化されたと言えるのではあるまいか。すなわち、この二つの格の規定によって雅楽寮は八世紀までの雑多な状況を整理し、国家的な儀式の際に奏楽を担当する公的な奏楽機関として法制上に位置付け直されるとともに、外来楽の奏楽・教習機関として再編されたのである。

第三節　儀式における雅楽寮の機能

前節までは令制官司としての雅楽寮の位置付けを中心に考察してきたが、儀式で奏楽に携わったのは雅楽寮だけではなかった。また、九世紀に入ると衛府が奏楽担当機関として台頭するなど、新たな傾向が見られるようになる。そこで、他の奏楽機関と雅楽寮との関係についても考察する必要がある。

雅楽寮以外の奏楽に関係する機関のうち、八世紀段階から存在したものとして歌儛所・大歌所・内教坊がある。歌儛所とは雅楽寮とは別に官人貴族らに日本古来の歌舞を教養的に教習させた機関である[39]。大歌所も同じく在来楽を掌り、元々雅楽寮で教習されていた在来歌舞の一部が独立したものかと見られ、『続日本紀』天応元年（七八二）十一月己巳条に「宴㆓五位已上㆒、奏㆓雅楽寮楽及大歌於庭㆒」とあることから、雅楽寮の楽とは区別されていたことがわかる[40]。また内教坊は節会・内宴などで舞楽・踏歌を演じる舞妓が所属した機関で、元正朝頃には設置されていたとされる[41]。

ここではこれらの奏楽関係機関の成立時期や系譜関係には立ち入らないが、これらはみな令外の機関であり、令制官司として位置付けられているのは雅楽寮のみである。在来楽の楽人がおそらく大歌所との関係において減員傾向にあることを考慮すれば(42)、九世紀以降、公的儀式で外来楽を奏することが雅楽寮に課せられた最も重要な役割であったと思われる。ただし、弘仁期以降衛府による奏楽記事が目立ち始めるのも事実であるから、次に奏楽内容の面から雅楽寮の役割を探っていくことにしたい。

大同・弘仁の楽師定員に関する格が出された九世紀において、雅楽寮以外の奏楽機関として史料上に現れるのが衛府であり、両者が奏楽を行う行事を整理したのが、表2である。

雅楽寮の奏楽について、弘仁七年（八一六）以前の奏楽の機会は蕃客来朝・行幸に際しての饗宴など多方面にわたり、承和九年（八四二）以降は元日節会・二宮大饗・踏歌節会などの特定行事に限定される傾向にあることがすでに指摘されているが(43)、天長期においても「奉レ賀二太上天皇（嵯峨）五八之御齢一。白日既傾。継レ之以レ燭。雅楽奏レ楽」（天長二年十一月丙申）(44)、「幸二南池一、召二文人一令レ賦レ詩。雅楽寮奏レ楽。日暮賜二衣被一」（天長六年八月庚戌）(45)、「御二武徳殿一、覧二騎射一。雅楽寮奏二音楽一。中夜乗輿還宮」（天長九年四月戊辰）(46)のように、天皇の行幸や太上天皇算賀、騎射等において雅楽寮による奏楽が行われている。

一方、衛府による奏楽の初見は『日本後紀』弘仁五年（八一四）十月甲子条の、

右諸衛府奉献、宴飲奏レ楽。賜二侍臣及右衛門府・右馬寮史生已上綿一有レ差。

である(47)。『続日本後紀』承和十年（八四三）九月丙午条には「天皇（仁明）御二紫宸殿一。皇太子侍焉。左右諸衛府共有二奉献一。親王・公卿列二立中庭一、謝座謝酒、同二節会儀一。奏二音楽一。宴訖賜二五位已上禄一」と見え、節会に準じた規模の行事においても奏楽を行うようになり、この頃には奏楽機関としての衛府の台頭がうかがえる。しかしながら、

表２　九世紀の雅楽寮と衛府による奏楽行事

	雅楽寮	衛府
弘仁元年（810）	11／22　大嘗祭の豊明節会	
弘仁２年（811）	12／16　遊猟・奉献（大原野）	
弘仁３年（812）	５／12　行幸・奉献（神泉苑）	
弘仁４年（813）	４／22　行幸（南池） ８／15　行幸（南池）	
弘仁５年（814）		10／21　右諸衛府奉献・奏楽
弘仁７年（816）	２／27　行幸（嵯峨別館） ４／５　弁官奉献	11／28　右諸衛府奉献・奏楽
弘仁８年（817）		10／20　右近衛府奉献、奏楽
天長２年（825）	11／28　嵯峨太上天皇四十算賀	
天長４年（827）	２／28　立后に伴う宴（紫宸殿） ４／10　大宰大弐朝野鹿取への賜餞（紫宸殿）	２／28　立后に伴う宴で和琴を奏す 10／20　右近衛府奏楽（紫宸殿）
天長５年（828）	２／20　賜宴（紫宸殿）	12／１　左右近衛府が東国の歌を奏す
天長６年（829）	８／３　行幸（南池） 10／10　行幸（泥濘池）	
天長８年（831）	２／７　源定元服儀（紫宸殿） ８／10　行幸（神泉苑） ８／16　紫野院献物 ８／22　行幸（神泉苑） 10／14　行幸（北野）	８／29　左近衛府献物・奏楽
天長９年（832）	４／６　騎射（武徳殿）	４／12　左近衛府献物・奏楽 ４／15　左衛門府と左兵衛府献物・奏楽（紫宸殿）
天長10年（833）		４／19　左近衛府奉献・奏楽 ４／21　左衛門府と左兵衛府奉献・呉楽を奏す
承和元年（834）	１／２　朝覲行幸後の宴で奏楽［雅楽寮ヵ］	１／２　朝覲行幸後の宴で左右近衛府が舞を奏す
承和２年（835）		７／１　左右近衛府奏楽（紫宸殿） ８／１　相撲後、左右四衛府奏楽 10／21　右方三衛府と右馬寮が輸物の後に雑楽を奏す 12／１　左右近衛府奏楽（紫宸殿）

承和３年（836）		６／21　相撲司の鼓役を呼び、奏楽 ７／９　相撲司が楽と舞を奏す（紫宸殿）
承和４年（837）		７／25　左近衛府音声を奏す（後庭）
承和９年（842）	１／３　朝覲行幸（嵯峨院）	
承和10年（843）		９／21　左右諸衛府奉献・奏楽（紫宸殿）
天安２年（858）		７／21　左右相撲司が楽人を率いて乱声を奏す ８／１　左近衛府奏楽（東釣台）
貞観２年（860）		４／１　左右近衛府奏楽（紫宸殿）
貞観３年（861）	２／18　太政大臣藤原良房の染殿第の宴	４／１　左右近衛府の楽人を呼ぶ（北殿東庭） ６／28　相撲後奏楽、種々雑伎・散楽・透撞・咒擲・弄玉等を行う（紫宸殿） ７／26　相撲後、左右近衛府奏楽（紫宸殿） 10／１　左右近衛府奏楽（紫宸殿） 10／24　右諸衛府と右馬寮が献物・奏楽（紫宸殿）
貞観４年（862）		７／12　相撲後、奏楽（紫宸殿） 10／１　左右近衛府奏楽 10／21　右方諸衛府と馬寮が献物、奏楽
貞観５年（863）	５／20　御霊会（神泉苑） ５／22　御霊会の舞童を召見、奏楽（雅院）	
貞観６年（864）	１／３　元日節会（紫宸殿）	10／１　左右近衛府奏楽（紫宸殿）
貞観７年（865）	10／22　太政官献物、公卿以下侍臣以上に賜宴	７／23　左右相撲司奏楽・百戯（紫宸殿） 10／１　左右近衛府奏楽（紫宸殿）
貞観８年（866）	１／16　踏歌（紫宸殿）	
貞観11年（869）	１／16　踏歌（紫宸殿）	４／１　左右近衛府奏楽（紫宸殿）
貞観12年（870）		10／１　左右近衛府奏楽
貞観13年（871）	１／16　踏歌（紫宸殿）	４／１　左右近衛府奏楽
貞観16年（874）	１／16　踏歌（紫宸殿） ３／23　大斎会（貞観寺）	４／１　左右近衛府奏楽

貞観17年（875）	1／2　皇太后宮・東宮での賜宴 6／23　祈雨（神泉苑）	
貞観18年（876）	1／1　元日節会（紫宸殿） 1／2　皇太后宮・東宮での賜宴	
元慶元年（877）	1／16　踏歌（紫宸殿）	
元慶２年（878）	1／1　元日節会（紫宸殿） 1／16　踏歌 11／11　太上天皇献物 （太皇太后宮）	
元慶３年（879）	1／1　元日節会（紫宸殿） 1／16　踏歌（紫宸殿） 10／8　大極殿落成の宴（朝堂院）	10／1　左右近衛府奏楽（紫宸殿）
元慶４年（880）	1／1　元日節会（紫宸殿） 1／16　踏歌（紫宸殿）	4／1　左右近衛府挙楽 7／29　相撲後、左右近衛府奏楽、散楽・雑伎（仁寿殿）
元慶６年（882）	1／16　踏歌（紫宸殿） 3／27　皇太后四十算賀（清涼殿）	7／30　左右相撲司奏楽（紫宸殿） 閏7／3　左右相撲司奏楽（紫宸殿） 10／1　左右近衛府挙音楽
元慶７年（883）	1／1　元日節会（紫宸殿） 1／8　御斎会（大極殿） 1／16　踏歌（紫宸殿） 5／3　渤海使への賜宴（豊楽殿）	7／28　左右相撲司奏楽（紫宸殿）
元慶８年（884）	1／1　元日節会（紫宸殿） 1／16　踏歌（紫宸殿）	4／1　左右近衛府奏楽（紫宸殿） 7／29　相撲後、左右近衛奏楽 8／6　左近衛府音声を奏す（仁寿殿） 10／1　左右近衛府奏楽（紫宸殿） 10／8　左近衛府奏楽（紫宸殿）
仁和元年（885）	1／1　元日節会（紫宸殿）	4／1　左右近衛府奏楽（紫宸殿） 7／25　相撲後、左右近衛府奏楽（紫宸殿） 10／1　左右近衛府奏楽（紫宸殿）
仁和２年（886）	1／1　元日節会（紫宸殿） 1／2　藤原時平元服儀後の宴（太政大臣職院直廬）	4／1　左右近衛府奏楽（紫宸殿） 7／26　左右相撲司奏楽（紫宸殿） 7／27　相撲後、右近衛府奏楽（紫宸殿） 10／2　左右近衛府奏楽（紫宸殿） 10／25　右近衛府奏音楽、散楽・雑伎（紫宸殿）

仁和３年（887）	1／1　元日節会（紫宸殿） 1／8　最勝会（大極殿） 1／16　踏歌（紫宸殿）	4／2　左右近衛府奏楽（紫宸殿） 7／26　左右相撲司奏楽（紫宸殿）

※『日本後紀』『続日本後紀』『日本文徳天皇実録』『日本三代実録』及び『類聚国史』『日本紀略』より、奏楽主体が明らかな事例のみ抽出（単に「奏楽」とのみある記事は除く）。
※（　）内は行事の行われた場所を示す。

天長八年（八三一）八月乙亥に行われた神泉苑への行幸では、右近衛府は献物のみで奏楽を担当したのは雅楽寮であり、[48]『続日本後紀』承和元年（八三四）正月癸丑条では、

天皇（仁明）朝二覲後太上天皇（淳和）於淳和院一。太上天皇逢迎。各於二中庭一拝舞、乃共昇レ殿。賜二群臣酒一兼奏二音楽一。左右近衛府更奏レ舞。

とあり、左右近衛府は「更奏レ舞」とあることから、その前の奏楽は雅楽寮のものと解することができ、朝覲行幸での奏楽は第一義的には雅楽寮が掌っていたものと考えられる。すなわち九世紀前半段階では近衛府の奏楽機会が増えてきたとはいえ、それはあくまでも奉献に付随する臨時的なものであり、正月行事や行幸といった大々的な行事においては雅楽寮が奏楽を担当していたのである。[49]

九世紀後半以降、衛府の奏楽は二孟旬・相撲節・競馬の負態奏楽にほぼ限定されていくが、[50]この中でも奏楽機関としての衛府の役割が大きかったのは相撲節であろう。相撲節は八世紀前半に七月七日に行われる年中行事として確立したが、天長三年（八二六）以降平城天皇の忌日を避けるため七日以外に行われるようになり、弘仁から天長年間にかけ相撲司が儀式の中心となって運営されるようになる頃には、それまでの神事的・従属儀礼的性格は希薄化し、嵯峨朝の唐制導入の一環として、中国皇帝の催した百戯を模した大規模な芸能大会へと変化したことが指摘されている。[51]表2でも確認できるように、このような相撲節での奏楽を担当するのが相撲司・衛府であった。ただし『西宮記』巻四・相撲召仰の割注に「有レ楽年雅楽寮分二配楽人一、送二左右一」とあり、[52]奏楽には雅楽寮楽人も加わっていたことが知られるが、

供奉する舞人の多くは衛府の下級官人であり[53]、奏楽の主体はあくまで衛府であると認識されていた。相撲節において、雅楽寮楽人と衛府官人とを一時的に統括する臨時の場所として「楽所」が設けられるようになったことも[54]、雅楽寮が本来的には相撲節での奏楽には表立って関与しないことの証左となろう。そもそも『続日本後紀』承和六年（八三九）八月庚戌朔条には、「左近衛府言、補二近衛一事。春宮坊・皇后宮・中宮舎人、内匠・木工・雅楽寮考人等、並是内考。至レ有二才能一、府自試補」と見え、これによれば近衛府の楽人と雅楽寮の楽人とは一部重複していた可能性があり、両者の楽人は元来流動的であったと考えられる。

貞観年間以後、雅楽寮と衛府の奏楽行事が峻別され固定化していく傾向は表2に明らかである。雅楽寮が奏楽を担当する元日朝賀及び節会・踏歌・蕃客への賜宴は、八世紀段階から継続して行われている国家的行事であり、律令制的秩序を確認する重要な儀礼であった。そのような場においては令制官司である雅楽寮による外来楽の奏楽が必要とされたのであり、ここに外来楽担当機関としての雅楽寮の位置付けが明確となる。

その後、楽所の活動が史料上に見え始める十世紀には、雅楽寮は節会・行幸・大饗・踏歌・皇太子元服・大嘗祭御禊等の行事、大歌所は新嘗会、内教坊は正月七日節会・内宴・九月九日節会・残菊宴、近衛府は二孟旬・親王元服・除目・諸社祭礼というように各奏楽機関の活動内容がほぼ固定されることが指摘されているが[55]、そのような傾向の端緒はすでに弘仁期に芽生えていたのであり、儀式における外来楽担当機関としての雅楽寮の役割は決して小さいものではなかったのである[56]。

小結

古代日本の宮廷儀礼において、奏楽を担当していたのは雅楽寮であった。八世紀初期に大宝令によって日本古来の倭歌・倭舞と、唐・新羅・百済・高麗などの外来の歌舞の演奏・教習機関として設置された雅楽寮は、外交儀礼や仏教儀礼、雑令に定められた節日の饗宴などにおいて奏楽を行っていた。九世紀に入ると宮廷儀礼の整備に伴い、雅楽寮は主として外来楽を担当する官司として再編されたことが、「弘仁格」に収録された楽人編成に関する格からうかがえる。同時期には衛府官人も相撲節を中心に儀式の奏楽を担うようになるが、国家的儀式における正式な奏楽機関は雅楽寮とされていた。

元来、芸能の奏上には支配者への服属を表すという意味があり、儀式の場で外来楽を奏することには、諸蕃国の服属を示すという中華思想の影響がある。すなわち、国家的儀式において雅楽寮による外来楽の奏楽が必要とされたのは、音楽の奏上という行為の持つ服属儀礼的な要素によって、天皇の権威を高めようとする意識があったためと考えられる。

〈注〉

（1）鉦鼓は金属製の体鳴楽器で雅楽の打楽器の一つであるが、元来の用途は軍中の合図のための敲鉦（たたきがね）と太鼓であり、兵部省の被管で軍楽を掌る鼓吹司に「鉦鼓長上」が存在したことが『類聚三代格』延暦十九年（八〇〇）十月七日官符に見える。よって朝賀で用いられる鉦鼓は、儀式執行に際しての合図と、宮衛令元日条古記に見える「元日夫装二五纛一有二鉦鼓一也」、すなわち威儀具として設置されるものであり、奏楽のための楽器として使用されたわけではない。また『続日本紀』霊亀元年（七一五）正月甲申朔条に「其儀、朱雀門左右、陣二列皷吹・騎兵一。元会之日、用二鉦鼓一、自レ是始矣」とあり、元日における鉦鼓の使用はこの時に始まった。

（2）藤森健太郎「日本古代元日朝賀儀礼の特質」（『古代天皇の即位儀礼』吉川弘文館　二〇〇〇年、初出一九九一年）。

（3）林屋辰三郎『中世藝能史の研究』（岩波書店　一九六〇年）、荻美津夫「雅楽―宮廷儀式楽としての国風化への過程」（『古代中世音楽史の研究』吉川弘文館　二〇〇七年、初出一九八八年）。

（4）雅楽寮及び雅楽寮官人の活動の概説については、荻美津夫「古代音楽制度の変遷」（『日本古代音楽史論』吉川弘文館　一九七七年）、同「雅楽寮と楽官・楽人の系譜」（『平安朝音楽制度史』吉川弘文館　一九九四年）がある。

（5）田辺尚雄『日本音楽史』（雄山閣出版　一九三二年）。

（6）荻美津夫「古代社会における音楽の役割」（注（4）前掲書『日本古代音楽史論』）。

（7）『日本書紀』欽明十五年二月条

百済遣㆓下部杆率将軍三貴・上部奈率物部烏等㆒、乞㆓救援㆒。（中略）別奉㆑勅、貢㆓易博士施徳王道良・暦博士固徳王保孫・医博士奈率王有悛陀・採薬師施徳潘量豊・固徳丁有陀・楽人施徳三斤・季徳己麻次・季徳進奴・対徳進陀㆒。皆依㆑請代之。

（8）『日本書紀』推古二十六年秋八月癸酉朔条

高麗遣㆑使貢㆓方物㆒。因以言、隋煬帝、興㆓卅万衆㆒攻㆑我。返之為㆑我所㆑破。故貢㆓献俘虜貞公・普通二人、及鼓吹・弩・抛石之類十物、并土物・駱駝一匹㆒。

（9）荻注（6）前掲論文。

（10）山中裕『平安朝の年中行事』（塙書房　一九七二年）、丸山裕美子「仮寧令と節日―律令官人の休暇―」（『日本古代の医療制度』名著刊行会　一九九八年、初出一九九二年）。

（11）荻注（6）前掲論文。

（12）岸辺成雄『唐代音楽の歴史的研究　楽制篇』上巻（和泉書院　二〇〇五年、初刊一九六〇年）。

（13）荻注（6）前掲論文。なお、燕楽の受容と日本式「雅楽」の形成については、渡辺信一郎「雅楽が来た道―遣唐使と音楽」（『中国古代の楽制と国家―日本雅楽の源流』文理閣　二〇一三年、初出二〇〇九年）に詳しい（補注参照）。

（14）この「大属尾張浄足説」によれば、在来系の楽には久米儛・五節儛・田儛・倭儛・楯臥儛・筑紫儛・諸県儛と歌師・笛師があり、外来系の楽には度羅楽、唐楽・百済楽・高麗楽・新羅楽・伎楽があったとされる。この尾張浄足説は当該箇所の引用関係から見て、古記の引用と考えられる。つまり、古記が成立したとされる天平十年（七三八）頃の段階における雅楽寮の実態が反映されているものと思われる。古記の成立年代については、井上光貞「日本律令の成立とその注釈書」（『井上光貞著作集　第二巻　日本古代思想史の研究』岩波書店　一九八六年、初出一九七六年）参照。

(15) 新日本古典文学大系『続日本紀』一、慶雲三年正月壬午条脚注。天平宝字七年（七六三）正月庚戌条（七日）では「宴㆓五位已上及蕃客㆒、奏㆓唐楽於庭㆒」とあり、七日節会では主として外来楽が奏されていたと推測される。

(16) 雑令諸節日条

凡正月一日・七日・十六日・三月三日・五月五日・七月七日・十一月大嘗日、皆為㆓節日㆒。其普賜、臨時聴㆑勅。

(17) 林屋注(3)前掲書。

(18) 荻注(6)前掲論文。

(19) 田中史生「「王」姓賜与と日本古代国家」（『日本古代国家の民族支配と渡来人』校倉書房　一九九七年、初出一九九四年）。また、日本を中華とする実態を伴わない「帝国的観念」は、形骸化しつつも十世紀以降も潜在的に存続したとされる（石上英一「古代東アジア地域と日本」朝尾直弘他編『日本の社会史　第一巻　列島内外の交通と国家』岩波書店　一九八七年）。

(20) ちなみに、延暦二十一年九月の歌師二員の省員と延暦二十四年十二月の歌女減員措置についての格が存在しないことについては、弘仁格が楽師の法制的な位置付けを問題にしていると考えれば、延暦二十四年の歌女の減員は、歌女を令における「生」に準じる存在と見れば除外することができ、延暦二十一年九月の歌師の減員については、本格で歌師の員数が令制に復していることから、格が出されていたとしても弘仁格収録の段階で省略されたと見なし得る。そうなると大同四年四月一日格が笛工・笛生・歌女といった「生」扱いの楽人について言及していることが問題となるが、この格の主眼は当該の番上官に対する粮米についてであってその定員規定ではないため、②大同四年三月二十一日格及び④弘仁十年十二月二十一日格と同列に論じるべきではない。以上のことから、雅楽寮の楽人のうち「師」のみを問題にしている弘仁式部格の論理は一貫しているといえる。

(21) 『弘仁格抄』収載の格の番号については、福井俊彦「霊亀三年五月十一日勅について—弘仁格の復原的研究—」（『日本歴史』三八五　一九八〇年）に示された方法に倣う。

(22) 仁藤敦史「内匠寮の成立とその性格」（『古代王権と官僚制』臨川書店　二〇〇〇年、初出一九八五年）。

(23) 格文は、国史大系が底本とする前田家所蔵本（尊経閣善本影印集成三七『類聚三代格』一　八木書店　二〇〇五年）及び狩野文庫所蔵本（関晃監修・熊田亮介校注『狩野文庫本類聚三代格』吉川弘文館　一九八九年）を用いて翻刻し、両写本で欠損する部分に関しては、新訂増補国史大系『令集解』及び明治大学図書館所蔵マイクロ紙焼きの『令集解』諸写本を参照した。なお『令集解』が引用する格が弘仁格である可能性が高いことについては、鬼頭清明「令集解所引格と弘仁格について」（『古代木簡の基礎的研究』塙書房　一九九三年、初出一九七〇年）参照。格文中の傍線部は、前田家本では欠損しているが狩野文庫本により補えるもの（ただし儛師の「四人」だけは前田家本に入るスペース自体がない）、点線部は両写本とも欠損だが『令集解』によって補える箇所を示す。以下、式上29も同様とする。

(24) 『類聚国史』巻百七・職官十二・雅楽寮にもほぼ同文が収録される。

(25) 『類聚三代格』（普及版）前篇、一六〇・一六一頁。

(26) 所功「弘仁格式の成立」（『歴史教育』一八―八　一九七〇年）。

(27) 弘仁十年十二月二十一日付太政官符「応下職事諸王不レ直二本司一解中却見任上事」（国史大系二五九・二六〇頁）、弘仁十年十二月二十五日付太政官符「定二律師以上員数并従儀師数一事」（国史大系一二三頁）、弘仁十年十二月二十五日付太政官符「応レ処二分公解一事」（国史大系二六四・二六五頁）、弘仁十一年閏正月三日付太政官符（『政事要略』四五八頁）。

(28) 早川万年「貞観式の編纂と造式所」（『延喜式研究』四　一九九〇年）、同「弘仁式・貞観式研究の成果と課題」（虎尾俊哉編『弘仁式貞観式逸文集成』国書刊行会　一九九二年）。早川氏は「造式所起請」であるにもかかわらずそれが「格」として規定されていることに関して、そもそも格式・儀式等の法制史料の編纂は相互に依存する関係において成立するものであるため、その実務を担当する機関もそれぞれ別の機関として存在したのではなく、造式所と造格所はそれぞれ式・格の編纂が前面に出された際にその名称を使うのであって、実態としては造格式所（撰格式所）として機能する官司であったと指摘する。

(29) 渡辺寛「類聚三代格の編纂方針」(『歴史教育』一八―八　一九七〇年)。
(30) 鎌田元一「弘仁格式の撰進と施行について」(『律令国家史の研究』塙書房　二〇〇八年、初出一九七六年)。
(31) 『類聚三代格』(普及版)前篇、一五一頁。
(32) 『類聚三代格』(普及版)前篇、一五二頁。
(33) 『類聚三代格』(普及版)前篇、一六一・一六二頁。
(34) 吉田孝「墾田永年私財法の変質」(『律令国家と古代の社会』岩波書店　一九八三年、初出一九六七年)、同「類聚三代格」(坂本太郎・黒板勝美編『国史大系書目解題』上　吉川弘文館　一九七一年)、鎌田注(30)前掲論文、福井俊彦「弘仁格の編纂方針について」(『史観』九八　一九七八年)、仁藤注(22)前掲論文、同「「弘仁格」の編纂方針―式部格の検討を中心として」(注(22)前掲書、初出一九九五年)、川尻秋生「三代の格の格文改変とその淵源―式部格の検討を中心として―」(『日本古代の格と資財帳』吉川弘文館　二〇〇三年、初出一九九五年)、同「『弘仁格抄』の特質」(前掲書、初出二〇〇一年)。
(35) 福井注(34)前掲論文、仁藤注(34)前掲論文。
(36) 山中注(10)前掲書。
(37) 大塚徳郎「平安初期の政治」(『平安初期政治史研究』吉川弘文館　一九六九年、初出一九六二年)。
(38) 浅野充氏によれば、令の法理念上日本は中華として存立していたのであり、大宝令文に唐楽師が規定されていたと想定されることから、大宝令にはすでに日本を中華と見なす意識が介在していたとする(浅野充「都城・宮都の形成と古代国家・中華思想」『日本古代の国家形成と都市』校倉書房　二〇〇七年)。また蕃国使の応接の際「諸方楽」(朝鮮半島を含む内外諸地方伝来の楽)を奏するのも中華意識の表れとする指摘がある(鈴木靖民「奈良初期の対新羅関係」『古代対外関係史の研究』吉川弘文館　一九八五年)。
(39) 荻注(4)前掲論文「古代音楽制度の変遷」。
(40) 大歌所については、長岡京左京第二一八次調査で「大哥所」と記された墨書土器が出土しており、長岡京期には成立していた可能性がある(向日市教育委員会『向日市埋蔵文化財調査報告書　第四五集　鶏冠井遺跡』一九九七年)。

(41) 荻注(4)前掲論文「古代音楽制度の変遷」。

(42) 『類聚三代格』天長五年十一月二十五日付官符（国史大系一七二頁）では歌人と筑紫諸県儛生が各五人減員され、承和二年二月十九日付官符（国史大系一七二頁）では田儛生五人と筑紫諸県生五人の減員となっている。

(43) 有吉恭子「楽所の成立と展開」（『史窓』二九　一九七一年）。

(44) 『類聚国史』巻二十八・帝王八・太上天皇算賀。

(45) 『類聚国史』巻三十一・帝王十一・天皇行幸下。

(46) 『類聚国史』巻七十三・歳事四・五月五日。

(47) 『日本紀略』弘仁五年十月甲子条には「右近衛府奉献、宴飲奏レ楽。賜二侍臣及右衛門府・右馬寮史生已上綿一有レ差」とある。

(48) 『類聚国史』巻三十一・帝王十一・天皇行幸下

皇帝幸二神泉苑一。召二阿波守正五位下善道宿祢真貞・主税頭従五位下安野宿祢真継・直講苅田種継等一、令二論議一。推二真貞一為二座首一、論二三伝義一、推二真継一為二座首一、論二三礼義一。右近衛府献レ物。雅楽寮奏二音楽一。侍臣具酔、酉時還宮。

(49) 衛府が奏楽を行うようになった理由に関して、林屋辰三郎氏は御贄と芸能とは相通じる面があり、献菜進贄の慣習の一表現として捧げ舞うことを一つの理由として挙げ（林屋注(3)前掲書）、荻美津夫氏は衛府の奏楽は宴飲の際の余興的音楽としての性格が強いとする（荻注(4)前掲論文「古代音楽制度の変遷」）。衛府の奏楽の性格については、雅楽寮の楽は天皇の統治・支配権に関わるものであるのに対し、近衛府の楽は天皇の主従制的支配権（個別の人格的関係）に関わるものとする指摘がある（告井幸男「雅楽の楽と近衛の楽—音楽史と政治史の交わり—」『日本伝統音楽研究』二　二〇〇五年）。また「奉献」については、目崎徳衛「平安時代初期における奉献—貴族文化成立論の一視角として—」（『平安文化史論』桜楓社　一九六八年、初出一九六五年）参照。

(50) 有吉注(43)前掲論文。

(51) 吉田早苗「平安前期の相撲節」（『国立歴史民俗博物館研究報告』第七四集　一九九七年）。

(52) 『延喜式』雅楽寮・相撲司条も「凡七月上旬差二官人并雑楽人等一、分二配左右相撲司一。左唐楽、右高麗楽。」とある。

(53) 荻美津夫「衛府舞人・楽人供奉の宮廷儀式とその変遷」（注(4)前掲書『平安朝音楽制度史』）。
(54) 有吉注(43)前掲論文。
(55) 永田和也「大内楽所と藤原道長の家楽所」（『国史学』一三六　一九八八年）。
(56) 雅楽寮を外来奏楽機関と捉えると、大宝令段階から存続している在来楽の楽人の扱いが問題となるが、雅楽寮楽人と近衛府官人が一部重複していたことを考えると、大歌所に詰めた楽人も雅楽寮所属の在来楽の楽人と重複していた可能性を想定することができる。

［補注］

近年、渡辺信一郎氏の研究により、古代中国の楽制の形成過程・構造と、その日本の古代国家への影響が明らかにされつつある。渡辺氏によれば、礼楽制度の中で最も重視されたのは宗廟祭祀・郊祀・元会儀礼における奏楽、すなわち「雅楽」（正楽・金石楽）であり、前漢末の楽制改革によって雅楽と俗楽（軍楽・燕楽）とが明確に区別されるようになった。俗楽のうち、燕楽は元会儀礼に参列する周辺諸民族の使節をもてなす饗宴で奏される宮廷音楽である。以後この燕楽は、十～数十名のアンサンブルを編成する多部伎楽として発展する。一方、正楽より俗楽を好んだ隋の煬帝は、漢代に西域から流入した奇術的要素を持つ民間芸能である散楽（百戯）を楽制に組み込み、民間で習俗化していた正月十五日の元宵の行事と関連付けた上で、帝国の文化的装置として朝儀の中に位置付けた。この散楽の流行等によって宮廷音楽に占める民衆・民族的な芸能・音楽の比重が高まり、唐ではインド・西域系の音楽に中国在来音楽が融合して、新俗楽が成立した。日本が律令制とともに受容したのは、隋唐期の燕楽七部伎・十部伎に近い楽編成であり、これを適宜改変して自国の楽制として位置付けた。そして、燕楽は異民族を皇帝の徳治に包摂せんとする帝国的構造を具有するものであり、日本の楽制も、規模は小さいが中華帝国的編成を有するものであるという。さらに、中国の皇帝（天子）が権力の正統性保持のために父なる天地を祭祀する必要があったのに対し、日本の天皇権力の正統化は天孫降臨─天神との直接的な血統のつながりを前提とするため、天地祭祀を行う必要がなく、それゆえ「雅楽」を受容する必要性がなかったとされる（以上は、渡辺注(13)前掲書所収の諸論文による）。

上記のような渡辺氏の指摘は、日本古代の楽制を考える上で大変興味深い。本章との関連でいえば、奈良時代の正月の三節会（元日節会・七日節会・十六日節会）に外国使節を同席させて「諸方楽」などの外来楽が奏される事例が散見されるのは、隋唐期の帝国的秩序を可視化する装置としての饗宴の奏楽に倣ったものであろう。また、特に正月十六日節会が他の節会よりも比較的大規模に挙行されるのは、隋の時代に盛行した正月十五日の上元節が大きく影響していることが看取される。また、後に『内裏式』等で七日・十六日節会に蕃客の参加が想定されているのは、この饗宴が原則として元会儀礼（日本の場合は元日朝賀・元日節会）で確認される政治的従属関係を背景として行われるものだからであろう。

第四章　「御遊」の成立と殿上人——宮廷儀式の再編と奏楽——

はじめに

宮廷儀礼は、九世紀初期の嵯峨朝（八〇九〜八二三年）において大々的に再整備され、その後徐々に平安時代の宮室構造・君臣秩序に見合った形式へと体系化されていった。それに伴い、儀式で奏楽を掌る雅楽寮は、大同・弘仁期に、儀式での外来楽奏楽機関として再編された。同じく弘仁期には、本来宮城警護を職務とする衛府の官人も奏楽に携わるようになり、以後宮廷における奏楽に種々の変化が生じ始める。本章では、前章での考察をふまえ、九世紀以降新たに成立した「御遊」を題材に、宮廷儀礼と官人を取り巻く制度の変遷について考えてみたい。

第一節　九世紀における奏楽形態の変質

（一）「御遊」成立の背景

衛府の奏楽活動が固定化し始める九世紀半ば頃から、儀式の後の宴会の場で侍臣に管絃の演奏をさせる、あるいは天皇自らが楽器を演奏して臣下とともに音楽を楽しむ「御遊」という行事が行われるようになる。御遊とは、音楽を楽しむために天皇や殿上人などが自身で奏楽を行うか、あるいは音楽関係機関や奏楽技術に優れた者を御前に召し出して演奏させる行事をいう。（1）御遊は朝廷の重要な儀式の遊宴に付随して行われ、その場で演奏を行うことは、演奏者自身の文化的評価・政治的地位を高める手段となるなど、政治的色彩を持つ。（2）奏楽内容は、一般的には雅楽の管絃と催馬楽などの歌物であり、殿上人による舞楽は含まれない。（3）その成立時期については、「宇多天皇御記」寛平元年（八八九）四月二十四日条に「然近衛府所二歌舞一、極以冷淡。仍喚二殿上人等一更歌舞」（4）とあるのを一つの契機として、『西宮記』巻一に見える延喜八年（九〇八）正月一日の記述により、（5）醍醐朝には成立していたといわれる。（6）この御遊の成立を考えるにあたっては、以下の史料が参考になる。

・『続日本後紀』承和十三年（八四六）四月辛未朔条

天皇《（仁明）》御二紫宸殿一。皇太子入観、恩盞頻下。群臣具酔。殊召二従四《（五）》位下藤原朝臣雄《（貞）》敏一、令レ弾二琵琶一。後令下諸大夫知音者、遞吹二笙笛一弾二琵琶一、更奏中歌謡上。日暮賜レ禄有レ差。

・『日本三代実録』仁和元年（八八五）十月壬子朔条

皇帝《（清和）》御二紫宸殿一、賜二宴群臣一。左右近衛府遞奏二音楽一。日暮奏二和琴一、作二和歌一。群臣具酔、極レ歓而罷。賜レ禄各有レ差。散位従五位下良岑朝臣遠年、以レ吹レ笛被レ喚昇殿、預二非侍従并大夫外衛佐等之例一賜レ禄焉。

両史料はいずれも旬儀（天皇が紫宸殿に出御して政務を視る旬政と、その後に行われる臣下との饗宴を合わせた朝儀）の後に侍臣による奏楽が行われた例である。これを御遊の先駆けと見て、その成立を仁明朝まで遡らせることも可能である。（7）『日本紀略』天暦元年（九四七）三月九日甲午条には、

天皇《（村上）》幸二朱雀院一、謁二見大后・上皇一。有二絃歌・御遊一。

とあって、十世紀には「御遊」の語が定着していたことが知られる。

これらの史料により、九世紀半ば頃から儀式の後の宴の場で侍臣に管絃の演奏をさせ、参加者で歌を唱和することが始められ、この絃歌の奏楽が恒例化し、十世紀初頭の醍醐天皇の頃から中期の村上天皇の時代にかけて、「御遊」として成立したと考えられる。この「御遊」の成立は、それまでの雅楽寮による楽とは異なる新たな奏楽形態の現出を意味するものであり、宮廷儀礼における奏楽の重要な変化の一つである。

この「御遊」という新たな形式が現出した背景には、九世紀から十世紀にかけての社会における、いくつかの変化があった。

まず一つめは、奏楽に対する思想的な変化である。古代では、儀式において芸能を奏上することには支配―服属関係を確認するという意味があり、八世紀以前は奏上される芸能を国王である天皇が「見る」ことに意義があった。九世紀に入り、音楽や礼楽思想への理解が深まり、楽事に親しむことも天子の徳の一つであると認識されるようになると、天皇自らが演奏者となって奏楽に関与するようになる[8]。仁明天皇は自ら雅楽曲を作ったといわれており、醍醐天皇は初めて臣下とともに奏楽を行った天皇であるとされる[9]。これらのことは、奏楽という行為に対する意識の変化を反映しているといえよう。

二つめは平安宮内の儀式の場の変化である。平安前期に国家的饗宴として設定された元日節会・七日節会・十六日節会及び十一月の新嘗会は当初大内裏の豊楽院で行うものとされていたが、やがて内裏の紫宸殿で行われることが多くなる。そして十世紀以降は年中行事のほとんどが清涼殿・紫宸殿を中心とする内裏で行われるようになる[10]。なかでも、六位以下の官人も参列する大規模な節会である七日節会・相撲節会・新嘗会が紫宸殿儀に移行する承和から貞観期に、紫宸殿が儀式の場として確立する画期が見出される[11]。前章で確認したように、平城宮では節会等における奏楽は基本的に朝堂で行われていたが、十世紀以降日常政務と儀式の場が天皇の居住空間である内裏に集約されたことにより、位階の低い雅楽寮官人が内裏内に入る機会はおのずと定期的な儀式のみに限定され、その結果、天皇に近侍する近衛府官人や楽事に堪能な殿上人等による奏楽機会が必然的に増加したと考えられる。

三つめとして、政治制度上の変化が挙げられる。弘仁期に天皇の私的側近の制度として成立した昇殿制により、それまでの律令官僚制の枠組みとは異なる「殿上人」という身分が創出されることになる。[12]宇多朝には清涼殿に「殿上間」が設けられ、日給簡に殿上人の上日（勤務日数）が記録されるようになり、[13]殿上人が公的身分として政治的意味を持つようになった。九世紀までの節会の参加者は、基本的に〈天皇―次侍従―五位以上官人〉という構造であったが、律令制に基づく諸制度の衰微と蔵人所などの天皇と私的関係にある政治機構の発展により、十世紀には〈天皇―公卿―殿上人―蔵人〉という構造に変化する。[14]殿上人という新たな身分・職掌の成立は、天皇と侍臣との奏楽機会の増加に寄与するところが少なくなかったと思われる。

（二）楽所の創設

「御遊」成立の背景には以上の三点の変化が指摘できるが、御遊の考察にあたっては、楽所の創設にも言及する必要がある。楽所とは宮中に設けられた「所」の一つで、令外の奏楽機関である。当初は大嘗祭などの大きな行事の際に楽人の詰所として臨時的に設けられたものであったが、十世紀前半の醍醐朝には独立常設的な奏楽機関となる。[15]楽所の楽人の中心は衛府官人であり、本司から出向・派遣の形で楽所に召集され、当番制で宮中に詰めて楽事に奉仕した。[16]成立時期については、臨時のものではない常設の楽所は『西宮記』巻七・臨時御願の「延喜十四十廿三、雷公祭、試楽。雅楽々人・楽所人等候。」を初見とし、延喜十四年（九一四）以前には成立していたと見られれ、必要に応じて召集されていた楽人たちが、その頻度が増すにつれて常侍させられるようになり、常設の楽所へと発展した。常設の楽所の活動の大部分は御遊への奉仕であったという。(17) 宮中で御遊が頻繁に行われるようになり、その奏楽も初期の頃の琴と歌だけの形態から本格的な雅楽の合奏へと発展すると、殿上人だけでは演奏に堪えられない事態も出て来ることになるだろう。そのため奏楽に堪能な者を内裏に常侍させておく必要が生じ、定例外の奏楽にも対応できるよう、奏楽堪能者を常侍させる場として、楽所が内裏北東の桂芳坊に設けられたと考えられる。

上記の観点から、「御遊」の成立は次のように考えられる。すなわち、九世紀以降の宮廷では、定期的な儀式の時に限らず日常的に臣下による奏楽が行われるようになり、天皇自身も楽器の演奏を行うようになる。九世紀半ば以降、天皇の居所が清涼殿に移行し固定化するとともに、宮中の儀式も清涼殿・紫宸殿を中心に行われるようになる。また、律令制的な官僚機構の変質により、節会の参列者は公卿・殿上人が中心となり、基本的に六位以下の官人は節会の場から排除されていく。儀式の場が内裏中心になると、位階の低い雅楽寮官人は定例の儀式を除いては内裏の内側に入ることはなく、その結果内裏に常駐して天皇に近侍する近衛府官人の奏楽機会が増えることになる。さらに、十世紀に殿上人が職務として清涼殿の殿上間に侍候するようになったことで天皇と侍臣との奏楽の機会が増加し、節会などの定期的な儀式以外で行われる音楽の遊びが「御遊」として定着したのである。この宮中での「御遊」の隆盛に伴い、楽人を常時待機させるために内裏の東北の桂芳坊に設けられたのが「楽所」であり、楽所の楽人は主として定期的な儀式以外の奏楽に従事した。

第二節　平安中期の奏楽と殿上人

（一）古記録に見える雅楽寮の奏楽

九世紀における御遊の成立や楽所の創設といった音楽史上の画期を経て、十世紀以降の宮廷儀式における奏楽はどのように変化したのだろうか。そもそも平安貴族にとって「音楽」とは何を意味していたのか。藤原道長が記した『御堂関白記』寛仁二年（一〇一八）四月六日条に「可レ詣二賀参[茂]一定二雑事一。停二東遊一、以二音楽一可レ奉」とあり、「音楽」は在来の歌舞である東遊に対するものとして認識されていることから、この「音楽」とは、外来楽を意味している(18)。すなわち、「音楽」は雅楽寮による外来楽を指すものと考えられる。本節では、平安中期の公卿であり雅楽寮別当も務めた経歴を持つ藤原実資の日記『小右記』を中心に、十世紀後半から十一世紀にかけての奏楽記事の検討から、雅楽寮の奏楽と御遊それぞれの特徴を見ていくことにする。

『小右記』天元五年（九八二）正月一日条には、

秉燭、出二御南殿一。左近陣良久不レ引。頻雖二遣レ使令一レ催、称レ無二官人一不レ引レ陣。時刻相移、引レ陣。御座定、近仗警蹕、供二御膳一。仰二御酒勅使一。了還二御本殿一。時子二点。此間雅楽寮奏二音楽一。大唐・高麗各一曲。例二曲。夜依二深更一、止二今一曲一云々。

とあり、紫宸殿にて天皇出御のもとに行われた元日節会において、雅楽寮が唐楽と高麗楽の奏楽を行っている。それに続く十六日条にも、「秉燭後、節会始也。雅楽立楽、大唐・高麗各奏二一曲一、如レ例」と見える。長元二年（一〇二九）の元日節会でも「次三献了、雅楽寮奏レ楽。此間雪、仍於二庭中一舞之。大唐二曲、高麗二曲。」とある。

また、寛弘八年（一〇一一）正月八日条には、

未剋許、参二八省一。諸卿参入、内大臣（藤原公季）為二上首一。申剋打レ鐘、諸卿起二東廊座一着二大極殿一。（中略）講読師乗二腰輿一参入、講師増祐、雅楽寮挙レ楽前行、其後大唐・高麗舞各二曲。依二入夜一可レ停二各一曲一之由如レ式各一曲。而年来有二各一〔二カ〕曲一。不レ可レ然矣。大臣以二召使一令レ仰。而慥不レ仰歟。

とあり、八省院で行われる御斎会において雅楽寮が奏楽を行っている。

長和二年（一〇一三）九月十六日条には、三条天皇が藤原道長の上東門第に行幸した折に、「乗輿出二日華・宣陽（中略）・建春・陽明等門一、経二大宮東大路・上東門大路等一雅楽寮幄在二上東門大路北辺一、万里小路西辺奏レ楽、還宮又奏。到二中宮西陣一」というように、路次に奏楽のための仮屋が設けられた。また、長和五年（一〇一六）二月七日の後一条天皇の即位の際、天皇が八省院に向かう路次においても「行幸路、経二上東門・大宮等大路一雅楽寮候二修理職西門南方一奏レ楽、還御時同奏。」とあるように、天皇が大路を通過する際には雅楽寮による奏楽が行われるのが通例であった。この正月一日・十六日の節会、御斎会、行幸はいずれも『延喜式』に雅楽寮が奉仕すべき行事として規定されているものであり(19)、『西宮記』をはじめとする儀式書でも、節会の奏楽は基本的には雅楽寮が担当するとされている。

それから、治安三年（一〇二三）正月十六日条には次のようにある。

今日節会、仍参入。（中略）余（藤原実資）退下、暫居二東階南腋兀子一。催二仰音楽事一、亦戒二仰坊家奏事一。了復レ座。立楽、舞人大唐・高麗各三人、未レ見事也。驚奇之間、奏二四曲一。余下レ殿召二外記師任（中原）一、令レ問二其由一。雅楽寮下部申云、「頭為成（清原）有二所労一不レ参、助・允・属参入、舞人今一人申二参入由一不レ参」者。此間左頭中将（源朝任）伝二勅命一云、「舞人三人、極不レ便事也。物師・舞人不レ見者、□（具）可レ□（先）（申）二其由一。頭為成尤懈怠也。可レ無レ所レ避、可レ令レ進二□□（過状）一」者。

この日の舞楽では唐楽・高麗楽ともに舞人が不足しており、本来四人で舞うところを三人しかいなかった。この失態により、雅楽寮の長官である清原為成に対して過状の提出が命じられている。

康保二年（九六五）七月に起きた雅楽寮の火災[20]によって楽器を失いながらも、十一世紀初頭までは雅楽寮が単独で節会の奏楽を担当し得たことはすでに指摘されているが[21]、八世紀以来の宮廷儀式においては依然として雅楽寮の楽が必要とされていることが確認できる。このように、十世紀以降も正月の節会や御斎会、行幸などでは雅楽寮による外来楽の奏楽がなされており、不備があれば雅楽寮の長官がその怠慢を責められることから、これらの儀式において雅楽寮の奏楽が不可欠とされていたことがわかる。

（二）古記録に見える殿上人の奏楽

続いて、御遊の事例を見てみよう。『小右記』天元五年（九八二）二月十三日条には、

参レ殿。伝聞、今日於二清涼殿西方一、有二御遊事一云々。（楽所人候二南壺一云々、雲上人候二南渡殿一云々、供二御膳一之道。）内蔵寮不レ献二腰挿一。仍内給所献二疋絹一。（廿一疋、随二人数一。）内蔵寮儲二衝重一云々。

とあり、御遊が楽所楽人と殿上人によって行われる行事であることがわかる。『御堂関白記』長保元年（九九九）三月十六日条には、一条天皇が一条院（大宮院）に行幸した際、

中時召二公卿等一、於二御前一有二御遊一。楽所者両三候。

と見え、御遊における楽所の奏楽が確認される。御遊の奏楽内容については『小右記』長元五年（一〇三二）十一月二日条が参考になる。

次召二伶人一。笙者横笛二人、無二唱哥人一。亦無二絲絃一、極見苦。大納言能信（藤原）和琴、拍子中納言実成（藤原）、唱哥大納

言斉信《藤原》・頼宗《藤原》等也。今夜御遊不レ似二往昔一、不レ異二狭《散カ》楽一、可レ類二蝦遊一。和琴・唱歌極不レ便也。

これは内裏の宣耀殿で行われた東宮敦良親王（後朱雀天皇）の王女・娟子の五十日祝での御遊である。これによると歌と絃物がないのは「極めて見苦し」とあり、公卿らが和琴・拍子をつとめて歌ったものの、「今夜の御遊は往昔に似ず」とあることから、御遊は総じて歌と管絃が主要な構成要素であったことが知られる。[22] これは第一節で見た御遊の成立期の特徴とも合致する。ただし、『小右記』寛和元年（九八五）正月九日条には「出二御侍所一、有二御遊事一。中清《藤原》朝臣舞二龍王一」とあるように、御遊で舞楽が行われることもあったが、原則としては管絃と歌物の行事であったと定義できよう。

平安文学の世界においても、例えば『源氏物語』の中で宴において唐楽・高麗楽が演奏されたり、雅楽寮の楽人を召して奏楽させたりする場面が描かれる。[23] これはある程度当時の実態をふまえた描写であると思われるが、これらは朝廷で行われる公的行事とは異なるものであり、演奏の主体は貴族が中心であるから、基本的には御遊に分類されるべきものである。[24]

十〜十一世紀にかけて、御遊はその成立期よりも規模を拡大し、奏楽の頻度も増加する。しかしその基本的な性格は天皇と殿上人と楽所楽人とによる琴歌・管絃の催しであり、節会における雅楽寮の奏楽とは異なる行事として認識されていたのである。

第三節　「御遊」の政治的意義

御遊は宮中で定例化するにつれて、やがて公的な儀式としての性格を色濃く帯びるようになる。『小右記』寛

仁三年（一〇一九）二月二十七日条に、

宰相（藤原資平）入夜来云、「参二大殿（藤原道長）一。大納言斉信（藤原）・公任（藤原）及他卿相参入、有二管絃一。明日御遊試練」云々。

として、翌日行われる藤原嬉子の裳着での御遊に備えて所作人の選定と練習が行われていることから、この時までには御遊が私的・臨時的なものから公的な儀式の一部として定式化されていたことが知られる(25)。院政期以降、御遊は政治性を備えた行事として重要視されることになるが(26)、その端緒は十一世紀初頭に求められる。それでは、平安中期の公卿・殿上人にとって、御遊への参加はどのような意味を持っていたのだろうか。

『小右記』長保元年（九九九）八月十八日条には次のようにある。

右馬頭（藤原通任）来、清談云、「明日青宮（居貞親王）第二王子（敦儀親王）着袴。依二新制一饗禄停止。若有二御遊一、可レ賜二御衣上達部一歟」者。

東宮居貞親王（三条天皇）の皇子・敦儀親王の着袴の儀において御遊が行われた際、その禄について右馬頭藤原通任が実資に尋ねている。これによれば、御遊に参加した者には、諸節会と同様に禄が下賜されることが通例だったことがわかる。この禄は先に見た天元五年（九八二）二月十三日条によれば、内蔵寮もしくは内給所から出給されるものであった。内蔵寮と内給所はともに内廷経済を支える官司であり、特に内給所は天皇の私的な用途をまかなう財政官司であるから(27)、御遊への奉仕は天皇との人格的関係の醸成を促すものであったと理解される(28)。

同じく『小右記』長和二年（一〇一三）二月二十三日条には、

資平（藤原）云、「今夕可レ有二御遊一、左府（藤原道長）可レ被二参入一」云々。予思慮、不レ管不レ絃。又忌月、不レ蒙二指戒一。就中新冠忽追、心神乖違。不レ如二早出一。招二左大弁（源道方）一問二案内一云、「昨日左府云、『主上（三条天皇）被レ仰二徒然之由一、今日管絃卿相参入』者、可レ令レ有二御遊一」者。

とあり、三条天皇の意向によって御遊開催が企画され、左大臣であった道長を経由してその意向が伝えられ、公卿らが召集されている。このような臨時の御遊への参加も、節会等の儀式と同じく、貴族たちの宮廷出仕の一環であったと思われる。

また、『枕草子』第九十段には次のような場面がある。(29)

上の御局の御簾の前にて、殿上人日一日、琴、笛吹き遊びくらして、大殿油まゐるほどに、まだ御格子はまゐらぬに、大殿油さし出でたれば、戸のあきたるがあらはなれば、琵琶の御琴を、たたざまに持たせたまへり。

中宮定子の御座所であった弘徽殿の上の御局の前で殿上人が一日琴や笛を奏でており、夕になって格子を下ろす前に灯りを差し上げたところ、戸が開いているのが外から見えるため、中で中宮が琵琶を立てて持っている様子が見える、という。この話は、殿上人が後宮の殿舎まで出向き、中宮・女御ら後宮の女性たちのために管絃の遊びを行うことがあったことを示している。また、第二七三段には以下のようにある。

日のうらうらとある昼つ方、また、いといたうふけて、子の時などいふほどにもなりぬらむかし、大殿ごもりおはしましてにやなど、思ひまゐらするほどに、「をのこども」と召したるこそいとめでたけれ。夜中ばかりに、御笛の声の聞えたる、また、いとめでたし。

これによれば、子の刻（午後十一時～午前一時）頃に天皇が殿上に控えている蔵人や宿侍の殿上人を召し、笛を吹くことがあったという。ここにいう天皇は一条天皇を指すものと思われ、一条天皇が実際に自ら笛を吹いて御遊を行ったことは、『小右記』永祚元年（九八九）十月十日条に、

有㆓御遊㆒。主上（一条天皇）令㆑吹㆓御笛㆒、上下拭㆑涙。是可㆑謂㆓天之奉授㆒。御笛師内蔵高遠（藤原）、摂政以下侍臣以上給㆑禄有㆑差。

とあることから確かめられる。節会等の公的な儀式の場だけでなく、『枕草子』に描かれるように、天皇からの

夜間の突然の召しに対応することも、物忌参籠や陪膳の供奉などと同様に、蔵人を含めた殿上侍候者の務めとされていたのだろう。

十世紀後半から十一世紀には、御遊は管絃や歌だけではなく舞を伴うようになるなど、雅楽寮の掌る外来楽をも奏する本格的な行事へと規模を拡大した。しかしながら元日節会・十六日踏歌節会・御斎会などの八世紀以来の国家的儀式においては、儀式の場や儀式構造の変化を経てもなお雅楽寮による唐楽・高麗楽といった外来楽の奏楽が必要とされていたのである。また、公卿や殿上人にとって御遊への参加は単なる遊興ではなく、奏楽を通じた天皇への奉仕という、天皇近侍者としての職務の一つであった。

小結

平安時代初期以降の律令制の変質に伴う社会構造の変化は、宮廷儀式のあり方にも大きな影響を与えた。それは宮廷における奏楽形態の変化にも現れる。天皇と侍臣との管絃の遊びである「御遊」という新たな奏楽形態の出現がその一例である。この「御遊」成立の背景には、①演奏や礼楽思想への理解が深まり、音楽に親しむことも天子の徳の一つであると認識されるようになったという思想的変化、②天皇の居所の移行に伴う儀式空間・儀式構造の変化、③律令制的な官僚制の変質により、天皇に侍候する「殿上人」という新たな身分の創出という政治制度上の変化が考えられる。この宮中での「御遊」の隆盛に伴い、楽人を常時待機させるための「楽所」という役所が内裏の東北の桂芳坊に置かれることになる。楽所の楽人は、主として定期的な儀式以外の奏楽に従事した。

十～十一世紀にかけて御遊の規模は拡大し、開催される頻度も増加する。しかしその基本的な性格は天皇と殿上人と楽所楽人による琴歌・管絃の催しであり、節会における雅楽寮の奏楽とは異なる行事として認識されていた。また、公卿や殿上人にとって御遊への参加は、天皇近侍者としての職務の一つであった。

平安時代中期には御遊の隆盛によって雅楽寮の機能は低下したように見える。しかし十一世紀においても正月の諸節会などの八世紀以来の律令制的秩序を確認する儀式には雅楽寮による唐楽・高麗楽の奏楽が必要とされていたのであり、奈良・平安時代を通じて大規模な儀式における正式な奏楽機関は雅楽寮とされていた。

前章で考察したように、国家的な儀式において雅楽寮による外来楽の奏楽が必要とされたことの背景には、天皇の御前において外来楽を奏することによって諸蕃国の服属を示すという中華思想の影響を指摘することができる。そこには、音楽の奏上という行為の持つ服属儀礼的な要素によって天皇の権威を高めようとする意識があり、その意識は儀式構造が大きく変化する平安期以降にも引き継がれているものと思われる。

また、律令制とともに導入された礼楽思想により[30]、儀式における奏楽に対して、音楽によって君臣秩序をただすという意味が付与されたことも、雅楽寮による奏楽が行われ続ける理由となる。この観念は平安期まで生き続けるものであり、節会の場において天皇と公卿・殿上人とがともに雅楽寮による奏楽を鑑賞することによって君臣秩序を確認し、支配共同体としての親和性を醸成・強化するという役割を持っていたと考えられる。

〈注〉

（1） 永田和也「大内楽所と藤原道長の家楽所」（『国史学』一三六 一九八八年）。御遊については、早く家永三郎氏によって「平安朝の宮廷内の遊宴に際し、主上以下列座の王卿侍臣が管絃を合奏し唱歌を添へ、以て興をたすけること」と定義され

（家永三郎「御遊の成立とその文化史的意義」『日本歴史の諸相』冨山房　一九五〇年、初出一九四二年）、現在まで概ねこの見解が踏襲されているが、御遊の概念は平安期以降変質すると見られるため、院政期以後とそれ以前で別個に検討する必要があるという指摘がある（渡辺あゆみ「平安期の史料に見られる「御遊」の概念」『創価大学大学院紀要』三〇　二〇〇八年）。平安中期までの御遊の定義については、永田氏の上記論考による定義が妥当と考える。

（2）豊永聡美「鎌倉期以前における天皇と音楽」（『中世の天皇と音楽』吉川弘文館　二〇〇六年、初出二〇〇一年）。

（3）荻美津夫「平安末期における音楽文化の展開」（『古代中世音楽史の研究』吉川弘文館　二〇〇七年、初出一九八〇年）。

（4）『小野宮年中行事』四月・賀茂祭事所引。

（5）『西宮記』巻一・節会に見える延喜八年（九〇八）正月一日の「節会、於二本殿一有二管絃一」が御遊の初見とされる。

（6）荻美津夫「古代社会における音楽の役割」（『日本古代音楽史論』吉川弘文館　一九七七年）。

（7）荻注（3）前掲論文。御遊の萌芽が淳和から光孝朝にかけての旬宴において見られることは、豊永聡美「中世における音楽」（『歴史と地理』六三七〈日本史の研究二三〇〉二〇一〇年）及び、同「平安時代の宮廷音楽」（日向一雅編『源氏物語と音楽』青簡舎　二〇一一年）において指摘されている。『西宮記』巻一・節会に引用された「醍醐天皇御記」延喜八年（九〇八）正月一日条に「左大臣（藤原時平）語云、前代元日、侍従給レ酒後、有二絃歌事一。勘二日記一、承和三年十一月、、、貞観三年有二此事一云々」とあるのも参考になる。

（8）中川尚子「古代の芸能と天皇─「宮廷儀礼」の成立をめぐって─」（『日本史研究』四四七　一九九九年）。

（9）『続教訓抄』では西王楽・長生楽・夏引楽が仁明天皇の作とされ、醍醐天皇による奏楽は『西宮記』巻十二・賜女官賀事所引の延喜十三年十月十四日条などに見える。豊永注（2）前掲論文参照。

（10）古瀬奈津子「平安時代の「儀式」と天皇」（『日本古代の王権と儀式』吉川弘文館　一九九八年、初出一九八六年）。

（11）神谷正昌「紫宸殿と節会」（『古代文化』四三─一二　一九九一年）。

（12）古瀬奈津子「昇殿制の成立」（注（10）前掲書、初出一九八七年）。

（13）日給簡と日給制度については、本書第二部第二章を参照。

(14) 古瀬奈津子「格式・儀式書の編纂」(注(10)前掲書、初出一九九四年)。
(15) 有吉恭子「楽所の成立と展開」(『史窓』二九　一九七一年)。
(16) 永田和也「摂関時代の楽所の職員について」(『史学研究集録』一二　一九八七年) 及び永田注(1)前掲論文。
(17) 永田注(1)前掲論文、同注(16)前掲論文。
(18) 吉川英史「「音楽」という用語とその周辺」(『日本音楽の美的研究』音楽之友社　一九八四年)。
(19) 『延喜式』雅楽寮には、雅楽寮が奉仕すべき行事として節会・行幸・園韓神祭等の諸祭・釈奠・御斎会・二宮大饗・列見・定考・蕃客賜宴等が見える。源経頼の日記『左経記』には列見における雅楽寮の奏楽の例(長元八年二月十一日条)と、定考における奏楽の例(寛仁三年八月十一日条・治安二年八月十一日条・長元四年八月十一日条)がそれぞれ確認できる。
(20) 『日本紀略』康保二年(九六五)七月四日壬申条
広瀬竜田祭。今日子時、雅楽寮七間舎一宇失火、楽器皆以焼亡。
(21) 荻美津夫「雅楽寮と楽官・楽人の系譜」(『平安朝音楽制度史』吉川弘文館　一九九四年)。
(22) 貴人の室内での音楽の「遊び」においては、通常太鼓などの打楽器は加わらず、管楽器の中でも篳篥は地下楽人に吹かせることが多い。これは強く鋭い音が平安貴族たちに敬遠されたためであるという(石田百合子「ものの音の世界―物語の女君と絃楽器―」堀淳一編『王朝文学と音楽』竹林舎　二〇〇九年)。
(23) 例えば、紅葉賀巻の朱雀院行幸での舞楽の場面に「例の楽の船ども漕ぎめぐりて、唐土、高麗と尽くしたる舞ども、くさ多かり」、胡蝶巻の六条院での賀宴の場面に「雅楽寮の人召して、船の楽せらる」などと見える。本文は、新編日本古典文学全集(小学館)に拠る。
(24) 平安貴族の音楽に対する認識には「楽」と「遊び」の二系列があり、「楽」は第一義的には儀式における舞楽を指すとの指摘がある(中川正美『源氏物語と音楽』和泉書院　一九九一年)。
(25) 石原比伊呂「家業としての雅楽と御遊」(『史友』三四　二〇〇二年)。
(26) 御遊の場の持つ政治性については、坂本麻実子「一五世紀における御遊」(『人間文化研究年報』一四　一九九〇年) 及び石原注(25)前掲論文参照。

(27)　尾上陽介「内給所について」（虎尾俊哉編『日本古代の法と社会』吉川弘文館　一九九五年）。

(28)　宴における禄物が天皇と官人との政治的人格的な関係形成の媒介物としての性格を持っていたことについては、梅村喬「饗宴と禄―〝かづけもの〟の考察」（『日本古代社会経済史論考』塙書房　二〇〇六年、初出一九八六年）、饗場宏・大津透「節禄について―「諸節禄法」の成立と意義」（大津透『古代の天皇制』岩波書店　一九九九年、初出一九八九年を再編）を参照。

(29)　本文の引用は、新編日本古典文学全集（小学館）に拠る。

(30)　菅澤庸子「律令制下の王権と礼楽」（『世界人権問題研究センター研究紀要』一〇　二〇〇五年）は、古代の日本が採用した「礼楽」は本来の意味における儒家の礼楽ではなく、王権の権威と王制の秩序を表象するための「礼」の楽であり、その理念や思想を雅楽寮の楽を通じて政治的に用いようとしたと指摘する。

終章　総括と展望

本書では、日本古代の王宮で行われた政務と儀礼について、序章で設定した〔Ⅰ〕王宮の空間構成と政務・儀礼空間の形成、〔Ⅱ〕政務の形式と官人勤務制度、〔Ⅲ〕儀礼の構造と君臣秩序という三つの研究視角に基づき、第一部から三部にわたって考察を行った。

（一）各章の概要

まず〈第一部　古代王宮の政務・儀礼空間〉では、王宮における政務・儀礼空間の形成・発展過程を概観し、七世紀末の飛鳥浄御原宮（飛鳥宮跡Ⅲ－B期）を律令制に基づく施政を実行するための宮室形態の嚆矢として位置付け、その構造を詳察した。律令制国家の基礎が築かれた天武・持統朝の宮室である飛鳥浄御原宮には、内安殿・大安殿・外安殿・大極殿等の儀礼・政務のための殿舎が存在しており、それらの殿舎は儀式・身分によって使い分けられていた。宮室の内郭北区画には、北側に天皇とごく限られた人物しか入ることができない私的な空間である内安殿、その南側に天皇が王卿らに賜宴・授位などを行うためのやや公的な儀式空間があり、内安殿の東西にはそれぞれ東庭・西庭を使用する行事において天皇が出御する脇殿である御窟殿と向小殿が付属した。内郭南区画の正殿である外安殿は天皇と臣下との公的儀式の場であり、内郭の東南に位置するエビノコ郭には、国家の重要行事の場として天武朝に新設された「大極殿」が存在した。内郭南門の南方、エビノコ郭の西側に広がる朝庭は天皇への拝礼と宴、そして進薪や射礼といった天皇と臣下との君臣関係を構築・確認する儀礼が行われる空間として機能した。このような空間的差別は、律令制に基づく官人秩序の形成と密接に関係するものである。従来飛鳥浄御原宮の内郭内部は内裏に準じる閉鎖的な空間と見られているが、外安殿を中心とする内郭南区画は、すでに官人の侍候空間としての性格を持ち始めていたことを指摘した（第一部第一章）。

続いて、宮室を構成する諸施設の中で常に中心に置かれ、政務・儀礼が行われる主要な場であった朝堂区画に着目し、その機能と歴史的変遷について考察した。古代の王宮に設けられた朝堂・朝庭は、令制以前からのまつりごとの場であった「庭（ニハ）」に、古代中国の宮城において儀礼と百官集議の場として設けられた朝堂の概念を当てはめることで成立し、七世紀末の藤原宮において、律令制に基づく朝儀の場・官人の出仕空間として本格的に運用され始めた。ただし、藤原宮の大極殿は未だ内裏正殿としての性格を完全には払拭できておらず、唐制の儀礼と倭国の伝統的な朝庭での政務をそれぞれ合理的に行うための空間は、次に遷都した平城宮で完成した。平城宮では東西に二つの朝堂区画が並設され、それぞれ国家的儀式と日常政務の場として機能した。これまで、八世紀後半以降に諸司の曹司の機能が拡充したことなどによって朝堂の政務の場としての機能が衰退したとされるが、「朝堂」から「太政官院」への改称は、大極殿が内裏と朝堂区画の間に移建されたことによって朝堂区画が臣下の政務空間としての独立性を高めたことを示すものであり、朝堂政務の空洞化を示すものではない。また、官人が朝堂の朝座につくことで出仕と見なされるという原則は、基本的に平安期まで維持されたと考えられる。よって、政務の場としての朝堂区画の質的転換は、外記政が制度的に確立し、太政官政務処理の場が朝堂から完全に分離して「八省院」の名称が登場する初期平安宮に求められるとの結論を得た（第一部第二章）。

繰り返しになるが、王宮の儀礼空間は、中国都城の強い影響のもとで成立した。ただし、日本では唐制に見られない広大な朝庭の設定や苑池の利用方法に、中国の宮室との相違が見受けられる。朝庭は、元来神事に関係する場から天皇への拝礼や外交儀礼、官人が日常政務を行う場へと発展した。この朝庭が政務処理の中心的空間として位置付けられていることは、中国都城とは異なる日本の宮室構造及び政務体系の特質の一端を示すものである。一方苑池は、中国都城の禁苑（後苑）の概念に由来するものの、そこでの儀式の本質は令制以前から池辺で行われた祓禊儀礼にあり、王権の神聖性を担保するという思想的意義を有していた。それと同時に、苑での饗宴には、律令制的秩序を離れた天皇と近臣との人格的関係を醸成するという機能も認められる。この庭と苑両方における儀式が相俟って、古代日本の節日の儀礼体系を構成していた（第一部第三章）。

次に〈第二部　政務の形式と官人勤務制度〉では、王宮における政務を構成する三つの要素である朝参・朝政・上日について、それぞれの定義と相互の関係性を明確化するとともに、その制度的展開を論じた。

朝参とは臣下が朝廷に出仕することを意味し、王宮における官人の執務（朝政）の前提となるものである。王宮への出仕としての朝参の起源は、宮室の公的儀礼空間が成立した推古朝に求められ、孝徳朝の小郡宮において有位者に対し定時の参上と拝礼、そして「庁」への侍候が規定された。その後、天武・持統朝には朝参の日数が上日という官人の勤務指標として把握されるようになる。この朝参・上日の制は律令官僚制確立のための政策の一環として整備された。朝参については、儀制令文武官条に文官・武官の初位以上の官人による朔日の朝庭への朝参が規定され、これは唐の朔望朝参の制の影響を受けたものと見られる。令には朔日以外の朝参についての規定はないが、『令集解』や『延喜式』等の史料からは、朔日の他に旬日朝参・行事朝参・尋常朝参という朝参の種別が存在したことが判明し、これらの区分は大宝令段階から存在した可能性がある。

そして、朝参には官人が朝庭に列立して拝礼などに臨む朝会のための朝参と、朝堂の座について行う朝政のための朝参とが存在した。朝堂空間における官人政務である朝政は、『延喜式』及び『儀式』によれば、各官司の朝座で毎日行われる「諸司常政」（各朝座での政務処理と弁官への申政）と、太政官の朝堂で毎月朔日と旬日に議政官によって行われる「公卿聴政」（諸司と弁官による申政と議政官による処分）から成り、これらの朝堂政務が「朝座上日」として計上され、それ以外の朔日や行事の際の朝参は「見参」によって参不が把握されるという仕組みであった。上記の朝参・朝政・上日のシステムをふまえて『続日本紀』の記事と宮室構造の変化とを対照させて考えると、八世紀前半の和銅年間には朝政の基礎が整備され、天平期にはすでに天皇の出御を前提としない朝参・上日の制度が成立していたことがうかがえる。これらのことから、天皇が朝堂区画の正殿である大極殿あるいは大安殿と見られる殿舎に出御して臣下の政を聴く機会は基本的に朔日・旬日に限定されていたのであり、天皇の実質的な政務は一貫して内裏で行われていたと考えられる（第二部第一章）。

上日の把握方法とその意義については、平安時代の殿上人の勤務記録方法である日給制度を手がかりとして考察した。平安中期の内裏の一日の行事を記録した東山御文庫本『日中行事』の記事の分析から、公卿・殿上人・蔵人等の宮中への出仕は殿上間に置かれた日給簡に記録され、宿侍者や早朝政務に出仕する者には辰刻に、一般的には未刻というように、一日に二回にわたって上日・上夜の給付が行われていたことが判明した。この日給制度は蔵人・殿上人たちの天皇への奉仕の度合いを視覚的に示す機能を持っており、日給制度の成立の背景には、十世紀中葉以降、参籠を含む上宿・陪膳といった天皇の日中行事に供奉することが「殿上上日」として官人の勤務状況を評価する基準になるという上日概念の変化があった。この「殿上上日」の本司の上日への通計は律令制以来の天皇への奉仕形態の変質を示すものであるが、上日の基本は天皇の傍近くの侍候空間に出仕することであるという律令制以来の意識は継承され続けていることがうかがえる。また、律令制以来の官人の勤務状況を計る基準である上日は、律令制に基づく官司制・官僚制が変質する九世紀以降も官人制の根本的な構成要素として重要視されていたのであり、天皇と官人との関係性においては、上日制度による仕奉の把握が重要な意味を持ち続けていた（第二部第二章）。

古代においては、王宮における政務とともに、決められた期日に定期的に行われる節会などの宮廷儀礼も「まつりごと」として包括される。そして、王宮で行われる儀式の執行形態には、日本の古代国家が志向した支配理念・秩序観念が反映していると考えられる。日本では、元日朝賀儀が衰退・廃絶に向かう一方、正月三節会をはじめとする各種の節会が徐々にその形を変えつつも連綿と行われ続けたことは、日本の古代国家における節会の重要性を表すものである。このことから、中国の儀礼に倣った律令制的儀礼よりも、節会すなわち饗宴儀礼にこそ日本的「儀式」の本質が示されると考える。饗宴儀礼の中心的行為は共食（共同飲食）であり、また儀式次第に必ずと言っていいほど組み込まれている奏楽も、饗宴を構成する重要な要素の一つである。

上記の視点に基づき、王宮で行われる儀式とそこに具現化される秩序観念について、饗宴と奏楽を切り口として検討を行ったのが、〈第三部　儀礼の構造と君臣秩序〉である。まず饗宴に着目すると、『古事記』・『日本書紀』・『風土記』に散見される食物供献説話は、飲食物の献上が土地の支配と密接に関係することを示しており、支配―隷属関係の構築において、その媒介物となる食事が提供される場が饗宴であった。古代の宮における饗宴は、食物供献儀礼の発展した形式であると考えられる。これをふまえて、宮廷儀礼が制度的に確立される七・八世紀の王宮の饗宴を考察した結果、平城宮では天皇が出御しない場合でも、饗宴には専ら内裏南方の東区朝堂が使用されていたことが判明した。このことは、当該時期の饗宴で天皇と官人との共食行為が重視されていたことを意味するもので、共食儀礼には天皇と官人とが支配共同体としての結束を固める意義があったことを指摘した。

八世紀の饗宴において天皇との共食及び酒食の下賜が重視されたことの背景には、饗宴が政治的な関係性を体現する場であるという大化前代以来の観念が影響していると考えられる。また、平城宮において中央区・東区という二つの儀礼空間が存在しながら、天皇と官人との君臣関係に関わる儀礼が原則として東区朝堂で行われていたという分析結果は、中央区朝堂の存在意義を問い直すものであると同時に、平城宮での中央区朝堂・東区朝堂の並立から平安宮の朝堂院・豊楽院の並立へという系譜関係の理解に再検討を迫るものである（第三部第一章）。

古代の王宮の儀礼空間の発展形態を総体的に考えるためには、続いて長岡宮・初期平安宮での儀礼空間と儀式構造の変化とその展開過程を跡付ける必要がある。平安宮には、平城宮の中央区・東区という二つの朝堂区画とほぼ同形式の空間構成を持つ朝堂院・豊楽院という二つの儀礼空間が建設された。平安宮朝堂院では、八世紀と同様に、天皇即位儀や元日朝賀といった国家的儀式が行われたが、朝堂で臣下への賜宴が行われることはなく、平城宮の東区朝堂や苑で行われていた天皇と臣下との饗宴儀礼は、豊楽院あるいは内裏の正殿である紫宸殿で行われるようになる。豊楽院は、律令制下における君臣秩序・帝国的秩序観念を維持する儀式の儀場として設定されたものの、平安前期に顕在化した律令制の根本的な変容によってその意義を失っていった。一方、内裏紫宸殿は平安遷都当初から公的な儀礼空間として位置付けられ、天長期にはすでに主要な饗宴儀礼を行う空間として機能していた。

九世紀前半に儀礼空間の比重が朝堂から内裏へと移ったことの背景には、長岡宮における朝堂院と内裏の空間的分離、節日以外に特定の近臣を宮室中枢部以外の場に召喚して行われる曲宴・奉献の定例化、昇殿制の整備などの影響が考えられ、時代の転換期における官制体系・官人秩序の変化と連動するものであった。紫宸殿に七世紀以来宮室中枢部に建設され続けた朝堂が存在しないことは、この空間が律令制的な儀礼体系外の饗宴の場であることを示している。そして、内裏紫宸殿が公的儀礼空間として成立したことは、中国礼制に基づく儀礼体系を体現する場としての中国都城の空間構成を範としつつも、日本の王宮独自の儀礼空間が確立したことを意味すると考えられる（第三部第二章）。

九世紀以降、饗宴において楽人だけでなく天皇や近臣が奏楽を行う記事が頻出し、八世紀以前の儀式とは異なる要素が見出されるようになる。ここに宮廷儀礼の変質の一端をうかがうことができると同時に、王権を支える秩序形成にも変化が生じたことが知られる。そこで、次に儀式における奏楽に着目した。まず、八世紀以来公的な機関として奏楽を担当し続けた雅楽寮の法制上の位置付けという観点から、「弘仁格」の分析を行った。その結果、従来九世紀以降雅楽寮が衰退し、その機能は衛府による奏楽に移行するとされてきたが、平安初期に出された二つの格は雅楽寮を公的な外来楽の奏楽機関として再編することを明確化したものであり、律令制的な秩序を体現する国家的儀式においては雅楽寮が正式な奏楽機関とされていたことを明らかにした。国家的儀式に雅楽寮の奏楽が必要とされた背景には、楽舞の奏上によって蕃国・夷狄の服属を可視的に示すという中華思想の影響がある。日本の「雅楽」の実質が饗宴楽であるように、雅楽寮の機能は第一義的には音楽によって宮廷の饗宴儀礼の威容を調えることにあり、なかでも外交使節の迎接や夷狄を参列させての元日朝賀・節会の場において、朝鮮三国由来の楽などの外来歌舞を奏楽することにより、日本を中華とする華夷秩序を内外に示し、王権を権威付けるという役割を担っていた。それとともに、対内的には雅楽寮による楽舞を鑑賞する天皇と臣下との君臣秩序を確認・強化する役割も保持していたのであり、その観念は基本的に、儀式構造が変化する十世紀以降にも引き継がれる（第三部第三章）。

九世紀半ば以降、雅楽寮の他に衛府の官人が奏楽に携わるようになるとともに、儀式の後の宴会の場で侍臣に管絃の演奏をさせる、あるいは天皇自らが楽器を演奏して臣下とともに音楽を楽しむ「御遊」という行事が行われるようになる。この「御遊」の成立は、それまでの雅楽寮による楽とは異なる新たな奏楽形態が出現したことを意味するものであり、宮廷儀礼の変遷における重要な変化の一つと見なし得る。「御遊」が成立する背景には、①演奏や礼楽思想への理解が深まり、音楽に親しむことも天子の徳の一つであると認識されるようになったという思想的変化、②天皇の居所の移行に伴う儀式空間・儀式構造の変化、③律令制に基づく官僚制の変質により、天皇に侍候する「殿上人」という新たな身分の創出という政治制度上の変化という三つの社会的変化が考えられる。この宮中での「御遊」の隆盛に伴い、楽人を常時待機させるために内裏に設けられたのが「楽所」であり、楽所の楽人は主として定期的な儀式以外の奏楽に従事した。十世紀後半から十一世紀には、御遊は管絃や歌だけではなく舞を伴うようになるなど、雅楽寮の掌る外来楽をも奏する本格的な行事へと規模を拡大するが、元日節会・十六日踏歌節会・御斎会などの八世紀以来の国家的儀式においては、儀式の場や儀式構造の変化を経てもなお雅楽寮による唐楽・高麗楽といった外来楽の奏楽が必要とされていた。また、公卿や殿上人にとって御遊への参加は単なる遊興ではなく、奏楽を通じた天皇への奉仕という、天皇近侍者としての職務の一つであった。このように、平安時代初期以降の律令制の変質に伴う社会構造の変化は、宮廷儀式のあり方にも大きな影響を与えたのであり、それは宮廷における奏楽形態の変化にも見出すことができる（第三部第四章）。

（二）日本古代の政務・儀礼空間の特質

日本の古代王権が政治制度を整備していく過程において、王宮の主たる政務・儀礼空間として設定したのは、君主である天皇が出御する殿舎を中心とした一画であり、出御殿舎の前庭である朝庭に複数の庁を配した朝堂空間であった。宮室の中心に設定されたこの朝堂空間の重視は、支配拠点としての王宮の構造設定の理念と関連するものと思われる。日本が範とした中国都城は、為政者が天帝（昊天上帝）から地上を統治する命令を受ける（受命）ための舞台として設計されており、皇帝は為政者として宇宙を象る王宮においてその正当性の根拠を示す必要があり、都城で行われる政治そのものが宇宙の法則の表現でなければならなかった。このような政治思想に基づいて、中国では漢代から唐にかけて、宗廟・受命儀礼を中核とした国家儀礼が体系化されることになったのである。(1)

中国都城の建築構造は東アジアの諸国に大きな影響を与えたが、日本の都城は宮室を構成する要素のうち形式上の特徴は模倣したものの、そのような政治思想までを全て継受したわけではなかった。本書で明らかにしたように、日本の宮室における「大極殿」は用途が極めて限られた空間であり（第一部第二章、第三部第一章・第二章）、天皇が出御する機会も限定されていた（第二部第一章）。このことは、唐では皇帝出御のもと民衆の見守る中で行われた赦宥儀礼が藤原宮では廃止されたことにうかがわれるように、日本の宮室は中国的な外朝の機能及び理念が希薄で、天皇が民衆を前にした儀礼の場で自らの支配の正当性を示すことは予定されていないという指摘(2)とも関連する。しかし当然のことながら、日本の王宮は中国の宮室構造を受容する中で令制以前から引き続く伝統的な宮の要素も保持し、それを独自に発展させたのであり、その典型的な要素が朝庭・朝堂という空間である。すなわち、朝庭・朝堂空間にこそ日本の王宮の本質的な性格が内在していると考えられる。朝庭・朝堂は、中国から継受した律令制に基づく儀礼空間であると同時に、日本独自の形態による政務を実行する場でもあったことは、平城宮の中央部に東西二つの朝堂区画が建設されたことに端的に表されている。

日本の王宮が朝堂区画を重視したのは、この場所が第一に、内裏に居る天皇と宮に朝参して来た官人との結節点であり、常に君臣関係を再確認・更新する場としての性格を有していたためであろう。節会に代表される朝堂空間で行われる定期的な儀式は、天皇と臣下との人格的関係の形成を促進するという役割を持つ。よって、朝庭・朝堂区画は王権と有位者集団という支配階級の共同性が醸成される場であり、その空間で官人たちによって運営される政務手続きと各種の儀式は、王権の支配の正当性を担保するものであり、古代国家の政治権力の根拠を形成する一要素であったと言い得るであろう。

(三) 王宮構造と政務・儀礼の制度的展開

朝堂・朝庭を中心とする古代王宮構造の変遷と、そこで行われた政務・儀礼の制度展開については、以下のように考えられる。

推古朝に営まれた小墾田宮は、推古紀から想定される〈天皇（大王）の居住空間―門―朝庭・庁―門〉という構造が後の宮室構造と類似することから、日本古代の王宮構造の基本型として位置付けられる。この小墾田宮は、その構造が推定できる記事が外交儀礼に関するものであることに端的に示されるように、外交使節の迎接という国家的儀式を行い得る空間を備えた点に画期性があった。すなわち、天皇（大王）の居所に儀式空間としての朝庭が付属するという王宮の形態は、この時に始まったと考えられる(3)。小墾田宮の朝庭は、庁や臣下の座を有するものの、天皇が出御するための公的な殿舎は未成立であったと推定される。

改新後の孝徳朝には、難波の地に難波長柄豊碕宮が建設された。前期難波宮の遺構がこの難波長柄豊碕宮のものであるとするならば、それは飛鳥の王宮とは隔絶した規模の先駆的な形態の宮室であったことになる。その遺構によれば、宮室中央に広場と堂舎、その北に格式の高い殿舎が存在することから、この時点で天皇の出御する殿舎（内裏正殿）とそれに付属する朝庭・朝堂という儀礼空間が成立したと見なし得る。しかしながら、この王宮の建設は東アジア情勢を考慮した対外政策の一環という性格が強く、日常的な朝参・朝政が行われるまでには至らなかった(4)。ただし、小郡宮では朝庭に参上して庁に侍ることが規定されており、後世の王宮における政務・儀礼形態の原型の萌芽がうかがえる。

その後再び都は飛鳥の地に移り、壬申の乱を経た天武朝には、飛鳥浄御原宮が宮室となる。この宮は斉明朝の後飛鳥岡本宮を継承したものであるが、内郭東南に新たな殿舎――「大極殿」を設けるなど、儀礼空間の整備が進められた。飛鳥浄御原宮の朝庭では有位者を対象とした節日の儀礼が定例化し、宮内の各殿舎とその前庭の空間がその儀場となった（第一部第一章）。大夫層とそれ以外等で召される殿舎に区別があるのは、後の五位以上への賜宴、六位以下への賜饗といった饗宴儀式の弁別の先駆的形態である。同時期に、朝参・朝政・上日の制度が制度的に結び付いて機能し始めたが、毎日の朝参や日常的な朝政は未整備であった。このことは、浄御原宮の遺構とされる飛鳥宮Ⅲ―B期に朝堂と見られる建物遺構が確認されていないことと呼応するものと思われる。続く持統朝には、天武朝に引き続き天皇と臣下との君臣関係を構築する儀式が繰り返し行われるとともに、朝堂の座における礼法が規定されるなど、有位者間の「礼」の整備が進められた。これらを基礎として、藤原宮において〈大極殿―朝堂〉という中国都城に倣った新しい形式の儀礼空間が創設され、そこで大規模な国家的儀式を行うことが可能となった。この宮室構造は、大宝令の制定に伴い、律令制に基づく儀礼を執行し得るという点において、日本の王宮史上画期的なものであった。律令官人勤務制度としての朝参も、この宮室において始まる。しかし、その大極殿は内裏区画に包摂されており、内裏正殿としての性格を払拭できてはいなかった。朝堂も日常的な朝政の場としては未確立で、朝堂が朝参・朝政・賜宴等を行う場として確立するのは、平城宮以降である。

平城宮では中央区・東区という二つの〈大極殿（平城宮前半期の東区の場合は大安殿ヵ）―朝堂〉空間が設けられたが、中央区は朝賀や外交儀礼など非日常的な儀式を行う特殊な区画であり、日常的な朝参と朝政及び節日等の臣下への賜宴は東区の朝堂空間が利用された。五位以上の官人は毎日宮に朝参して朝堂の座について朝政を行うのが原則であり、節日の饗宴などに参加することも勤務の一環であった。王宮における饗宴には、宮室中枢部の朝堂・朝庭で行われるものと、苑池などそれ以外の場所で行われるものとがあり、ともに君臣秩序を維持・更新する機能を有していた（第一部第三章）。

朝堂で行われた政務は、諸司・諸国が朝座で政務を処理し、種々の案件を弁官に上申する〈諸司常政〉と、弁官及び諸司が議政官に上申し決裁を請う〈公卿聴政〉から成り、重要案件は議政官によって天皇に奏上される。政務案件を口頭で申上・決裁する「申政」という手続きは、律令制以前からの伝統的なものであり、その本質は音声によって意志を伝達することにあった(5)。律令官僚制による行政は文書主義を原則とするが、口頭で伝達される人格的・個別的な意志は、文書を通じて非人格的な国家意志として定立する(6)。すなわち、その手続きとしての申政を内裏の前庭である朝庭で行うことには、天皇あるいは議政官による決裁を国家意志として正統化するという意味があったと考えられる(7)。この申政は日本の古代国家に特徴的な政務形態であり、朝庭における各官司の朝堂―庁から弁官の庁へ、弁官から議政官の庁へというように、案件は段階を経て上申・決裁される。宮室中枢部に広大な朝堂・朝庭を設けるという構造は、主としてこの口頭による政務処理体系に適合するものであった。上記のような政務の上申・決裁ルートの最上位に位置するのは天皇であるが、天皇が政務を視るのは朔日・旬日に限られており、天皇の聴政の場は、一貫して内裏であったと推測される。また、天皇は節日の饗宴等においては、官人に対する恩賜を行う主体として閤門等に出御した。このような朝参・朝政の形態は、天平期には成立していたと見られる（第二部第一章）。

律令制の本格的な導入以後、文書による行政処理が増大するにつれ、事務処理の比重は次第に曹司へと移っていく。それに伴い曹司は実務空間としての機能を拡充するだけでなく、例えば式部省のように、八世紀後半には曹司の庭にも考問の引唱等を行う儀礼空間を備える官司が出現する。(8) 奈良時代後半には中央区の〈大極殿―朝堂〉空間が持っていた機能が東区に集約され、儀礼空間としての性格を強めるが、官人の勤務の基本は朝堂の朝座につくことであり、朝堂の政務の場としての機能が低下したわけではない（第一部第二章）。

朝堂が臣下の場としての自立性を強め、内裏区画と完全に分離し独立した「朝堂院」として確立するのは、長岡宮においてであった。長岡宮期には元日朝賀は大極殿で行うものの元日節会は内裏で行われるなど、君臣間の饗宴の場は内裏に固定化する。また、行幸・曲宴・奉献といった臨時の饗宴行事が多く開催されるようになる。これらは平城宮期における苑や臣下の邸第など宮室中枢部以外で行われていた饗宴の流れを汲むものであるが、令外官など律令制とは異なる官司機構の創設・台頭なども相俟って、新たな君臣秩序の構築に寄与するものであった。間もなく遷都した平安宮では再び宮室中央に朝堂院・豊楽院という朝堂を持つ二つの儀礼空間が建設された。両者は唐風色の強い建築で、九世紀初頭頃までは主要な儀礼空間であったが、朝堂院は外記政の確立に代表される太政官政務の質的転換によって主に即位儀等の一世一代の儀式や神事・仏事の場に特化し、豊楽院は律令制的な君臣秩序や帝国観念の衰退とともにその利用機会が減少していった。一方、内裏正殿である紫宸殿とその南庭は九世紀前半から主要な儀式の場として機能していた。平安時代になると八世紀までの元日朝賀が持っていた氏族制的秩序を確認する朝拝（ミカドヲガミ）の要素が払拭されて『大唐開元礼』に倣った中国的儀式へと変化するように、九世紀前期は中国礼制の段階的な継受が一つの到達点に至った時期である。(9) すなわち、この時に宮廷儀礼の根本的な変質が起こったのであり、日本的な「礼」の構築の試みは、やがて格式や儀式書の編纂を通じて体系化されることになる。それまでの宮室で中心的な儀礼空間であった朝堂を離れ、内裏紫宸殿と南庭が主要な儀礼空間として確立したことは、新たな礼的秩序に基づく日本の王宮独自の政務・儀礼空間の創出を意味すると考えられる（第三部第二章）。それと同時に、朝座につくことで得られる朝座上日よりも内裏に侍候することで得られる内裏上日の重要性が高まるなど、官人の王宮への出仕形態も変化していくこととなった（第二部第二章）。

（四）古代の政務・儀礼形態から見た権力構造

日本の王宮の儀礼空間の変遷については以上のように理解されるが、次にその空間で展開された政務・儀礼の特色に目を転じると、第一に、日本古代の儀礼では節会に代表される饗宴儀礼の比重が大きいことが指摘できる。このことは、端的には元日朝賀が停止されても元日節会をはじめとする正月の各節会は行われるという傾向がほぼ古代を通じて見られることや、本書第三部第一章で述べたように、天皇との饗宴における共食行為が官人秩序の形成・維持に大きな意義を有していること、中国・朝鮮の祭祀楽を本質とする雅楽を、日本では主にその饗宴楽の要素を抽出して受容し、宮廷儀礼における公的奏楽機関として創設した雅楽寮が饗宴楽によって宮廷儀礼の威容を調えることを第一義的な機能としていたこと（第三部第三章）からうかがえる。また、王宮への出仕を意味する朝参には、朝堂での日常政務のための尋常朝参、天皇の聴政が行われる朔日・旬日の朝参のほか、節会や外国使節の賜宴などに出席するための行事朝参があり、行事への出席が「見参」として把握される（第二部第一章）。このことは、饗宴儀礼への参加が官人としての職務であることを表しており、儀式を滞りなく行うことが、官人の天皇に対する「仕奉」の一環として認識されていたことを意味しよう。饗宴への参加が政治行為として重要性を持つという観念は、やがて平安中期に殿上人による「御遊」が政治性を帯びた公的行事として成立すること（第三部第四章）にもつながるものと思われる。

儀礼の根本にあるのは言うまでもなく「礼」の思想であり、日本では律令制の導入とともに、官人社会の統合の手段として中国起源の礼（朝賀・節会等の宮廷儀礼や宮中での礼儀作法）による君臣関係や身分の上下の確認などが行われるようになる(10)。その内実は、例えば唐では朝賀とそれに続く朝会が皇帝に対する奏賀と上寿という一貫した原理によって行われていたのに対し、日本の朝賀は中央官人による官僚制的原理によって行われる一方、節会は天皇と律令制以前の大夫（マエツキミ）の流れをくむ五位以上官人との人格的な関係を確認するという意義があり、呪術的・服属儀礼的な要素を内包していたように(11)、日本の礼制は天皇と官人との君臣秩序の維持を主眼としていた。これらのことから、古代日本において儀礼・儀式は、饗宴儀礼の重視に看取されるように、天皇と官人との人格的関係性を形成・確認するためのものという意味合いが強かったと見られる。

石母田正氏は、前近代国家における支配階級が、①非人格的機構や制度を媒介とする結合と、②人格的・身分的従属関係を媒介とする結合という二重の形態で結集し、両者は相互に独立した体制として存在することを指摘したが(12)、本書で考察した儀礼の執行形態からは、その結集原理について、特に人格的結合の醸成に重きが置かれていたことが判明する。すなわち、この②人格的結合を土台として①の官制機構及び各種の支配制度が成り立っているのであり、この支配階級―すなわち政治権力の行使主体の結合の構造が、日本の律令制国家の政治形態の基層を成していると考えられるのではなかろうか(13)。

上記のような構造によって特徴付けられる支配者層の政務形態については、本書第二部第一章で言及した。すなわち、律令制導入の初期から、朝堂での政務は太政官を筆頭として朝堂に朝座を有する官人によって運営されるものであり、天皇は基本的に朔日・旬日と節会等の儀式に出御し、象徴的に「政」を視る存在であった。朝堂では諸司の太政官への申政・大臣による決裁という政務手続きが取られたが、実質的な政策決定は一貫して内裏において行われていた。丸山眞男氏は、日本の政治思想の根底には、権力への自発的な服従を徴達する観念的根拠である支配の正統性（legitimacy）と実際的な政策決定（decision-making）を行う主体とを截然と分離しようとする意識が働いていることを指摘したが、(14)古代における政務形態もこのような構造を有していたことがわかる。しかしながら、上記の特徴は、貴族層の権力が君主権に対して相対的に強力であったことを意味するものではない。官人は、王宮への朝参を計量化し王権への政治的奉仕を可視化する上日制度によって規制されており、議政官であっても上日の計上を免れることはできなかったのであり、王権の権力の正当性は、官人による政務・儀礼の執行によって体現され、保証されるものであった。また当然のことながら、官人の身分も王権によって保証されるものである。律令制下における天皇と官人とは互酬的な関係であったと考えられているが、(15)朝政での口頭による中政という政務形態も、君臣関係の互酬的性格の強さを反映するものと考えられる。(16)それと関連して天皇と太政官との関係も課題となるが、上記のような政務形態から、両者は対立する関係ではなく、政治行為の役割を分担する関係にあったと捉えておきたい。(17)そして、古代における饗宴儀礼の重視は、両者の人格的関係性の強化が政治権力の醸成と密接に関係していたことを示すと考えられるであろう。

なお、本書では考察の対象を朝堂空間に限定したために、天皇の居住区画で王権の中枢である内裏の位置付けにまで考察が及ばず、また朝堂政務とあわせて論じるべきである曹司の政務についての検討までは至らなかった。さらに本文中でも触れたように、官人の範囲を主として五位以上に絞ったために、六位以下の官人の政務・儀礼への関与について言及することができなかった。加えて、本書の焦点は七世紀末から八世紀にあり、当該時期の実態と、その後の平安期の制度との連続性を十分に論じることがかなわなかったが、これらの諸点については、今後の研究課題としたい。

〈注〉

（1）妹尾達彦「前近代中国王都論」（中央大学人文科学研究所編『アジア史における社会と国家』中央大学出版部　二〇〇五年）、同「中国の都城とアジア世界」（鈴木博之他編『シリーズ都市・建築・歴史1　記念的建造物の成立』東京大学出版会　二〇〇六年）。

（2）佐竹昭「藤原宮の朝庭と赦宥儀礼―古代宮室構造展開の一試論」（『古代王権と恩赦』雄山閣出版　一九九八年、初出一九八八年）、同「律令制下の王権と儀礼」（『史学研究』二五二　二〇〇六年）。

（3）北村優季「首都論と日本古代の都城」（『平城京成立史論』吉川弘文館　二〇一三年、初出二〇〇二年）。氏は同論文において、王宮が転々と移動するのに対し難波の外交施設は六世紀以来一貫して同地に存在していたことや、難波大郡で三韓の調の貢献儀が行われたこと（『日本書紀』欽明二十二年是歳条）などから、小墾田宮の空間構成の原型は難波の外交施設であった可能性を想定されている。

（4）栄原永遠男氏は、八世紀の天皇の難波行幸の前後に外交使節の来朝・帰国の記事が散見されることから、後期難波宮が外国使（主として渤海使）に対する、平城宮での公式の外交儀礼とは異なる天皇の謁見の場として機能していた可能性を指摘している（栄原永遠男「行幸からみた後期難波宮の性格」栄原永遠男・仁木宏編『難波宮から大坂へ』和泉書院　二〇〇六年）。このような後期難波宮の機能は、前期難波宮の外交施設としての性格を継承していると考えられよう。

（5）吉川真司「申文刺文考」（『律令官僚制の研究』塙書房　一九九八年、初出一九九四年）。

（6）石母田正「古代官僚制」（『石母田正著作集　第三巻　日本の古代国家』岩波書店　一九八九年、初出一九七三年）。

（7）熊谷公男氏は、「〇〇宮治天下大王」という称号には「天下」的世界の支配者である大王の居所が天上世界に連なる空間であるという世界観が表現されており、大王が臣下に臨んで執政・儀式・饗宴を行う場である王宮の朝庭は、天上の世界に連なる神聖・厳粛な空間と意識されていたがゆえに、大王の発するミコトが権威と正当性を持ち得たとして、宮における朝庭の重要性を指摘する（熊谷公男「蝦夷と王宮と王権と―蝦夷の服属儀礼からみた倭王権の性格―」奈良古代史談話会編『奈良古代史論集　第三集』真陽社　一九九七年）。

(8)　寺崎保広「式部曹司庁の成立」(『古代日本の都城と木簡』吉川弘文館　二〇〇六年、初出二〇〇〇年)。

(9)　大津透「天皇の服と律令・礼の継受」(『古代の天皇制』岩波書店　一九九九年、初出一九九七年)。

(10)　大隅清陽「君臣秩序と儀礼」(『日本の歴史8　古代天皇制を考える』講談社学術文庫　二〇〇九年、初刊二〇〇一年)。

(11)　古瀬奈津子『遣唐使の見た中国』(吉川弘文館　二〇〇三年)。

(12)　石母田注(6)前掲論文。

(13)　石母田氏が言うように、位階の保持が有位者にとって天皇との人格的関係の標識であるとするならば、官位令集解が「朝堂所レ居、謂二之位一也」と注釈するように、官人が朝堂の「朝座につく」ことの重要性が改めて認識される。

(14)　丸山眞男「政事の構造―政治意識の執拗低音」(『丸山眞男集』第十二巻　岩波書店　一九九六年、初出一九八五年)。なお、氏は倫理的な正しさを意味する「正当性」と区別される、価値判断としての正しさとは限らない、ある筋みちを有する力として「正統性」の語を用いている。また、氏は正統性の源泉としての君主たる天皇と、実質上の最高決定機関である太政官という官制の形態は、政治権力の正統性と政策決定主体との二元的分離を反映するものであるとし、古代の政事の構造について、「政事」の直接的主体である太政官官人が宮に「まゐりのぼ(参上)」り、「つかへまつ(仕奉)」って行ったその政事の次第・結果を、「きこしめ(聞看・聴)」し「しろしめす(知・治)」のが「すめらみこと(天皇)」を中心とする血縁集団であったと分析する。

(15)　大隅清陽「律令官人制と君臣関係―王権の論理・官人の論理―」(『律令官制と礼秩序の研究』吉川弘文館　二〇一一年、初出一九九六年)。

(16)　熊谷公男「跪伏礼と口頭政務」(『東北学院大学論集　歴史学・地理学』三三一　一九九九年)。

(17)　吉田孝「「律令国家」と「公地公民」」(『律令国家と古代の社会』岩波書店　一九八三年)、佐藤宗諄「古代天皇制論とその系譜」(『歴史評論』四九二　一九九一年)。

初出一覧

序章　問題の所在と研究視角（新稿）

第一部　古代王宮の政務・儀礼空間

小序　律令制国家における政務・儀礼空間の形成（新稿）

第一章　飛鳥浄御原宮における儀礼空間の復原

（原題「飛鳥浄御原宮における儀礼空間の復原的考察」『文学研究論集』二八　二〇〇八年）

第二章　朝堂の成立とその機能―政務・儀礼空間の変遷―（新稿）

第三章　古代王宮の庭・苑と儀礼

（原題「古代宮都の庭・苑と儀礼」吉村武彦編『日本古代の国家と王権・社会』塙書房　二〇一四年）

第二部　政務の形式と官人勤務制度

小序　古代政務構造研究の視座と課題（新稿）

第一章　日本古代の朝参制度と政務形態（『史学雑誌』第一二二編三号　二〇一三年）

第二章　平安時代日給制度の基礎的考察―東山御文庫本『日中行事』を手がかりとして―

（『日本歴史』七三九　二〇〇九年）

第三部　儀礼の構造と君臣秩序

小序　古代饗宴儀礼研究の意義とその視角（新稿）

第一章　古代王宮の饗宴儀礼—「共食」儀礼の意義をめぐって—

（原題「平城宮の饗宴儀礼—八世紀宮室の儀礼空間に関する一考察—」『古代学研究所紀要』一二　二〇一〇年を改稿）

第二章　長岡宮・平安宮の儀礼空間と饗宴儀礼（新稿）

第三章　宮廷儀礼における奏楽の意義と雅楽寮の機能

（第一節は「日本古代の宮廷儀礼における雅楽寮の機能」（『日本古代学』三　二〇一一年）の第一章、第二節・第三節は「平安初期における雅楽寮の再編—「弘仁格」の検討を中心として—」（『続日本紀研究』三七六　二〇〇八年）の第二章・第三章による）

第四章　「御遊」の成立と殿上人—宮廷儀式の再編と奏楽—

（「日本古代の宮廷儀礼における雅楽寮の機能」（『日本古代学』三　二〇一一年）の第二章・第三章による）

終章　総括と展望（新稿）

※各章とも旧稿発表時あるいは博士論文提出時以後、適宜加筆・訂正等を行っている。

あとがき

――大和三山が美しい。それは、どの様な歴史の設計図をもってしても、要約の出来ぬ美しさの様に見える。万葉の歌人等《ら》は、あの山の線や色合いや質量に従って、自分達の感覚や思想を調整したであろう。取り止めもない空想の危険を、僅かに抽象的論理によって、支えている私達現代人にとって、それは大きな教訓に思われる。伝統主義も反伝統主義も、歴史という観念学が作り上げる、根のない空想に過ぎまい。山が美しいと思った時、私は其処に健全な古代人を見附けただけだ。それだけである。ある種の記憶を持った一人の男が生きて行く音調を聞いただけである。

（小林秀雄「蘇我馬子の墓」『小林秀雄全集』第九巻　新潮社　二〇〇一年収録、初出一九五〇年）

博士後期課程に進学した二〇〇七年の八月、私は長崎県壱岐市で行われた第三五回古代史サマーセミナーに参加した。セミナー終了後、たまたま福岡市博物館で開催されていた国宝鑑真和上展に立ち寄ることにした。初めての全国規模の研究会での報告を終え、緊張と暑さとで疲れた体を引きずっての見学であったが、展示の終わりの方で唐招提寺金堂の天井支輪板を目にした時、はっと胸を突かれた。八世紀のものだという木目の板には天女や瑞雲の彩色が僅かに残るのみである。しかし、その建築上あまり目立たない部分にさえそれだけの美しい彩色を施した古代の匠たちの誠実さに触れた気がして、暫くの間その前を立ち去り難かった。そこには確かに一千年以上前の人間の魂の結晶があり、今も静かに光を放ち続けている。私はその時、古代人の営みを正確に理解し復原するためには、古代の人々（とそれを今日まで伝えて来た人々）が史料の一字一句にかけたエネルギーと同じだけの集中力を以て、謙虚な気持ちで史料と向き合わねばならないと感じたのであった。史料を媒介として古代の文脈に沈潜しようと努めることは大変な知的快楽であるが、同時に合理的・客観的に歴史を解釈することの不可能性への疑念が頭をもたげる。個人を通して為される歴史的論述は論者の主観から立ち上る観念であり、それを行う我々もまた現代の文脈に生きている以上、現代的価値観のバイアスを免れない。実証は合理性を根拠とするが、人間は合理性だけで動くものではない。それならば、果たして古代の「復原」とは如何にあるべきなのか。それは、夕映えの大和三山の美しさを感じる心の内にしか立ち表れないものであろうか。それとて観念に過ぎないのであろうか。そうであるならば、古代史研究は如何にして現代社会と切り結ぶことが出来るのか。

二〇一一年三月十一日、私は京都の木津にいた。地震が起きたその瞬間、私は恭仁京跡の見学を終え、木津川大橋を渡ってJR加茂駅に向かう道を歩いている途中だった。車が行き交う国道を一人きりで歩いていたため、地面の揺れに気付かず、未曾有の大災害が発生したと知ったのは、その日の夕方であった。その後、毎日のように報道される地震と津波と原発事故の被害の様子に衝撃を受けつつも、結局のところ自分がするべきことといえば、相も変わらず大学に籠って論文を書くことしかなかった。この世の不条理と自分の仕事の非生産性に苛まれながら博士論文をまとめる作業を進める中で常に感じていたのは、歴史学は今目の前で苦しんでいる人を救うことは出来ないという無力感である。こと古代史に限ったことではないが、いくら実証の精度を高めたところで、その成果が現実社会にとってどれほどの有用性を持っているかと問われれば、その意義を万人に対して明確に主張することは困難を伴う。しかしながら、人間は実用的な技術だけで生きられるわけではなく、とかく効率や速度が重視される現代文明の綻びが顕在化した今こそ、現代人の実存を支えるための思想は、幾星霜を経てなお我々の魂を鼓舞する力を持ち続ける過去の叡智にこそ求め得るのではなかろうか。

歴史学が扱うのは原則として過去の出来事であり、相対するのはすでに死した人間たちである。イギリスの哲学者コリングウッドが「歴史は、人間の自己認証のためのもの」であり、「過去において人間が何を為したかを知ることは、人間が何をすることができるかを知ることである。歴史学の価値はまさにここにある。人間は、何をなしてきたか。かくして、人間とは何であるか」（R.G.Collingwood, *The Idea of History* 1946.）と述べたように、歴史学は過去の人間の営みを考察することによって、有限性の中の可能性と普遍の真理を探究する学問である。そしてその根底には、生とは何か、死とは何か、善く生きるとはどういうことかという人間存在の本質への問いが内包されているべきである。無論実際に論文をものする際は個別具体的事象の分析にとどまり、直接的にそのような大問題を問うわけではない。だが、良質な研究にはそのような問いが通奏低音として流れており、その切実な問題意識こそが、客観性や合理性だけでは成し得ない、美しい飛躍を成し遂げていると思うのである。

真摯に過去の人間の営為と対話することを通じて、混沌としたこの世界を突き抜けるための補助線を引く。それこそが歴史学の使命であると信じている。研究期間も短い浅学の身でこのような問題に挑めるとは到底思えないが、曲がりなりにもこれまでの研究を一書にまとめたことによって、その課題に取り組むための、極々小さな一歩を踏み出したものと考えたい。

本書は、二〇一一年十一月に明治大学大学院文学研究科に提出した学位論文「日本古代の王宮における政務と儀礼」をもとに、新稿を加えて再編・補訂したものである。本論文は、明治大学文学部教授の吉村武彦先生、明治大学大学院特任教授の加藤友康先生、東京大学史料編纂所教授の田島公先生に審査の労を取っていただいた。雑誌に掲載された旧稿には適宜補訂・加筆し、博論提出時に未発表であった部分に関しては大幅な改変を加えている。

本書の刊行に至るまでには、多くの方々のご指導とご厚情を賜った。同志社大学では一回生の時に辰巳和弘先生の考古学の講義に出席し、古代の人々の豊饒な想像力に魅せられたことで、当初関心があった平安時代よりも古い時代に関心が移っていった。三回生からは笠井昌昭先生のゼミに所属し、大学で日本史を学ぶこと、京都という場所で日本文化史を学ぶことの醍醐味を味わわせていただいた。二〇一三年三月に鬼籍に入られた笠井先生に本書をお届け出来なかったことは、誠に遺憾である。

その後、縁あって明治大学大学院に進学し、吉村武彦ゼミの末席に加えていただくこととなった。吉村先生の『令集解』講読のゼミでは、難解な明法家の論理の世界に分け入ることを通じて、可能な限りの客観性で史料を読み解く、研究のための基礎体力を鍛えさせていただいた。加藤先生・田島先生の古記録等の読解の授業では、史料の一字一句に拘って、より正確な読みを追究するための基礎力を養うとともに、平安時代史研究の面白さと奥深さを教授していただいた。また仁藤敦史先生の演習では、弘仁格の復原を通して法の背景にある平安初期の実態を浮き彫りにする楽しさを体験させていただいた。博士課程修了後は、日本学術振興会特別研究員（PD）として東京大学史料編纂所に受け入れていただいた。受入教員である田島先生には、科学研究費補助金（学術創成研究費）のRAとして採用していただいて以来、京都御所東山御文庫所蔵の史料についてご教示いただくとともに、東山御文庫をはじめ陽明文庫や東京国立博物館等において、史料の原本調査の方法等についてもご指導いただいた。また、明治大学大学院の先輩である服部一隆氏には大学院入学時から何かと面倒を見ていただき、本書の成稿にあたっても有益なご助言をいただいた。さらに、発表した論稿に葉書や書簡でご教示・ご叱正をお寄せいただいた諸先生方にも、本書でそのすべてにお応えできなかったことをお詫びするとともに、学恩に感謝申し上げる。

大切な人を喪った痛みと、原始の生命の柔らかな温かさに翻弄される中で、本書は成った。時に感情の奔流に押し流されそうになる中でどうにか刊行に漕ぎ着けることが出来たのは、家族をはじめ、ひとえに周囲の方々のご支援のお蔭である。これまでご指導下さった諸先生方、ゼミの先輩・同輩・後輩の皆様、そして明治大学古代学研究所関係者の皆様の温情に深謝申し上げる。加えて、雅楽教室文月会ならびに松本富貴雅楽会の諸先生方と楽友の皆様にも謝意を表したい。末筆ながら、出版に際して大変お世話になった塙書房の寺島正行氏にも厚く御礼申し上げる。

本書は、平成二十六年度科学研究費補助金（特別研究員奨励費）の成果の一部であるとともに、二〇一三年度明治大学大学院文学研究科・学生研究奨励（成果公開促進）基金の助成を受けて刊行される。

二〇一四年　盛夏

志村　佳名子

志村　佳名子（しむら　かなこ）

略歴
1982年　東京都に生まれる
2004年　同志社大学文学部文化学科文化史学専攻卒業
2007年　明治大学大学院文学研究科博士前期課程修了
2012年　明治大学大学院文学研究科博士後期課程修了、博士（史学）
日本学術振興会特別研究員（PD、〜2015年）
現在　明治大学文学部兼任講師、京都造形芸術大学通信教育部非常勤講師

主要業績
「平安時代の宮廷儀式と雅楽寮」（『Journal of Korean Culture』vol.16　2011年）
「東山御文庫所蔵『日本紀略』と禁裏文庫の『日本後紀』―二十巻本『日本後紀』の抄出紙片をめぐって―」（田島公編『禁裏・公家文庫研究』第四輯　思文閣出版　2012年）

日本《にほん》古代《こだい》の王宮《おうきゅう》構造《こうぞう》と政務《せいむ》・儀礼《ぎれい》

2015年3月31日　第1版第1刷

著　者　志村　佳名子
発行者　白　石　タ　イ
発行所　株式会社　塙　書　房
〒113-0033　東京都文京区本郷6丁目8-16
電話　03(3812)5821
FAX　03(3811)0617
振替　00100-6-8782

亜細亜印刷・弘伸製本

定価はケースに表示してあります。落丁本・乱丁本はお取替えいたします。
 ISBN978-4-8273-1274-4　C3021

事項索引

あ

白馬節会(七日節会)……214, 228, 237, 264, 265, 272, 273, 277, 279, 308, 311, 316, 319
飛鳥板蓋宮……24, 26, 29
飛鳥浄御原宮……5, 9, 23–25, 29, 32, 33, 38–60, 66–68, 109, 144, 147, 162, 235, 333, 334, 343
飛鳥寺(西の槻の木の広場)……25, 51

い

磐余稚桜宮……122

え

エビノコ郭……29, 32, 33, 38, 40, 42, 43, 48, 49, 53, 55, 56, 58, 60, 333
苑池……105, 108, 112, 117, 119, 120, 123, 129, 253, 258, 335, 344

お

応天門……259
大歌所……284, 302, 303, 308, 313, 315
大郡宮……177, 227
大津宮……24, 28
大殿……22, 26, 27, 39, 45, 56, 65, 69, 99
大殿之庭……38, 45, 48, 50
小郡宮……23, 27, 107, 177, 335, 343
食国……220
小墾田宮……10, 22, 26, 27, 49, 57, 63, 65, 99, 107, 142, 143, 342, 349

か

外交儀礼……65, 107, 111, 123, 144, 177, 213, 216, 221, 309, 335, 342, 343, 349
会昌門……259
雅楽……13, 288, 291, 310, 315, 318, 321, 339, 346
雅楽寮……13, 272, 283–311, 314, 315, 317, 319–325, 328, 329, 331, 332, 339, 346
楽官……283, 286, 288
楽師……288, 294, 296, 298–301, 303, 311
楽生……287, 301
楽所……284, 285, 308, 320–322, 324, 325, 328, 329, 340
結政……135, 175, 195
結政所……190, 195, 206
歌儛所……302
元日節会……214, 221, 252, 253, 258, 262, 264, 265, 268, 270, 283, 303, 308, 316, 319, 322, 328, 340, 345, 346
官政……133, 134, 136, 166
官奏……134, 135

き

伎楽……287, 289, 310
騎射……112, 113, 119, 303
跪伏礼……57–59
饗宴儀礼……12, 13, 29, 86, 97, 105, 111, 113, 116, 126, 214, 216–218, 220, 222, 232, 233, 247, 257, 258, 263–265, 272–274, 288, 291, 337–339, 346–348
行幸……116, 119, 123, 257, 258, 290, 303, 307, 308, 323, 324, 331, 345, 349
共食……12, 215, 216, 218, 224, 230, 232–234, 256, 264, 272, 337, 338, 346
曲宴……256–258, 272–274, 280, 338, 345
曲水(宴)……108, 112, 117, 119, 120, 253, 276
浄御原令……37, 58, 59, 126, 173, 177, 181
御遊……13, 280, 285, 317–322, 324–331, 339, 340, 346
跪礼……58, 59
禁省……22

く

公卿聴政……96, 134, 136, 137, 150, 154–156, 159, 166, 168, 178, 214, 336, 344
百済楽……287, 289, 296, 310
恭仁宮……76, 168, 224, 227
競馬……257, 307

蔵人………11, 171, 181, 182, 184, 189, 192, 194–197, 199, 200, 202, 203, 207, 214, 216, 274, 320, 327, 328, 336

け

外安殿……39, 42, 43, 48, 49, 51, 53–55, 68, 333, 334
外記候庁……………………………………96
外記政………96–98, 133, 134, 136, 138, 161, 166, 195, 334, 345
外記庁……………………136, 138, 195, 214
見参…………………………161, 336, 346
月奏……………182, 189, 192, 196, 205, 207
建礼門……………………………………51, 259

こ

考課…………………………10, 62, 181, 199
後期難波宮……………………249, 250, 349
後宮…………………………251, 259, 327
告朔……69, 77, 112, 126, 146, 148, 150, 167, 168, 173, 175, 178, 181, 231, 262
向小殿…………………39, 45, 48, 52, 55, 333
閤門………22, 77, 80, 99, 228, 229, 231, 237, 249, 252, 259, 344
御斎会……129, 262, 323, 324, 328, 331, 340
御前定……………………………………134
小朝拝……………………………………214
高麗楽……287, 289, 296, 310, 322, 324, 325, 328, 329, 340

さ

西宮(長岡宮)…………………250–252, 275
西宮(平城宮)……………………76, 228, 235
朔望朝参…………………146, 173, 174, 335
三省申政…………………………………135

し

紫香楽宮…………………………163, 224
式部曹司…………………………160, 167
式部曹司庁…………………………84, 168
直廬………………………………………207
侍従所(南所)……………136, 138, 195, 214
仁寿殿……………………………259, 271
紫宸殿……12, 183, 259, 262, 263, 265, 268, 270–274, 279–281, 318, 319, 321, 322, 338, 345
仕奉………6, 13, 77, 156, 171, 337, 346, 350
嶋……………………………109, 110, 126
嶋院………………………………………253
射礼……38, 46, 49–53, 58, 59, 102, 162, 256, 264, 273, 279, 334
重閣門……………………………226, 237
旬儀……………………214, 271, 284, 318
旬政…………………134, 142, 173, 214, 318
小安殿……………………………………259
上日………………10, 11, 97, 137, 142, 144, 145, 156–163, 167–171, 175, 176, 181, 182, 186, 189–203, 207, 208, 274, 320, 335–337, 343, 348
昇殿制…………198, 205, 274, 281, 320, 338
上表…………………………26, 79, 101
承明門………………………259, 280, 281
上夜…………182, 186, 189–193, 195–197, 200–203, 206, 336
松林苑……110, 112, 116, 117, 127, 128, 227, 264
松林宮……………………………………112
諸司常政……154–156, 159, 166, 168, 178, 336, 344
新羅楽……………………287, 289, 296, 310
白錦後苑…………………………………109
新嘗会…………263–265, 272, 273, 308, 319
新嘗祭……………………………………220
尋常政……………………………………154
申政…84, 135, 136, 154, 155, 166, 175, 336, 344, 347, 348
神泉苑………………………265, 279, 307
陣座(仗座)………………………………136
陣定…………………………133, 134, 142
陣申文……………………………134, 135
申文刺文…………………………135, 136

す

朱雀門…………………76, 101, 163, 224, 226
相撲……38, 86, 119, 257, 265, 271, 307–309, 319

せ

清暑堂……………………………………259
清涼殿……11, 181–183, 187, 192, 198, 202,

203, 216, 319-321
釈奠……………………………………271, 331
節会……………112, 133, 149, 160, 161, 163, 165, 167, 169, 171, 213-215, 217, 231, 237, 252, 253, 256, 258, 283, 290, 291, 301-303, 308, 319-321, 323-327, 329, 331, 337, 339, 341, 346, 347
節禄…………………………………………214
前期難波宮…23-25, 27, 28, 53, 61, 65, 107, 162, 177, 342, 349

そ

曹司……63, 77, 82, 84, 85, 97, 136, 142, 152, 153, 168, 170, 207, 259, 334, 344, 345, 348
即位(儀)……77, 96, 97, 111, 126, 162, 178, 213, 231, 237, 262, 263, 273, 338, 345

た

大安殿……39, 40, 42, 43, 45, 48, 53, 55, 56, 101, 165, 167, 169, 178, 224, 226, 235, 333, 336, 343
大饗…………………………………303, 308, 331
太極宮……………………………………63, 147
大極殿…9, 10, 23, 26, 27, 29, 33, 39-43, 48, 50, 51, 53, 55, 56, 61, 66, 76-81, 84-86, 96, 97, 100, 101, 105, 109, 111, 116, 126, 129, 162, 163, 165-170, 173, 179, 222, 224, 226-232, 235-237, 247-250, 253, 259, 262, 263, 265, 270, 273-275, 278, 279, 333, 334, 336, 341, 343, 345
大極殿院……61, 66, 69, 76, 81, 85, 97, 114, 116, 163, 166, 168, 173, 226, 228, 237, 247-252, 258
大極殿後殿…………………………248, 250
大極殿南院……………………228, 236, 253
大極殿南門…………………51, 102, 226, 237
大射……………51, 86, 97, 231, 262-264, 279
大嘗会……165, 228, 259, 263, 264, 273, 289
大嘗宮…………………………86, 102, 178, 235
大嘗祭………86, 96, 102, 165, 220, 227, 262, 308, 320
大臣曹司……………………………138, 207
台盤所………………………………187, 189
大宝令………59, 69, 101, 126, 135, 151, 173, 174, 177, 283, 286, 287, 309, 313, 315, 335, 343
大明宮………………………………………63, 78
内裏 ……………… 9-12, 16, 23, 24, 26-28, 48, 58, 60, 65, 66, 78-80, 82, 84-86, 96, 97, 99, 100, 105, 116, 123, 127, 136, 138, 142, 157, 159, 161, 165, 168-171, 176, 180-182, 192, 193, 195, 198, 203, 207, 208, 214, 216, 221, 224, 226-230, 233, 235, 237, 247, 249-253, 256-259, 262-265, 268, 272-276, 319-321, 325, 328, 334, 336, 338, 341-348
内裏侍候……10, 136, 159, 161, 170, 198, 200
内裏上日………157, 159, 161, 198, 274, 346
太政官院……83-86, 97, 102, 227, 236, 275, 334
太政官候庁…………………………………96
太政官曹司…………………82, 84, 97, 123
太政官曹司庁…………………………136
太政官庁………………………96, 142, 214

ち

中和院……………………………………281
中宮……51, 78, 165, 168, 221, 226, 227, 230, 235, 264, 327
中宮院……………………………………235
庁…………26, 49, 57, 61, 65-67, 82, 96, 99, 100, 107, 108, 136, 144, 272, 335, 340, 342-344
長安城………………………63, 78, 109, 117
朝賀………………65, 77, 78, 80, 86, 97, 111, 112, 126, 133, 150, 151, 162, 165, 167, 168, 176-179, 213, 214, 226, 227, 229, 231, 237, 252, 253, 258, 262, 265, 270, 273, 283, 308, 309, 316, 337-339, 343, 345-347
朝会………63, 147, 149-152, 155, 170, 174, 335, 347
朝儀……12, 69, 76-78, 80, 96, 151, 152, 163, 165, 167, 175, 283, 315, 318, 334
朝覲……………………………………271, 307
朝座（庁座）……83, 85, 97, 149-161, 163, 165, 167, 169, 170, 176, 195, 198, 200, 252, 334, 336, 344-347, 350
朝座上日………157-161, 169-171, 198, 203,

336, 346
朝参…10, 11, 23, 67–69, 76, 77, 96, 97, 100, 107, 108, 112, 137, 141–179, 181, 224, 335, 336, 341–344, 346, 348
朝集院……167, 236
朝集堂……221, 259
朝政……10, 11, 62, 66–69, 76, 77, 81, 97, 100, 112, 126, 134, 136, 137, 142, 144–146, 149, 150, 152, 155, 156, 161–163, 167–170, 177–179, 181, 224, 335, 336, 342–344, 348
聴政……10, 11, 66, 81, 137, 147, 152, 161, 163, 169, 170, 214, 232, 344, 346
朝庭……9, 10, 22–24, 26, 27, 38, 46, 49, 50, 52, 53, 57, 61, 63, 65–68, 76, 77, 96, 97, 99, 102, 105–113, 123, 125, 130, 142–152, 155, 160–167, 177, 178, 231, 235, 259, 264, 334, 335, 340–344, 349
朝堂…9, 10, 23, 28, 33, 49, 50, 61–102, 107, 108, 111–114, 116, 123, 126, 136, 142, 146, 149–156, 159–170, 175–179, 198, 203, 221–237, 247, 249, 253, 257–259, 263, 264, 272–274, 279, 280, 320, 334, 336–338, 340, 347, 348, 350
朝堂院……12, 28, 61, 66, 68, 85, 86, 95–98, 102, 136, 142, 144, 147, 148, 150, 154, 155, 159, 161, 169, 176, 203, 231, 235, 237, 247–253, 257, 259, 262, 263, 272–275, 277, 278, 281, 338, 345
朝服……112, 148
重陽節会……265, 271

て

殿上定……134
殿上上日……182, 198–201, 203, 336
殿上簡……184, 186, 187, 195, 201, 205
殿上間……11, 181, 182, 184, 187, 198, 201, 202, 205, 207, 216, 320, 321, 336
殿上人……11, 181, 182, 187, 192–199, 201–203, 207, 208, 214, 216, 317–329, 336, 340, 346

と

東院(長岡宮)……250, 251
東院(平城宮)…113, 114, 117, 127, 227, 236
唐楽……287, 289, 290, 296, 310, 322, 324, 325, 328, 329, 340
踏歌節会(十六日節会)……214, 228, 264, 265, 289, 303, 328, 340
東宮……165, 178, 187, 236, 250–252, 275, 325, 326
読申公文……135, 136
豊明節会……231, 263, 264
鳥池塘……119

な

内安殿……39, 40, 43–45, 48, 52, 55, 235, 333
内印……82, 270
内教坊……302, 308
長岡宮……5, 12, 61, 85, 86, 97, 112, 117, 138, 142, 159, 169, 170, 176, 203, 237, 247–253, 258, 259, 262, 268, 273, 274, 281, 338, 345
南殿……183, 270
難波長柄豊碕宮……23, 27, 65, 107, 177, 342
南院……227, 253, 256, 258, 276
南苑……110, 112–119, 127, 227, 228, 230, 236, 264
南園……253, 258
南所申文……134, 135, 195, 214
南庭……38, 50, 57, 125, 265, 270–273, 280, 345

に

西池宮……119
日給……11, 171, 181–203, 207, 330, 336
日給簡……181–191, 202, 320, 330, 336
二孟旬……142, 307, 308
女房簡……186, 187
庭立奏……123

ね

年労……199

の

後飛鳥岡本宮……24, 25, 28, 29, 32, 38, 60, 66, 343
賭射……264

は

陪膳 ……………182, 194–197, 203, 328, 336
八角殿院……………………………………23
八省院 ……………95–98, 262, 263, 323, 334
放紙 ………………………187, 189, 191, 202

ひ

標 …………………………………270, 272
殯宮 ……………………………50, 57, 125

ふ

服属儀礼 ……50, 52, 53, 106, 108, 220, 233, 301, 347,
藤原宮 …5, 22, 23, 25, 40, 49, 53, 66, 68, 69, 76, 77, 96, 99, 101, 109, 111, 161–163, 167, 170, 173, 177, 222, 224, 226, 233, 237, 247, 334, 341, 343
武徳殿 ……………………………………279
豊楽院………12, 51, 221, 231, 232, 236, 237, 247, 259, 262–265, 270, 272, 273, 277, 279–281, 319, 338, 345
豊楽殿……………61, 237, 259, 262, 279, 280

へ

平安宮 ……5, 10, 12, 61, 85, 86, 95–99, 102, 142, 170, 181, 203, 216, 231, 232, 236, 247, 249–251, 258, 259, 262, 263, 265, 268, 272, 273, 278, 279, 281, 319, 334, 338, 345
平城宮 ………5, 9, 12, 22, 40, 51, 52, 60, 61, 76–86, 97, 100–102, 110–112, 116–119, 123, 126, 136, 163, 167–170, 177–180, 217, 221, 222, 224–237, 247, 249–251, 253, 256, 258, 259, 263, 264, 273, 274, 279, 319, 334, 337, 338, 341, 343, 345, 349
弁官申政 ……………………………………135
版位 ………………………161, 270, 272, 273

ほ

奉献 …256–258, 272–274, 280, 307, 338, 345
匍匐礼 ……………………………………58, 59
保良宮 ……………………………………119, 121

み

南薬園新宮 …………………………………227
壬生門……………………………76, 165, 224
御窟殿 ……………………45, 46, 48, 52, 333

ゆ

靫負御井 ……………………………………119

よ

楊梅宮 …………………………113, 114, 127

り

龍尾壇……………………………………85, 259
龍尾道 ……………………………………249, 259
臨軒……………………………………………81
臨朝………………………………81, 147, 278

研究者・研究機関名索引

あ

相原嘉之……98, 126
饗場宏……236, 332
青木和夫……59, 172
青木保……15
縣和恵……204
浅野充……27, 313
網伸也……278, 279, 281
網野善彦……124, 129
荒井秀規……277
荒木敏夫……129
有吉恭子……314, 315, 331

い

飯田剛彦……102, 236, 275
飯淵康一……280
家永三郎……329, 330
池浩三……25
池田温……173, 174
伊佐治康成……126
石上英一……16, 311
石川千恵子……28, 99, 101
石田百合子……331
石原比伊呂……331, 332
石母田正……180, 217, 233, 347, 349, 350
市川久……207
市大樹……177, 237
伊藤清司……58
伊藤幹治……233
井上和人……14
井上光貞……311
井上亘……100, 125, 172, 175, 216
今泉隆雄……14, 16, 55, 77, 80, 98, 101, 103, 126, 178, 235, 236, 274
今尾文昭……57
岩永省三……98
岩橋小弥太……127

う

内田和伸……56
梅村喬……236, 332
梅本康広……103, 176, 275, 276

え

榎村寛之……235

お

王海燕……128
大浦一晃……59
大隅清陽……16, 147, 174–176, 350
大塚徳郎……313
大津透……130, 139, 236, 332, 350
小笠原好彦……57
岡田荘司……208
岡田精司……17, 125, 129, 219, 234
荻美津夫……310, 311, 313–315, 330, 331
小澤毅……14, 39, 40, 54–56, 58, 100, 101, 127, 177, 223, 225, 235–237, 274
尾上陽介……332
小野健吉……124
大日方克己……14, 58, 279
折口信夫……233

か

笠井昌昭……122, 129
風間亜紀子……204
加藤友康……17, 103
金子裕之……99, 118, 124, 126, 275
狩野久……14, 16, 55, 101
鎌田元一……313
神谷正昌……174, 265, 278–281, 330
亀田博……54
川尻秋生……139, 275, 313
川本重雄……281

き

岸俊男……3, 14, 16, 22, 26, 39, 55, 57,

64, 77, 99–101, 103, 121, 125–128, 139, 172–174, 178, 233
岸辺成雄……310
喜田新六……16
北村優季……26, 349
吉川英史……331
鬼頭清明……14, 55, 100, 101, 172, 312
木村徳国……46, 56
桐本東太……58

く

國下多美樹……103, 176, 274, 275, 277, 281
熊谷公男……127, 349, 350
倉林正次……15, 128, 233
倉本一宏……139, 180
黒板勝美……138
黒崎直……28
黒須利夫……101

こ

五味文彦……208
今正秀……139, 209

さ

坂上康俊……178
栄原永遠男……28, 204, 349
坂本太郎……235
坂本麻実子……331
鷺森浩幸……129
佐々木宗雄……138
笹山晴生……278
佐竹昭……14, 125, 349
佐藤宗諄……16, 350
佐藤武敏……63, 98, 99
佐藤全敏……179, 204, 205
サリー・F・ムーア……7, 15

し

滋賀秀三……16
重見泰……60
島田武彦……205
清水昭俊……15
清水潔……235
清水みき……274
白石太一郎……27
白川静……15
白根靖大……205
新川登亀男……59

す

末松剛……15
菅澤庸子……332
菅谷文則……54
杉本一樹……204, 279
鈴木一議……60
鈴木景二……127, 278
鈴木琢郎……207, 280
鈴木靖民……313
鈴木亘……278
スタンレー・J・タンバイア……7, 15
須藤健一……233

せ

妹尾達彦……16, 109, 124, 126, 349
関晃……141, 171
関野貞……77, 101
関本優美子……60
積山洋……100

そ

曾我良成……138, 172
薗田香融……28

た

高木智見……125
高嶋弘志……234
高田淳……207
瀧川政次郎……58
竹内理三……138
武光誠……138
田島公……99, 205, 208, 209, 234
辰巳和弘……129
辰巳正明……127
舘野和己……16, 176
田中哲雄……124
田中史生……311
田辺尚雄……310
田畑豪一……174
玉井力……138

つ

告井幸男……314
辻純一……278
土田直鎮……14, 134, 137, 138, 141, 171
鶴見泰寿……60

て

寺崎保広…81, 101–103, 128, 174, 178, 179, 203, 235, 350
寺升初代……278

と

東野治之……205
所功……204, 206, 312
豊永聡美……330
虎尾達哉……37, 176
虎尾俊哉……175, 176

な

直木孝次郎……27, 56
中尾芳治……27, 28, 99
中川尚子……330
中川正美……331
永田和也……315, 329–331
中塚良……275
中村裕一……128, 177
中山薫……234
奈良県立橿原考古学研究所……28, 54, 59, 124, 126, 130, 172
奈良文化財研究所…102, 126, 128, 173, 177
奈良文化財研究所飛鳥資料館……124
成沢光……15

に

仁井田陞……173
ニールス・グリュベルク……208
西本昌弘……14, 26, 99, 100, 137, 138, 172, 173, 177, 179–182, 204, 221, 235, 237, 276, 277
仁藤敦史…25–28, 39, 55–57, 173, 177, 312, 313

の

野口孝子……204, 206
野村忠夫……59, 172, 207

は

バーバラ・マイヤーホフ……7, 15
橋本万平……206
橋本義則……14, 16, 100, 102, 103, 126, 127, 134, 137, 138, 172, 175, 178, 180, 207, 231, 233, 236, 237, 263, 275, 278, 280
橋本義彦……134, 138, 172, 204
長谷山彰……206
浜田久美子……216
早川庄八……27, 59, 125, 127, 138, 172, 175, 206
早川万年……312
林博通……28
林部均……14, 38, 39, 48, 54–57, 100, 172, 176, 177
林屋辰三郎……310, 311, 314

ひ

平岩欣太……129
平野卓治……26
廣田いずみ……206

ふ

福井俊彦……311, 313
福山敏男……103
藤木邦彦……138
藤森健太郎……215, 309
古市晃……27
古瀬奈津子……14, 16, 138, 172, 175, 179, 198, 201, 204, 205, 207, 215, 278, 281, 330, 331, 350
古谷紋子……205

ほ

保坂佳男……102
保立道久……208

ま

益田勝実……125
松田敏行……57
松本郁代……15
松本保宣……98, 147, 173, 179
馬彪……129

馬渕和夫……125
黛弘道……174
マルセル・モース……234
丸山眞男……348, 350
丸山裕美子……59, 126, 173, 177, 235, 310

み

美川圭……139
水野正好……125
湊哲夫……27
三和礼子……206

む

向日市埋蔵文化センター……103, 176, 249, 275
村田治郎……100, 279

め

目崎徳衛……204, 277, 278, 314

も

本村充保……127
森田悌……138
諸橋轍次……25, 103, 124, 125, 234

や

八木充……14, 26, 27
柳沢菜々……126
山岸常人……280
山口博……207
山崎誠……208
山崎道治……98
山下信一郎……176
山田邦和……275
山田英雄……204
山中章……103, 274, 275
山中敏史……27
山中裕……54, 128, 276, 310, 313
山元章代……100, 177
山本崇……129
山本昌治……127

よ

横山浩一……279
吉岡眞之……139
吉川聡……127
吉川真司……27, 77, 100, 101, 135, 136, 138, 139, 171, 178–180, 203, 205–207, 209, 215, 217, 233, 236, 274, 275, 349
吉田歓……14, 28, 173, 179, 180
吉田早苗……314
吉田孝……313, 350
芳之内圭……204, 216
吉野秋二……127, 277
吉水眞彦……28
吉村茂樹……138
吉村武彦……15, 57, 105, 124, 125, 175, 234

る

ルチア・ドルチェ……15

わ

和田萃……55, 57, 129
和田英松……206
渡辺晃宏……102, 103, 164, 177–179, 235–237
渡辺あゆみ……330
渡辺寛……313
渡辺信一郎……17, 98, 146, 173, 310, 315, 316
渡辺直彦……205, 206